现代金融导论

〔日〕斋藤精一郎 著

王仲涛 译

商务印书馆
2006年·北京

斎藤精一郎
ゼミナール
現代金融入門
改订4版
根据日本经济新闻社 2003 年版译出

SEMINAR GENDAIKINYO NYUMON

By SAITO Seiichiro

All rights reserved.

Originally published in Japan by NIHON KEIZAI SHIMBUN, INC., Tokyo.

Chinese (in simplified character only) translation rights arranged with

NIHON KEIZAI SHIMBUN, INC., Japan

Through THE SAKAI AGENCY.

本书原由日本东京的日本经济新闻社出版，
其中文简体字版翻译权经日本酒井版权事务所与该社办理授权出版。

引　言

轻松理解复杂多样的货币世界

对住在南太平洋乐园的人们来说，"雪"仅仅是"白色冰冷的东西"，但对居住在北极海岸的爱斯基摩人来说，"雪"是多种多样的、微妙的，绝不是像"白色冰冷的东西"那么简单。

我这么写，大部分读者一定会惊讶为什么要写这样的事。然而，"金融"或者"货币"在不久前也如同"雪"一样。因为，别说是日本人，就是对世界上许多人来说，都和南太平洋的人们认识"雪"一样，简单地认为"货币"就是"为了购买商品，或者储蓄的一种东西"。

实际上，直到最近很多人才认识到金融世界或货币是多样且复杂的。不久前，对我们日本人来说，要是存钱就去银行或邮局储蓄，并且不论去全国哪里的银行，利息都是相同的，种类也受到限制。去证券公司的人非常之少，美元等外币也只是在去海外旅行时才持有。更何况那时欧元还不存在。此外，不久前也没有想到银行等金融机构破产等情况。但是，现在很少有人不在乎回报，也感觉到不能无视每天变化的股价或汇率。

和爱斯基摩人的"雪"一样，如今对日本人来说，货币已经不是

2　现代金融导论

那么被简单地认为"仅仅是购买商品,或储蓄的东西"了。实际上,从1990年代以来,日本经济或我们的职业生活,以及日常生活一直受到货币变动的影响。金融世界被卷进巨大的变动漩涡是从1980年代中期开始的,但对大部分人来说,即使谈到金融自由化,也根本没有切身的体会。

但是,进入1990年代,所谓泡沫破灭,股价开始下滑,土地神话崩溃,随着日本经济被莫名其妙的不良债权所困扰,日本经济、我们的生活都开始迅速卷入和以前性质迥异的货币大漩涡中。

眼下日本经济到底发生了什么,我们的工作单位或生活将如何变化?如果对金融世界不具备某种程度的基础知识和有系统并有逻辑地思考的话,那么我们就估计不到这些情况。但是,有关金融世界或通货是特别多样而且复杂,十分难懂。这就如同将南太平洋的人突然带到北极圈时一样。没有地图,即使有地图也不知怎么看。这不仅仅是那些和经济无直接关系的学生或主妇等的状况。商业人,甚至从事金融、以金融人为自豪的人们也很难搞清楚这十几年金融世界的变化。正因为如此,通货才为行情突变所困扰。

金融大潮的动向和修订第四版的特点

1980年代开始的金融自由化目前已常态化了,金融爆炸时代开幕已久。金融全球化(Globalization)、放松(放宽)管制(Deregulation)、证券化(Securitization)所象征的GDS作为21世纪的大潮流将日本经济及日本的企业、金融机构不断地卷入金融大潮之中。

1990年代初,日本有13家银行,现在被集中为五大银行集团。

今后再发生金融重组也没什么可奇怪的。日本经济目前有巨额的不良债权,处于长期通货紧缩之中。

本书第一版于1988年1月发行。承蒙许多人将本书夸赞为"作为金融入门书是易懂的",之后第二版(1990年)、第三版(1995年)在金融状况变化的基础上进行了修订。

但是,第三版出版后日本经济及金融世界遭受到进一步的地壳突变(如金融爆炸、长期通货紧缩、不良债权问题的严重化、银行破产的多发化、金融危机的波浪型发生、日美的金融大重组、日本银行的零利息政策等),为此,我痛感到必须对本书进行全面修订。

虽说如此,但金融世界现在正处于疾风怒涛的风暴之中,笔者很难估计全面修订的时机。但是,1991年春开始的平成不况已持续将近12年,从2003年开始,日本经济也渐渐摆脱通货紧缩并开始向再兴新的金融体系出发,我认为这是必将到来的,所以决定进行全面的大修订。

本书大体上有五个特点。

(1) 不仅面向学生、主妇、商业界男女等对基本的金融世界进行通俗易懂的解释,而且也注意到能够帮助有关金融方面的专家总结金融变化的潮流及现状。

(2) 集中整理至2002年末的10年间金融世界的变化,鲜明地展示"银行界及证券界的今天"。特别是在第2章详细论述了包括美国潮流在内的战后日本的金融潮流(直至金融自由化和金融爆炸)。

(3) 第4章除了解释证券化的金融新潮流外,第3章用具体的例子平易地解释了金融衍生产品,展望了21世纪"未来金融"的方向。

(4) 在第7章的"货币经济学"中,在解释通货紧缩经济学的同时,概观了第8章中在"新日银法"[①]下的日本银行的"超金融政策的试行和考验",总结了最近的金融争论和通货紧缩争论。

(5) 设立了许多专栏,目的是简明易懂地解释专门术语和新的动向。

对许多读者来说,本书如果能像旧版那样担负着"向导"的职责,带领读者走进多样复杂的通货世界的话,则是笔者的一大幸事。

此外,在编集本书时,和旧版一样得到了内田胜晴先生(日本经济新闻社出版局编集委员)恳切的劝告和热情的激励,在这里谨表谢意。

斋藤精一郎

2003年1月

---

① 即"新日本银行法"。日本银行,简称日银,是日本的中央银行。——译者

目　　录

1　激烈变动的金融界

Ⅰ　持续混沌的金融界 ……………………………………… 2
　　1. 大银行在怒海中进发 …………………………………… 2
　　2. 被涂改的证券界地图 …………………………………… 8
　　3. 金融大爆炸下的生存之道 ……………………………… 18
Ⅱ　泡沫和不良债权的紧箍咒 ……………………………… 23
　　1. 泡沫破灭和资产紧缩 …………………………………… 23
　　2. 不良债权和通货紧缩的关系 …………………………… 37
　　3. 加速处理不良债权政策的政治经济学 ………………… 44
Ⅲ　21世纪的金融新潮流 …………………………………… 51
　　1. 金融全球化的大浪 ……………………………………… 51
　　2. 金融自由化和证券化的激流 …………………………… 56

2　金融自由化和金融大爆炸

Ⅰ　金融自由化的潮流 ……………………………………… 60
　　1. 金融自由化前史 ………………………………………… 61
　　2. 围绕着自由化的内战和外战 …………………………… 71

3. 利率自由化和业务自由化 ……………………… 80
Ⅱ 金融爆炸开始 ……………………………………… 88
　　1. 金融大爆炸的轰鸣 ……………………………… 89
　　2. 金融大爆炸的展开 ……………………………… 94
Ⅲ 美国的金融革命 …………………………………… 104
　　1. 疾风怒涛般的金融革命 ………………………… 104
　　2. 金融革命的源流 ………………………………… 110
　　3. 自由化风暴和金融崩溃的危机 ………………… 122
　　4. 从金融限制到大重组 …………………………… 136

3　了解银行制度

Ⅰ 现在的银行制度 …………………………………… 152
　　1. 日本银行制度的起源和推移 …………………… 152
　　2. 开始行动起来的金融制度改革 ………………… 160
　　3. 金融制度改革的正式化 ………………………… 165
　　4. 银行种种 ………………………………………… 167
　　5. 银行的行动和经营 ……………………………… 196
Ⅱ 金融市场和利率 …………………………………… 217
　　1. 扩大的短期金融市场 …………………………… 217
　　2. 利率是如何决定的 ……………………………… 229
Ⅲ 金融衍生产品市场的扩大 ………………………… 236
　　1. 金融期货 ………………………………………… 238
　　2. 掉期 ……………………………………………… 252
　　3. 期权 ……………………………………………… 258

4　了解证券制度

- I 股市的结构 ······ 274
  - 1．什么是证券公司 ······ 274
  - 2．股市的结构 ······ 284
- II 公债及公司债市场的结构 ······ 308
  - 1．起债市场 ······ 308
  - 2．流通市场 ······ 323
- III 新层次的证券市场 ······ 330
  - 1．投资信托革命开始了 ······ 330
  - 2．多样化的证券版金融产品 ······ 336
  - 3．证券化的力学 ······ 340

5　战后金融史故事

- I 从混乱到自立 ······ 358
  - 1．战败的混乱和不安 ······ 358
  - 2．巩固基础走向自立 ······ 365
- II 从增长到激荡的年代 ······ 374
  - 1．增长时代的光明和挤出效应 ······ 374
  - 2．通货战争 ······ 388
- III 泡沫的陶醉和后遗症 ······ 397
  - 1．傲慢的日本通货 ······ 397
  - 2．泡沫后遗症的苦恼 ······ 407
- IV "10年通货紧缩"的漫长挤出效应 ······ 420

4 现代金融导论

1. 金融失政的黑暗深渊 ································· 420
2. 迷失在"通货紧缩的森林"中 ······················· 433

6 学习金融理论的基础

Ⅰ 什么是货币 ··· 444
  1. 货币的定义 ··· 444
  2. 金融资产和货币流 ································ 456
Ⅱ 货币的需求和供给 ···································· 466
  1. 货币需求是如何确定的 ························· 466
  2. 货币是如何供给的 ································ 473

7 货币经济学

Ⅰ 货币数量说 ··· 484
  1. 什么是货币数量说 ································ 484
  2. 货币数量说的扩张 ································ 493
Ⅱ 凯恩斯学派的想法 ···································· 500
  1. 凯恩斯的挑战 ······································ 500
  2. 什么是 LM·IS 分析 ······························ 506
Ⅲ 货币主义者的革命 ···································· 523
  1. 何为通货膨胀 ······································ 523
  2. 凯恩斯政策和通胀 ································ 528
  3. 货币主义的抬头 ··································· 538
Ⅳ 通货紧缩的经济学 ···································· 555
  1. 后货币主义和新凯恩斯学派 ··················· 555

2. 通货紧缩的陷阱和金融理论 …………………… 561

8 金融政策的理论和实际

Ⅰ 金融政策的理论 …………………………………… 582
　1. 什么是金融政策 ………………………………… 582
　2. 金融政策手段的阐释 …………………………… 592
　3. 金融政策的波及通道 …………………………… 610
　4. 1990年代金融政策的迷失方向 ………………… 616
Ⅱ 作为政策现场的日本银行 ………………………… 619
　1. 日本银行为何物 ………………………………… 619
　2. 日本银行能量的来源 …………………………… 629
Ⅲ 未经历的和接受考验的金融政策 ………………… 649
　1. 没有航海图的航海·走向零利率的世界 ……… 649
　2. 超金融政策的去向 ……………………………… 656
［补］战后金融的历史 ………………………………… 662

1 激烈变动的金融界

不言而喻,最好的图景是"软着陆"。但是,这难道不是已经晚了吗?因为对从1990年代初开始的泡沫清算过程一直置之不理,才导致事态如此恶化。并且,如不及早准备迎接世界性金融大改革的话,那么日本的金融体系在21世纪必然落后。因此,已经没有像以前那样渐进地处理不良债权或"以后再说"的"时间上的充裕"了。(中略)黎明即将来临。所以,应该认为1991~2000年的"10年通货紧缩"眼下正进入最后的局面。雷鸣或打雷,然后是暴雨,如果这一切都结束的话,那么将迎来"晴空"的扩展。

——斋藤精一郎:《10年紧缩》

(1998年,日本经济新闻社)

Ⅰ 持续混沌的金融界

1 大银行在怒海中进发

1990年代,日本的金融界连续遭遇金融危机,起伏不定。1994年12月,以东京的两个信用组织破产为开端,遭遇了第一次金融危机;而1997年11月,北海道拓殖银行、山一证券的崩溃等是第二次金融危机;1998年秋,长银①破产,是为第三次金融危机;而这些危机都在政府的像创口贴一样的金融稳定化政策的治疗下恢复到小康状态。1999年3月为大银行注入了约75 000亿公共资金,金融再生委员会委员长柳泽(当时的)判定日本的银行已经健全化了。对此,不能否定1998年夏天以来,小渊内阁以财政大干预为中心的景气浮扬政策具有一定的效果。

这一期间,在金融爆炸宣言下,日本金融机构的焦躁感强烈起来。这是一种危机感:被不良债权的处理逼得走投无路,担心赶不上爆炸所赋予方向的金融新潮流。危机感特别强烈的是大银行,他们害怕这样下去的话,日本的银行将会在金融国际化下展开的

---

① 日本长期信用银行的简称。——译者

金融大竞争中被淘汰、落败。

为了在21世纪的金融大竞争时代生存下去,首先在规模(体力)上必须清楚地设定全球基准。如在第2章里看到的那样,以美国为中心的欧美银行也在扩大合纵连横,不断走向巨大化。并且,日本银行为及早处理不良债权还没有充分的体力。

因此,1993年3月时,13家城市银行(1994年3月,如第3章表3-3所示)逐渐扩展大合并,特别是在1999年夏季以后,以瑞穗金融集团的合并构想为契机,伴随着所谓多米诺效应,如图1-1所示,2002年春天四家银行集中为一家准大银行。

成为扳机的瑞穗集团

扣动城市银行大规模重组扳机的是瑞穗金融集团。1999年8月19日的"日本经济新闻"(晚刊)发出独家新闻:"三行合并"。实际上,代表日本的第一劝业银行、富士银行、日本兴业银行等三家大银行已达成试图合并经营的共识,打算在大安日的8月27日正式公布。这一合并创立了世界上最大的拥有140万亿日元资产的银行。

这三家银行在2000年9月成立了共同控股公司"瑞穗控股",2002年4月其旗下的"瑞穗银行"(零售银行)和"瑞穗社团银行"(批发银行)成立,正式起步。

这"三行合并"给日本金融界以巨大的冲击,这不是因为其规模是世界最大的,而是因为这是不同性质银行的"组装"。即三行的来源各不相同,而正因为这样,才意味着这巨型银行的出场象征着今后的金融新时代不是过去的延长。

日本兴业银行是明治35年(1902)在殖产兴业的国策方针下创立的国家培育产业的银行,战后,为了给重工业、化学工业化提供长期稳定资金的渠道,兴业银行成为君临产业金融领域的"精英银行"。富士银行源自战前安田财阀的"安田银行",是"财阀银行",战后更名为"富士",很早就变成了非财阀系统的大众银行。

第一劝业银行是明治以来传统的第一银行和战前以全国的规模面向商工业者提供优惠金融的日本劝业银行在1971年合并成立的。

正因为像这样来源不同,且各自发挥各自的历史性作用的三家银行如果其合并的协同功能能运行良好的话,则可以期待"混合效应"。如果是发生相互牵制的负面效应的话,也会有变成"没有求心力、拼凑起来的一家"的危险。

2002年4月起步的瑞穗集团遭到空前大规模的体制障碍的袭击正是"负面的协同效应"表面化的结果。

其他大银行得知"瑞穗金融集团"(瑞穗FG)的合并便慌了手脚。因为他们害怕赶不上金融大竞争而落败。于是就开始出现了纷纷成立大银行的多米诺效应。

超越财阀壁垒的住友和三井

作为瑞穗多米诺效应,在达成可谓闪电战的共识基础上合并的住友银行和樱花银行是最先探讨其重组可能性的。

住友银行和樱花银行在1999年10月14日正式宣布合并,2002年4月合并的银行起步。和前面的三家银行合并不同,这是不足两个月就达成的"快速共识"。

此后，两行提前合并，2001年4月改名为"三井住友银行"。

这两行合并不仅不次于"瑞穗金融集团"，而且对日本金融界的冲击力也超过了前者。因为不论是住友银行还是樱花银行都是超越了在日本具有代表性的住友和三井财阀的壁垒而合并的。

日本代表性的财阀以三菱、三井、住友为顶端，下面是安田（富士银行系统）、古河、涩泽（第一劝业系统）等。所以"三井住友银行"或许会在和旧财阀企业群的重组联系起来，在这一点上，被认为是扣动了超越银行重组的产业重组的扳机。

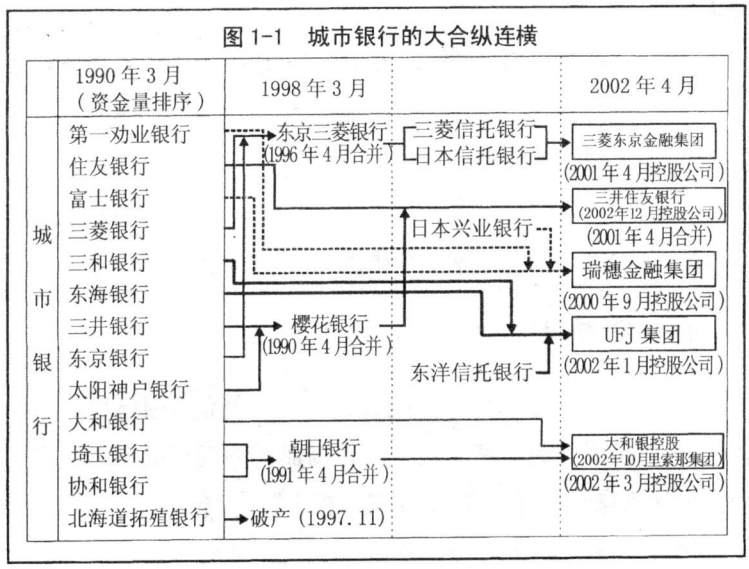

樱花银行是三井银行和太阳神户银行合并建立的（1990年4月）（参看图1-1），太阳神户银行是城市银行的神户银行和相互银行的太阳银行（前身是日本相互银行）的合并银行。即为三家来源不同银行的合体，有统治力量薄弱之嫌，并且不良债权的重压比

其他大银行要大，如果展望金融大竞争时代，就难免有些体力不足之感。住友银行在大银行中经营体质是最强的，这一点已为世人所深知，但为了能在21世纪的金融大竞争中生存下来，他们对重组具有强烈的潜在意愿，即认为在不久的将来新的金融合并是不可或缺的。

因此，1999年夏天的瑞穗集团的"三行合并"对住友及樱花来说，已不是"他人之事"，应该说是强烈地感到"背上被推了一把"。于是就有了"速度共识"，并且再次加速，两行合并在2004年4月提前公布。

这"三井住友银行"产生了大型银行间的重组多米诺骨牌效应。因为一进入2000年，紧接着"瑞穗集团"、"三井住友银行"之后，第三个大银行的创立也具体化了。

此外，"三井住友银行"在2002年12月也和其他大银行一样，移行到控股公司"三井住友金融集团"的形态上来了。

最终实现愿望的三和、东海合并和稳健统一的三菱

1998年9月，东海银行和朝日银行已经公布了银行要进行经营合并，但由于上述两家大银行的出场而影响变得微弱了。也许是由于这焦躁感，两行才向三和银行提出"三行合并"。

这就是2000年3月13日公布的"三和、东海、朝日联合"。对三和银行来说，面对在关西地区和自己展开激烈竞争的住友银行，在大银行的竞争中落后一步两步都是不能允许的。

因此"三行合并"对于三和银行而言称得上是及时雨。但是朝日银行对经营合并主导权落入三和或东海之手非常警惕，该行在

2000年6月突然发表了脱离三行联合计划。

之后,同年10月东洋银行加入进来,三和、东海等又成为三行,并公布了要进行经营合并,2001年4月成立了控股公司"UFJ控股公司",2002年1月,三和和东海合并,UFJ银行开业。在这期间,东京三菱银行和三菱信托银行、日本信托银行一道成立了"三菱东京金融集团"(MTFG),这是在2001年的4月。本来三菱银行在1995年3月曾公布了和东京银行的合并,1996年4月作为东京三菱银行开始起步。

如上所述,自1999年夏天的"瑞穗金融集团"(MFG)的合并计划公布以来,日本的大银行集中重组为"三井住友金融集团"(SMFG)、"UFJ集团"、"三菱东京集团"(MTFG)等四家巨型银行。重组高峰在跨世纪之时显露出来。

"4M+1"体制的走向

在这大金融重组中剩下来的城市银行是朝日银行和大和银行。1995年秋,大和银行纽约分行掩盖巨额损失事件暴露,从而造成经营危机,大和银行以刷新经营为契机,2001年12月成立了"大和银行控股",将近畿大阪银行、奈良银行、大和信托银行收入旗下。

从UFJ集团脱离,即孤立化的朝日银行2002年3月决定加入"大和控股",同年10月该集团更名为"里索那控股"。

这样,日本的大银行实际上重组为"4M+1"的形式。"4M"是瑞穗、三井住友、东京三菱、UFJ等四家巨型银行,"+1"是里索那准大型银行。

于是,日本银行以这"4M+1"的体制朝着日本版金融大爆炸的具体化迈进。那么,日本的金融机构因此能在世界性的金融大竞争时代中生存下来吗?

重组的规模固然是明确的全球基准。但问题不在于量而在于质,即经营体质,特别是银行的收益能力仍旧不确定。并且如后所述,巨额的不良债权依然是这些巨型银行的重负。何况地方的金融机构仍旧缺乏对金融新时代的展望。

今后日本经济的天空依然被通货紧缩的密云所遮蔽。可对日本金融机构的状况打个比喻,那就是在怒海中进发。在通货紧缩的狂风中不得不径直前进的日本金融业界正无可奈何地在狂风巨浪中行船。"4M+1"仅仅是为了在这坏天气中首次航行做的准备。人们会问:包括"日本号"的舰长(指挥塔=首相)的统治力量,船员组(企业、金融机构)的意愿或技巧,还有乘客(国民)的心理等是否能集中在这渡过怒海的方向上来。

2 被涂改的证券界地图

如前所述,银行在1990年代,特别是在1990年代末朝着建立巨型银行的方向,突进到大重组的过程中。这个暂定的结果集约在21世纪初的"4M+1"体制上。在此期间,和银行并驾齐驱地作为金融界双璧之一的证券界也已经卷入比银行更严重的狂风怒浪中了。

将证券界卷入的大漩涡,大体上有两个。一是1990年代的"10年通货紧缩",这期间也存在股市的长期低迷等,大型或骨干的证券公司陷入经营失败中,证券界突进到新的重组时代;另一个是废除银行和证券壁垒这一全球金融潮流,即使在日本,法律上的银行·证券分离的原则也崩溃了,"证券大爆炸"的新证券化潮流在不断高涨。

由于这两个证券界的大漩涡,迄今为止的证券界地图如今被大大涂改了。

银行·证券50年战争的终结

对于1990年代的证券界来说,最大的变革要因,同时也成为划时代变革结果的是银行对证券的长期战争的终结。如第2~4章所述,在战后50年间,证券业和银行业之间一直设置着森严的法律"壁垒"。银行和证券公司的壁垒,即规定业务区分的法律是"证券交易法"第65条,这是在1947年7月实施的。即规定了"银·证分离"。

显露银·证壁垒对立的是1980年代初的"国债窗口销售"。其原因是出现了金融自由化潮流。而根据1985年5月的"金融自由化·国际化宣言",日本的金融自由化以利率自由化为中心走上正轨。

自由化大体上找到目标是在1990年代前半期,当时开始重新看待以银·证分离为中心的业务壁垒,即业务自由化终于具体化了。这就是1993年4月实施的"金融制度改革法"。这一法律的详细情况请看第2~4章,法律上的银·证壁垒因此被废除了。

但是,各业态子公司的业务自由化实际上是渐进主义的,并且停留在部分地超越壁垒上。因为人们对由于废除壁垒而既得权益结构发生激变抱有强烈的警惕。

but是行政当局和行业界都立刻注意到金融自由化的大潮流是不可抵抗的。他们的认识是以冒失的形式表现出来的，1996年11月桥本龙太郎首相发表了"金融大爆炸宣言"，日本的金融画面为之一变。"金融大爆炸"的金融大改革的所谓先驱是1997年6月的"修改禁止垄断法"和其后在1998年3月的对"金融控股公司"的解禁。

由此，1947年以来约50年阻断日本金融界的"银·证分离原则"被完全废除，战后长时间的"银·证50年战争"终告结束，日本的金融界，包括证券在内突进到新的金融大战争和大重组的时代。

证券大爆炸和证券化潮流

1996年11月的"金融大爆炸宣言"当然并不仅仅意味着"银·证50年战争"的终结。因为1990年代后半期的包括废除银·证壁垒的新金融自由化压力，已经成为世界性大潮流。其基本背景是以1989年11月的"柏林墙"崩溃为契机的"全球资本主义"巨浪开始席卷各国的金融市场。

这就是后面要讲的"金融全球化"，至少各国的金融市场向着"一个世界"(one world)行动。这使得1990年代以前的金融结构或规则急剧陈腐，或者说变得功能不健全了。所以，别说银·证壁垒象征的业务规则，就是金融产品的开发或金融商业的存在方式等也不能应对新的时代而变成了"旧制度"[1]。

在世界层次上的各国金融市场的合并化，即金融全球化必然

---

[1] 指法国大革命前的封建的旧制度。——译者

使经济主体强烈地意识到风险。所以为了克服增大的风险,新的金融商业证券化成了至上命令。

金融大爆炸在日本具有必然性也是因为有这样的时代背景,这就意味着金融大爆炸是全面应对证券化潮流的,所以从这一点上说,所谓金融大爆炸就是"证券大改革",是"证券大爆炸"。

证券大爆炸大略有三个基本的向量。1. 手续费的自由化。2. 参与自由化(包括废除壁垒)。3. 商品开发自由化。第2章对此有详细说明。

1. 手续费自由化是美国在1975年五一节实现的,在证券公司和客户(不论是个人还是企业)之间代理股票买卖(经纪人佣金)时,不限制接受委托的手续费。由此证券公司的竞争活跃了,在实现高效率经营的同时,客户们也有了利益。

日本在落后美国四分之一世纪后,也于1999年10月实现了股票买卖手续费的完全自由化。

2. 参与自由化是指能够自由参与证券业务。在这方面,银行和证券之间的阻隔是最大障碍,但如前所述,日本在1990年代前半期出台了"金融制度改革法",1998年3月又出台了"金融控股公司法解禁",以此废除了银·证分离原则。美国以1999年11月的"新金融制度改革法"(略称GBL法)使银行参与证券业务在法律上得以自由化。

日本在1998年12月将以前的证券业务许可制改为登记制,同时将投资信托业务也转变为登记制。

3. 所谓商品开发自由化是指包括交织着各种风险的金融衍生产品在内的有关金融产品或金融服务。通过1990年代中期的投资信托革命,2000年11月的修改投资信托法等,使得开发各种投资信托或公司型投资信托等方式在日本变为可能。此外,因1993年6月实施的特债法①、1998年9月实施的SPC法等,使得开发、销售ABS型的新证券(第4章详述)也成为可能。

如上所述,依靠1990年代后半期以后的一系列有关"证券大爆炸"的各种法律,日本的金融界可以全面地应对21世纪新潮流的证券化。问题在于能否创造出果敢地挑战这一新潮流的新金融商业。

于是,银行势力、证券势力,还包括外资、不同业种等新势力进行着合并或协作,都在摸索着如何应对21世纪型证券化,但眼下形势很是混沌。只是从20世纪末到21世纪初,包括建立巨型银行的证券大重组蠢蠢欲动。这能否成为给持续模糊不清的日本金融界带来新的收敛化的"金融结晶母"是值得注意的。

"四大巨头"时代闭幕

在1990年代的动乱中,日本金融界的行业界地图发生"异变",地图在不断地被涂改着。说到银行界,这就是前述的"4M+1"体制的出现和后述的"金融淘汰飓风",而对证券界最大的"异变"则是1997年11月的山一证券的经营失败和自主停业。

在战后的日本证券界,山一证券和野村证券、大和证券、日兴证券一道构成"四巨头体制"(四人帮),是起过非常大作用的庞然大物。

---

① 即特别债券法。——译者

在泡沫经济前后(1985年和1993年的平均数)四巨头在经营市场的占有率(和全部证券公司的比例)如图1-2所示,占压倒性优势,正如图中所表示的那样,这是垄断市场。特别是在股票等有价证券的买卖额、承购、募集·销售额市场上,它们占有率为六成。

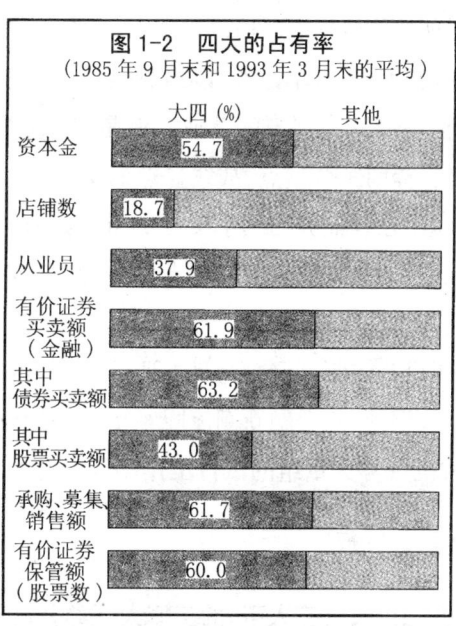

但是,这"四巨头体制"在1997年11月的金融危机之际却很轻易地土崩瓦解了,落下了战后50年的大幕。由于山一证券的破产,日本证券界的行业地图被大大涂改了,其过程呈现出"飓风般的重组剧"的样态。

一是构成"四巨头体制"一角的大证券公司的崩溃瓦解了以前的行业支配结构,如何形成新的行业秩序,局势混沌不清。二是从1990年前半期开始,在1996年11月刚宣布"金融大爆炸"等"证券大改革"后,就发生了山一证券崩溃的"异变",因此,可以预料证券界的再次兴起和重组面临着空前的考验。

三是如后述的那样,证券行业的重组是在日本经济被不良债权压得喘不过气的时候试行的,因此其痛苦的曲折过程不可避免。

譬如山一证券停业后,从1998年8月开始,美国的大证券公司美林证券公司(美林·日本证券)以约30个分店为据点侵蚀日本市场,在日本全国展开大规模的营业。但是,到2002年夏天就只剩下东京、大阪、福冈三个据点,战线显然缩小了。

2000年4月,在线证券的旗手美国的查尔斯·施瓦布(施瓦布东京海上证券)曾大张旗鼓地策划进入日本,但在2001年11月由于不合算的原因也决定撤退。

那么在"四巨头体制"垮台后,日本证券界应如何应对"金融大爆炸"和"证券大爆炸"的金融新潮流呢？于是,两个阵营展开了以21世纪为射程的证券大重组的试行工作。

证券大重组的试行

一是变为"三巨头"(三人帮)的三家大证券公司以大竞争时代为目标的新战略,另一个是大型银行,它们虽说和前者有关系,但由于银·证壁垒的废除,其巨大的触手在"时代之风"的证券化新潮流中挥动起来。

虽然可以预料在最终的归结前还会上演几多迂回曲折的戏剧,可21世纪的证券界地图的基本框架虽然仍有些朦胧,但已现出端倪。

证券大重组的走向归结起来大体有五个潮流。在重组的骨架或脊椎上连接着或明或暗地盯着参与证券业务的大银行。因为既然21世纪金融大潮流的主轴是证券化，那么21世纪金融商业去掉"证券力量"是不可能形成的。

所谓五个重组战略是：A.以大银行集团为主体的银·证合并战略，B.三家大公司的战略，C.准大证券集团的战略，D.专门证券战略，E.地区·当地证券战略。

A. 银·证合并战略

这和前述的从1999年夏开始的面向巨型银行的大银行重组密切相关。瑞穗集团、三井住友集团、UFJ集团、三菱东京集团的4M及准巨型的里索那集团如图1-3所示，其旗下配备有批发证券部门、零售部门，其银·证合并战略已经开始动了起来。其中，三菱东京金融集团(MTFG)因脱离了以前的三菱系统的大证券公司日兴证券的集团，在证券战略上落后了，但在2002年9月终于以"三菱证券"开始起步(东京三菱银行保有超过50%的股份)。这个集团是和国际证券、东京三菱证券、东京三菱个人证券、一成证券合并建立的。

图1-3 大型银行集团的银证合并

	瑞穗	三井住友	UFJ	三菱东京	里索那
批发	瑞穗证券	大和证券SMBC	UFJ翼	三菱证券	
零售	新光证券	瑞穗承销	基樱金花 / 国民 / 明光 / SMBC基金(2003.4)	东海东京		朝日零售	考斯茅

此外，在这五家银行系统中，三井住友集团(SMFG)和后面要提到的"三巨头"之一的大和证券合资成立了从事批发业务的"大和证券 SMBC"。

B.三巨头的新证券战略

由于山一证券的自主停业，支配战后证券界的"四巨头体制"迎来了终结，剩下的三巨头的去向便引人注目起来。

最大的野村证券在 2001 年 10 月成立了控股公司"野村控股"，其旗下继承了以前的野村证券而开始了新的起步。

剩下的大和证券及日兴证券没有像野村那样的单干战略，而是采用了一方面和大银行、一方面和外资合并、合作的战略。大和证券的批发部门在 1999 年 4 月和前面说到的三井住友银行以 6:4 的出资比率(大和为六)成立了"大和证券 SMBC，大和证券集团总部(控股公司)则经营零售部门。

日兴证券以前加入了三菱系统，但 2001 年 10 月成立了控股公司日兴证券集团，以旗下继承的日兴证券的零售部门和日兴证券的形式起步。

日兴证券在重新再起步之际，和三菱集团基本上分道扬镳，从美国的大型金融联合企业的花旗集团[1]接受了资本(约 20%强)。日兴集团的批发部门日兴所罗门美邦证券是日兴证券集团(出资51%)和花旗集团(出资49%)共同出资建立的。

---

[1] 这是由美国旅行者集团和花旗公司在 1998 年合并创立的金融集团。——译者

C.准大公司的战略

一般将资本金 1000 亿日元以上的叫做大证券公司,目前这样的大公司有野村证券、大和证券、日兴证券、大和证券 SMBC、日兴所罗门美邦、新光证券等六家公司(参见第 4 章)。其中,包括新光证券在内,UFJ 翼证券、三菱证券、冈三证券、瑞穗投资者证券、东海东京证券、樱花证券、考斯茅(Cosmo)证券大多被称为准大证券公司。这些公司大多是属于银行系统的以零售业务为中心的公司。所以,这些准大公司的证券战略在 A 的银·证合并战略之下,以证券新时代为目标更进一步地深入进零售市场。今后将会有中小证券公司或当地的证券公司加入这种证券公司。

D.专门证券战略

把焦点放在国际互联网的证券交易上的具有中坚规模的证券公司有松井证券、岩井证券、马内克斯证券公司等,今后它们可能将特化为面向个人客户信用交易的在线业务。

E.地区·当地证券战略

今后的证券新时代是各种金融产品等货物齐全的时代,在这种情况下对地区顾客的门市销售是不可或缺的,但当地的中小证券公司很难做到商品开发或货物齐全。而且,地区银行或中小金融机构也要参与到证券销售中来。

当地证券公司作为大证券公司或大银行的销售代理店不得不摸索着生存之路。或许它们和前述的准大公司 C 的合并或合作是不可或缺的。

无论如何,除了大证券公司外的证券公司最大的问题是:因股票买卖手续费的自由化而 C 的准大型公司、E 地区·当地公司,还有D的在线证券公司等今后如何维持收益能力。

3 金融大爆炸下的生存之道

金融淘汰的法则

在1990年代的不良债权的重压及长期的通货紧缩的经济停滞下,对于金融机构来说,这是个严峻的时代。在进入了21世纪的现在这种状况也还是岿然不动。

在这期间,金融自由化的大浪滔滔不绝,不,其速度在"金融大爆炸宣言"或世界性金融大竞争化下正在加速。经过这十多年,日本金融界间或的金融危机像海啸一样来而复去,去而复来。

以1994年12月的东京协和信用组合、安全信用组合的破产开始的"第一次金融危机",以1997年11月的北海道拓殖银行破产及山一证券的自主停业而引发的"第二次金融危机",以1998年秋日本长期信用银行等破产的"第三次金融危机",还有进入21世纪的"二月危机"、"三月危机"、"九月危机"等,每逢结算期或中间结算期就会发生金融危机业已不足为怪了。

接踵而至的金融危机意味着日本的金融体系是存续在脆弱的基础之上的。这具体表现在金融机构的破产将继续下去。

像本章图1-1所示,大银行的合纵连横在扩展,躲避着其面临的危机或破产,但信用组合、信用金库、第二地方银行等经营基础脆弱的中小金融机构如图1-4所示,则暴露在整顿、淘汰的风暴之中。

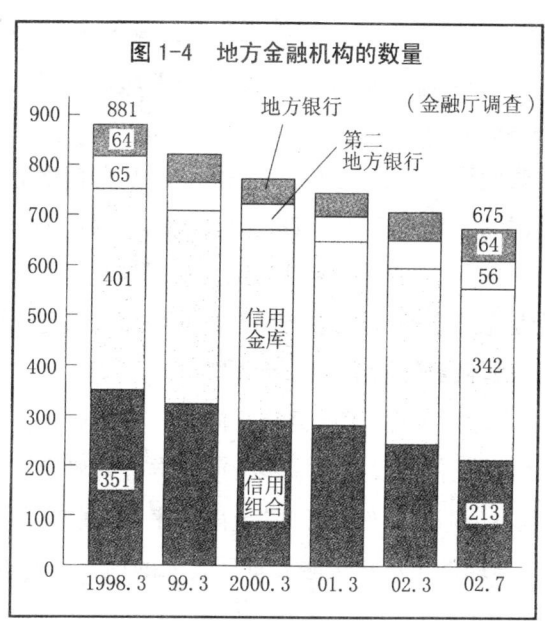

图1-4 地方金融机构的数量

看看到2002年7月的六年间,就会了解到地区金融机构(地方银行、第二地方银行、信用金库、信用组合)的情况。其从1998年3月的881家减少到675家,竟然有206家破产,消失了。即在这一期间,138家信用组合、59家信用金库、9家第二地方银行消失了。

自由主义经济中有"金融淘汰法则"。这从反面来理解的话,则意味着日本金融界处于银行过剩状态。

当局既没有救济破产银行,其他有实力的银行也没有进行救济合并。"金融大爆炸时代"使得战后的护航舰队体制成为明日黄花。由于今后金融大竞争的发展及后述的不良债权处理的加速化,"金融淘汰的法则"将会被进一步贯彻。

日本的金融界在 21 世纪初的现在正彷徨在混沌的森林里,这是因为两个"时代压力"的夹击,被赶进很难找到突破口的困境中去了。

一个"时代压力"是"后门之狼",另一个是"前门之虎"。"后门之狼"是后述的不良债权象征着的金融困境,其最终的归结是遭遇"金融淘汰法则"。由于过去泡沫破灭后的后遗症以及长期的通货紧缩,不光是中小金融机构,就连骨干的地方银行甚至大银行因资金平衡表的破坏,经营状况也相当脆弱。

往前看,"金融大爆炸"的巨浪正向金融机构袭来。如何应对证券化的大潮流,依然没有哪家银行或证券公司确定了面向金融新时代的基本战略。既然缺乏对"金融未来"的展望,那么当不良债权或通货紧缩的重压从金融界背后袭来的话,"金融淘汰法则"就不得不动作了。

这是日本金融界在 21 世纪初的现在所面临的"眼前危机"。金融界的混沌会永远持续吗?什么时候能够看到"天窗"呢?

"金融未来"是无序的抑或是有活力的

袭击日本金融界的"后门之狼"的不良债权问题或通货紧缩问题后面将详细论述,这里想勾画出一幅简单的图,即如何应对"前门之虎"并探索对"金融未来"展望的可能性。

在后金融自由化或者金融大爆炸时代能生存下来的"生存之道"的关键是如何应对证券化的潮流,同时是如何使传统的资金中介功能复兴。

21 世纪的金融需求不论是个人还是企业都将走向多样化、高度化。这种金融需求是高质量的,不能以合理的价格供给金融产品或金融服务的金融商业已经不能存在,将被"金融淘汰法则"清算掉。

那么,担保高质量的且合理价格的金融产品的"金融动力学方程式"是什么呢？这里用表1-1表示一下考虑到新的21世纪型金融商业可能性的矩阵。

表1-1　金融商业·矩阵

		对象地区（规模）								
		当地			地区			巨型		
		A	B	C	D	E	F	G	H	I
零售部门	①差额利润			○		○	—	○	—	
	②委托手续费			○		○		○		
	③开发			—						
	④咨询									
批发部门	①利润差			—		○	○			
	②委托手续费									
	③投资银行					○	○			
	④开发					—		○		
	⑤咨询					○	○			
综合	⑥交易			—		—	△	—	○	

横轴是金融商业的规模(对象地区),纵轴是金融商业的收益内容。此外,关于纵轴的收益内容又分为个人部门(零售)和企业部门(批发)。另外,在这两个部门以外设立综合部门(交易、商业)。

对象地区区别为巨型、地区、当地。收益内容原则上是由

(1)差额利润,(2)委托买卖手续费(包括管理费)商业,(3)投资银行型手续费商业,(4)开发商业,(5)咨询商业(包括顾问费和咨询费),(6)交易·商业等六个功能组成。这里如表所示,每个对象地区都分为:当地的(A.B.C)、地区的(D.E.F)、巨型的(G.H.I)。这样一来,其金融机构具有的经营资源应特化为何种经营模式就一目了然了。如果是巨型银行,譬如 H 的场合,将特化为"投资银行模式";G 的情况特化为以零售为中心,批发特化为对中小企业金融方面的"超地区型模式"。

如果同样是当地银行,C 的情况将成为经营"金融小商店"或零售差额利润业和彻底进行其他开发的金融产品代理销售的模式。此外,如果是地区银行,E 的情况是经营面向个人部门及企业部门的差额利润业和咨询业、投资银行业(上市的商谈或斡旋等),并特化为"地区核心银行"。此外,F 是以企业为对象的"专门金融公司"的模式。

而(1)差额利润业是传统的,但在这里,不能忽视其作为新收益来源的可能性。这是因为今后金融机构如果充分地掌握信用风险来进行融资的话,其差额利润和现在相比也可能会得到相当的收益。在这种场合,为了规避信用风险,利用金融衍生产品等金融技术是不可或缺的。

在上述的金融业·矩阵之下,金融机构如果决定"选择和集中"的话,那么不就能发现打开金融"天窗"的一条路线吗?

II 泡沫和不良债权的紧箍咒

1 泡沫破灭和资产紧缩

空前未有的大泡沫的产生

1991年(平成3年)4月,日本经济陷入景气衰退。政府和许多经济学家都认为这景气衰退或景气波折是每次都熟悉的"周期性衰退",只要拿出通常的财政金融政策,两三年内就会转入景气恢复并回到自律增长的轨道上来。

但是,这个想法被无情地连续背叛,就是到了21世纪初,日本经济也没有开拓出未来,却变成了"10年通货紧缩",而现在的状况是在未来的道路上甚至闪现着"20年通货紧缩"的长期阴影。图1-5展现了1991年度以后的实际增长率(年平均),但为了消除每年的变动而确认其增长趋向,则在图中表示出五年移动的平均值。

从1991年度到2002年度(2002年度预计为0.2%)的年平均值仅为0.97%,真正显示了长期停滞的状况。平均移动值是1999年度0.42%、2000年度0.22%、2001年度0.47%(仅是这个年度为

4年平均移动值），这是0%左右的"零增长"。

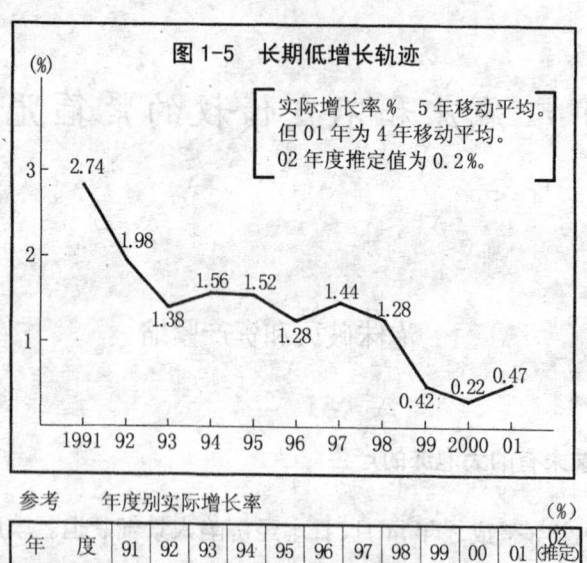

图1-5　长期低增长轨迹

实际增长率% 5年移动平均。
但01年为4年移动平均。
02年度推定值为0.2%。

数据点：1991: 2.74；92: 1.98；93: 1.38；94: 1.56；95: 1.52；96: 1.28；97: 1.44；98: 1.28；99: 0.42；2000: 0.22；01: 0.47

参考　年度别实际增长率　(%)

年度	91	92	93	94	95	96	97	98	99	00	01	02(推定)
实际增长率	2.5	0.4	0.4	1.1	2.5	3.4	0.2	-0.8	1.9	1.7	-1.9	0.2

在此之间，政府、日银固然在政策运营上犯了若干错误，但基本上是实施了空前未有的、竭尽全力的财政干预及超金融政策。

虽然如此，但前述的 GDP 还是低增长，如图 1-6 所示，股票市场、地价及利率（官方贴现率）依然持续着异常的长期低迷。看来在 1990 年代初日本经济就表现出来的异常症状（低股价、地价下跌、低利率）不仅一直没有得到改善，毋宁说是一路恶化。

这样长期的经济停滞不仅在战后日本是第一次异变，而且在发达国家中也是异常的例子。这异变和异例在超过了"10年通货紧缩"的现在依然岿然不动的根本原因何在？

一言以蔽之，就是1990年代初的泡沫破灭直接打击了日本经

图 1-6　股票、地价、利率的长期低迷

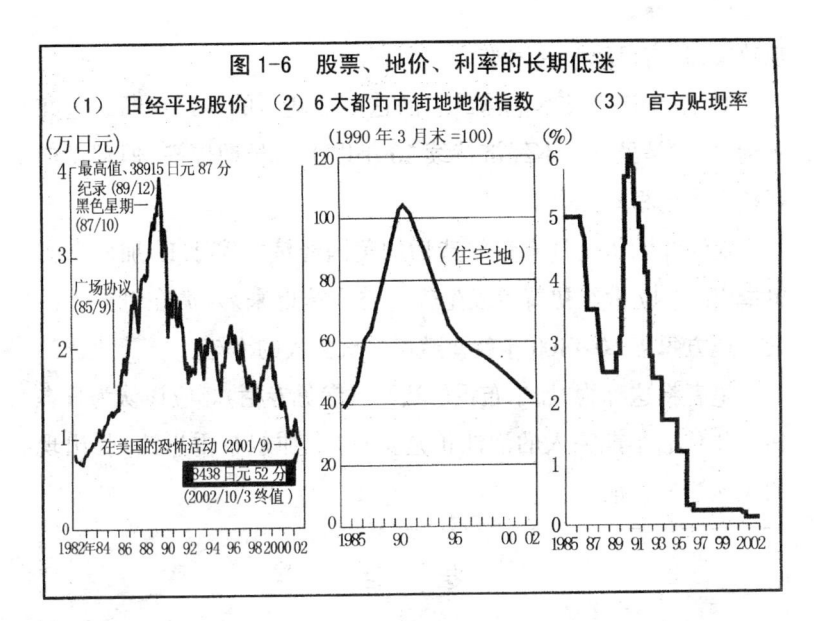

（1）日经平均股价　（2）6大都市市街地地价指数　（3）官方贴现率

（1）最高值,38915日元87分纪录(89/12)；黑色星期一(87/10)；广场协议(85/9)；在美国的恐怖活动(2001/9)；8438日元52分(2002/10/3终值)

济。当然,泡沫破灭是战后发达国家经常发生的经济现象,但这些国家(如瑞典)在数年间便从后遗症中摆脱出来,并没有陷入长期通货紧缩的陷阱之中。

空前未有的泡沫破灭

但是,1990年代初的日本泡沫破灭存在着两个基本问题。忽视这一点并没有正确地应对是和允许"泡沫破灭"的后遗症"拖延"相关联的。

首先,第一个根本问题是1990年代初日本的泡沫破灭的规模在世界上是最大的、空前的。

第二,政府和经济学家们现在也没有注意到上述事实,只是认定只要大胆地展开传统的经济政策,即以财政金融政策为主的宏观政策,就有可能解决困难。

对1990年代日本泡沫破灭的这两个基本的错误诊断一直在延续,这就是虽然日本经济持续10年以上的长期停滞,但却没能开拓未来的根本原因。

对泡沫的历史具有精深造诣的美国经济学家J.K.加尔布雷思指出,自17世纪初荷兰发生郁金香泡沫以来,人类在世界上的某一地方每隔60~100年就要遭遇一次极大的泡沫。

笔者将这称为"加尔布雷思法则"(参见专栏)。应该认为日本1980年代后半期陷入的泡沫正是具有按"加尔布雷思法则"出现的大泡沫的特征。

专　栏

J.K.加尔布雷思是超过90岁高龄的美国现代经济学的泰斗。《富裕社会》、《不确定的年代》等著作敏锐地挖掘和分析了现代经济社会的核心,是有定评的著作。众所周知,他的名著《大崩溃》生动地描写了1929年10月24日纽约股市的暴跌。他也是当代顶尖的泡沫研究专家。加尔布雷思总结了17世纪荷兰的郁金香热、18世纪英国的南海泡沫等泡沫的历史,认为:"人类会愚蠢地在60年到100年就卷入一次世界某处的巨大泡沫中,而饱尝辛酸。"

笔者将这叫做"加尔布雷思法则"。因为经过"60年到100年",祖父辈的教训很难传到孙子一代。从1929年的纽约股票泡沫破灭到约60年后的1990年东京泡沫破灭。日本泡沫也奇异地证明了"加尔布雷思法则"。

日本的泡沫破灭是以1990年初的股票暴跌为开端的。如果说60年前，那么就相当于1930年前后。这奇异地符合以1929年10月24日的"黑色星期四"的纽约股票市场的大暴跌为开端的1930年代大萧条。

这不仅仅是"年代符合"。1930年代大萧条的元凶是美国大泡沫，这一泡沫可以说是以1918年第一次世界大战的结束而世界经济产生历史性转折为契机开始的。即这时新兴国家美国取代了以前的世界经济首领英国而掌握了经济霸权。

这便让美国卷进了"第一症候群"，从而发生了大泡沫。如此说来，16世纪初展开的郁金香狂欢也是发端于战胜了西班牙无敌舰队并掌握了当时世界贸易权的荷兰。

1985年世界经济发生的历史性转变是"日美转变"。这一年日本人人均GDP赶上并超过了美国。战后以来，不，自明治维新以来，日本终于实现了赶超欧美的历史性愿望。并且日本成为持有世界最大的对外纯资产的"资产大国"，而另一方面，美国则从1918年以来的世界最大的"资产大国"沦为世界最大的"债务大国"。

即在1980年代中期，世界经济的座位发生了日美逆转。就像在解释这一历史性转换一样，1985年9月，因G5（美国、英国、西德、法国、日本）的"广场协议"而日元汇率暴涨，从1美元＝240日元到1美元＝120日元，上涨了一倍。

空前的超日元升值使得整个日本弥漫着"日元升值萧条"的恐慌，日银出台了金融放宽政策，政府为了扩大内需则实施积极财政。然而，站在世界经济顶峰的日本经济并没有受到超日元升值

图 1-7 主要三市场的股价同时暴跌

世界主要股价指数的数值

道琼斯工业股平均（美元）

金融时报 100 种股价指数（英镑）

注：10月16日星期五因为暴风没有正式数值。

东京日经平均股价（日元）

（华尔街日报 1987年10月30日）

的痛击，它反而利用这一情况创造出"日元升值繁荣"。毋宁说日本企业享受了日元升值的好处，启动了增长的发动机。

1987年10月19日，纽约股市发生大暴跌。即黑色星期一。当时的西德为防止通货膨胀决心抬高利率，因而美德利率差扩大，资本从美国流出，美元贬值，而且人们对美国将会提高利率的感觉很强烈。这直接打击了纽约股市，带来了世界同时的股票贬值（参见图1-7）。

在以美联储为中心的各国中央银行和政府的国际协调下，这次股票暴跌的进一步发展被阻止住了。但是，美国担心黑色星期一再次到来，便加强了对世界最大资本供给国日本抬高利率的牵制。日本的官方贴现率在1987年2月降低到历史上最低的

2.5%。日本在美国的压力下,将这低利率状态一直保持到1989年5月。

在这里存在着1980年代后半期日本泡沫形成的另一个主要原因(参见第5章)。这个主要原因就是上升为世界最大的经济国家的日本掉进了已经论述过的"第一症候群"。实际上日本制造的家电和汽车的质量被夸耀到了世界第一的程度,日本的许多经营者异口同声地说:"已经没有什么可向欧美学习的了"。于是,世界上最大的泡沫就在日本产生了。

历史上最大的泡沫,具体地说表现在东京股市的股价骤涨及以城市部分为中心的地价飞涨。前揭图1-6的股价和地价的图解显示了1980年代后半期的"资产膨胀"的可怕景象。

一直被过低评价的泡沫破灭

在1990年1月的年初交易行市上,东京股市股价暴跌开始了。而在1991年秋天价格达到顶峰的地价开始下跌,战后的"土地神话"崩溃了。

但是,政府和经济界还有国民只认为这泡沫破灭是"远处的雷声"。股价暴跌只是对异常上涨的反动而已,并且日本的个人投资家很少,股价下跌对个人消费的影响不大,即使对互相持有股票的银行或企业来说,因为是从股价低值时就互相持有,所以股价下跌的损失不足挂齿。

另一方面,有关人士认为1991年秋达到顶点的地价下跌也是对以前地价飞涨的调整,在不远的将来就会到达谷底。所以,1990年初发生的资产价格的下跌不过是"孤立的股价、土地泡沫"的调整,他们根本没有认为历史上最大的"资产紧缩"正直接打击着日本经济。

对1990年代初日本泡沫破灭的过低评价意味着日本经济诊断的失误。这误导了当局的政策应对,成为将平成萧条逼进战后第一次长期通货紧缩陷阱中去的巨大原因。

金融行政的失败象征性地表现了当局政策应对的决定性谬误。实际上说长达10年以上的金融失政是长期通货紧缩的主要原因并非为过。政府对1990年代的泡沫破灭和其后的后遗症一直评价过低,没有准确地看到"资产紧缩"的现实。

1990年代初开始的泡沫破灭在金融体系上积累了规模不可忽视的不良债权,而在1992年时,国内外市场的有关人士之间已经开始强烈地认识到这一点了。在市场上,人们对"银行经营没事吗"的怀疑强烈起来。

因此,全国银行协会联合会也研究了公示不良债权的公开标准,但结果因大银行和地方银行之间没有达成共识而未能成行。其结果造成了市场上臆测纷纭,甚至从海外方面传来"日本银行危险"的信息。

如果市场疑神疑鬼,那么由于银行股票的暴跌而股市难免会陷入混乱,大藏省对此也十分警惕,于是在1992年4月23日公布了城市银行、长期信用银行、信托银行三业态21家银行的合计延滞债权7万~8万亿日元,其中可能不能回收的不良债权为2万~3万亿日元。不良债权占贷款总额的"不良债权比率"仅为1%弱(包括有些灰色债权的延滞债权比率也不过2%~3%),所以大藏省发表了"金融体系上没有问题"的发言。一般将不良债权比率

3%～5%设为危机线,所以1%程度真是不足挂怀,大藏省的这一看法本身并没有错。

但是,海外却是以"很大的疑惑"来接受大藏省发表的不良债权推算额的。因为如果考虑到1980年代后半期膨胀的土地泡沫破灭的话,那么不良债权额将不会是这样的。这种疑惑弥漫在市场上,而这时英国的《金融时报》登载了日银方面推算的城市银行、长期信用银行、信托银行、地方银行和其他的合计不良债权额为42万～53万亿日元的报道(1992年5月16日)。在这一报道中,城市银行、长期信用银行、信托银行等三业态是26万～35万亿日元,为大藏省发表数字的10倍以上。

如果像大藏省发表的那样,不良债权不过是2万～3万亿日元的话,那不过是不足挂齿的小事。在这个意义上,我们就能理解当1996年6月投入6850亿日元的公共资金而制定住专处理关联法时金融当局说的话:"这样就能解决不良债权问题了"。

但是,大藏省的不良债权推算明显是"过低评价"。其后,如果看看从1990年代中期以来,金融危机一波一波地袭击市场,就不能不承认金融当局的不良债权推算是"不像话的过低评价"。

其中,金融厅在2001年4月基于民主党的强烈要求,决心公布"问题债权"(最广义)等情况。结果是令人震惊的:全部金融机构的问题债权总额至2003年3月末为150万亿日元。而金融厅在和公布这一数字的同时,也公布了广义及狭义的不良债权额。但是,金融厅在其后对最广义及广义的问题债权并没有发布新闻。

此外,为了在概念上进行梳理,稍后我将对最广义、广义、狭义的分类定义和图1－10一道作为参考加以介绍。

从狭义上来看,2002年3月末推算(大银行部分)的所谓不良债权的比率(不良债权除以总贷款)是8.4%。仅仅这一点就足以证明前述的1992年春时的不良债权比率为1%左右是多么"荒唐的过低评价"。

既然金融当局的不良债权推算持续着过低评价或谬误,那么反复的金融失政就是自然的了。1998年6月,在日本长期信用银行的经营危机表面化之时,美国的财政部副部长L.萨玛兹慌忙飞抵东京,在日本金融当局的面前生气地说：

"看看1990年代的日本金融行政,就知道那里存在着'失败的方程式'。这首先是(1)隐瞒,(2)过低评价,然后是(3)搁置,(4)反复的权宜之计。"

确实,萨玛兹指出的"失败的方程式"显示了10年间日本金融失政的特性。

稍后将谈及不良债权的定义和推算,而过低评价这不良债权可以说是没有准确地看到1990年代初以来超过10年的长期萧条的核心问题而使日本经济陷入"资产紧缩"陷阱中的很大原因。

象征金融行政迷失方向的是围绕着债务清偿的骚动。1996年6月和处理住宅专门公司相关的"住专处理关联法"出台。这时,金融当局将其作为"这就结束了不良债权"的政策,并认为五年后日本金融体系将会健全化、稳定化,所以制定了从2001年4月实施债务清偿解禁的"修改存款保险法"。但不良债权处理并无进展,不得不将债务清偿解禁延期。从2002年4月起对于定期存款好不容易才实施债务清偿(参照专栏)。

为什么债务清偿是必要的?

债务清偿全面解禁暴露了不断走进迷途的日本金融行政的丑态,最终决定从2005年4月开始进行。比当初的计划晚了三年。而社会上很多人对为什么必须债务清偿抱有疑问。债务清偿是指某银行(包括分行)的一个存款人的存款当该银行倒闭时,要保证偿还1000万日元及其利息,在此数额以上不予保证。人们会产生朴实的疑问,为什么要做这种无情的行为呢?

没有债务清偿时,银行对存款流失不太担心,所以很容易因轻率的贷款而抱有不良债权。结果银行破产时,为维持信用秩序政府必须供给大量的资金。这是国民的税款。如果实施债务清偿的话,存款人就会加强对银行的选择,不去危险的银行存款。这样的话,银行就会规避轻率的贷款或危险的行动,结果为维持信用而投入的税款就节约下来了。

而从2003年4月起,预定包括流动性存款在内,将全面实施债务清偿解禁。实际上2002年夏天,主张断然实行债务清偿解禁的小泉首相也一边保护结算性存款,一边声称普通存款的债务清偿解禁从按预定的2003年4月开始实施。

但是,金融界的反对论调强烈起来,他们认为在2003年4月实施解禁,必然会给地方金融机构方面带来混乱,而且,认为将结算性存款放在债务清偿解禁之外的做法无论怎么说也是"姑息"的舆论也高涨起来,最终政府将债务清偿解禁延期两年,即从2005年4月开始实行。如此严重的债务清偿解禁的混乱剧正象征着长达 10 年以上的愚蠢的金融失政。

原因是泡沫后遗症的"资产紧缩"

如前所述,1990 年代日本经济遭受了历史上最大的泡沫破灭的袭击。这是同起因于"第一症候群"的 17 世纪荷兰的"郁金香泡沫"如出一辙的巨大泡沫的破灭。

政府、经济界、经济学家们都漏掉了这一事实。其象征是前述的对不良债权的"过低评价"。所以,他们认为如果展开同以前一样的财政干预和金融放宽政策的话,泡沫破灭后遗症产生的巨额供求差额(通货紧缩差)早晚会消失的。

但是,1990 年代的泡沫后遗症的规模超越了想像。1990 年代初以后,虽然财政金融政策全面展开,不,也正是因为这一政策反而扩大了日本经济的通货紧缩差,日本经济被迫进入了严重的通货紧缩。

如后述的那样,日本的金融机构(全国银行规模)自 1992 年以来处理了大约 90 万亿日元的不良债权,但是不良债权至 2002 年 3 月末在狭义的规模上依然有 43 万亿日元。

这巨额的不良债权的存在显示了"资产紧缩"的重压之沉重。"资产紧缩"大体上在五个途径上使日本经济存在着通货紧缩差。

(1)伴随着 1980 年代后半期的过剩融资供给力的扩张化。(2)因 1990 年代的财政干预(公共投资等)而产生的建筑业等企业数量或就业的增多。(3)以特别保证制度等支持中小企业的存续。(4)因金融超放宽或处理不良债权搁置等而产生的企业损失延迟化。(5)IT 泡沫的信息关联企业的过剩出现。

因1980年代后半期的泡沫,日本经济创造出了过剩设备或过剩事业,但1990年代的扩张性财政金融政策的展开基本上保存了1980年代后半期创造出的过剩供给力,在此之上,财政干预反而产生了新的建筑相关企业等。

此外,以金融超放宽政策或缓慢的不良债权处理为基础的金融行政搁置了企业过大债务的处理。再加上特别保证制度的信用保证协会的无担保融资,使中小企业或个人企业的存续成为可能。而且,IT泡沫使信息相关企业大量产生,这都加速了企业过剩的状态。

随着泡沫破灭,1990年代发生了泡沫后遗症,企业落入债务过大的状态。作为借款的担保资产或资产而保有的土地或股票持续跌价,所以企业不能返还借的钱。这是伴随着泡沫后遗症而发生的"资产紧缩"。于是,1980年代后半期的借款膨胀因此就成了过大的债务。

图1-8显示了1990～2000年土地和股票的资产损失(资本损失)累计达到1158万亿日元。土地从1991年以后一直损失,损失累计为737万亿日元。因股票也有上涨的年份(1999年),所以累计损失为424万亿日元。

这样超过1100万亿日元的资产减价带来了如图所示的物价水平(特别是GDP减缩指数)的长期下跌。这就是"资产紧缩"。

而想阻止这"资产紧缩"的财政金融政策如前所述反而使过大的供给力进一步加大。从反面来看,意味着企业负有过大债务。

这种过大债务的存在在物价下降的通货紧缩经济下,加剧了对企业经营的重压。即所谓"债务紧缩"。"债务紧缩"的重压带来了新的不良债权的产生。而企业收益持续恶化,对就业、工资的下

图 1-8 巨额资产减价（土地・股票）

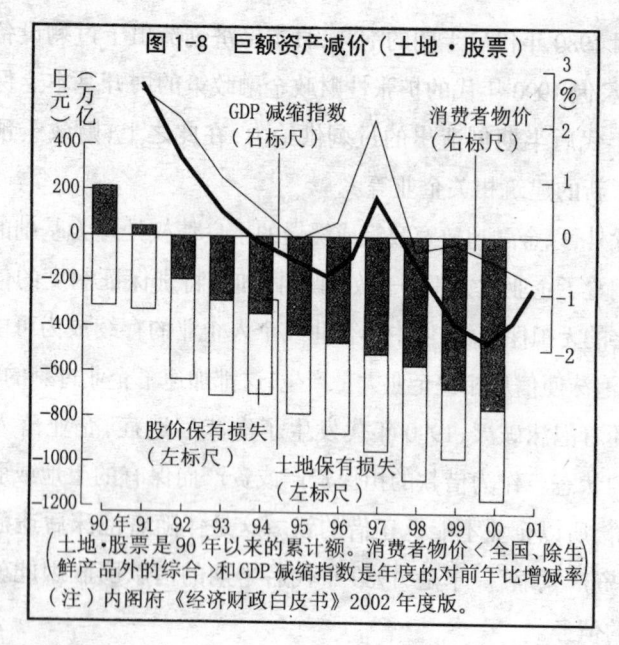

（土地・股票是90年以来的累计额。消费者物价〈全国、除生鲜产品外的综合〉和GDP减缩指数是年度的对前年比增减率）
（注）内阁府《经济财政白皮书》2002年度版。

方压力增强起来。

其结果是个人消费低迷和企业投资停滞成为常态，需求水平低下。在这里供求差额进一步扩大，这更带来了资产价格的（地价或股价）下跌。这就是"紧缩螺旋"。

即使试图将财政金融扩大政策暂时恢复总需求的水平，但这在另一方面或维持了前述的过剩供给力，或使其上升，为此通货紧缩差反而扩大。图1-9显示了日本经济紧缩差的推算。在OECD推算中GDP差约为GDP的3%，日本经济的生产率上升率（年平均）如果是2.5%的话，差距竟达18%。因此，如以这个推算为前提的话，日本经济中就存在着15万~90万亿日元的巨额供求差额。

1980年代的泡沫是巨大的，所以1990年代的泡沫后遗症也就

图 1-9 日本的通货紧缩差①

① 现实 GDP 和潜在 GDP 的差（%）
② 假定 1980～1992 年平均生产性上升率为 2.5%《伦敦·经济学家》2002 年 10 月 4 日号。

严重,为此便出台了前所未有的大规模财政金融政策,但这反而使过剩供给力稳如磐石,允许了紧缩的进展,扩大了"债务紧缩"。这个机制扩大了通货紧缩差。

2 不良债权和通货紧缩的关系

不良债权的定义和现状

那么如何使日本经济从长期的紧缩陷阱中脱身呢？社会上经济大争论的核心焦点可以总结为"是紧缩对策优先呢？还是处理不良债权政策优先呢"？在梳理这个问题之先,必须首先看一下不良债权的定义和现状。

在不良债权的定义中,典型地说有最广义、广义和狭义三种。一般使用的是狭义的定义,但实际上如果当局或银行认为自己的审定太宽松的话,那么将最广义或广义的"问题债权"纳入考虑范围来对待不良债权问题是最好不过了。此外,金融厅没有连续公布关于最广义、广义债权的推算。

在这里,为了将这三个定义在概念上明确下来,而使用了图1-10。最广义是"(面向有问题的借贷方的信贷)的问题债权",这是从图的左方的"自己审定分类"中除去正常的借贷方以下的"需要注意的借贷方"的所有贷款(图的"问题方")。

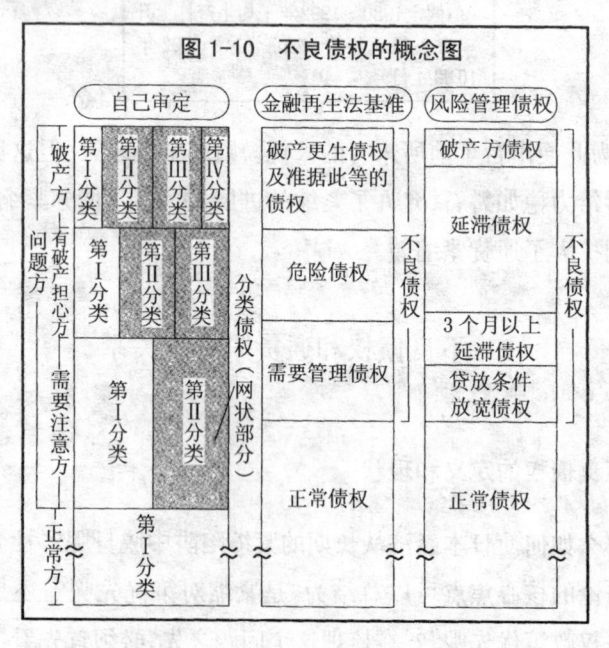

图 1-10 不良债权的概念图

自己审定		金融再生法基准		风险管理债权	
破产方	第Ⅰ分类 第Ⅱ分类 第Ⅲ分类 第Ⅳ分类	破产更生债权及准据此等的债权	不良债权	破产方债权	不良债权
有破产担心方 问题方	第Ⅰ分类 第Ⅱ分类 第Ⅲ分类	危险债权		延滞债权	
需要注意方	第Ⅰ分类 第Ⅱ分类	需要管理债权		3个月以上延滞债权	
				贷放条件放宽债权	
正常方	第Ⅰ分类	正常债权		正常债权	

"自己审定分类"是以借贷方(债务者)的信用度(正常、需要注意、可能破产、破产)为基础,银行以自己审定将借贷债权分为第一分类(没有回收问题)、第二分类(有必要注意回收)、第三分类(回收有重大可疑)、第四类(不能回收)等四类,其中如图所示,是需要注意方以下的、除了正常以外的所有分类的合计。

因此,虽说包括直至需要注意或可能破产,还有破产的第一分类债权是"问题债权",但包括的范围却相当大。所以,这么原封不动地都定为"不良债权"是留有疑问的。

广义的定义是"(更限定的)问题债权",表现在图 1-10 的"自己审定分类"中的网状部分,乃为从最广义的"问题债权"中除去第一分类债权的债权。

而狭义的定义则是由"破产更生债权、危险债权、需要管理债权"构成的,是在以图 1-10 的"金融再生法基准"的公示债权为基础的定义,这一般被认为是"不良债权"。此外,也有图中"风险管理债权"说的"不良债权"(贷款条件放宽·三个月以上延滞债权·破产方)的定义,但在金额上大体和前述的"金融再生法基准"相同。因此,在这里我们将在狭义的金融再生法的公示债权基准中看到的定义为"不良债权",在表 1-2 中整理了其推算。在这种情况下,分为全国银行规模(整体规模、大银行规模、地方银行·第二地方银行规模)及信用金库·信用组合和包括全部金融机构的四个框架。

此外,图 1-11 是四大巨型银行的公示债权基准的不良债权现状。

表 1-2　2002 年 3 月末的不良债权余额

（万亿日元、括号内是上年同月比增减额、▲为减少）

	提供信用额	不良债权			
		总额	破产更正等债权	危险债权	需要管理债权
全国银行	512.1 (▲25.1)	43.2 (9.6)	7.4 (▲0.3)	19.3 (4.3)	16.5 (5.6)
大型银行	327.0 (▲23.6)	28.4 (8.4)	3.5 (▲0.2)	13.0 (3.8)	11.9 (4.7)
地银·第二地银	185.1 (▲1.5)	14.8 (1.2)	3.9 (▲0.1)	6.3 (0.5)	4.6 (0.8)
信金·信组等	95.6 (▲0.9)	9.2 (▲0.1)	3.0 (▲0.4)	3.6 (0.0)	2.6 (0.3)
合计	607.6 (▲25.9)	52.4 (9.5)	10.4 (▲0.7)	22.9 (4.3)	19.1 (5.8)

（注）金融厅合计。金融再生法基准的不良债权。

通货紧缩对策优先抑或不良债权处理优先

如表 1-2 或图 1-11 所示，到 2002 年 3 月末，不良债权的总额是全国银行 43 万亿日元，四大巨型银行 23 万亿日元。因此，为把日本经济从通货紧缩的陷阱中解救出来，围绕着是先采取紧缩对策，还是先处理巨额的不良债权的问题，经济界、经济学者圈子的意见分成截然不同的两种，并展开了大争论。

问题的本质是不良债权和通货紧缩两者之间基本上处于什么关系尚不明确。诚然，作为长期通货紧缩的结果产生了不良债权，并形成巨额的积累。从这一点来看，"不良债权是通货紧缩的结果"，所以治疗通货紧缩应该在处理不良债权之前的议论是"正论"。

图1-11 四大银行的不良债权

（万亿日元）

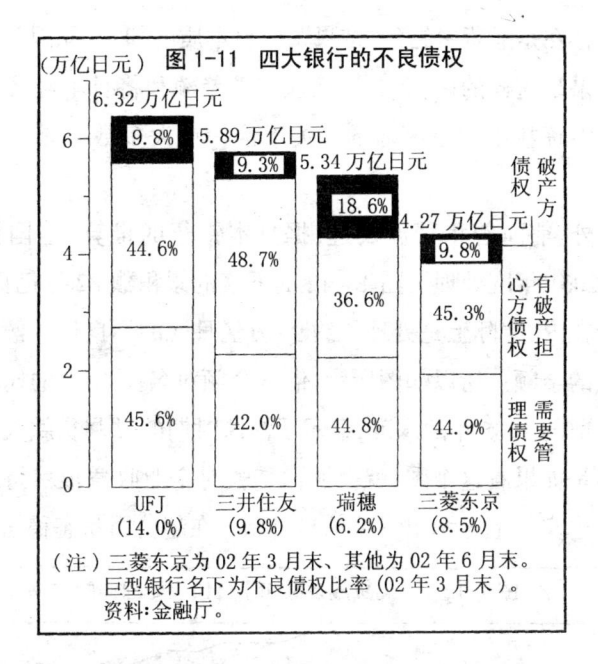

银行	总额	破产方债权	有破产担心方债权	需要管理债权
UFJ (14.0%)	6.32万亿日元	9.8%	44.6%	45.6%
三井住友 (9.8%)	5.89万亿日元	9.3%	48.7%	42.0%
瑞穗 (6.2%)	5.34万亿日元	18.6%	36.6%	44.8%
三菱东京 (8.5%)	4.27万亿日元	9.8%	45.3%	44.9%

（注）三菱东京为02年3月末、其他为02年6月末。
巨型银行名下为不良债权比率（02年3月末）。
资料：金融厅。

但是，这里有两个问题。第一是所谓不良债权本质上是什么。所谓不良债权固然是在银行的贷款中的呆账，是银行资金平衡表上的瑕疵或损失的问题，但这也是片面的看法。

因为不良债权也意味着从银行借贷的企业不可能偿还的债务。就是说，不良债权从借款一方的企业来看，是事业进展不顺利，大量存在着借款过多的企业，制造出了所谓超公司状态。

换言之，由于存在着过剩供给力，激化了降价竞争，物价水平倾向于下降，即引起了通货紧缩。因此存在着大量不能偿还过大债务企业的状态是通货紧缩的元凶，在这个意义上，正是不良债权这一块才是通货紧缩的原因。这就是前述的存在着大幅度的供求差额。就是说不良债权和供求差额是同值的。固然也可以说供求

42 现代金融导论

差额的存在是通货紧缩的"结果",但更本质的却是"原因"。

如果是这样的话,那么消除这供求差额和将日本经济从紧缩的陷阱中解救出来是相通的。关于这一点大多数人是应该同意的。

此外,前面曾稍稍涉及过,据日本银行的推算,全国银行在1992~2001年度处理了图1-12的下表的累积额82万亿日元,包括破产在内,实际上是处理了约90万亿日元的不良债权额。这可是庞大的金额。所以如图所示,借款余额对名义GDP的比率低到泡沫以前的1985年的水准,显示了泡沫时期的过剩贷款大体消解了。但是如果看这个图,就会明白贷款对企业收益依然持续着高水平。这实际上显示出贷款仍然过剩,在超公司状态稳居不动的

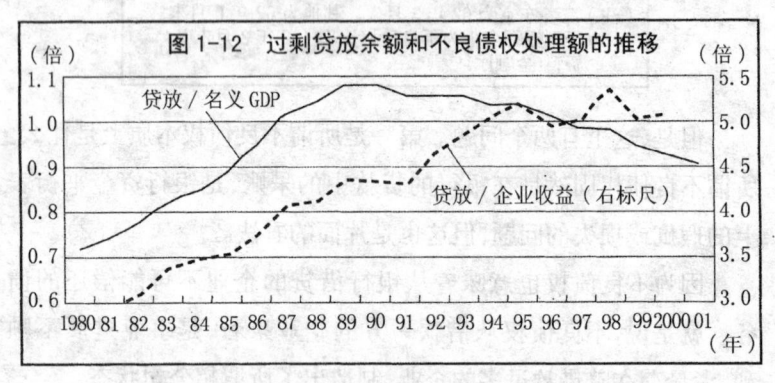

图1-12 过剩贷放余额和不良债权处理额的推移

〈不良债权处理额的推移〉 (万亿日元)

	1992	93	94	95	96	97	98	99	2000	2001年度	累计
全国银行	1.6	3.9	5.2	13.4	7.8	13.3	13.6	6.9	6.1	9.7	81.5[注]
都长信	1.6	3.9	5.2	11.1	6.2	10.8	10.4	5.4	4.3	7.7	66.7

(注)1992~1994年度的全国银行只计都长信。从包括破产方的数据来看,1992~2001年度不良债权处理额的累计额约达90万亿日元。根据日本银行资料。

情况下,价格下跌的通货紧缩压力是很顽固的。

如何消除供求差额

下面是第二个问题。怎样消除大幅的供求差额(通货紧缩差)好呢?无论是谁都会回答"扩大需求"。具体的唤起需求的对策是使用财政政策及金融政策。

伴随着1990年代初的泡沫破灭,平成萧条一开始,政府·日银就以接近全力的形式展开了干预政策。虽然多少有些滞后,但却是前所未闻的宏观政策大干预。

公共部门的长期财务余额已达到超过700万亿日元的水平,利率水平也长期成为零利率,并且,也不断展开异常的量的放宽政策。但是,虽然有这样的总需求政策,可需求扩大效果却只是终结在"一时性"上。

如上所述,这1990年代的泡沫破灭可以说是历史上最大规模的,"资产紧缩"产生的资产减值如已经论述过的那样,累积达到1158万亿日元,并且以扩大总需求为目标的财政金融政策结果反而制造出了过剩供给能力,带来了紧缩深化的逆反效果。

就是说,对将继承郁金香泡沫的日本泡沫作为震源的通货紧缩差,不管采用如何大规模的需求唤起政策,其效果也只能是一时的期待,如果要将其贯彻下去,就将不得不在相当长的时期每年连续实行庞大的财政扩张政策。

大幅度的财政赤字要继续相当长的时间,这意味着必须下决心使公共债务余额像滚雪球一般增长。但是,这在现实中是不可能的,只会使国民经济走向破产。那么,"最后的手段"就只有靠削减供给方面而消除供求差额。这就是过剩企业的整顿、重组、再生，是为消除供求差额所剩下的唯一手段。这是整顿拥有不能返还的不良债务的负债过多企业。

这样，"通货紧缩对策优先抑或不良债权处理优先"的选择自不必说，只要解决通货紧缩的总需求政策有效，通货紧缩对策优先是正解。但是，既然大规模的总需求政策在过去10年已经被证明对空前的"资产紧缩"几乎无效，那就必须要解决成为过剩供给能力温床的超公司状态。质而言之，只有构筑整顿过剩企业的大胆而且缜密的体系。这也是因为如稍后所述，就这样漫不经心地实行不良债权优先处理政策的话，将会产生伴随着空前剧痛的"真性紧缩"，日本经济难免落入战后最大规模的负增长轨道。

3 加速处理不良债权政策的政治经济学

去掉骨头的"壮骨方针"

2001年4月，集国民期待于一身的小泉纯一郎内阁诞生了，这届内阁高举着必须将日本经济从长期困境中解脱出去的结构改革的大旗。基于以前全力的财政干预、超金融政策都几乎没有效果，小泉首相将"结构改革"定位于经济再生的基本战略上。

如果展望少子高龄化社会，那么包括在战前时代形成的特殊法人的行政体制、财政制度、税制及医疗制度、退休金制度等必须从根本上加以改革。在这一点上，小泉的结构改革受到大多数国民的支持，并开始起步。

因此在2001年6月,小泉内阁将基本经济战略概括为"壮骨方针"。并明确宣称将这作为正式的结构改革的大前提,并要在2~3年的集中调整期内断然实行不良债权的最终处理。这意味着在前述的"通货紧缩对策,还是不良债权处理"的问题上,小泉内阁采取了优先处理不良债权的政策。

但是,这里发生了奇妙的事件。当时的柳泽伯夫金融担当大臣去IMF[①]说明关于日本的不良债权处理时,在2001年8月的经济财政咨询会议上,展示了"柳泽蓝图",其内容是在2003年度前使不良债权基本稳定地推移,到2007年度削减一半。

这完全无视了到2003年度要集中地断然进行不良债权的最终处理,即两个多月前的"壮骨方针"。这一"柳泽蓝图"在柳泽和小泉首相的个人会谈中被取消了,但最终对不良债权的处理没有取得明显的进展,到了2002年秋,抱有不良债权的银行股票被抛售,以至股市大落。因此导致了着急上火的日本银行于2002年9月公布了直接购进股票措施的所谓"禁忌手段"(参见第5章)。

而且,像第5章的故事所说的那样,这里面也有美国强烈的暗示,小泉首相在9月末的内阁改造时,更换了柳泽金融担当大臣,由竹中平藏经济财政担当大臣兼管金融担当工作。至此,小泉内阁"回归""去掉骨头"的"壮骨方针"的"原点"。

围绕着竹中蓝图的争执

1990年代是金融失政的10年。如据称是美国的L.萨玛兹指

---

① 即(联合国)国际金融公司。——译者

责的那样，因为日本金融行政持续地迷失在"隐瞒、过低评价、搁置、反复的权宜之计"中。其间，金融当局在1990年代后半期两次向银行投入公共资金，并挺着胸膛说："这样一来，银行的经营就健全化了"。但两次都没有取得银行健全化的实际效果，终至完全失败。

所谓过去两次的公共资金投入是根据1998年3月的金融机构稳定法进行的，当时的金融危机管理审查委员会（佐佐波杨子委员长）向18家大银行提供了总额约17000亿日元公共资金，以及根据1999年3月的金融早期健全化法，金融再生委员会（柳泽伯夫委员长）向15家大银行提供了总额约7万亿日元公共资金。但是，这些公共资金的投入都是半途而废的措施，对于试图使银行健全化来说，是远远不够的。可以说其理由是当局对不良债权没做出正确的评价，以及银行经营者靠着大笔资金的注入规避了严格的责任或限制的要求。

因此，金融担当的竹中大臣为了不重蹈过去金融失政的覆辙，在金融厅内部设立了金融项目小组（简称竹中PT），很快就拿出了(1)资产审核的严格化。(2)银行资本充实化。(3)确立银行经营支配等三原则的"加速处理不良债权政策"。

竹中PT策划的加速处理政策的焦点是将承认银行自有资本中的本期计入的"递延税金支出资产"严格化，把对其资本的计入额作为中心资本（资本金、资本准备金等本来的自有资本）的10%。图1-13显示了四大巨型银行在2003年3月末的自有资本的内容(%)和自有资本率。

进行国际性业务的银行自有资本比率因BIS（国际清算银行）

的限制为8%以上。现在四家巨型银行都清楚地以10%~12%和BIS基准为准。但是像在图中看到的那样，如果递延税金支出资产的计入被压在10%以下，并且进行资产审核严格化的话，难免落到8%以下。

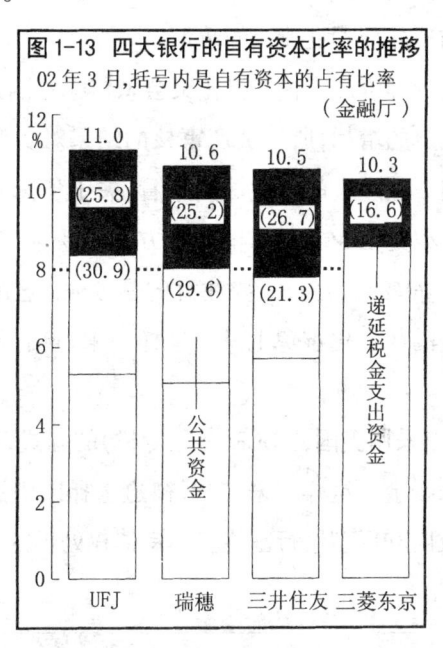

图1-13 四大银行的自有资本比率的推移
02年3月，括号内是自有资本的占有比率
（金融厅）

	UFJ	瑞穗	三井住友	三菱东京
	11.0	10.6	10.5	10.3
	(25.8)	(25.2)	(26.7)	(16.6)
	(30.9)	(29.6)	(21.3)	

（公共资金／递延税金支出资金）

竹中PT的目标是，如果这些银行集团中有几家在8%以下的话，就直接注入公共资金，于是，为确立对银行的控制，要将经营者的责任明确化，还要断然实行限制。

于是，巨型银行首脑和竹中大臣的攻防战终于白热化起来。大银行方面想方设法规避公共资金的注入，所以他们的反击是，假如政府进行"递延税金支出资产"严格化的话，银行就不得不压缩总资产，具体而言就是压缩贷款。

自有资本比率是"自有资本除以总资产"(贷款等),所以在自有资本低的情况下,为了将这个比率维持在8%以上,除了进行分母的资产压缩,即削减贷款外别无他法。即银行对企业融资的"点滴贷款"。因此,当前就变为先搁置"递延税金支出资产"的问题,而开始启动加速处理不良债权的政策。

下面的问题即资产审核严格化又会怎样呢?因为这势必引起不良债权准备金的增加,所以资产审核的结果难免和自有资本大幅度减少相连。从过去的经验法则来看,关于备抵呆账金一般对于破产方的债权是100%,对可能破产方是60%~75%,而对需要管理的债权是20%~27%,需要注意的是5%。这准备金的比率由于资产核查的严格化难免上升。这样一来,自有资本的减少将难以避免。

竹中PT以采用美国的DCF(参见专栏)的方式,寻求积累更多的银行备抵呆账金。这样一来,银行被迫选择或引进公共资金或压缩贷款。政府和巨型银行围绕着不良债权处理的交易和争执在继续着。

DCF(贴现、现金、流量)

日本银行处理不良债权迟了的原因之一是"过宽的资产审核"。譬如企业A的贷款1 000亿日元为需要管理债权。银行B从过去的经验出发,将准备金率(信用成本)作为20%,存上备抵呆账金200亿日元(1 000×0.2)。这一直是日本的方式。但DCF是将贷款债权和现在的价值差额作为备抵呆账金存入的,

> 这是美国普通的不良债权会计方式。
>
> 如果1 000亿日元的贷款利息为年1.5%,还款期限为五年,现在的价值就是44.8亿日元。年收益为1 000×0.015＝15亿日元,以假定的信用风险率20%将其扣回为现在的价值的话,第一年就是15÷1.2＝12.15,第二年是15÷(1.2×1.2)＝10.4……那么五年就是44.8亿日元。所以,贷款债权和现在的价值差额约955.2亿日元(1 000－44.8)。按DCF方式必须再增加755.2亿日元(＝955.2－200)的备抵呆账金。

加速处理不良债权政策的猛烈性

"是不良债权处理优先抑或通货紧缩对策优先"的通货紧缩争论结果得到的"正解"是只有优先处理不良债权才是现实的。在这一点上,对竹中蓝图,其中包括回到"壮骨方针"的出发点等是应予以评价的。

但是,实际上"壮骨方针"、竹中蓝图都只是看到硬币的正面,都只是片面的摆脱通货紧缩的政策。而硬币还有背面,但竹中式的加速处理不良债权的政策是只看到表面的、有缺陷的政策。因为处理不良债权是摆脱通货紧缩的必要条件而不是充分条件。

就是说,竹中PT强烈地保持着所谓银行资金平衡表派的逻辑,如果清理银行的资金平衡表的话,紧缩差就会消除,这是不言而喻的前提。但是,银行不良债权的最终处理必然伴随着得到融资的企业的整顿。因为不得不整顿那些负有过大债务的企业、赔钱事业、低收益的投资等等。

政府也注意到加速处理不良债权的政策会伴随着强烈的通货紧缩效果，于是决定以综合通货紧缩对策（2002年10月30日制定）急速创设"企业再生机构"。但是政府的摆脱通货紧缩战略仅仅把焦点放在了硬币的正面，硬币的背面则停留在准备做所谓"镀金"的装点门面上。

这也是因为在自由经济体制下，政府（"产业再生机构"）强制性判定企业的过大债务部门的生死几近不可能。在到2004年度为止的短期间内，如果以负有庞大不良债权的银行体系的健全化或苦于过大债务企业的整顿、再生为目标的话，那么只有靠以国有化为基础的国家管理型行政计划才能整合实施。

巨额的不良债权处理不得不伴随着相当数量的破产和大量的失业，其剧痛或下方压力非比寻常。为尽可能地压制混乱或激烈的震荡，同时消除巨额的紧缩差，使日本经济从通货紧缩的陷阱中摆脱出来，只有发布"暂时停止资本主义"的非常事态宣言，在3~5年的时限内确立国家管理型的有事经济体制。

Ⅲ 21世纪的金融新潮流

日本的金融界长时间地在不良债权问题和通货紧缩的陷阱中痛苦地呻吟着,而另一方面世界眼下正处于预告新的"金融未来"的历史大潮流的高潮中。在这里,我想概观一下日本金融界也已经卷进去的金融新潮流。

21世纪的金融新潮流是金融全球化(Globalizition)、金融自由化(Deregulation)、金融证券化(Securitization),取其开头的字母,将这金融大潮称作 GDS。

1 金融全球化的大浪

金融全球化以冷战结束而走入正轨

国际金融界以发达经济点为中心增加国际间的资本移动,使各国的金融市场联动化由来已久。以第二次世界大战后的新国际金融秩序为目标,联合国方面构筑了布雷顿森林体系。

在这个体制下运作的国际金融界由于1970年代初的两个国际性事件而为之一变。一个是1971年8月的美元冲击,另一个是1973年10月的石油冲击。

国际金融市场遭到这两个事件的巨大冲击,激化了资本的移动。其效果波及广泛。一方面是(1)金融变动性提高,其本身使金融不稳定常态化,而另一方面是(2)制御不稳定化的各种金融革新或国际金融合作体制得以加强。而(3)从基础通货美元中解放出来及欧洲市场的扩大化,因而在与金融自由化成为世界性潮流的同时,以各国金融市场间的金融联动化的市场合并化正在进展。

国际金融体制目前作为创造"一个世界"的先锋而正在成为世界经济合并化的基础。特别是以 1989 年 11 月的柏林墙崩溃为契机,世界性大竞争时代开幕了,世界突进到全球化资本主义这一新的阶段,金钱开始在各国间以超过迄今为止的数量而大量并迅速地流动起来。

全球化资本主义的火车头是在冷战中胜利了的美国。本来基于美国式标准的全球化如同 9·11 事件同时频发的恐怖与反全球主义激化所象征的那样,不是直线的进展,而是将有一个迂回曲折的过程。

但是由于金融全球化一定会使 21 世纪的世界经济、金融地图发生剧变。特别是冷战终结使大竞争时代开幕,巨额的资本在各国间移动,出现了中国、印度等新兴国家,并且新兴国家的数量还在扩大,21 世纪的货币潮流基本上是不会逆转的。

在"金融三角形"中看到的金融关联性

而且,金融全球化像先前涉及的那样,使各国金融市场联动,同时,也使其不稳定化。而如果由于各国之间的资本移动汇率变化的话,各国金融市场的外汇市场、债券市场及股市的互相关联就会加强。

就是说,汇率、利率(国债收益率等)、股价这些金融变数的相互关联性就增加。如将其图示化的话,正如图1-14的"金融三角形"。

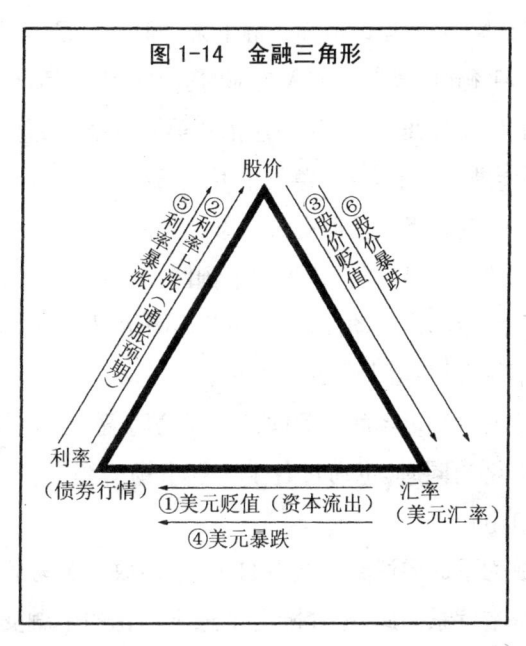

图1-14 金融三角形

股价

⑤利率暴涨(通胀预期)
②利率上涨
③股价贬值
⑥股价暴跌

利率(债券行情) ←①美元贬值(资本流出)— 汇率(美元汇率)
←④美元暴跌—

这个图上的例子是本章图1-7的1987年10月19日黑色星期一时纽约金融市场金融变数的变化。

这是以当时西德担心通货膨胀而提高利率为发端的。结果美德的利率差距缩小,外汇市场向美元贬值摆动。因为美国是债务国,不得不依靠海外流入的资本。如果因美德利率差距的缩小,美国资本流出增加的话,那么因美元抛售的增加,美元将会贬值(图中的①)。

由于美元贬值,进口物价上涨的压力增大,通货膨胀的期望就会增强。结果在债券市场上利率将会提高的感觉增强,利率便上升(②)。这样的话,股票市场抛售股票便增加,股价就下跌(③)。

在这里,如果变动停止的话,金融市场的变动就会以美元的若干贬值、利率提高、股票贬值而平静下来。但是如果美国经济中有基础上的不平衡,或是以前流入美国的资本过大的话,股价下跌就会使美国的资本流出加速,如果这招致美元贬值(④急剧贬值)的话,利率便会进一步上升(⑤急剧上升)。这样一来股市就会发生暴跌(⑥)。这就是黑色星期一时的通货逻辑。

如上所述,"金融三角形"提高了国际金融市场的联动性并增加了各国金融市场的变动性,这是能够用图示解析的。就是说,金融全球化不仅增加、增大了各国间的金融联动,也加强了各国国内金融市场上的个别市场间的关联,这在取消金融交易的壁垒,即促进业务自由化的同时,也通过各个个别市场的套利,促进了利率(收益率)自由化。

这就成为下面要谈到的金融自由化,即放宽金融管制的世界性动向的基本背景。此外,伴随着金融全球化的金融变动性的提高给金融市场带来了不稳定效果,所以就成为金融改革的基础。这是后述的证券化潮流,是第3章中金融衍生产品的发展。

而且,伴随着金融全球化,为了规避复数的通货间发生结算风险,世界主要中央银行同时进行结算,为了即使发生了风险也不会扩展为国际性的,就采用了"即时总额结算"(RTGS =(Real Time Gross Settlement)。(参见专栏)日本银行也决心采用这一方法。这是信息通信技术革命(IT革命)的金融革新的成果之一。

金融全球化时代的 RTGS

国内 X 银行和 Y 银行之间的资金结算是在中央银行(日银)的 X 银行和 Y 银行的活期托管款上来进行的。现在,譬如在上午 9 点 X 银行向 Y 银行支付 10 亿日元,同日上午 11 点 Y 银行相反地向 X 银行支付 15 亿日元。用 X、Y 两行的日银活期托管款来进行资金结算有两种结算:(1)时限净价结算和(2)即时总结算。用(1)时,在上午的时间内,两行结算额是净价 5 亿日元。Y 行向 X 行支付 5 亿日元。但这(1)方式的结算资金数额巨大,而且在国际化的情况下风险也大。因为 Y 行如果陷入不履行结算时,风险就会扩展到包括其他银行的交易整体上。从这点看,国际间资金移动扩大的金融全球化时代就不是(1)的方式,而(2)的方式更好。因为用每件结算的(2),即使发生纠纷也只是限定在该交易上。信息通信革命也使结算在技术上、成本上向(2)的方式移行,这一走向正在全世界范围内扩展着。日银也于 2001 年 1 月转变为(2)的 RTGS。

这样的金融全球化的新潮流使各国金融当局管制能力下降,同时在国际性层面上也提高了加强新的金融管制机构的必要性。1990 年代中期以后,亚洲—俄罗斯—美国的 LTCM(大型投资基金)破产—阿根廷—巴西等金融不稳定在国际上引起连锁反应。控制这种世界性金融危机风险的强有力的国际金融机构尚不存在。

英国的 J.L.伊特韦尔(剑桥大学教授)提议创立超越 IMF 等

现有的国际金融机构的世界金融机构(WFA)。无论怎样,世界中央银行的必要性被广泛认识到了,创设这种新国际金融机构的日子将会来临。但这大概还是遥远将来的事情。

2 金融自由化和证券化的激流

自由化的世界化

金融全球化正在使世界各国的金融市场急速成为"一个世界化"。因为如果抵抗金融自由化的话,那么各国的金融市场不仅不能享受到资本移动的好处,也不能规避不稳定化的金融风险。如果向金融自由化进发的话,就不得不加速,不能半途而废。这在第2章中详述的日本金融自由化和金融大爆炸就是一个很好的例子。

此外,在冷战结束后的1990年代,中国、印度、中南美等新兴经济国家一起出现、抬头。这些发展中国家为了进行自主的经济发展,就必然试图从海外引进大量的资本。为此,自由的金融市场或资本市场的创立是不可或缺的。因此,金融自由化在1990年代不得不成为世界性新潮流。日本的情况是:1994年1月完成了一直是渐进式推进的利率自由化,但金融的业务自由化由于和既得利益有千丝万缕的联系,进展很困难。政府也在1993年4月实施的"金融制度改革法"下,推动耗时的、渐进的、阶段式的发展。

但是,不用说美国,就是EU等发达经济国家为抢占21世纪金融新潮流的先机,也开始进行超越现有金融自由化水平的金融革命,当日本看到这些动向时,金融界就十分着急。于是,1996年11月桥本首相拿出了日本版金融爆炸宣言。这可以称作是"完全的金融自由化"或"后金融自由化"潮流。其中心是废除业务壁垒,经营形态自由化,具体的是金融控股公司的解禁,金融产品的开发、销售自由化等。

证券化开拓"金融未来"

金融全球化(G)及金融自由化(D)势必增加金融市场的不稳定度,为此增加了金融风险。这不仅对于出资金一方,而且对接受资金的一方都是同样的。出资金一方是运作存款的机构,即银行,它很难处理信用风险,所以贷款债权的证券化成了不可或缺的业务。另一方面,即使作为接受资金的一方,以前的银行也面临着新的问题。因为无论是家计部门还是企业部门,资产运用多样化起来,所以依靠吸收存款来调配资金就变得困难了。必须靠发行各种证券来确保新的调配手段。就是说,以前以存款—贷款为基础的银行的资金中介功能不得不强烈地依靠以市场为基础的证券化业务。

这意味着以前银行业的收益源泉从差额利润大幅度地转为以证券关系为中心的手续费等上来。这就是在21世纪的"金融未来"能生存下来的关键语——证券化。21世纪金融业的归结就是是否"具有证券能力"。以证券化为基础就可能具有任何金融革新能力。这正是开拓"金融未来"的"芝麻开门"的咒语。

在这一意义上,1990年代后半期美国创立了"新金融制度改革法"(GBL法)(1999年11月),日本发表了"金融大爆炸宣言"

(1996年11月),证券化逐渐具体起来。这雄辩地说明没有证券化,21世纪的金融业就不能成立。

在金融全球化及世界性的金融自由化的大潮下,金融变数不得不增加了不稳定度,其结果是企业部门、家计部门,还有金融部门都被投进了"风险之海"。所以为了看到风险、减轻风险,只有在市场中推进风险管理化。这就是证券化。关于日本实际上的证券化流向将在第4章的"新层次的证券市场"中详述。

如上所述,金融新潮流以GDS为大趋向,现在正进行着开拓"金融未来"的活动。如何向其挑战?今后的金融界必须踏踏实实地构想21世纪的大蓝图。

2　金融自由化和金融大爆炸

　　白热化的金融战争不过是将已陷于功能麻痹的旧制度解体而已。(中略)不幸的是我们只有靠"旧制度"的死亡,才能看到"新制度"的诞生。新的制度或体制绝不是给旧制度添加些新东西而产生的。大概许多人或行政当局只是认为旧制度的转换会引起混乱,于是就会主张特别的修补政策或渐进的改善。但是,这即使在短期看是现实的,但从中长期看则是极其危险的方法。——斋藤精一郎:《货币战争》(PHP 研究所 1981 年刊)

I 金融自由化的潮流

眼下谁都会认为金融自由化是当然之事。但是到1980年代中期,日本一直将金融自由化视为禁忌。因为他们一直认为自由化会带来弱肉强食的淘汰竞争,是破坏信用秩序稳定性的大忌之物。

但是,经过从1970年代后半期到1980年代前半期的"自由化摇篮期"下的银行·证券战争的内战和围绕美国的让日本金融开放的外战,1984年5月,日本金融界开始突进到"金融自由化的10年"。因为沿着日美日元美元委员会的报告为起点的金融自由化日程,日本变为官民一体推进自由化了。

从那时开始10年后的1994年10月17日完成了利率自由化。在此稍前,银行·证券的业务壁垒也开始撤除,业务自由化开始启动,金融自由化大体到达了完成的地步。日本的金融自由化真是成了"不归之河",谁都不能阻挡了。

在这里简单地归纳、回顾一下在1990年代中期到达完成目的地的我国金融自由化的潮流。不过日本金融自由化的展开是沿着渐进的日程,不能否认是半途而废的,结果扮演了后来金融大爆炸的所谓垫脚石或者说清除障碍的角色。

1 金融自由化前史

战后的护航舰队方式

战后日本的金融体制最引人注目的是其稳定性。因为为了给处于恒常性资本不足的日本企业稳定地供给资金,以此支撑战后日本的高速增长,金融体制扮演着促进发展的重大角色,所以政府最优先致力于金融制度的稳定化。

这一战后日本稳定的金融结构被世间称作"护航舰队方式"。"护航舰队"就是速度最快的船要守护最慢的船,团结一致组成舰队,一边防御敌人的攻击,一边驰进大洋的体制,为了使效率低的中小金融机构生存下去,效率高的金融机构也要在金融制度的层面上调整步调,使其一致。所以高性能的船要和低性能的船合拍。

不管怎么说,战后日本经济必须从第二次世界大战的混乱中起步。为了复兴日本经济,巩固其基础,首先必须要使企业活动焕发活力。所以必须建立稳定地向陷入资金过度不足的企业供给资金的金融体系。

那么,什么是稳定的金融体系?像战前那样,使金融机构破产、频繁发生的信用不稳定的机制是不行的。稳定的体制必须是人们能够信任的结构。不如此,人们则不会主动地进入金融机构存款。所以,必须建立为能从全国各处将小额存款集中于金融机构的稳定结构。因为只有这样,企业才能得到稳定的资金源。

那么如何建立稳定的金融体制呢?政府的考虑是原则上建立

不管是如何弱小的金融机构也不让其破产的体制。为此,不让大中小的各金融机构进行以自由利率获取存款的竞争是关键。这和规模、经营效率无关,如果使所有的金融机构的存款利率一致,就不会发生毫无用处的利率竞争。这是不使金融界堕入弱肉强食世界的最好方法。

但是仅仅是这样就能够保证金融体系的稳定性吗？因为即使没有存款利率的竞争,对经营效率差的小规模银行来说,如果不保证其某种程度的差额利润(资金运用的利润和资金筹措利润的差),就没有利益,银行很容易濒临破产。如果像战前那样,零散、经营基础薄弱的银行破产的话,存款者就会对整个金融体制抱有不安或不信任之感。这样就很难从全国各地获得小额存款。

因此政府为了让经营基础最薄弱的金融机构也能够经营,就将存款利率,即资金筹措的成本限制在低位上。这便是所谓"低利率政策",是管制利率。如果用低利率的存款利率筹集资金的话,即使是地方的小金融机构也能活下去。因为将筹集到的资金借给东京或大阪的大城市银行就能够赚到充分的差额利润。

不论是城市银行、中等规模的地方银行,还是小的信用金库或信用组合,对于所有的金融机构来说,以低利率的管制利率为基础的从战后到1980年代中期的金融体制是非常幸福的。因为在这一体制下,小的金融机构、大银行都不会陷入赤字,无破产之虞。另外对效率好的大银行来说,能够实现极其低廉的存款成本,所以得到大幅度的收益是可能的。可以说在日本没有像银行那么好的商业了。这被称作"护航舰队方式"。

自由利率的缺口

战后金融的"护航舰队方式"消除了所有金融机构破产的危险,在此之上也能保证一定或更多的收益,所以如果由金融机构一方破坏这一体制而使利率自由化是毫无道理的。

但是,看来很坚实的"护航舰队方式"也自然会有缺口的,而且越来越大。那是金融自由化的地鸣,其象征性的行动是债券回购市场的生成与扩大。

债券回购市场是在1960年代前半期自然发生般地发展起来的,在那里进行着自由利率的短期金融交易。当时,证券公司从顾客那里筹集到资金,运用于大量的公债及公司债的信用投资,但从1961~1962年解除合同的事例增加了。这时证券公司将手中的债券以买回的条件卖给资金富余的中小金融机构,筹集支付给顾客的解约金。1960年代前半期,债券的金融市场的功能尚不完善,所以证券公司在流通市场卖掉手持债券并不能充当资金。

这种证券公司有条件的债券买卖被称作债券回购(期限不满一年)。这时从以附加条件(在一定的期限内卖出的条件)买进的中小金融机构方面来看,这和以证券为担保向证券公司融资的短期资金是一样的。这一债券回购交易的利率由供求关系自由决定。因此,可以说在战后日本,首次出现的自由利率市场是债券回购市场。

债券回购的说法开始被频繁使用是在1976年3月的大藏省通知后。债券回购的语源尚不清楚,但这里介绍一下易懂的说法。这种买卖形式像商品交易或汇率交易一样,类似于"现货"卖、"期货"买(或者相反),所以就用两个字头"现"和"先"来命名。①

关于债券回购市场,当时很多金融界人士认为是"暂时的且有限的现象"。但是从1970年代前半期开始,这一市场迅速发展壮大。其最大的原因是普通的商业公司的短期富余资金(余资)增多了。就是说作为余资的利用场所,债券回购市场的存在值得大书特书。1970年代前半期发生了所谓日银的过剩流动性现象(参见第5章)。商业公司开始积极地运用余资。以此为背景,债券回购市场的规模在1970年代前半期也达到了15 000亿日元左右。

此外,以第一次石油危机的发生(1973年10月)为契机。在企业的设备投资愿望低下的基础上,返还贷款的减量经营也发展起来。于是,进入1970年代后半期,商业公司的资金计算也大幅度放宽,流动性资金(现金等,任何时候都能使用的资金)也开始恒常性地积累起来。

其结果使得企业的短期资金运用正规化了,企业在压缩活期存款及定期存款的同时,对债券回购市场上的自由利率的运用也更加积极起来。

在这个债券回购市场的资金交易中,证券公司是一个庞大的债券卖方(资金需求者)。不仅如此,证券公司也充当着出资一方和接受资金一方之间的债券回购(委托债券回购)的中介。

债券回购市场当然是由证券公司或银行来做,而在商业公司、官方机关(资金运用部等)、外国的机构投资者原则上也能自由参加之点上,其作为可能的公开市场,自由交易表现出扩大的倾向。

---

① 债券回购市场的日语名称是现先市场。现是现货,先是期货。——译者

金融机构之间,特别是把仅仅在银行之间的交易市场称为银行间交易市场,但债券回购市场不仅是银行,而且普通商业公司也能参加,在这一点上,具有着公开市场的特征。1970年代后半期当局也正式承认了债券回购市场。因为市场规模已增长到4万亿日元左右。

经过战后30年,我国的金融结构也出现了基调性变化。这成为债券回购市场增长的基本背景。就是说资本积蓄高涨,企业的资金计算结构出现了"富裕"。这在战后的金融体制中虽然微小,但却开了不可忽视的"自由化的缺口"。

国债的大量发行和金融的证券化

债券回购市场进入1970年代后半期达到了不可忽视的规模,但自由利率的世界并没有因此而一举转为优势。因为,说来债券回购市场不过是像锁国封建体制下的"出岛"。①"出岛的自由"到底没有达到撼动幕藩体制②,即护航舰队体制基础的强烈程度。

但是,在1970年代后半期,"金融自由化"的压力在完全没有预料到的地方高涨起来,这对扩大"自由化缺口"起到了作用。它不是以"外压"形式的从外国来的压力,而是日本国内的"内压"突然以强大的冲击力迫近过来。但是在1970年代后半期注意到这

---

① 锁国体制指日本德川幕府(1600~1867年)时期实行的闭关锁国政策,出岛是幕府特意为荷兰商人在长崎划出来的一个人工小岛,荷兰人只能住在那里并进行和日本的贸易,是日本锁国时代唯一的对外贸易场所。——译者

② 幕藩体制是德川幕府国内的政治统治体制,幕府是德川幕府,藩是诸侯(大名)。——译者

一冲击力的金融界人士除一部分外,几乎没有(参见第5章)。

那么,是什么提高了"自由化的压力"呢?这就是国债的大量发行。在1947年(昭和22年)制定的"财政法"中,站在战前国债大量发行成为通货膨胀导火索的反面,政府对国债的发行仅限于充当公共事业费等的建设国债。

在战后约20年间,建设国债的发行实际上也没有进行,政府一直贯彻着均衡财政的方针。就是说,完全没有发行国债。但是,在1965(昭和40年度)年度的萧条时期因为严重的岁收不足,政府制定了特别法,根据这一法律发行了填补岁收的约2 000亿日元的国债。而1966年度以后政府发行了"财政法"承认的建设国债。不过1960年代后半期为了填补岁收的赤字国债仅限于1965年度,国债依存度(以一般财政岁出额除国债发行额的比率)也停留在10%,发行国债对金融结构的冲击力绝非很大。

但是进入1975年度,伴随着第一次石油危机(1973年10月),严重的萧条降临了,税收大幅度下降。政府制定了新的"特例法",开辟了发行特例国债,即大量发行赤字国债的道路。

以1975年度的约23 000亿日元的赤字国债开始,1979年度后的每一年都发行相当数额的赤字国债。加上建设国债,国债依存度在1979年度达到34.7%。其后,虽然国债依存度下降了,但不能否定在1980年代日本经济已变质为抱有大量国债(1990年代以后,由于长期萧条,国债的大量发行仍然在继续着,这一状况将在第3章中详述)的经济。

这样国债的大量发行和国债的累积余额开始给予我国的金融结构或金融市场以巨大的压力,并创造了"金融债券化"的潮流,而且使之扩大。

大量的国债发行意味着保有这些国债的金融机构、商业公司及个人在增加,这正意味着资本积累增多。譬如新增加100万日元收入的人没把这100万日元全部存进银行,而是开始转向购进国债,资金朝着国债证券运动。这在日本就成为"金融证券化"潮流的契机。

从1970年代后半期首先承办大量国债发行的是银行。这些银行在向企业贷款时,如果面临着资金不足将怎么办呢？银行卖掉了手里的国债。这样已发行国债的买卖交易将逐渐活跃起来,国债等公债及公司债的流通市场就开始扩大。拥有富余资金的商业公司等在这国债流通市场上增加了国债的购进量。

而在流通市场上,国债和其他有价证券的买卖自由进行,利率由供求关系确定。因此国债的流通市场在创造出"自由利率世界"这一点上起到决定性的作用。

日本型脱媒

这种国债的大量发行扩大了以国债为中心的公债及公司债自由流通市场,扩张了"自由利率的世界",但其冲击力并没有停止在这一点上,人们开始考虑更强有力的东西。特别是一部分大城市银行的有关人士在国债大量发行的力量强化起来的1980年前后具有"某种先见",并为这种先见而战栗。因为他们开始觉察到国债的大量发行所具有的真正的冲击性。

那么,这冲击是什么呢？这就是在1979～1980年使一部分城市银行有关人士战栗的、被称作"偿还国债的冲击"。从1975年度开始大量发行的赤字国债及建设国债是以期限 10 年债券为中心的,所以被预料将在 1980 年代中期左右开始大量偿还。这意味着,譬如在 1983 年时将会出现偿还 2～3 年大量期近国债的流通市场。

譬如一家保有偿还期限在 1985 年末国债的证券公司。1983 年度末到其偿还国债期限还有两年,所以,如果对在流通市场上购进这家证券公司债券的商业公司来说,就如同持有期限两年的定期存款。因为这意味着持有这一期近国债到满期和在两年间运用两年定期存款是同样的。

这里成为问题的是在期近国债流通市场上的利率水准。因为如果这一两年偿还期限国债比定期存款的利率高的话,那么有余资的商业公司将一起投入资金购买期近国债。结果将会怎样呢?

应该转向银行两年定期存款的资金不断流向证券公司运作的期近国债。就是说,会发生从银行向证券公司流出大量资金。这就是"日本型脱媒"(资金从银行的流出化)。

在流通市场上交易的期近国债利率是由市场确定的自由利率,但另一方面银行的定期存款的利率是行政当局的管制利率,被确定在低位。如已论述过的那样,管制利率是为了不使经营基础脆弱的金融机构陷入困境而确定的低利率,所以和自由利率的已发国债的流通利率相比,通常是相当低的。并且从 1985 年前后这种自由利率的期近国债大量出现在市场上。一部分城市银行有关人士预见到这一"日本型脱媒"到来的冲击,对此恐慌不已。而如果从银行向证券公司流出大量资金的话,管制利率体系必然会被"市场的力量"击得粉碎。

当时,这些一部分大银行的首脑看到加强了势头的美国金融革命的激流,便再次决定走向自由化。

大城市银行的自由化战略

这样,一部分大城市银行看出在1985年前后日本型金融革命必然到来。他们看到如果拘泥于心地善良的"护航舰队方式"的话,银行的地基下沉是难以避免的,于是就开始转向积极的自由化战略。

就是说,银行越是固执于以管制利率为基础的"护航舰队方式",对"日本型脱媒"的应对就越晚,这已经很清楚了。从经营效率高的大城市银行来看,已经认为"护航舰队方式"如今在和证券公司的竞争中是块绊脚石。

于是,自夸为如同铁板一块般团结的战后金融体制由于1980年代前半期大城市银行向自由化战略转化而开始崩溃。

大城市银行在觉察到"偿还国债的冲击"前已经对金融结构的变化抱有强烈的危机感。这是因为1970年代后半期的债券回购市场的扩大。像已经论述过的那样,在第一次石油危机的减量经营下,商业公司使余资水准上升,开始将这资金积极地运用于自由的债券回购市场。因此,城市银行对这"自由化的缺口"也神经过敏起来。在债券回购市场上,以前和短期金融交易无缘的证券公司和商业公司进行积极的资金借贷交易,这对于城市银行来说是不能置之不理的。

因此大城市银行必须握有金融市场上的主导权来对抗债券回购交易,于是开始创立新的CD(可转让性定期存单)方式。CD是银行以市场利率发行的可以转让的大额定期存单(创立时,单位5亿日元以上,期限3~6个月)。

> **CD 种种**
>
> 现在说起 CD,懂得这是银行发行的转让性存单的人多了起来,但即使如此,CD 也是很难搞清的简称。
>
> 某有名的报社在公司招聘考试问题上出了 CD 的题,但据说许多考生回答为唱片或影碟。其中的杰作是名古屋的一个学生的答案,为中日龙。
>
> 但是,金融术语 CD 的另一个意思是现金调剂,这是在任何一家银行都有的自动取款机。
>
> 所以,为了不和这自动取款机弄混了,直到最近慎重的银行人还管转让性存单叫 NCD。但是,他们现在已经说 CD 了。因为银行的窗口机器由 ATM(现金自动取款机)替代了 CD。

CD 在大城市银行强有力的工作下于 1979 年 5 月终于创立了。这就可以使大城市银行有了为对抗债券回购市场的短期金融手段和场所。实际上在 CD 创立前后,一部分大城市银行觉察到"日本型脱媒"的到来。作为大城市银行必须真正地实施接踵而来的自由化战略。这就是所谓国债的窗口销售问题。国债的窗口销售问题是讨论银行在窗口向顾客销售国债的对与不对。

规定银行和证券公司的业务区分的法律是"证券交易法"第 65 条。这相当于美国的"格拉斯—斯蒂格尔壁垒"(关于美国的金融革命将在后面论述)。在这证券交易法第 65 条的但书中,规定银行只能运作限于公共债(国债、地方债、政府保证债)的债券。一部分大城市银行关注的是第 65 条的这个但书。因为如以此为准,银行在法律上可以堂堂正正地进行国债的窗口销售。

强烈主张国债的窗口销售的一部分大城市银行的目标在于防备前面讲过的"偿还国债的冲击"。就是说为了对抗从 1985 年前后市场上大量出现的向自由利率的期近国债的资金流出,银行本身有必要染手国债交易业务。

对此首先要进行新发行国债的窗口销售业务,有了业绩后,在流通市场进行已发国债的买卖,这就是城市银行的战略。大城市银行的这一战略处于证券界的激烈抵抗之中,但它们终于在 1981 年(昭和 56 年)成功地将银行的国债业务放进了新银行法中。根据这一规定,银行从 1983 年 4 月开始进入证券业务。于是便开始了银行对证券的金钱战争,这成为金融自由化的内压。

2 围绕着自由化的内战和外战

银行·证券壁垒战争的爆发

以国债窗口销售问题为契机,点燃了银行和证券的金钱战争的导火索。这就是所谓的银·证壁垒战争。银行加入了国债交易的证券业务领域,但从银行来看,证券公司业已在债券回购市场进入了短期金融这一银行业务,国债窗口销售是对其的"报复"。

1970 年代后半期证券公司的存在是逐渐被银行注意到的。证券公司和银行不同,比较容易自由行动,因此能稳步应对着以金融结构变化为背景的自由市场的抬头，并扩大了其势力基础。

说起证券公司，如今已是代表日本的堂堂正正的金融机构，但至少到1980年时，一般来说还不过是为人不太熟悉的事物。可以说这只是和一部分股票投资家有关的特殊机构。实际上从其店铺数量来看，证券公司的数量和银行相比，很少能处在一个档次上，即使到地方的城镇，信用金库或信用组合是肯定有的，但许多地方没有证券公司的店铺。

但是以1980年为界，证券公司的存在急速地成为人们司空见惯的事物。而且，在企业金融领域中，1975年前后证券公司已经是庞然大物了。譬如债券回购市场的扩大给银行以威胁感，如前所述这是使银行走上创立CD道路的原因。

作为战后30年高速增长的结果，1970年代中期资本积累高涨，真正开始使日本金融结构发生巨大的变化。这意味着日本的金融交易形态从以银行为中心的"间接金融方式"向以证券公司为中心的"直接金融方式"转移。加强了经由资本市场的资金交易增多的倾向。再加上国债的大量发行，因此加速了"金融证券化"的潮流。

证券公司在这种金融结构的基调性变化的背景下，在"顺风"中开始伸张其势力。于是和强烈地意识到处于"逆风"中的银行之间爆发了围绕着业务领域区分的壁垒战争。

日本版MMF和"证券的时代"

证券公司在和银行对证券的壁垒战争中，拿出的对抗型成功商品是中期国债基金。这是被通称为"中国基金"的开放型投资信托,而证券公司以这新金融产品的开发一举走近了普通顾客。

"中国基金"是和主导美国金融革命的 MMF 相似的东西,是日本新金融产品的先驱。1980年1月,野村证券成功地开发了美国的 MMF(货币市场基金)。其后以令人惊奇的速度普及开来,证券公司的存在一举成为司空见惯的事物(关于美国的情况将在后面论述)。而且,1992年5月从各家证券公司发售 MMF 的基金,成为凌驾于"中国基金"之上的受欢迎的金融产品(参见第4章)。

"中国基金"是以中期国债(期限2、3、4年)为中心运用的投资信托,而如果有30天扣置期的话,那么就近乎于没有解约手续费,是任何时候都可以提出来的即期存款,并且红利和一年定期存款相同。这可以说是附有定期存款利率的普通存款。

这个"中国基金"正是日本版的 MMF。"中国基金"对银行来说成了很难蔑视的金融产品,以其发售为契机,银行、证券、寿险等开始竞相开发新金融产品。

而且银行明确地认识到证券公司是不可小看的竞争对手并不是来自于以个人为对象的金融领域。当然"中国基金"的发售对银行来说是有冲击的,这确为事实,但这并不能撼动银行的地基。

银行,特别是大银行对证券力量在企业金融领域的抬头才抱有强烈的抵抗心理。银行与企业筹资及运用有着密切的关系。因为银行一方面借贷企业必要的资金,另一方面以存款为主应对企业的余资运用。

然而,在这样的企业金融领域,证券公司逐渐和企业产生强有力的和深入的关系。譬如,企业在其筹资中不是从银行借贷,而是加强了依靠资本市场的动向。就是说,依靠发行股票、增资及发行公司债、可转换公司债的"直接金融方式"。在这种股票的发行、增资或公司债发行时,金融服务是证券公司固有的业务。

为什么商业公司在其筹资之际,不选择从银行借贷的"间接金融方式",而是要选择通过资本市场的"直接金融方式"呢? 其基本背景在于以资本积累高为基础的资本市场的扩大,而直接的理由是通过资本市场筹资成本比较便宜。在这里可以看出前述的"金融证券化"的潮流。

譬如,比较一下金融资产 100 万日元的人和 1 000 万日元的人。100 万日元的人几乎将钱都存进银行,但另一方面 1 000 万日元的人除了在银行存款外,将资产分散在国债、公司债或股票上,这是通常的做法。资本积累(金融资产)一提高,银行存款之外的钱财就要扩大。这就促使了"金融证券化"。

资金的潮流比重从通过银行的"间接金融方式"转移为通过市场的"直接金融方式"。到 1990 年代前半期,以图 2-1 来表示大企业的外部资金筹措渠道,就可以看到"间接金融方式"的借贷金额比重大大下降。和 1970 年代前半期占八成以上比重的"间接金融方式"相比是激减了。另一方面通过公司债及股票的"直接金融方式"的比重从 1970 年代前半期的不足两成大幅度上升到近八成。

在资金运用方面,商业公司和以银行为中心的现金存款运用相比,更多地增加了债券、股票等有价债券运用的比重。在银行存款方面,企业将资金大幅度转向大额定期存款或 CD 等自由利率的运用上来。

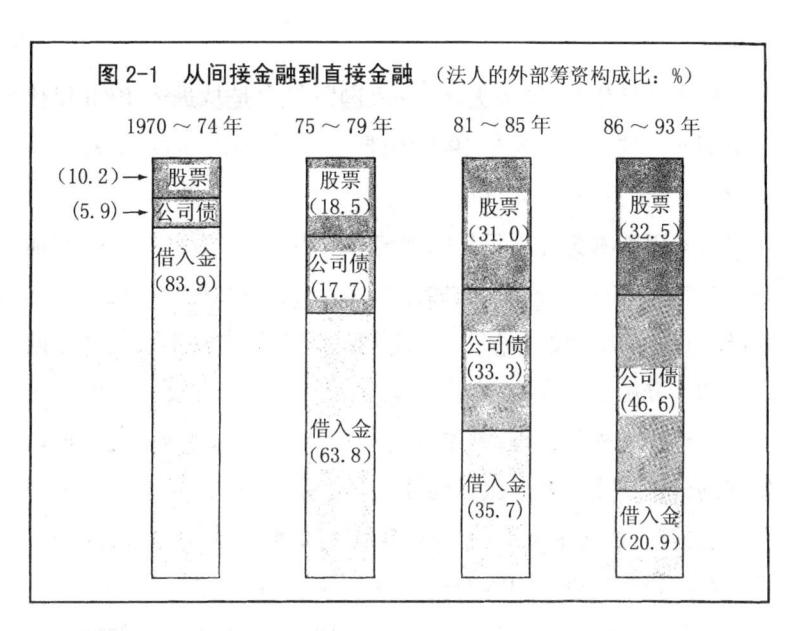

图 2-1 从间接金融到直接金融 （法人的外部筹资构成比：%）

1970～74年	75～79年	81～85年	86～93年
股票 (10.2)	股票 (18.5)	股票 (31.0)	股票 (32.5)
公司债 (5.9)	公司债 (17.7)	公司债 (33.3)	公司债 (46.6)
借入金 (83.9)	借入金 (63.8)	借入金 (35.7)	借入金 (20.9)

这样对企业金融来说，证券市场或资本市场具有极大的比重，于是证券公司介入的机会增大了。乘着从"间接金融"向"直接金融"转移的顺风，1980年代，日本也开始了"证券的时代"。

金融国际化的外战

进入1980年代，如果把国债大量发行的冲击及银行对证券的壁垒战争的爆发作为日本型金融自由化的"内压"或者"内战"的话，那么以内外资金移动为轴心的金融国际化潮流可以叫做"外压"或者"外战"。

虽说是"外压"，但这并不仅仅意味着美国政府追求金融开放化的对日压力。因为伴随着日本经济本身的国际化，内外资金移动增加，其结果是资本的流出流入渐进地使日本金融体系变得自由化。

日本经济作为"经济大国"进入国际舞台是从进入1960年代后半期开始的。其象征是1968年(昭和43年)日本的GNP超过西德,在自由世界成为第二位。

日本以前常为外币不足感到苦恼。因为为了从国外进口石油等原材料,无论如何外汇是必需的。因此,日本政府对外国的资本(外资)流入管制得并不那么特别严格,但对日本资本或外汇流向国外却十分敏感。

以这样的外汇管理,日本战后长期以来严格限制为支付进口所需的外汇或用于海外旅行的外汇。但是,日本在1960年代前半期宣称向"开放体制转化",1960年代后半期又成为"经济大国",再继续严格管理外汇很难对外解释。这期间,1973年大部分主要发达国家转向浮动汇率制。在浮动汇率制下,根据自由的资金移动来决定汇率,所以外汇管理就没有必要了,以至使人们认为这种管理反而成了确定合适汇率的障碍。

并且,以日本经济国际化为背景,日本的企业及金融机构的国际性活动沿着扩大的道路前进,所以内外资金移动的完全国际化已是不可避免的。于是在1980年12月,日本政府全面修改了战后制定的"外汇及我国贸易管理法"及"有关外资的法律"(通称"外资法")。这就是被称作"新外汇法"的法律。

以前对内外资本的移动是"原则禁止"的,但新法却变为"原则自由"。就是说以前的"事前许可制"成了"事前申请制"或"无须申请"。而在以下三个方面上,明确了资本的流出和海外活动的自由化。(1)居住者(日本的投资家)的对外证券投资及非居住者(外国投资家)的对内证券投资,(2)居住者在海外的证券发行、筹资及非居住者在日本的证券发行、筹资,(3)日本的金融机构(银行、证券公司)的海外活动及外国金融机构的在日本的活动。这些活动都是自由的。

具体而言就是居住者(日本的投资家)的外汇存款及不限使用用途的外汇借贷完全自由化了。此外,1984年4月废除了所谓"实际需要原则",企业或投资家和有无贸易交易或资金交易无关,可以完全自由地利用远期外汇。

由于这些措施,海外金融市场的动向,即海外自由利率的动向直接影响到日本国内。

所以日本的资本市场是狭小的,如果利率高的话,日本的企业就会不断转向海外筹资。因此,日本企业的对外资金交易的增加促使日本资金市场的弹性化、自由化成为必然。

里根的一击

进入1970年代以后,上面所说的内外资金的移动十分活跃,增加了对日本金融体制自由化的冲击。而1980年12月的"新外汇法"对金融开放化、国际化的潮流具有决定性的作用。

但是,日本的金融自由化并非因此而像掘开堤坝一样立刻就动了起来。日本型金融自由化真正地启动发动机还是需要外部的"冲击"。即作为冲击的"外压"。并且一般的打击不行,必须是强有力的击倒。

这就是1983年末的"日美日元美元委员会"的设立,这在当时是谁也没有预料到的。好好考虑考虑,就知道这是"里根经济政策"的归结。所谓里根经济政策的内容是使美国固定在高利率状态上，从海外引进大量资本，所以招致了美元汇率的独自升值，而当初里根政权认为美元独自升值是美国威信的复活，十分欢迎。但是美元升值却逐渐开始使美国的出口能力降低，扩大了其贸易收支的赤字幅度。

美国的出口产业，特别是面临着日本的低价格进口商品的剧增，便加强了对日本的"诱导日元贬值"的批评。

因此，里根政权将转换日元贬值政策作为决定性的手段，开始要求日本的金融自由化。这就是 1983 年 11 月的里根访日之际要求在日本设立"日元美元委员会"的由来。

对日本恣意将汇率变成日元贬值的原因，美国指出了两点，一是日本以"低利率政策"为支柱的利率管制。将存款利率置于"护航舰队方式"之下，维持、限制低价位，所以外国的投资家（企业、金融机构、个人）不想在日本运用资金。因为外国投资家对运用日元感到没有魅力，所以就不会发生抛售美元、购进日元，日元汇率也就低了，就是这么个逻辑。

另外指出的是日本政府对日元的国际性使用不热心，所以世界性的日元需求小，这使得日元的汇率价格低。

这是以接近里根总统的斯坦福大学的所罗门教授等为中心的人总结的"所罗门报告"的论点，而作为使其论点具体化的场所，里根政权突然强烈地要求设立讨论日本金融自由化及日元国际化的"日美日元美元委员会"。这对日本来说，真是"里根的一击"，慢慢燃烧的金融自由化的火焰一下子就猛烈燃烧起来。

金融自由化・国际化宣言

在因"里根的一击"而突然设立的"日元美元委员会"上,美国的对日压力和日本预想的相反是既强烈且执拗。这从外面看,明显是美国的"外压",反映着日美的金融战争。但是如在第5章所见,大藏省的官僚们(现在的财政官僚)却巧妙地利用这"外压",使其变成金融自由化的起爆剂。因为大藏官僚在前述的"内压"及从内外资金移动活跃化而来的"外压"的高涨中,明白了金融自由化已经是不可避免的了。

因此,大藏省寻求使日本金融机构理解的"机会"或者"逻辑"。在这一点上,"里根的一击"是独一无二的机会,是不管谁都只好完全同意的"逻辑"。

"日美日元美元委员会"研究的事项在翌年的1984年5月末归纳为"日元美元委员会报告书",而与此同时大藏省发表了"关于金融自由化及日元国际化的现状和展望"。

这两个文件就是社会上说的"金融自由化・国际化宣言"。这一"宣言"是日本政府对内对外明确地约定金融自由化及国际化的文件,日本金融自由化的潮流因此而成为"不归之河"。

在这"金融自由化・国际化宣言"中,日本政府公布了具体的自由化日程。这大体上可分为下面五点,覆盖了相当广的领域。

主要的五点是(1)存款利率的自由化,(2)金融市场的完善、充实,(3)内外市场的一体化,(4)万国金融机构对日的入场许可,(5)欧洲市场日元的自由化。

其中的中心无疑是(1)存款利率的自由化及(2)以金融市场的

充实为支柱的国内利率的自由化。在"宣言"中具体举出了发行CD的弹性化、引进 MMF(市场利率联动型定期存款,参见专栏)、大额存款利率的自由化、小额存款利率的自由化等。

无论怎么说,根据 1984 年 5 月的"金融自由化·国际化宣言",尽管我国金融自由化是阶段性的,但明确地设定了其基本方向,并好不容易突进到真正的自由化中了。从 1983 年的"宣言"开始后的 10 年多时间,1994 年 10 月,日本的利率自由化告一结束。关于这一阶段的利率自由化的变迁就像下文叙述的一样。

3 利率自由化和业务自由化

完结的利率自由化

1994 年 10 月 17 日对于日本金融界来说是个划时代的纪念日。因为在这一天所有的存款利率都完全自由化了。银行基本上可以自由设定存款利率了。

像已经论述过的那样,日本从 1970 年代后半期开始,自由利率市场因证券回购交易而逐渐增大起来,而 1979 年 5 月虽然有限制条件,但承认了银行发行 CD(转让性定期存款),开始了金融自由化的摇篮期,并由于 1980 年代开始的大量发行国债时代的到来而进一步加速。

日本型金融自由化在当局(大藏省及日本银行)明确的推进自由化的意识和指针下,其开始的动作是 1984 年 5 月的"日元美元委员会报告书"及以此为基础的大藏省的"金融自由化的现状和展望"(俗称"金融自由化·国际化宣言")。其中关于存款利率确认了阶段性自由化方针,并对内对外予以发布。

于是,从1985年4月开始对定期存款阶段性地推行了最低存入额、期限的自由化等做法。和大额定期存款的自由化一道,也进行了降低CD最低存入额和期限的自由化。

此外,在1985年4月创立了最低存入额5 000万日元的MMC(市场利率联动型定期存款),其后阶段性地、即在日本式的渐进主义下,推进金额、期限的自由化。最终在达到定期存款自由化的1993年6月被吸收进自由利率定期存款,从而被废除(参见专栏)。

完成金融自由化大角色的MMC

以1984年5月的"金融自由化·国际化宣言"为契机,日本的利率自由化在阶段性地推进着。特别值得一提的是被称作小额存款利率自由化尖兵而发挥作用的MMC(市场利率联动型定期存款)。MMC是在1985年3月作为存款单位为5 000万日元、期限为1~6个月的产品而被引进的,。

相互银行(现在的第二地方银行)和信用金库被承认可先走一步,1986年4月普通银行引进MMC也被认可。MMC在翌年的1987年10月将存入单位小额化而变为1 000万日元,1989年春因自由利率定期存款(所谓大额存款)的存款单位变为1 000万日元,MMC被其吸收并被废除。但是同年作为存款单位300万日元的小额MMC又重新上市。1992年最低存款额被废除,

> 而且由于1993年6月定期存款利率的完全自由化,MMC也就消亡了,结束了其作为小额存款利率自由化尖兵的大角色。

存款利率的自由化不仅是定期存款。流动性存款(新型储蓄存款的引进和普通存款利率的自由化)也从定期存款自由化进入最后阶段的1992年6月开始,在1994年10月17日达到了普通存款利率的自由化。

小额存款利率的自由化是金融自由化最大的标志,所以1994年10月17日就成为"日本型金融自由化"达到所预期目的的日本金融史上的纪念日。

从1985年春公示开始的日本的利率自由化就这样在约10年间大体上取得了成果。利率自由化并没有停止在存款利率自由化上,它和短期金融市场、资本市场还有金融政策等密切相关。关于其详细情况将放在下面的第3章、第4章及其他的章中论述,这里在表2-1中归纳了利率自由化10年的潮流。

表2-1 到达存款利率完全自由化的历程

年	定期存款				流动性存款
	大额(1000万日元以上)		小额(不足1000万日元)		
	自由利率定期	MMC(市场利率联动型存款)	自由利率定期	MMC(市场利率联动型存款)	
1985	85/10 引进 10亿日元 (3个月~2年)	85/3 引进 5000万日元 (1个月~6个月)			
1986	86/4 5亿日元 86/9 3亿日元	86/4 (1个月~1年) 86/9 3000万日元			
1987	87/4 1亿日元 87/10 (1个月~2年)	87/4 (1个月~2年) 87/10 1000万日元			

续表

年					
1988	88/4 5 000万日元 88/11 3 000万日元				
1989	89/4 2 000万日元 89/10 1 000万日元	自由利率定期 事实上被吸收 (废除)		89/6 从300万日元引进	
1990				90/4 100万日元	
1991	91/11 (1个月~3年)		91/11 300万日元 (3个月~3年)	91/4 50万日元	
1992			92/6 废除最低存 入金额限制		92/6 引进新型储蓄存款 40万日元、20万日元 大额定期存款 利率联动 (MMC型)
1993		93/6完全自由化 (1个月~3年)	事实上被吸收进自 由利率定期中(废除) 93/10 期间3年的变动利率存款 期间4年的固定利率存款 (中长期利率)的引进		93/10 新型储蓄存款的商 品性自由化措施(提供免费 服务、放宽最低存入余额)
1994			94/10 定期公积金利率自由化 期间5年的固定利率存款 (中长期存款)的引进		94/10 流动性存款(除活 期存款)的利率完全自由 化

证券化必然超越壁垒

金融自由化大体上由两根支柱构成。一个是前面看到的利率自由化。而另一个就是所说的业务自由化。

业务自由化也可以说是金融制度的改革,实际上日本业务自由化真正展开是从1992年(平成4年)6月的制定"金融制度改革法"(1993年4月实施)开始的。具体而言就是银行进入证券业务及证券公司进入银行业务,内容就是所谓银行和证券的相互参入。

如同前述,银行对证券领域的最初"超越壁垒"是1983年4月的国债的窗口销售。这是根据证券交易法第65条的解释而最终能够在法律上予以明确,所以没有必要再进行法律的修改或新的制定。

但是如果真正地重新看待银行业和证券业的业务范围的话,那么涉及制度改革领域中的立法是不可或缺的。于是就制定了"金融制度改革法"。

这个问题将在后面的第3章谈及,而在这里有必要稍稍思考一下日本的金融界从正面致力于业务自由化的基本背景。

这一言以蔽之,就是"金融的证券化"。证券化的第一义就是意味着筹资由银行的借贷被发行的多种证券所取代。而且关于"证券化"广义的含义将在第4章详述。

在前述的图2-1中,从间接金融向直接金融的转化这一企业金融的结构性变化是其背景。再者,第二义是在资金运用方面,取代存款而运用各种市场产品等证券的也在增加。这也可称作是"金融证券化"的潮流。

这种证券化如果成为巨大的潮流,长期金融和短期金融的"长短分离",区分信托业务和银行业务的"信托分离",还有区分银行业务和证券业务的"银·证分离",这些一直支撑战后日本金融体制的原则必然成为金融体系效率性、稳定性及好处性的障碍。

因为新的金融服务是在金融市场及资本市场的广泛的市场层次上供给的,因需求而产生利益。这对于金融服务的买方和卖方都是一样。

并且"金融证券化"在欧美发达世界中成为巨大的走向,并开始改变金融世界的结构和金融机构的行动。这就是在第1章中所说的"金融全球化"。货币在世界性层次上自由、活跃并且大量而迅速地活动开来。

从自由动作是货币性质的本性来说，全球化或证券化要求放宽各种管制。这就是金融自由化。更正确地说是金融自由化的世界联动化。关于美国的金融自由化或金融革命马上就会谈到，而对从1980年代开始抬头的上述的金融大潮流，日本的金融体系必须从正面应对。

这就是GDS,(1)全球化,(2)自由化,(3)证券化。想赶上这一潮流的政策性应对就是1984年5月的"金融自由化·国际化宣言"及1992年6月制定的"金融制度改革法"。

半途而废的银·证相互参入

战后日本的金融体制像前面论述的那样是在业态之间严格地设置壁垒的分离主义或者专门主义下构筑的，所以降低壁垒，扩大相互参入的尝试使银行之间的业态别——"城市银行、地方银行、信托基金、长期信用银行、信托银行"及银行对证券公司的利害关系错综复杂起来，并产生了混乱。

但是，在一直讨论业务自由化问题的金融制度调查委员会的制度问题专门委员会终于达到了1989年5月的中间报告的程度。这个报告书以新的金融制度的构筑为视点，揭示了使用者的立场、国际性、金融秩序的维持这三点，提出新制度的存在方式有下面的五种。

(1)相互参入方式(各金融机构站在相互主义的立场上，逐渐参入)

(2)业态别子公司方式(每一业态设立子公司参入新的领域)

(3)特例法方式(制定承认金融机构在特定的条件下可兼营的

特别立法,承认对新领域的业务参入)

(4)控股公司方式(像美国那样,控股公司成立进入新领域的公司)

(5)万能银行方式(像欧洲大陆系统银行那样,将许多金融服务作为一体来运作)

在和这种业务自由化相关的五个提议下,当局最终决定应选择(2)的业态别子公司方式。这就像图2-2所示,普通银行(城市银行、地方银行、第二地方银行)、长期信用银行依靠设立信托子公司及证券子公司,试图参入新领域。

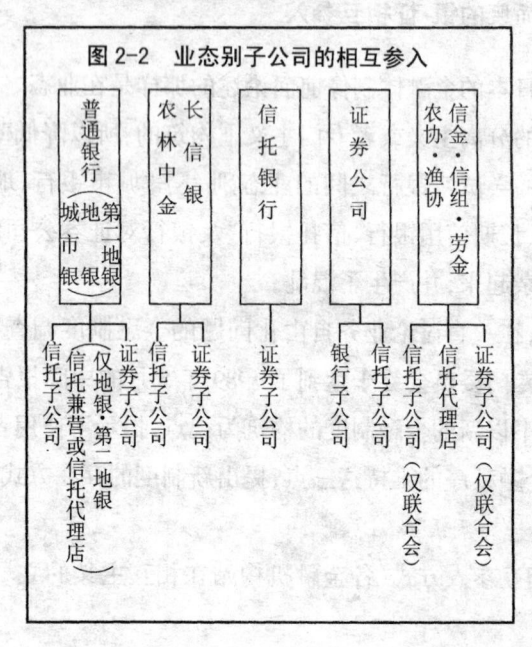

图2-2 业态别子公司的相互参入

普通银行(城市银行、地银、第二地银)	长信银・农林中金	信托银行	证券公司	农协・渔协	信金・信组・劳金
信托子公司、信托兼营或信托代理店	证券子公司	证券子公司	银行子公司	信托子公司、信托代理店(仅联合会)	证券子公司(仅联合会)
	信托子公司				

此外,信托银行本来是兼营银行业务的,所以可以成立证券子公司。

以上就是1992年6月制定的"金融制度改革法",所确定的业务自由化的一般原则。于是,1993年7月日本兴业银行(当时的)、日本长期信用银行(当时的)、农林中央金库的子公司开始营业。

接着同年11月,三菱信托银行、住友信托银行的证券子公司开始营业。另一方面,在同年10月野村证券、大和证券、日兴证券、山一证券(其后自主停业)的四大证券公司的信托子公司开始营业。超越银·证壁垒的行动开始了。

但是,当局作为划时代的金融自由化,即业务自由化的决定版而自负不已的这个"金融制度改革法",说到底是准照着使护航舰队方式不发生激变而顺畅转换的日本式渐进主义改革预想的,所以或早或晚其基本的缺陷不得不暴露出来。

Ⅱ 金融爆炸开始

经过从1970年代后半期到1980年代前半期的金融自由化前史,如上所述,战后日本的金融体制以1984年5月为起点突进到正式的自由化。一言以蔽之,这是为应对第1章所述的全球化、自由化、证券化的GDS的大潮流的日本金融体制变革、适应的过程。

这个变革过程以1993年10月的利率自由化的完结为一个时期。与此同时,由于1993年4月的"金融制度改革法"的实施,金融自由化也正式突进到另一支柱的业务自由化中去了。于是,看来面向21世纪的日本金融自由化进入了正轨。

因为1990年代中期,利率自由化确实在发展、扩大,金融机构的脚已经完全浸入到自由利率的世界中。所以,业务自由化的大浪逐渐侵袭金融领域,激化了淘汰和重组的金融竞争。这也是在全球层次上对日本的金融体系能否生存、发展的尝试。因为在冷战后,面向21世纪的金融革命的怒涛排山倒海地冲向金融世界是必然的趋势。但是,如在上述的Ⅰ之3的"半途而废的银·证相互参入"中所看到的那样,1990年代前半期日本金融自由化的完成由于两个基本事由而半途而废或者说落后于时代,因此早晚要从根本上重新把握并必须构想"后金融自由化",这是大势所趋。日本金融自由化的完成中止于"夹生"的原因之一是因为在GDS大潮下,以业务自由化为中心的日本金融自由化从理念的层面和实践的层面上说都只是渐进主义的,落后于时代潮流。另一个原因是不良债权的重压成为金融机构经营革新的沉重绊脚石。于是,日本的后金融自由化就意味着要超越以前的自由化潮流,在新的匠心下突进到新的大改革时代。这就是金融大爆炸。

1 金融大爆炸的轰鸣

1996年11月的金融大改革宣言

1996年11月11日,桥本龙太郎首相发出了包括经济结构改革的六大改革之一的金融体系改革要在2001年前果断实施、进行的指示。

这在社会上被称作"金融大爆炸宣言",和1986年10月英国的"金融大爆炸"(证券大改革)(参见专栏)及1975年5月的美国"金融大爆炸"(所谓五一节)相对比,将其定位为"日本版金融大爆炸"。

金融大爆炸是英国经济的救世主

大爆炸(BIG BANG)的概念是天文物理学上的专门术语,来自于被认为地球从星云状的气体中诞生,其契机就是"大爆炸"。

在金融方面开始使用的这一用语是对1986年10月英国首相M.撒切尔首相断然实行证券大改革而言的。英国经济到那时还患着英国病,是个缺乏活力的老大难国家。保守党的撒切尔政权成立于1979年,连续地断然实行经济改革,而成为其改革目标的是给伦敦的金融街·城改换门面,其中心是刷新老气横秋的英国证券业的结构(制度面及电子交易面等),积极地引进外国的金融资本。

正像"大爆炸"诞生了地球这一新的世界一样,人们便给撒切尔的金融改革起名为大爆炸。而由于这大爆炸,英国的金融经济非常完美地复苏了。

这一"日本版金融大爆炸宣言"在两个意义上是很冒失的,所以不仅是日本的金融界,就是产业界及国民都受到了冲击。

金融大爆炸宣言被认为是冒失的、让人们受到冲击的原因之一是一般认为日本的金融自由化在1990年代中已经到达了完成之域。

因为如前所述,利率自由化在1994年10月业已完成,另一金融自由化支柱的业务自由化也由1993年4月的"金融制度改革法"的实施而开始向着具体化运作。因此,发出金融自由化的号令一般而言难免有冒失之嫌。

另一个让人觉得冒失的是金融大爆炸的金融大改革的构想几乎没有前兆,而是作为桥本首相的六大改革之一突然出台。按以前的金融自由化的日程,日本的金融体系改革尽管是渐进的,但正在具体化并在进展着,但超过这个改革的金融大改革构想在1996年11月11日突然由桥本首相的嘴里说出来,其意外性使经济界大为吃惊。

不过,经济审议会(行动计划委员会)属下的金融工作小组正将日本版金融大爆炸作为推进放宽管制的一个环节在讨论着,这个讨论被归纳为"为我国金融体系的活性化"的报告书(1996年10月)。

所以,可以说1996年11月的"金融大爆炸宣言"是以这个报告书为基础的桥本首相的号令。但是,在务实的官厅主导的报告书上添加"大爆炸"这样有冲击力的词语,并从桥本首相的口中说出来,确实冒失。

无论怎样,这大爆炸的轰鸣给予日本金融界以空前的冲击。因为这提示了后金融自由化的基本方向,并包含着给日本金融界带来激震的可能性。

而由于这轰鸣声,给以前日本式渐进主义的金融自由化的"半途而废"加以决定性的一击,这也是确定无疑的。

但是,这个大爆炸的过程不得不在被巨额的不良债权损毁的日本金融体系下进行,由于这一点,其过程必然会成为迂回曲折或弯弯曲曲的。

后金融自由化的基本构图

当我们展望21世纪时,日本版金融大爆炸对日本经济来说,不言而喻是必要的不可或缺的制度改革。因为在1990年代中期以前的金融自由化不能充分应对新时代。

"日本版金融大爆炸"如其在理念上打出的"自由、公平、全球"那样,试图对日本的金融结构实行大改革,以便能够应对贯穿着GDS的21世纪经济,但以前的金融自由化的结构或制度对此是不完善的。

以前的金融自由化如表 2-2 所示,大体上限制在两个自由化领域。一个是银行部门的存款利率自由化,另一个主要是银行·证券之间的业务自由化(相互参入)。

表 2-2　金融自由化和金融大爆炸基本构图的对比

	(后金融自由化)金融大爆炸	金融自由化(以前的)
A　价格自由化		
①存款利率自由化	○	○
②证券手续费自由化	○	×
B　业务自由化		
①银·证·信托自由化	○	○
②其他业种的金融参入	○	×
③参入基准的自由化	○	△
(证券业·投信公司的登记制)	○	×
(金融控股公司)	○	×
C　金融商品、服务的自由化		
(金融衍生产品)	○	△
(投信商品)	○	△
(ABS、MBS)	○	△
(RMF、包管等)	○	△
D　外汇限制的自由化	○	△
E　会计制度的改革		
(时价)	○	△
(联结)	○	△
F　监督·限制的改革	规则型行政	裁量行政

关于这两个领域,以前的金融自由化停留在部分的、限定的程度上。譬如关于前者,不包含证券公司的股票买卖委托手续费的自由化;而后者则是银行和证券能够阶段性地相互参入(子公司方式),但全面的、一揽子的相互参入是有制约的,在这制约下,其他

业界(金融以外的工厂、非银行机构)参入金融是不可能的。此外，证券业或投资信托公司也变为许可制。

而关于表2-2的A及B以外的C和D，以前的自由化都伴随着各种制约，而且其范围也停留在部分上面。此外，关于E的会计制度及F的金融监督行政的存在方式也是不透明的，而且是裁量的。

从以上的情况来看，1990年中期完善的、被认为完成了的"日本的金融自由化"不能说是可以全面应对世界大潮流GDS的。

就是说，为应对全球化(G)，不言而喻，要进行外汇交易的全面自由化，而且会计制度的全球化(引进时价会计、联结会计等)是不可或缺的。

此外，作为自由化(D)业务的更加自由化或金融产品、服务的自由化也是不可缺少的。而且，证券化(S)意味着转换以银行为中心的日本传统的间接金融方式，在这一点上，和证券化相关的手续费自由化，还有参入证券业的自由化、证券化产品(ABS等，参见第4章三)等的自由化措施必不可少。

后金融自由化的基本且必须的大命题正是将集约在"金融大爆炸"这一冲击性词汇上的全面金融大改革以超越以前的金融自由化来构想并果断实施。

这种新的金融大改革第一义是意味着银行、证券业(包括投资信托)、保险业还有新加入的金融参入业的新金融商业供给一方的改革，但不能漏过这一现实，即可以说是从正面应对国民及企业这些金融服务需求方面的结构变化。

金融经济进入高资本积累阶段，在成熟化的状况中，并且在发生全球化或电子化的大潮下,不论是国民还是企业,都强烈地要求有金融服务或金融产品。此外,不管是资金运用还是筹资,在风险和报酬下,人们和企业等组织(包括机构投资家等)也提高了对多样化的新金融服务或金融产品的需求。

为了有效且适当地应对这多样化的新金融服务的需求,超越以前的金融自由化来构筑新金融结构不可或缺。在这里存在着1996年11月的"金融大爆炸宣言"的根源性意义。

2 金融大爆炸的展开

两只领头羊

由于1996年11月的桥本首相突然宣布"金融大爆炸宣言",后金融自由化形成了新的金融大潮流。

创造出21世纪金融体制的日本版金融大爆炸,即金融大改革的基本设计取得具体形式是在从大爆炸宣言开始后3~4个月的1997年2月开始的。政府(经济审议会)接受了1996年秋桥本首相的"六大改革"提议,对"六领域的经济改革"提出建议。在这建议的基础上,1997年6月,金融制度调查会、证券交易审议会、保险审议会答辩了到2001年为止的金融领域的改革项目的确定及实施日程,日本版金融大爆炸以关联法的制定、实施而正式展开了。

日本版金融大爆炸打响的第一枪,或者说是领头羊,是1998年4月实施的修改外汇法。以前外汇业务采取的是承认只有指定

2 金融自由化和金融大爆炸

表2-3 金融大爆炸年表

年月	金融大爆炸关联	备考	金融重组的动向（大型金融机构）
1996.11	金融大爆炸宣言	作为六大改革之一的桥本首相的一声召唤	96.4 东京三菱银行成立
1997.5 6 6 12	外汇法修改成立 修改禁止垄断法 金融关联审议会对金融大爆炸的建议 金融控股关联法成立	 朝向控股公司解禁 金融大改革的具体方向 接受前揭的禁止垄断法修改	97.11 拓银破产 山一证券破产
1998.3 4 4 6 8 9 12	金融控股公司解禁 修改外汇法施行 修改日银法施行 金融监督所成立 金融审议会成立 SPC法施行 金融体系改革法 ・证券公司、投信公司 登记制移行 ・银行窗口销售 投信解禁	金融大爆炸的领头羊 金融制度调查会、证券取引审议会、保险审议会的一体化 对ABS的法律完善 金融大爆炸关联法	98.6 日兴和旅行者集团发表资本合作声明 7 住友银行・大和证券批发宣布合并 9 三菱集团宣称四家公司合作
1999.4 10 11	废除有价证券交易费 股票买卖委托手续费自由化 玛萨斯开始	 日本的五一节 新兴股市	99.1 中央信托和三井信托合并 8 富士、第一劝业、日本兴业3行统一 10 住友和樱花宣布合并
2000.3 6 7 11	联结决算制的引进 纳斯达克日本开始 金融厅成立 修改投资信托法施行	 新兴股市 不动产型投信的解禁	00.6 三和和东海合并（UFJ集团）
2001.3 7	时价会计制的引进 ETF创设	 第4章参照	01.4 三井住友银行成立 4 三菱东京金融集团成立

续表

		9 大和银行和朝日统一(里索那集团)
2002.3	时价会计制正规化	02.1 UFJ 银行成立
10	银行的保险窗口销售	4 瑞穗银行成立
		9 三菱证券成立

的外汇银行才能处理的方式,就是所谓的外汇银行主义,但在修改外汇法中,这种外汇银行主义(外汇银行制度)被废除,外汇业务完全自由化了,同时,不论是个人抑或企业交易的支付、领取的结算也成为可能。

日本版金融大爆炸以这 1998 年 4 月的修改外汇法而开始动作,在内部,更正确地说,还有一个领头羊。那就是 1998 年 3 月的金融控股公司解禁。

从桥本首相的 1996 年 11 月的"金融大爆炸宣言"开始后半年有余,在 1997 年 5 月,上述的修改外汇法成立了,而在同年 6 月,修改的禁止垄断法在国会获得通过,战后禁止的控股公司被解禁。

在这修改的禁止垄断法基础上,1997 年 11 月制定了金融控股关联法。根据这一法律,银行法、保险法被修改,完善了对于银行控股公司、保险控股公司的法律制度。而金融控股公司在 1998 年 3 月被正式解禁。

根据 1993 年 4 月实施的"金融制度改革法",金融机构像前述的那样,是可以以子公司方式参入其他业态的(参见第 3 章),而 1998 年 3 月,金融机构以控股公司的设立可以全面地参入其他业态,包含金融业以外所有的企业都能自由参入金融领域。

如上所述,日本版金融大爆炸以 1998 年 4 月修改的外汇法及

1998年3月的金融控股公司解禁为两只领头羊,开始向着具体的方向展开行动了。

金融大爆炸的三套套餐

以1998年春开始运作的上述法律改革为领头羊,日本金融大改革的潮流形成了21世纪日本金融体制的基础,这大体上由三套套餐构成。

像已述的表2-2所示,后金融自由化的基本构图集约在A~F的六个领域中。A.价格自由化,B.业务自由化,C.金融产品、服务自由化,D.外汇限制的自由化,E.会计制度的改革,F.监督、管制的改革。

这六个领域像表2-4所示,可以再集约于三个领域(点)。这就是金融大爆炸的三根支柱,即(1)参入自由化。(2)证券改革。(3)管制、规则改革。

表2-4 金融大爆炸的三根支柱

后金融自由化的6领域	3根支柱	主要改革事项
A 价格自由化	①参入自由化	金融控股公司解禁 (1998.3) 金融体系改革法 (1998.12) 修改外汇法 (1998.4)
B 业务自由化		
C 金融产品、服务的自由化	②证券改革	股票手续费的自由化(1999.10) 金融体系改革法 (1998.12) 修改投资信托法 (2000.11)
D 外汇限制的自由化		
E 会计制度的改革	③管制、规则改革	金融监督厅建立(1998.6) 向时价会计制度移行(2001.3) 向联结会计制度移行(2000.3)
F 监督·限制的改革		

(1)参入自由化

在1993年4月实施的"金融制度改革法"中,在法律上完善了业务自由化,银行、证券及信托的业态间的相互参入成为可能。但是,在这业务自由化中还留下两个问题。

一个是业态间的超越壁垒,这被作为子公司方式,从资本的立场上看,难以发挥统一的力量。在使用者(企业或家计等)的金融需求多样化且重层化下,从综合的经营视点来把握、应对各种金融服务的经营形态是不可或缺的。

接近完全的方法是替代子公司方式而全面承认金融控股公司方式。不管是银行、证券、保险,在其金融控股公司(银行控股公司、证券控股公司、保险控股公司等)旗下有各种金融业态,如果在经营方面发挥其综合性协同作用的话,那么不仅对金融业的经营方面,就是对金融服务的接受者(企业或家计)也都是有利的。

这样,银行或证券公司等自由地提供多种金融服务等,而其媒体的金融控股公司不可或缺,这一认识以 1996 年秋的"金融大爆炸宣言"为契机,一举高涨起来。日本版金融大爆炸的领头羊,即作为触发器在修改的禁止垄断及外汇法方面被搬上台来,以至如表 2-3 所示,1997 年 5 月修改了外汇法、1997 年 6 月修改了垄断禁止法。

关于以前的业务自由化的另一个问题就是试图让金融以外的业态,譬如流通业或制造业等异业种进行新的金融参入。

使金融服务市场活性化,创造出有效地提供多种多样的金融产品、服务的结构是金融大爆炸最大的目标,而其中一个有效策略就是谋划让异业种进行新的金融参入。

因为人们认为,如果不受所谓"金融村"的规矩或习惯限制,让制造业、流通业还有外国势力参入金融的话,那么围绕着提供金融服务就会产生革新,不仅是金融服务的价格,就是质量也会发生很大的变化。

实际上"金融大爆炸宣言"以后,其他业种对银行业务的参入有华堂的IY银行,索尼的索尼银行等,它们正在行动着。今后,汽车制造厂家等将染指证券等领域,金融行政方面也对其他业种的金融参入和以前的护航舰队时实行的基本方针截然不同,具有着积极推进的意向。

(2)证券改革

不论是1986年10月的英国金融大爆炸,还是1975年5月的美国的五一节,都是金融大改革的起点,而且中心是证券改革。就是说,金融大爆炸的核心可以说是"证券大改革"。

实际上前述的(1)参入自由化的本质或者说本色就是开辟了银行资本全面参入证券领域的道路。像稍后看到的那样,美国从1970年代开始的30年金融革命的最终目标也在于废除禁止银行业参入证券业务的1933年的格拉斯·斯蒂格尔法(简称GS法)。1999年11月这个GS法终于被废除,以承认银行全面参入证券领域的"新金融制度改革法"(简称GLB法)的制定象征性地刻画出美国版金融大爆炸进入正途。

日本版金融大爆炸也有着同样的意义,其核心在于证券大改革,包括1999年10月的股票买卖委托手续费的完全自由化(日本的"五一节"),投资信托革命,还有证券化商业(参见第4章)等,都是以21世纪金融大趋向为目标的证券业务。

所以从1996年11月的大爆炸宣言以来,当局实施了种种举措,如证券业及投资信托业的登记制度的变迁、市场交易的透明化,为了搞活的"会计大爆炸"或新兴市场的创立、以投资信托为中心的新金融产品、服务的自由化等,证券领域真的是在进行连续改革。

(3)管制、规则的改革

金融大爆炸在法律上承认金融、证券市场的演员(银行或证券公司等金融媒介机构)自由交易或活动,但为此管制金融、证券市场的当局的存在方式或行政手法也要为支持大爆炸进行必要的改革。

不仅如此,另一个不可或缺的市场基本建设的改革是会计制度的透明化、公正化。在金融、证券市场上,接受各种金融服务的利用者(企业或家计等)没有确实信息是不能安心地做买卖或交易的。所以保证市场交易,会计制度的透明化、公正化的举措是不可或缺的。

关于金融管制,1998年6月金融监督厅从大藏省(现在的财务省)分离并开始工作,2000年7月变为金融厅。以前的大藏省银行局、证券局的裁量性金融行政在这里转换为规则型金融行政。而且,监视证券公司交易公正性的"证券交易业等监视委员会"(1992年7月成立)也变为金融厅所属的机构。

另外一个"会计大爆炸"大体上被分为两个会计原则的变更。一个是向联结结算制转化,这是2000年3月被引进的。一个是2001年3月引进的时价会计制度,2002年3月正式实施。

金融激震的开端

在日本金融界现在大爆炸已经成了"不归之河"。金融需求今后将更加多样化且高度化,这是毋庸置疑的。那么,如果金融业的经营样态或商业模式不应对金融大爆炸来进行变革的话,在21世纪将生存不下去。

包括经济的社会现象(正确地说是社会科学的现象)是要有某种大的"开端",主要的角色做出异质的行动或转换,随着时间的经过,引起其他角色的行动变化而生成下去。

图2-3记录的是大银行和大证券公司以1996年11月的"金融大爆炸宣言"(当然也不能无视其他的不良债权的重压或金融破产等要因)为契机开始做出经营刷新或经营合并的代表性事例。

金融大爆炸可以说是日本金融界地壳变动的震源地,而将这金融激震的波及进程模型化的话,就会像这张图一样。

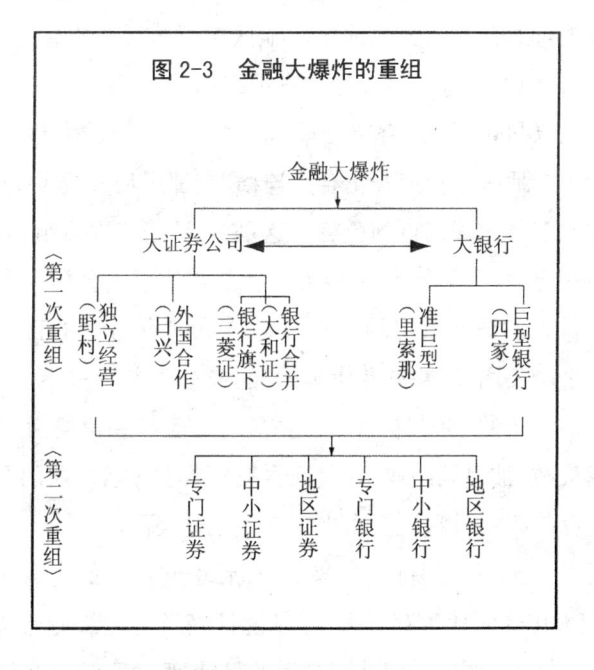

图2-3 金融大爆炸的重组

〈第一次重组〉
- 大证券公司
  - 独立经营(野村)
  - 外国合作(日兴)
  - 银行旗下(大和证、三菱证)
  - 银行合并
- 大银行
  - 准巨型(里索那)
  - 巨型银行(四家)

〈第二次重组〉
- 专门证券
- 中小证券
- 地区证券
- 专门银行
- 中小银行
- 地区银行

这个模型分为"第一次重组"和"第二次重组"两个阶段。从1996年11月开始到2002年末相当于"第一次重组"的阶段,具体的大银行和大证券公司的重组事例被放在括号里。

像在第1章里看到的那样,日本的大银行集约为四家巨型银行和一家准巨型银行的"4M+1"。所谓4M是瑞穗金融集团(瑞穗FG),三菱东京金融集团(MTFG),UFJ集团,还有三井住友金融集团(SMFG),后一个+1是里索那集团。剩下的大银行中央三井银行及住友信托银行今后的去从令人瞩目。

如果把这种"4M+1"比作人体的话,相当于脊梁的形成。如果有了脊梁的话,枝干或小枝条就会出来。实际上由于大和银行和朝日银行的合并和关西地区的地区银行近畿大阪银行、奈良银行的加入,地方小银行也开始卷进重组剧。

所以以"4M+1"的脊梁为前提,这些巨型级的大银行或地方大银行等与地区银行展开了合纵连横,在那里消失或再生,产生了专门化或多样化等银行的激震。这是今后"第二次重组"的阶段。

另一方面,证券界也在1990年代后半期以大公司为中心遭遇激震。最初的证券重组的轰鸣声是在1998年6月的日兴证券和美国的金融集团(现在的花旗集团)的资本合作。

在前一年的1997年11月,占有四大证券一角的山一证券出现经营失败,被逼到停业,日兴证券摸索着在今后严峻的金融环境中的生存战略。日兴证券本来加入了三菱集团。

所以,1998年6月的"日兴的决断"引起世上的注意。为了在21世纪大爆炸时代生存下去,可以说日兴经营判断是充满危机感的,他们认为必须打出和外资联手的最佳牌。而且,日兴证券总部在日兴证券开设零售部门的分公司,在日兴所罗门·美邦证券开设投资银行部门的分公司。

在"日兴决断"稍后的1998年7月,新消息传了进来。这就是大和证券和住友银行在证券批发部门建立了合资公司。

1999年4月,大和证券出资60%,住友银行出资40%,共同成立了大和证券SBCM(资本市场),向银证合体的证券业进发。

瑞穗金融集团旗下拥有批发部门的瑞穗证券、零售部门的瑞穗投资者证券、新光证券。此外,UFJ集团拥有UFJ翼证券。

而日兴证券退出的三菱东京金融集团在2002年9月将国际证券、东京三菱证券、东京三菱个人证券合并,成立了三菱证券。

这一期间,几乎没有摸索和大银行或外资的关系,始终贯穿着独立经营的是证券界最大的公司野村证券集团。

如上所述,在1990年代后半期,日本的证券界跨越了山一证券停业这一历史性事件,面向新的"大五"体制集约、重组。继续独立的野村证券集团、住友银行和银证合并路线的大和证券集团、和大外资花旗集团合作的日美型的日兴证券集团,还有新成立的三菱东京系统的三菱证券。

这样,日本的证券界现在也开始作出必须应对大爆炸时代的姿态,而随着"大五"这一脊梁的形成,骨干证券公司或中小证券公司、地区证券公司等特化为独自的经营战略的公司正在增加。譬如松井证券公司或岩井证券公司等就特化为互联网型证券公司。

证券界也结束了"第一次重组",处于面向着今后"第二次重组"的阶段。

Ⅲ 美国的金融革命

1 疾风怒涛般的金融革命

第一阶段从利率自由化始

如稍后详述的那样,美国比1980年代中期开始的日本金融自由化早15年以上就发动并开足马力进行金融革命,这给金融体系以相当大的冲击。

这真可以说是疾风怒涛的金融盛衰的戏剧。宣告美国金融革命开幕的炮声是1970年代初的两种新金融产品的开发。一种是银行开发的"付息命令支付存款"NOW,另一种是证券公司开发的变卖自由而且具有结算性的"小额投资信托"MMF。

这些新金融产品是利率自由化产品,同时也超越了已有的银行·证券的壁垒,所以在这里引发了银行之间、证券公司之间及银行·证券之间激烈的金融战争。

在概观美国的金融自由化时,有必要划分五种金融机构集团的立场(利害关系)。

A集团　大商业银行(所谓以中心银行为主的大银行)

B集团　储蓄贷款信用社(S&L)
C集团　中小商业银行和地方金融机构
D集团　证券公司
E集团　非银行金融机构

通过这A～E的五种金融机构集团之间的攻防，美国金融革命从1970年代开始行动，经过1983年10月的"利率自由化的完结"，1989年的"金融重建基金"(RTC)的设立，1991年12月的"FDICIA法"(联邦存款保险公司改革法)的制定，1999年11月的"新金融制度改革法"的成立，在这30年中，改革真如疾风怒涛般地展开。

在此期间，数量庞大的商业银行破产，S&L破产，被整顿。主导世界金融自由化的美国金融革命，因从1980年代后半期到1990年代初的金融崩溃而将金融体系迫进破产的边缘。

但是，经过1990年代前半期的再生及1990年代后半期的金融大重组，在1990年代末美国金融界挽回了看错了的势头，并根据1999年11月的"新金融制度改革法"，构筑着以21世纪为射程的金融新时代的远景。

如果区分从1970年代初开始的美国金融革命的话，就是表2-5的四个阶段。在这四阶段中，第四阶段在银行、证券、保险的壁垒被正式完全消除这一点上，对美国金融界而言，可以说是意味着"金融新时代"。而且在这表2-5上刊载了和美国金融革命相关联的重要金融事项及有关金融的立法。

(第一阶段) = 1971～1983年的自由化展开期

在这期间，其特征是因A集团(大商业银行)·C集团(中小银行)和 D 集团(证券公司)之间的新金融产品的开发竞争。最终是废除利率管制,即以利率自由化完结而告结束。

表2-5 美国金融革命的4阶段

年月		事项	备考	重要法案
第一阶段(自由化展开期)	一九七一～八三	1971 证券公司的 MMF 创设 72.6 中小银行的 NOW 创设 75.5 五一节 77.6 美林 CMA 开发 78.6 银行 MMC 引进 1980.3 82.10 82.12 银行 MMAD 创设 83.10 利率自由化的完结	美金融革命的主角 美金融革命的先驱 股票买卖手续费自由化 MMF、支票、债券组合的革命性商品 以市场利率联动存款和MMF对抗商品 银行的完全自由利率商品	 "金融制度改革法"成立(废除Q条例) "处理存款金融机构法"(①S&L的业务扩大 ②银行和S&L的合并认可)
第二阶段(金融破产期)	一九八三～九一	1984.7 FDIC 支援大陆伊利诺伊银行 85.9 美洲银行53年来第一次赤字 87.4 FRB 承认一部分大银行从事证券业务 88 银行等的大量破产(年205) 89.1 FRB 承认一部分大银行承购公司债、股票业务 89.8 89 银行等的大量破产(年206) 91.12 91 花旗大幅赤字		 "金融机构改革救济执行法"(FIRREA)(①RTC 设立 ②FDIC 扩充 ③S&L 限制强化) "联邦存款保险公司改革法"(FDICIA)(①FDIC的基础强化 ②银行自有资本比率限制③新存款保险费规则)

续表

第三阶段（金融重组期）	一九九一～一九九八	1991.12 92.4 1992 94.9 95.4 97.2 9 98.4 6 11	汉华和马尼哈尼合并 NCNB 和 C&S 合并 美洲银行和太平洋证券合并 许多美国银行获取空前收益 大通和化学合并 摩根斯坦利和添惠合并 旅行者并购美邦 第一银行和芝加哥第一银行合并 花旗和旅行者合并 美洲银行和国民银行合并 威尔斯·法格和诺威斯特合并 UBS 和 SBC 合并 德国银行和银行托拉斯合并	证券批发和零售统一 花旗集团建立 新生的美国银行建立 瑞士 UBC 集团建立 德国银行集团建立	"州际业务法"通过
第四阶级（金融新时代）	一九九九～	1999.11 2000.1	大通和摩根合并		"99 年金融制度改革法"（通称 GLB 法）成立（GS 法废除）

1971 年，证券公司（D 集团）在市场利率上升之下，开发了 MMF（通货、市场、基金）。这引发了脱媒。就是说，从利率管制下的银行存款向着市场利率的 MMF 流出大量的资金。

为和这脱媒对抗，银行（C 集团的中小银行）方面开发的是 NOW（付息命令支付存款）。大银行（A 集团）以自由利率的 CD（转让性存单）和大额存款流出相对抗，与此同时，在 1970 年代后半期对小额资金创立了 MMC（市场利率联动型定期存款）。中小银行（C 集团）也开发了各种自由化产品。

这是因为不得不对抗 1970 年代后半期大证券势力（D 集团）开发的 CMA（附有结算功能的投资信托）。

这样，终于在 1980 年 3 月制定了"金融制度改革法"，写上了废除规定利率限制的 Q 条例。于是,在 1983 年 10 月利率的完全自由化业已明确。

此外,根据 1982 年 10 月的"存款处理金融机构法",承认银行的自由利率的 MMDA(可以开出支票的自由利率存款),1983 年 10 月事实上开始了存款利率的自由化。

开始面向金融危机的发生和再生的行动

(第二阶段) = 1983 年 10 月~1991 年 12 月的金融破产期

在此期间,在(第一阶段)完结的利率自由化之下,大银行(A 集团)、中小银行(C 集团)还有 S&L(B 集团)急于扩大经营基础,走向了过大融资。其结果是很多金融机构持有大量的不良债权,被迫走进经营危机乃至破产。

于是,美国的金融体系自 1930 年代的萧条以来第一次遭逢"金融危机"。当局制定了试图收拾这一局面的两个重要的有关金融的立法。

这就是 1989 年 8 月的"金融机构改革、复兴和强化法"(FIRREA)及 1991 年 12 月的"联邦存款保险公司改革法"(FDICIA)的制定。在试图成立处理 S&L 的"金融重建基金"(RTC)的同时,试图对银行经营设立新的监督标准。

本来在美国的金融体系陷入危机的 1980 年代是里根时代,战后时间最长的繁荣在持续着,所以金融破产并不是清一色的。应该说由于金融自由化的正式化,银行对证券领域的超越壁垒和证券对银行业务的进入等和格拉斯·斯蒂格尔法相抵触的动向很是强烈,而特别是 E 集团的非银行金融机构(证券系统的子公司或非金融系统的子公司)等参入金融领域的动态十分活跃,业际问题席卷了各个行业,在议会对此进行了大论战。

但是金融机构的破产在继续,在金融体系不稳定化之下,对于超越壁垒的业务自由化的法律改革最终没有成行,留待了将来。

(第三阶段)＝1991年12月～1998年的金融重组期

根据前述的金融重建基金(RTC)的设立和存款保险公司(FDIC)的改革及新的银行监督限制(自有资本比率限制的强化等)等,1980年代直击美国金融体系的金融危机进入1990年代就结束了。

这是因为这些法的完善也起到了作用,而同时金融机构自身彻底地处理不良债权及经营基础的加强逐渐见到了成效。以大银行为中心取得历史上最高收益的银行增多了,美国银行的能量真的是复苏了。证券公司也以进入1990年代以后,股市上的空前火爆为背景呈现出活力。

其中,1994年9月美国议会通过了州际业务自由化法。根据这一法律,1927年的"马克法廷法"限制的银行州际业务在1990年代后半期终于解禁了。

A集团和B集团(中小金融机构)的壁垒根据这一立法被全面废除了。这一法律的成立象征着美国银行从金融破产的危机脱身,开始以21世纪为射程行动了。

在此期间,如表2–5或后述的那样,美国积极展开了大银行和骨干银行的大重组,货币中心·银行的集约化和巨大的地方银行相继建立。

(第四阶段)＝1999年11月以后的金融新时代

根据1994年秋的州际业务自由化法的制定，美国的金融界突进到新的阶段。下面的最大焦点就是废除1933年的格拉斯·斯蒂格尔法。

就是说要全面重新看待从1980年代一点点崩溃的银行·证券业务的壁垒，将美国的金融制度改组为21世纪型的。在这个改组中，不仅没有银·证壁垒，而且对银行、保险的壁垒和非银行金融机构的金融业务参入等也成为改革对象。

1999年11月"新金融制度改革法"（简称GLB法）终于成立，"1933年银行法"（GS法）规定的银行·证券的壁垒最终被法律废除。这意味着美国的金融界突进到21世纪型的金融新时代了。

2　金融革命的源流

火种埋在1960年代后半期

战后美国的金融制度是经过1929年10月开始的股价暴跌及其后的大萧条而根据1933年的银行法建立起来的（参见专栏）。这一法律是为了防止银行为吸收存款而竞相抬高利率，于是便制定了限制存款利率的条款，给存款利率制定了上限。

持续66年的美国"33年银行法"

直到最近支持美国金融制度的是大危机时的1933年6月制定的银行法。

> 这"1933年银行法"很多时候被称作格拉斯·斯蒂格尔法,格拉斯·斯蒂格尔是立法者的名字,这一法律是接受了大危机时的大量银行倒闭(1928~1933年的6年间有10 253家银行倒闭)的教训而制定的,其中有存款利率限制、禁止即期存款的附利、创立联邦存款保险制度及银行业务和证券业务的明确分离等,直到最近它还是美国金融制度的基础。
>
> 全面地重新看待33年的格拉斯·斯蒂格尔法(通称GS法)的银行业务和证券业务的分离规定,特别表现在1980年代后半期在议会的多次讨论上,但没有获得成功。但是,在1999年11月终于制定了"新金融制度改革法(通称GLB法),66年的银·证壁垒的时代闭幕了。

这限制存款利率被称为Q条例,成了限制利率的关键。这是因为Q条例防止了银行之间为获得存款的过度竞争,使金融秩序的稳定状态能得以维持。

但是,这存款利率的限制在1960年代后半期的通货膨胀面前碰了很大的壁。1960年代后半期由于介入越南战争和联邦支出扩大,美国国内通货膨胀的色彩浓烈,提高了人们的通货膨胀预期。为此,市场利率加强了上调的倾向。

但是,银行被Q条例限制着存款利率的上限,所以不能应对市场利率上调而提高存款利率,于是市场利率和存款利率的利率差扩大了(参见图2-4)。

结果通货开始从低利率的银行存款流向高利率的市场利率的证券类(譬如美国政府证券),特别是在1969年的金融窘迫时期,这种从银行的"资金流出"上升,数额巨大。

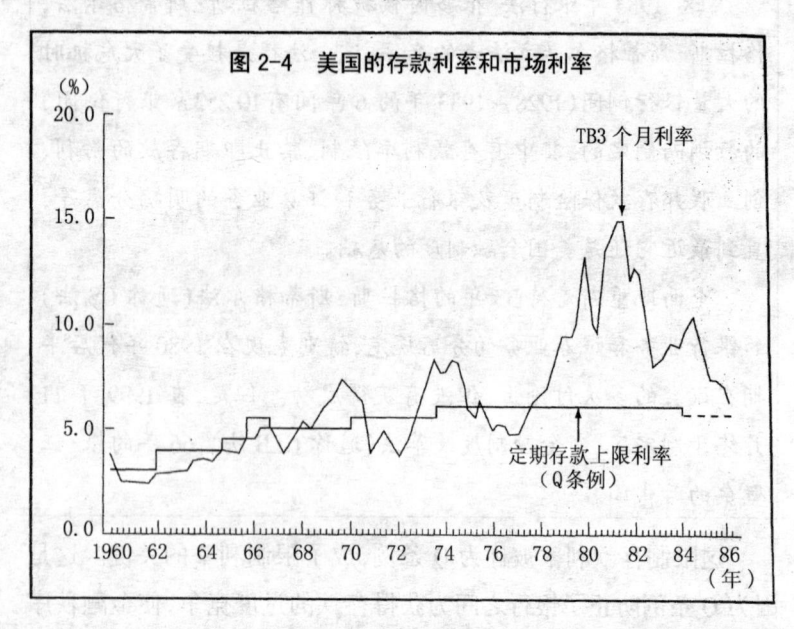

图 2-4 美国的存款利率和市场利率

（图中标注：TB3 个月利率；定期存款上限利率（Q 条例））

这一"资金流出现象"被称为脱媒。于是,被 1960 年代末 Q 条例限制的金融机构遭遇存款流出,危机增强。银行中要求废除 Q 条例的动向强烈起来。

但是,另一方面,慎重论也是很强有力的。慎重论认为废除存款利率限制,会使金融机构为获得存款的竞争激化,制造出弱肉强食的世界,结果只是增加了金融机构的经营失败。金融自由化不过是让金融秩序陷入混乱而已。

于是,在 1960 年代末,美国以废除 Q 条例为中心的金融自由化讨论活泼起来。脱媒迫使美国金融界去应对严重的形势。但是当时谁也没想到这会成为进入 1970 年代在美国金融界燃成燎原大火的火种。

点燃导火索的中小银行

1960年代后半期的脱媒开始促使被存款利率限制的金融机构展开新的行动。自"1933年银行法"以来,历经沧桑的Q条例不能简单地被废除,所以出现在存款吸收面上开发对抗脱媒的其他手段的革新的银行经营者是理所当然的。

他们开发了新金融产品。其先驱是被称为 NOW（Negotiable Oeders of Withdrawal 的简称）的新型储蓄性存款。储蓄性存款（定期存款等）有利息,但开不出支票。而 NOW 是有利息的储蓄性存款,而且也能开出支票。在这一点上 NOW 是新的金融产品。

能够开出支票的结算性存款通常被称作即期存款。活期存款就是其典型。按"1933年银行法"只有商业银行可以处理即期存款,而在这种场合,禁止即期存款有利息。

NOW 在有利息的储蓄性存款上附加开支票功能,具有"有利息的即期存款"或者"有结算功能的储蓄性存款"的性质。这一新种类的存款是在1972年6月由马萨诸塞州的一个小小的叫康休玛·赛宾格斯相互储蓄银行的总经理劳恩·赫依茨尔顿构想出来并卖了出去,其后便从东部各州迅速向全美蔓延开来。

银行开发的战后最初的新金融商品能够追溯到1961年花旗银行的前身 FNCB 创设的 CD（Negotiable Certificates of Deposits 的简称,即可转让定期存单）,但从 CD 以来没有开发出这类新金融产品。NOW 是 CD 以来隔了约10年的金融革新。

美国的金融机构（处理存款机构）大体上可以分为两组。第一组是商业银行,是处理结算性即期存款的普通银行。

第二组是商业银行以外的机构,是一般被称为储蓄金融机构的中小规模的金融机构组织,有其业务以住宅抵押借贷为主的储蓄贷款信用社(S&L)、相互储蓄银行,还有其业务以对组合成员的消费者信贷为主的信用组合。这些储蓄金融机构主要是处理有利息的储蓄性存款,而在后述的利率自由化过程中,到1980年代初也可以和商业银行处理同样的存款。

NOW是相互储蓄银行开发的。因此,储蓄金融机构依靠"具有结算功能的储蓄性存款"的NOW侵入到处理即期存款的商业银行的领域。

CMA革命

在这种金融革命过程中产生的明星是大证券公司美林在1977年开发的CMA(Cash Management Accounts的简称)。

从1960年代末开始,通货膨胀在美国扎下根来,而在此之下,市场利率和限制利率(Q条例的利率)之间的利率落差在持续着,并没有缩小。因此,证券公司方面增加了开发、销售将市场利率证券编入的小额投资信托。这被称作MMF(Money Market Funds的简称,另外,Money Market Mutual Funds被简称为MMMF),它作为自由变卖的高利率收益的小额投资信托而成为金融革新中心的新金融产品。

MMF是1971年创设的,而受到1974年金融紧缩时期的市场利率升高的影响,大幅度增加了其销售量。MMF靠着电脑和银行的即期存款户头的联结而能够开出支票,这一点也对扩大销售量作出了贡献。

MMF又增加了新服务,而将以前的金融革新潮流一举转化成金融革命潮流是美林公司在1977年开发的CMA。这是具有冲击力的产品,以至被称作CMA革命。CMA是由当时美林公司的董事长D.里根[原美国财政部长]坐镇前沿指挥,和美国强大的咨询公司SRI(斯坦福研究所)共同开发的资金综合账户(现金管理账户)。

顾客最少将两万美元的现金或证券预托给CMA,而美林将这笔钱财运用于MMF上。另一方面,因美林和俄亥俄州的骨干银行哥伦布第一银行合作,顾客可以以第一银行的账户为基础开出支票,此外,用维萨卡也能买东西。

另外,CMA具有证券担保的信用供给功能。因此,如果顾客在美林开设CMA账户的话,那么在有利地运用资金的基础上,可以开支票、使用卡、借入资金等,所以真可谓是资金综合账户。

这样,CMA成为使顾客从银行转移到证券公司的革新性金融产品。于是从1970年代初开始动作的金融革新在1970年代后半期形成了巨大的潮流。1977年,以CMA为分水岭,美国金融界开始进入真正的金融革命阶段。

转入反击的银行

在存款利率上限规定(Q条例)下,如果市场利率上升,利率差就增大,脱媒增多。就是说产生了银行资金大量流向MMF或者CMA。

如前所述,MMF或CMA因证券公司和银行合作而具有结算性,因此,对顾客来说,低利率的银行存款的魅力更为淡薄也是当然之理。所以,银行是不能对这种事态袖手旁观的。

就是说,银行必须开发和 MMF 或 CMA 相对抗的市场性新金融产品。只要不这样做,即不拿出反映市场利率的产品的话,就不能阻止资金流向以市场利率运作 MMF 等的证券公司的投资信托,这在 1970 年代末对银行来说是自明之理。

于是,一进入 1978 年,创设和 MMF 对抗的金融商品的动作开始具体化了。在脱媒之下,被证券势力所逼,处于劣势地位的银行势力转入反攻。

反击的第一发炮弹是创设 MMC(Money Market Certificates 的简称,货币市场存款)。MMC 是以 6 个月期货的美国财政部短期债券(短期国债)TB(Treasury Bill 的简称)的利率为基准的最低单位 1 万美元的定期存款(期限 6 个月)。就是说,MMC 在以市场的 TB 利率为基准这一点上,是市场利率联动型存款。由于 MMC 的创设,银行开始有了限制利率以外的自由利率(市场利率)的金融产品。

而且,对于 1961 年创设的大额 CD(10 万美元以上)的利率,1970 年及 1973 年完全自由化了。在 1970 年,期限不满 90 天的 CD 利率自由化了,而在 1973 年期限 90 天以上的 CD 的利率也同样自由化了。但是,CD 的利率自由化产品因为是 10 万美元以上的大额,所以是不能和 MMF 等市场利率联动型的小额投资信托对抗的产品。

接踵而至的自由利率产品

由于 MMC 的引进,银行对于证券公司的 MMF 或 CMA 的反击先取得了胜利。但是 MMC 是有问题或者说是有局限的。首先就是 MMC 的最低存入单位是 1 万美元,这是相当高的金额。固然美林的 CMA 的最低单位是两万美元,比 MMC 还要高,但 MMF 一般是最低金额为 50～1 000 美元的小额资金。因此,对普通顾客来说,MMC 和 MMF 相比额度过大。其次 MMC 的存入期间是 6 个月,短期的。也就是说 MMC 是市场利率联动的 6 个月定期存款。

为此,挟 MMC 成功势头的银行势力在翌年的 1979 年 7 月又新引进了 SSC(小额储蓄存单,为 Small Savers Certificates 的简称)。这是作为期限 4 年、没有设定最低金额的市场利率联动型定期存单销售的,是明显地将小额顾客作为对象的自由利率产品。

在此期间,为防止银行内资金流出到 MMF,银行便和证券公司合作,有的地方开设了以 MMF 运用一定存款余额的流动账户。

所谓流动账户是这样一种账户,譬如银行的即期存款或 NOW 账户余额超过 5 000 美元以上,那就将这一部分运用于市场利率的 MMF,另一方面如果银行账户余额在 5 000 美元以下,MMF 就自动解约,使银行存款恢复到 5 000 美元的余额。

这是对能开出支票的 MMF 对抗的产品,在日本是和中期国债基金联合销售的。

如上所述,1980 年前后银行的新自由利率金融产品接踵上市。开始形成新金融产品的高峰,在美国金融界,金融革命这一词语被人们挂在了嘴边。

用法律废除存款利率限制

眺望 1970 年代后半期的自由利率产品热潮,在金融有关人士中间,对应重新看待金融制度根本问题的讨论高涨起来。譬如1970年代初,相互储蓄银行开发、普及了 NOW,而以此为契机,1970年代中期,在美国的金融机构中各种新种类的金融产品普及开来。

此外,由于 1970 年代末的自由利率产品的上市和普及,事实上限制存款利率的 Q 条例大步地走向有名无实。

为了收拾这一事态,使之符合现实,卡特总统在 1979 年向议会劝告道,应该修改金融立法。美国议会接受了这一劝告并进行了关于金融制度改革的审议。于是,1980 年 3 月制定了"1980 年金融制度改革法"。这一金融改革法的最大关键是终于在立法上明确地废除了"1933 年银行法"以来长达 46 年的存款利率的上限限制 Q 条例。

当局当然也考虑到一下子全部废除这种存款利率限制会引起混乱,所以在这"1980 年金融制度改革法"中规定阶段性地废除存款利率限制,一直到 1986 年才完成。

此外,这个法律修改了办理存款机构之间的不公平。如已经论述过的那样,美国的办理存款金融机构有商业银行、储蓄贷款信用社、相互储蓄银行、信用组合等四种机构,但是适用于美联储设定的存款准备率的机构只限于加盟联邦储备制度的商业银行。"1980 年金融制度改革法"将存款准备率的适用机构扩展至非加盟商业银行、储蓄贷款信用社、相互储蓄银行、信用组合。试图使业态间站在平等的立场上。与此同时,以放宽以前对储蓄金融机构资金运用的限制等,推进这些机构在业务活动面上的弹性化。

如上所述,"1980 年金融制度改革法"在废除限制长期存款利率这一点上,可以评价为是"划时代的",但从另一角度看,这一法律实际上是不得不对1970年代后半期像燎原之火蔓延开来的利率自由化现实加以"追认"。

在1980年的时段,扑灭美国的金融革命之火对议会、政府、金融界人士而言都是不可能的,这一法律的制定如实地表现出这一点。

于是,1983年10月1日,美国的利率完全自由化了,以这一天为分界,美国的金融界进入了金融革命大潮的潮头中。因为金融自由化已经是"不归之河"。

"1980年金融制度改革法"规定存款利率自由化从1980年4月以后分6年阶段性地进行。就是说,在1986年3月利率将自由化。但是由于利率自由化的进程大幅度前进,1983年10月1日几乎是全部的存款利率自由化被提前实施了(只是期限未满32日及存入额未满2 500美元的则继续限制其利率)。

为什么利率自由化的日程被大幅度提前呢? 冲破堤坝的是美国金融革命的洪流。美国的官方贴现率在1978年11月达到9.5%,而1979年7月上调到10%,其后在1980年2月上调到13%,为历史上的最高点。而从同年5月开始三次下降,回到10%。

在此期间,"金融制度改革法"(1980年3月)成立,决定了废除存款利率的日程。但是,1980年秋以后,利率再度转为上升。1981年5月官方贴现率达到14%的超高水平,这是因为断然实行了试图抑制通货膨胀压力的货币主义的货币供应量管理(参见第7章)。

由于这种异常的高利率再度出现了脱媒,引发了大量资金从银行向证券公司的 MMF 流出。因此在"1980 年金融制度改革法"之后,1982 年 10 月试图成立"存款办理金融机构法",承认了作为对 MMF 对抗商品的、银行创设 MMDA(货币市场存款账户,Money Market Dposit Accounts 的简称)及超级 NOW。如图 2-5 所示。

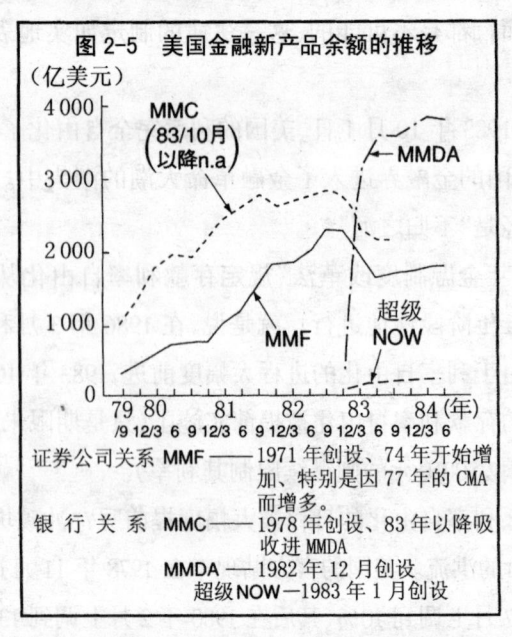

图 2-5 美国金融新产品余额的推移
(亿美元)

证券公司关系 MMF —— 1971 年创设、74 年开始增加、特别是因 77 年的 CMA 而增多。
银 行 关 系 MMC —— 1978 年创设、83 年以降吸收进 MMDA
MMDA —— 1982 年 12 月创设
超级 NOW —— 1983 年 1 月创设

MMDA 是认可最低存入额为1 500美元,有限度地开出支票的完全自由利率存款(期限自由)。此外,超级 NOW 不仅是和 MMDA 有着几乎同样条件的自由利率、自由期限的存款,而且开支票的额度也是自由的。只是超级 NOW 的存款者被限定为个人、非营利机构。

这种新型的自由利率金融产品在 1982 年末及 1983 年初上市,所以实质上是和存款利率自由化相等的金融产品。因此,1983

年6月金融当局提前了"1980年金融制度改革法"确定的存款利率自由化日程，决定从1983年10月1日开始实施利率的大体完全自由化。从1970年初开始的金融自由化的潮流在1983年10月以利率的完全自由化而获得成果。

证券势力的涌入

从1970年代后半期到1980年代初，横扫美国的金融革命风暴中心应该是MMF或者是编组进MMF的新金融产品CMA的跃进。就是说，和被课以限制利率等约束的银行存款相比，大量资金向发行及销售自由而且附有市场利率的证券公司的MMF流出。这是所谓脱媒的大量货币移动的原因。

这种MMF或CMA的爆发性销售势头给银行势力以威胁，但资金流出的现象并非仅是利率的落差形成的问题。因为像前面看到的那样，起因于利率落差的银行方面的劣势靠着包括1978年创设的MMC的自由利率等产品的销售是能够应付的。

银行方面对证券公司系统的新金融产品强烈的反拨是因为以下两点。

第一点是MMF通常可以开出支票，可以说和银行的结算性存款几乎具有相同的功能，而对这是否违反"1933年银行法"的支柱的银行业务和证券业务分离是有疑问的。这个问题掀起了所谓银行和证券激烈的壁垒战争。

特别是在1977年美林公司创设的CMA给顾客提供了超过银行存款的方便性及收益性，银行认为这是证券势力"破坏壁垒"，因而对其抱有强烈的警惕感。

第二点和第一点是相关的，MMF 或 CMA 和银行存款相比具有的优势是证券公司的营业活动不受地域限制，可以以全美为对象销售新金融商品。

美国银行制度的最大特征之一是"州际业务限制"。即美国的商业银行不能越过州的界限设置分店，其法律根据是 1927 年的"麦克法登法"（McFadden Act of 1927）。

根据"州际业务限制"，银行的营业活动原则上仅限于一州，而另一方面不是银行的证券公司则可以越过州界，在全美自由地展开营业活动，销售着 MMF 或 CMA。这样随着 1970 年代后半期 MMF 或 CMA 的骤增，银行方面对证券公司的"越过壁垒"强烈地反拨，于是便喷出了"壁垒战争"的火焰。

在"1980 年金融制度改革法"审议时，议会努力地讨论壁垒问题，但立刻改变以"1933 年法"或"1927 年法"（麦克法登法）长期传统培养出来的习惯或规矩是有困难的。并且银行和证券壁垒是利害关系尖锐对立的问题，不能很快解决。特别是中小银行对在法律上消除银行和证券的区分产生了强烈的抵抗。并且对放松、废除州际限制使大银行优先也强烈地反拨。因此，"1980 年法"并没有解决壁垒问题而是将其遗留下来。

3 自由化风暴和金融崩溃的危机

自由化的归结·大量银行破产

从 1970 年后半期开始像燎原之火一样蔓延在美国金融界的

2 金融自由化和金融大爆炸

金融革命之火以1983年10月的利率完全自由化而大体熄灭。但是，这并没有使美国金融界产生新秩序并建立起稳定的金融体系。

因为在以利率自由化为中心的金融自由化（废除限制）中，美国的金融机构被迫必须开始走向为了生存的荆棘之路。在这个过程中，经营的恶化，还有破产增多，救济合并或破产成为常态化。

就是说，美国金融界在放宽管制之下，不得不卷入淘汰的漩涡之中。这是混乱、不稳定的世界。完全看不到新的金融秩序。

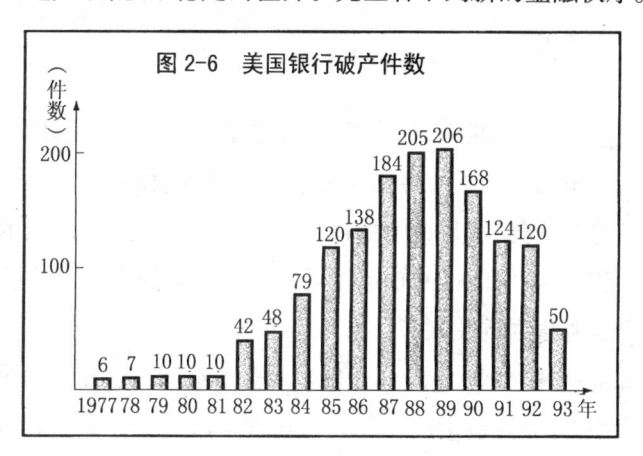

图2-6 美国银行破产件数

年份	件数
1977	6
78	7
79	10
80	10
81	10
82	42
83	48
84	79
85	120
86	138
87	184
88	205
89	206
90	168
91	124
92	120
93	50

其中，美国的金融破产的倾向增强了。如图2-6所示，美国的年度银行破产数量自利率自由化大幅度动作的1982年以来，转向增加。破产的件数在1980年代前半期变迁到两位数，而1985年为120件，1988年、1989年骤增为200件左右。

从1980年代中期开始骤增起来的银行破产的主要原因是和石油关联的贷款及和不动产关联的贷款的增加。由于能源价格或不动产价格的暴跌，从1985年至1990年仅得克萨斯州破产的银行就达约500家。

特别是由于1980年代后半期不动产萧条的严重化而带来的不动产价格的暴跌不仅限于得克萨斯，而且直接打击了全美的银行。关于大银行的经营危机，1980年代中期人们都关注到大陆伊利诺伊银行的破产和美洲银行的转为赤字，而1980年代后期及1990年代初引人注目的是1991年1月的马萨诸塞州的地方大银行新英格兰银行（BNE）的破产。

利率自由化的银行增加了风险

这些破产机构除一部分以外，几乎都集中在地方的中小银行上。所以虽然一年有超过200家银行破产，但金融不稳定的阴影却没有笼罩全美，这是最大的理由。只是在这里应该注意的是这种大量银行破产和从1970年代后半期正规化的利率自由化或金融革命有着很强的关联。

如前所述，再看1970年代后半期美国银行为了和证券公司的畅销金融产品对抗，走向了创立市场利率联动型存款。其结果是银行的筹资成本（存款利率）开始有了上升的倾向。特别是进入1980年代，MMDA的骤增如图2-5所示。

这种吸收存款的成本由于1980年代里根经济学的高利率政策而进一步上升。在这里有必要谈及一下证券公司的投资信托MMF和银行自由利率商品MMDA的基本不同。因为虽然MMF和MMDA都是以市场利率发行的，但以"经营风险"的视点来看，却有着很大的不同。

证券公司在市场上选择买卖、流通的证券类。将其组合运用就是投资信托(譬如 MMF)。将这投资信托销售给顾客或购回(投资的解约)的手续费就成为证券公司的收益。因此,即使市场利率上升,组合进投资信托证券的运用收益再大,证券业者的收益却不变。因为市场利率上升改变不了投资信托的销售成本。证券公司是给顾客代办市场流通证券的,即仅仅是中介。

另一方面,银行的情况是市场利率上升,对银行的收益很可能产生负面效果。因为市场利率上升,MMDA 等自由利率存款的利率也上升,所以银行吸收存款的成本就上升。但是银行的贷款利率没有应对市场利率而立刻上调,所以银行的差额利润缩小了。银行的收益是以贷款利率和存款利率的利率差的差额利润为根本的。因此,存款利率一旦自由化,就常常会有差额利润缩小的风险(这就叫利率风险)。

对证券公司而言,市场利率的上升很难原封不动地直接成为风险,但对银行来说,这就意味着直接风险的增大。1970 年代后半期的自由利率的上市对银行来说就增加了这种风险。

高回报高风险

随着利率自由化,银行面对着利率风险的增加。其结果是银行为使差额利润扩大,积极地进行贷放。为覆盖高存款成本,确保差额利润,必须增加更高收益率的贷款。

有"高风险、高回报"这种说法。这指的是资金、资产运用的铁律,高收益率或高利率的贷放或运用必然伴随着高风险(有呆账的危险性,也叫信用风险)。

进入 1980 年代,利率自由化已成必然之势,所以很多银行担心存款成本上升、差额利润缩小,就积极地运用高回报资金。特别是中小银行着急地向资产内容不良的企业贷款,相当令人瞩目。在地方上资金需求强的产业是农业、不动产相关行业、石油开发业等。

1980年代中期以后,美国的银行破产增强了势头,这是因为这些中小银行的贷放成了不良债权。但是,银行的经营危机没有停留在地方上的无名中小银行上。

金融革命到达所谓利率自由化顶点稍后的1984年春,全美第8位(当时的)的银行大陆伊利诺伊被逼进经营失败中去(1984年5月)。这家大银行失败的直接原因是其作为筹资最大手段的CD在纽约的货币中心已经不能发行了,因此产生了流动性风险。

为什么像大陆伊利诺伊这样的名牌银行陷入不能发行CD了呢? 这基本上是因为这家银行贷款资产的不良化。大陆伊利诺伊靠着高成本的市场利率的CD筹措资金,将相当大数量的款项借给了高回报的石油开发的相关企业。1983年末对能源开发相关企业的借贷余额高达总贷放额的约26%。

特别是大陆伊利诺伊在1982年7月从破产的俄克拉何马的本斯克维阿银行买断了约1亿美元的和石油开发关联的贷款债权,而这却是呆账,从而引起了存款从大陆伊利诺伊流出,成为不能发行CD的导火索。

三 L问题和中心·银行的经营恶化

大银行的经营危机并没有停留在1984年春表面化了的大陆伊利诺伊上。同年秋,不仅是在西海岸,而且自夸为全美资金量第一的美洲银行(BOA)"经营恶化"的新闻成为报纸的大字标题。

美洲银行的根据地是尽览旧金山湾的52层的茶褐色大楼,曾被当作恐怖电影的舞台。

由于美洲银行经营陷入困境,美国的监督官劝告说应卖掉总公司的大楼以改善自有资本的比率。

美洲银行经营恶化的最大原因在于应对以金融自由化为支柱的金融革命的"迟缓"和"焦躁"。

美洲银行最引以为骄傲的是"BOA的分行设立在离加利福尼亚近九成人家一英里半以内的地方"。在1983年末的时段上,BOA的国内分行的数量达到1 231家。在限制存款利率上限的Q条例之下,银行的分行越多收益就越大。因为越是具有庞大的分行网,靠着低利率就越能筹措大量的资金,银行可以挣到充足的差额利润。

但是,随着存款利率自由化的进步,具有庞大的分行网的优点变成了缺陷。加上市场利率产生的筹资成本的上升,庞大的分行网的经费增多,所以美洲银行的差额利润就缩小了。就是说,在利率自由化之下,正是有许多分行数量才提高了银行的筹资成本,结果压迫了收益。

进入1980年代,因市场利率进一步上升,发生了从银行向证券的激烈的脱媒。为了对抗这一情况,如前所述。银行在1982年末必须创设自由利率商品MMDA,这使得银行,特别是分行多的银行筹资成本大幅度上升。

在1970年代,美洲银行在克劳森董事长的领导下,采取了积极的扩大政策,就是扩大分行网,所以当1980年前后增加了势头的利率自由化全面展开时,美洲银行的收益就恶化起来。存款成本的上升使美洲银行的差额利润迅速缩小。

面对着差额利润缩小,美洲银行着急了,想靠积极的贷放政策来打开这一困境。这是以为确保差额利润的高回报为目的的扩大贷放。这样就使得美洲银行大幅度地增加对以农业、能源以及住宅相关行业为中心的产业的贷放。但是,这种贷放增加的另一面却是使呆账损失急剧增加,美洲银行的收益减少。正因为是高回报的贷放才使得坏账的风险增大。

而美洲银行在1986年第二季度、第四季度赤字达到历史上最高水平的64 000万美元。同年9月阿马科斯特行长终于以承担责任的形式决定辞职,克劳森又回到领导位置上。他针对制造了美洲银行经营不振原因的罪魁祸首就是1970年代克劳森本身的积极政策进行了批评,承认他的预想失误:"如果利率等的解除管制以这样的速度前进,那么就有必要采取稍有不同的经营战略。"他直率地反省了1970年代的营业急速扩大。

在1980年代后半期,大银行的经营失误不仅是美洲银行,也涉及其他的所谓货币中心·银行。包括美洲银行在内,七家中心·银行是花旗银行、美商道富银行、纽约化学银行、大通曼哈顿银行、芝加哥第一国民银行、J.P摩根银行。

这七家大银行如图2-8所示,1989年转入净亏损。这是为了处理不良债权而算入巨额呆账的结果。

在图2-7、图2-8上可以看到这七家货币中心·银行的不良债权金额、内容及不良债权比率(对总资产)等,也就可以理解这些银行对高水平的不良债权是如何苦恼。

图 2-7 七家货币中心·银行的不良资产的推移

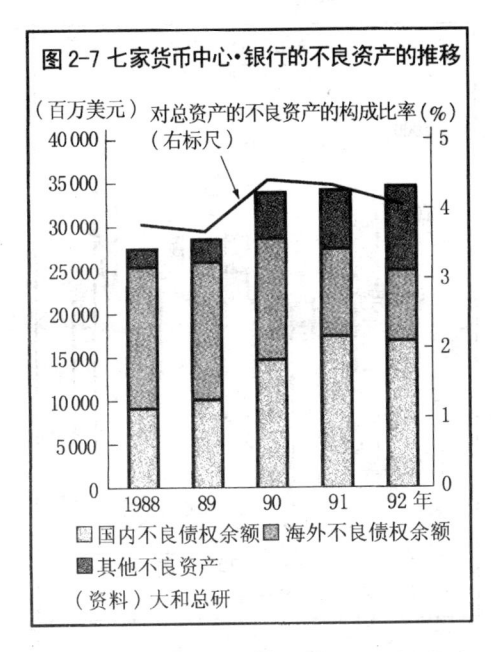

（资料）大和总研

货币中心·银行在 1980 年代后半期抱有的收不回债权（不良债权）一般被称作"三个 L"。即是由"不动产关联融资"（LAND）、"作为担保收购企业资产的借款兼并的关联融资"（LBO）、"面向发展中国家的融资（LDC）的第一个字母组成的。

大银行 1980 年代在这高回报领域进行过大贷放的结果因不动产萧条、金钱游戏的结束而成为不良债权，而偿还这些不良债权，便会极大地压迫银行收益。

应该看到 1970 年代后半期之后的金融革命对这些货币中心·银行等大银行的经营恶化影响颇大。这是因为大银行在金融证券化的潮流中，必须向风险大的融资加大倾斜。

由于证券化的进展，企业的筹资逐渐加强了从银行借贷向公

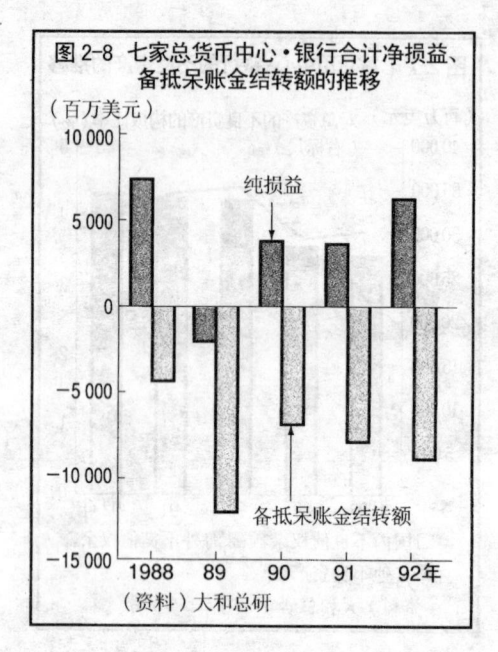

图 2-8 七家总货币中心·银行合计净损益、备抵呆账金结转额的推移

（资料）大和总研

司债或 CP（商业票据）的转移，所以银行为了确保收益，不得不加强进行风险大的融资（LDC）。

就是说，从 1970 年代末到 1980 年代初，货币中心·银行扩大了面向发展中国家的融资（LDC）及 1980 年代后半期扩大了向不动产和 LBO 关联的融资。但是，因 1982 年 8 月发生了墨西哥债务危机，面向 LDC 的融资先成为呆账，为规避其偿债带来的收益恶化，接着就走向 LBO 融资和不动产融资。

于是，像图 2-7 和图 2-8 看到的那样，货币中心·银行抱有巨额的不良债权，被积累的呆账金额所困。

S&L崩溃和RTC的设立

从1980年代中开始的金融崩溃戏剧的主角既不是被前述的大量破产所象征的中小银行,也不是抱有巨额不良债权而落入经营恶化的货币中心·银行。崩溃的主角是被称为储蓄贷款信用社(S&L)的中小金融机构。

这被称作是"S&L崩溃"确实名符其实。在金融革命开始时的1970年,全美的S&L有5 669家,1991年居然减少到2 216家。

实际上,在20年间3 453家S&L消失了。当然这个数字不光是因为破产或整顿,也包括收购或合并等面向未来的金融组合。

但是,这大量的S&L的消失对经营基础薄弱的金融机构意味着激烈的震动。那么,一直以平民百姓的小额储蓄存款为基础并向他们进行住宅资金贷款的S&L发生了什么呢?

一言以蔽之,它们是从1970年代初开始的金融革命的牺牲品。

S&L从1960年代末开始,一直被伴随着通货膨胀发生的脱媒所直接打击并为存款的流出而苦恼。因为S&L的存款利率也和商业银行或储蓄银行同样,是利率上限限制Q条例的对象,没有对抗市场利率上升的办法。

特别是在处于证券公司的MMF及CMA的新型投资信托和银行的NOW等不断出现的金融自由化过程中,对筹资手段限制很严的S&L没有办法阻止资金流出。

特别是从1978年开始的脱媒引发了大量资金从S&L流出,引起了1930年代大萧条以来最坏的"金融崩溃"。

议会为了逃避这一危机,于 1980 年 3 月制定了"金融制度改革法",决定废除存款利率的上限限制(撤销 Q 条例),同时认可所有的存款办理机构可以做 NOW,而且对 S&L 的资金运用放宽了限制(放宽融资的地理限制或对象领域的扩大化)。

但是,由于市场利率的上升,存款利率也在上调,所以长期以固定的低利率的住宅贷款为主要业务的 S&L 陷入了逆差额利润中。为救济陷入经营恶化的 S&L,议会紧接着"金融制度改革法",又在 1980 年 3 月制定了"办理存款金融机构法",更进一步地促进 S&L 的活动自由化。

这是大幅度承认 S&L 在住宅贷款之外的贷放(特别是商业不动产相关行业等)。于是,陷入赤字的 S&L 以高利率筹集资金和

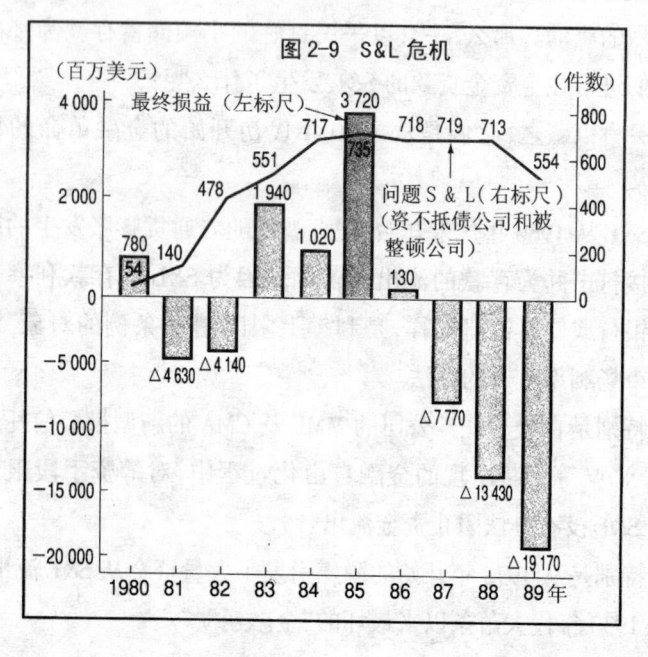

图 2-9 S&L 危机

年份	最终损益(百万美元)	问题 S&L(件数)
1980	780	54
81	△4 630	140
82	△4 140	478
83	1 940	551
84	1 020	717
85	3 720	735
86	130	718
87	△7 770	719
88	△13 430	713
89	△19 170	554

融资限制的放宽为杠杆,积极地进行高回报贷款。

所以,如图2-9所示,1983年以后S&L的最终损益转为黑字。但是,这是将以这高成本存款筹措的资金扩大为风险大的投资融资的结果,所以不过是一时的"隐蔽赤字"。

这些S&L的高回报贷款由于不动产萧条而成为呆账。

1987年以后,S&L由于担保不动产的评估损失、销售损失,以至有了大幅度的赤字,空前的经营失败扩展开来。

1980年代初的两个金融立法的放宽对S&L的限制反而不仅使S&L走向扩大风险融资,而且引发了许多应当称之为"S&L丑闻"的恶性金融犯罪事件。

1989年4月,破产的林肯储蓄贷款信用社(加利福尼亚)从损失规模或破产背景来说,都是象征着"S&L丑闻"的。本来1984年,C.凯丁经营的不动产开发公司收购了林肯,但以S&L为背景,凯丁将林肯定位于不动产开发的"资金供给部门",一边不断地吸收高利率的存款,一边扩大了向不动产或垃圾债券投资这种风险大的资金运用,而被逼到了破产。(参见专栏)

日本也有S&L丑闻

1980年代后半期在美国金融界劲吹的S&L崩溃的风暴发展为严重的丑闻或犯罪案件。其中加利福尼亚州的林肯储蓄贷款信用社(S&L)事件是由一个叫查尔斯·凯丁的罕有的骗子设计的。他是亚利桑那的不动产公司(ACC)的经营者,在1984年春将经营陷入困境的林肯S&L买下,从而开始经营金融机构。

134　现代金融导论

> 实际上ACC在各地的住宅业务已是漏洞百出,陷入资金困难之中。他使用了各种人事关系(原得克萨斯州州长、原财政部长的约翰·科纳里、德崇证券的麦克尔·米尔根等),试图扩大林肯,利用S&L筹措不动产开发或投机的资金。
> 为什么给这样的人物S&L的营业许可,并且不能进行不正当经营的监视呢? 日本也有同样乱来的金融丑闻。在1994年末暴露出来的东京两家信用组合(东京协和信用组合和安全组合)的破产中,疗养院的开发者也兼营金融机构,进行胡乱交易。

1980年代后半期,在丑闻纷纭之中,"S&L崩溃"将美国金融界描绘成一幅地狱图。S&L的存款保险机构的联邦储蓄与贷款保险公司(FSLIC)为救济破产增加的S&L已经捉襟见肘了。

因为FSLIC在进行卖掉S&L、清算或支援破产前夕的S&L的同时,担负着保证存款者存款的角色,但在大量整顿S&L的1988年,其资金枯竭了,几乎陷入功能停止的状态。

于是,1989年8月制定了"金融机构改革、复兴和强化法"(FIRREA)。根据这一法律,FSLIC在被联邦存款保险公司(FDIC)吸收的同时,成立了整顿破产的S&L的"金融重建基金"(RTC)。

RTC如图2-10所示,从1989年8月开始活动至1993年8月止,以1990年的315家为顶峰共封闭、整顿了累计670家S&L。

而RTC是所谓国家清算破产的S&L的机构,其管理责任在FDIC。RTC将破产的S&L的资产和负债置于管理之下,它怎么做呢? 有以下三个方式:(1)资产和负债是否由其他金融机构来继承,(2)仅仅将负债存款转移给其他机构,(3)直接付给存款者(债务清偿)。

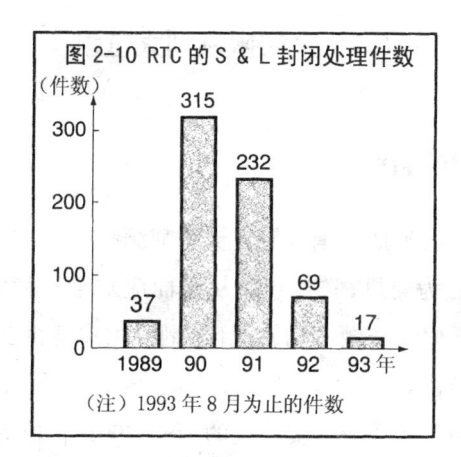

图 2-10 RTC 的 S & L 封闭处理件数

（件数）
- 1989: 37
- 90: 315
- 91: 232
- 92: 69
- 93年: 17

（注）1993 年 8 月为止的件数

（2）和（3）是需要现金的，而这由卖掉 RTC 管理的资产的货款来支付。不能清偿的款额由联邦政府负担。在卖掉管理的资产不顺利的时候，打算以证券化使其流动化。

无论怎样，伴随着整顿破产的 S&L，RTC 的资金上升到相当的量，卖掉资产也不够的金额达到相当大的数额。这最终成为联邦政府的负担，换言之，增加了国民的负担。这项金额被认为有 2 000～5 000 亿美元之多。

这是由于伴随着金融革命的必然成本呢？抑或是议会或当局对金融革命的认识、判断失误呢？难以简单断言。但是，这种引起大规模的 S&L 崩溃的责任之一端在于 1980 年 3 月的"金融制度改革法"和 1982 年 10 月的"办理存款金融机构法"的错误修改（运用、筹措方面的轻易放宽限制）。因为这一法律被认为是使正濒于金融危机的 S&L 走向"不健全化"的元凶。

4 从金融限制到大重组

新安全网的 FDICIA

1980年代后半期美国金融界被恶梦缠绕,但是以1998年8月的 RTC 的设立为契机,联邦政府从正面应对金融稳定化,以及推进整顿经营恶化的金融机构,并且金融机构本身也开始认真地进行重新建立经营等工作,金融系统因此而逐渐走向稳定化。

为将这一征兆变成实实在在的潮流,1991年12月制定了面向构筑新的金融体系的金融立法。这就如其名称"联邦存款保险公司改革法"(FDICIA)所表示的那样,以试图加强联邦存款保险公司(FDIC)的基础,将保证金融体系的稳定性作为第一目的。

FDIC 从发生大量银行破产的1988年以后蒙受了巨额损失,其功能弱化,所以,加强资金基础是紧急的课题。就是说,如果这样放任不管的话,就像 S&L 的救济机构的联邦储蓄贷款保险公司(FSLIC)会被逼入解体的境地一样,连 FDIC 也难免破产。

因此。FDICIA 在给予 FDIC 借入700亿日元资金权限的同时,赋予其提高存款保险费的义务。所以,由于1989年8月的 FIRREA 和1991年12月的 FDICIA,美国金融机构的限制及存款保险体制便如图2-11所示。

即通货监督局(OCC)直接监督国法银行,美联储直接监督州法银行(加盟联邦准备制度的),联邦存款保险公司直接监督州法银行(未加入联邦准备制度的)。此外,这些国法银行、州法银

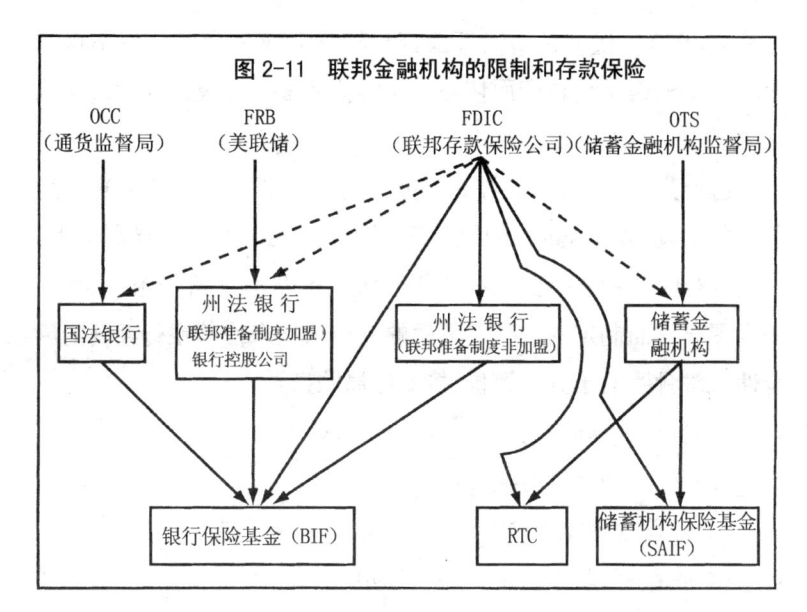

图 2-11 联邦金融机构的限制和存款保险

```
OCC              FRB           FDIC                      OTS
(通货监督局)    (美联储)    (联邦存款保险公司)  (储蓄金融机构监督局)

  ↓              ↓             ↓                          ↓
┌──────┐    ┌──────────┐   ┌──────────┐           ┌──────────┐
│国法银行│   │ 州法银行  │   │ 州法银行  │           │ 储蓄金融 │
│      │    │(联邦准备  │   │(联邦准备  │           │ 机构     │
│      │    │制度加盟)  │   │制度非加盟)│           │          │
│      │    │银行控股公司│   │          │          │          │
└──────┘    └──────────┘   └──────────┘           └──────────┘
      ↓         ↓                ↓     ↓              ↓
   ┌──────────────────┐      ┌──────┐     ┌──────────────┐
   │银行保险基金(BIF)  │      │ RTC  │     │储蓄机构保险基金│
   │                  │      │      │     │    (SAIF)    │
   └──────────────────┘      └──────┘     └──────────────┘
```

行因为加入了银行保险基金(BIF)，所以 FDIC 对所有的银行都具有监督权。

此外，对于 S&L 等储蓄金融机构由财政部监督下的储蓄金融机构监督局(OTS)直接监督。而且，这些金融机构如果加入 FDIC 管理的储蓄机构保险基金(SAIF)的话，FDIC 对它们有监督权。此外，FDIC 旗下的金融重建基金(RTC)在 1989 年 8 月的"金融机构改革、复兴和强化法"(FIRREA)制定前及制定后三年以内整顿、清算破产的储蓄金融机构。

开始行动的"再限制时代"

1991 年末的 FDICIA 不仅试图加强即将破产的联邦存款保险公司(FDIC)的基础，而且加进了远比这更为重要的新银行限制。

这是被1980年代金融崩溃直接打击的议会或当局为今后不再犯存款保险机构反复破产而使得金融体系不稳定的愚蠢错误,而从这"血的教训"中得出的结论。

迄今为止,美国的银行处于金融当局(OCC、美联储、FDIC等)制定的被简称为AMEL的统一银行级别制度的监督、限制之下。这是进行限制的各个国家机构想在统一的基准下监督银行,从这一意图出发而制定的。其以下面的五个条项来检验银行经营的健全性、合格性,给予五级评价,接受当局的指导。

(1)自有资本的充实(Capital adequacy)

(2)资产的质量(Asset quality)

(3)经营管理能力(Management ability)

(4)收益管理(Earings performance)

(5)流动性(Liqudity)

以上五个条项的开头字母组合起来就是CAMEL,而1980年代的金融崩溃明显地说明仅使用CAMEL,事前并不能检验银行经营的危机。1991年的FDICIA就是在这一"教训"之下,从为了不重蹈1980年代后半期覆辙的基本认识出发而立法化的。就是说,这是为了事前检验有问题的银行,研究"早期修改措施"而设定的新的自有资本限制基准。

说到自有资本比率限制,业已引进了1989年3月制定的BIS的8%基准,但FDICIA向银行要求设定超过BIS限制的严格的自有资本比率限制,规定银行必须和自有资本的水平相对应,并和下面的五个范畴相关联来进行监督、指导。

(a)自有资本优良(well capitalized)

(b)自有资本适当(adequately capitalized)
(c)自有资本不足(undercapitalized)
(d)自有资本大幅度低(significantly undercapitalized)
(e)自有资本是危机性的(critically undercapitalized)

限制当局具体地制定了三个自有资本比率的水准,1992年12月以来以此为基础对银行经营进行评价、监督、指导。这三个自有资本比率和五个评价范畴的关系如表2-6所示。

表2-6 新自有资本比率限制

评价\自有资本比率%	自有资本 (1次·2次资本) 风险基础资产	第1次资本 风险基础资产	第1次资本 总资产
(a)自有资本优良	10%以上	6%以上	(且)5%以上
(b)自有资本适当	8%以上	4%以上	(且)4%以上
(c)自有资本不足	不足8%	不足4%	(或)不足4%
(d)自有资本大幅度低	不足6%	不足3%	(或)不足3%
(e)自有资本是危机的	—	—	2%以下

金融当局根据这一新规定,使具体的银行行政纳入了轨道。首先根据自有资本的状态,年间存款保险费(每100美元存款)分为最低的23美分到最高的31美分的九档(参见表2-7)。

此外,对其他金融机构的收购或证券业务的参入等也只认可资本力量大的银行,对其他的则予以限制。

随着这个新限制扎下根来,所谓优良银行风险基础的自有资本比率(和BIS限制同一定义)不是10%以上,而必须是12%,这一认识增强了。就是说,新限制要求银行要有远远超过BIS限制的资本力量。在这一意义上可以说FDICIA以以前的金融危机的教训为背景,给予金融当局以严格、具体并有实效性的限制手段。

表 2-7 风险基础别的存款保险费

(每 100 美元存款的年保险费)

自有资本评价	经营风险		
	A (没问题)	B 要改正	C (必须采取有效措施)
(a)优良 (Well Capitalized)	23 分	26 分	29 分
(b)适当 (Adequately Capitalized)	26 分	29 分	30 分
(c)不足 (Under Capitalized)	29 分	30 分	31 分

(注) 从 1993 年 1 月开始。
(a) 和表 2-6(a)为同一基准
(b) 和表 2-6(b)为同一基准
(c) 不能满足上记(a)、(b)基准的场合
资料:由《美国银行的崩溃和再生》(挂谷建郎著)作成

这也是"再限制时代"的到来。当然这不是 1970 年代初开始的汹涌澎湃的金融自由化潮流的逆流。这是在自由化全力行进的时代,当局从如何监视增加的新金融风险,保证金融体系稳定性的视点出发进行的再限制。

美国银行力量苏醒了

1980 年代后半期,美国银行真是被金融危机的风暴所玩弄。这不仅是小银行,就是被称为货币中心·银行的大银行也是同样。1980 年代中,美洲银行半个世纪以来第一次转为赤字,以此为嚆矢,花旗银行、大通曼哈顿银行、纽约化学银行等货币中心·银行都沦落为赤字或收益大幅度下降。

在1980年代的利率自由化或金融证券化的潮流下，面临着丧失收益机会的大银行扩大了风险大的融资。即高风险、高回报融资，而其代表是被称作HLT(Highly Leveraged Transaction，高债务交易)的LOB的相关融资。

加上商业不动产相关融资(LNAD)及发展中国家融资(LDC)，货币中心·银行对"三个L"贷放过多。但是从1980年代后半期开始，这些贷款开始成为呆账，使得大银行抱有数额很大的不良债权。

如前揭的图2-7和图2-8所看到的那样，货币中心·银行抱有巨额的不良债权余额，从1988年开始不得不实行大幅度的呆账金额的算入。这压迫了银行的收益，使各家银行对经营进行彻底的限制。

每年，在断然实行偿还巨额的不良债权或算入呆账金的同时，以大胆的削减人员为主，削减经费或扔掉不盈利部门。譬如在1991年和1992年的两年间，花旗银行、美洲银行分别削减了约14000人，而纽约化学银行削减了约6000人，大通曼哈顿银行减员约4000人。

银行以这种真正的限制为基础，沿着前述的当局再限制的基本方针，倾全力于制定自有资本的对策，眼见着自有资本的比率令人吃惊地在改善着。

不仅如此，因为自有资本比率的上升对银行来说是财务结构的改善，是风险管理能力的提高，而且也意味着ROE(股份资本收益率)的下降。

这一点请参见专栏，而为了提高银行的ROE必须提高ROA(总资产收益率)。由于从1989年开始引进BIS的自有资本限制，银行面临的最大经营课题是 ROA 的提高,而对处理不良债权树立自信并以刷新成本结构为目的的银行来说,下面的基本战略必然是提高 ROA。

ROA 和 ROE

为了引进 BIS 的自有资本比率限制,包括日本在内的各发达国家的银行致力于压缩总资产。这是因为自有资本比率的分母总资产越大,往往自有资产的比率就越小。这意味着银行尽量有效地利用总资产来获利的必要性更强了。对总资产的收益比率就是 ROA(总资产收益率)。现在我们将 ROA 变形为下面的样子。

$$总资产收益率(ROA) = \frac{自有资本}{总资产} \times \frac{收益}{自有资本}$$

$$= 自有资本比率 \times ROE$$

$$ROE = \frac{ROA}{自有资本比率}$$

市场强烈要求提高 ROE(股份资本收益率)。那么,为提高自有资本比率或维持在高水平上,同时要提高 ROE 就必须提高 ROA。在这里追求的是不伴随资产增加方式的不靠增加收益的获利。

从 1980 年代后半期到 1990 年代初,美国银行的力量在金融危机的深渊中迷失了方向。但官民一体的金融生存战略从 1991 年开始逐渐结出了果实,进入 1992~1993 年,美国银行的力量像不死鸟一样复活了。

2 金融自由化和金融大爆炸 143

以这苏醒的力量为基础,从1990年代初开始美国金融界为了生存,开始合纵连横,1990年代末突进到新的大重组时代。

大重组开始

如果看表2-5的第三阶段(金融重组时期),就会了解到美国的大银行不断上演着耀眼的合纵连横剧。

根据1980年代初的"金融制度改革法"(1980年3月制定),美国金融界进入了金融自由化的风暴之中,其结果却是被卷入金融破产的混乱之中。但这一风暴在1990年代初逐渐停息。

在这个过程中,一部分大银行及骨干银行展望后金融自由化,开始进行大型合并。其嚆矢是1991年夏的三出合并剧。

一个是将总部设在纽约的货币中心·银行的纽约化学银行公司和马尼哈尼的合并,第二个是将总部设在加利福尼亚的美洲银行公司和太平洋证券公司的合并。

而第三个是将总部设在卡罗拉伊纳州的地方银行NCNB和经营困难的C&S索布朗的合并,从而变成了国民银行。

第三个合并的国民银行已经通过在佛罗里达和得克萨斯州等的收购进入市场,所以它被称为是和货币中心对抗的大型地方银行,即超级地方银行。

超越金融破产的后遗症,限制工作也进行完毕的美国金融界以这三家大银行为开端,以至在1990年代后半期开展更大的重组。

图2-12概观了包括德国银行、UBS(瑞士联合银行)的全球银行的重组过程。

图2-12 美国银行的金融大重组

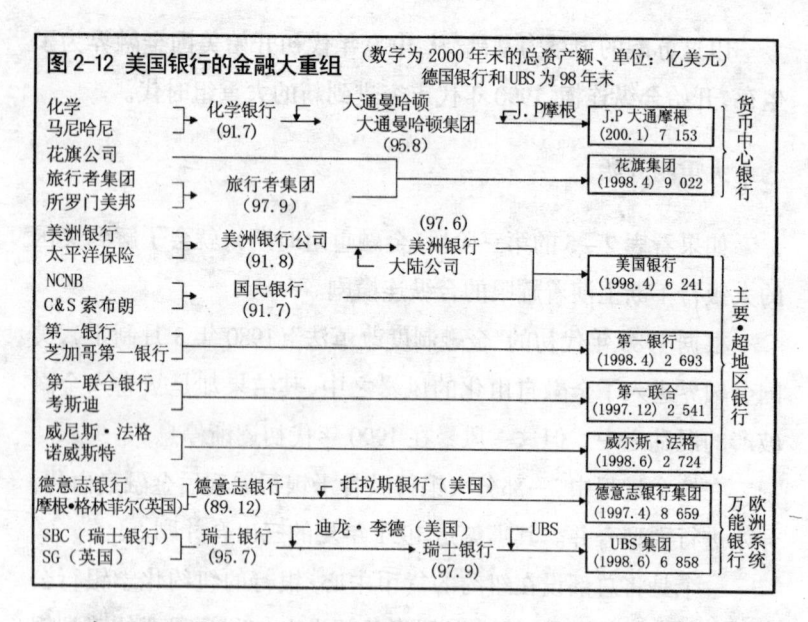

（数字为2000年末的总资产额、单位：亿美元）
德国银行和UBS为98年末

```
化学          →  化学银行  →  大通曼哈顿      J.P摩根    J.P大通摩根   ┐
马尼哈尼          (91.7)       大通曼哈顿集团   ────→    (200.1) 7 153  │ 货
花旗公司       ─────────────────(95.8)─────────                        │ 币
旅行者集团    →  旅行者集团                             花旗集团       │ 中
所罗门美邦       (97.9)                                (1998.4) 9 022  ┘ 心
                              (97.6)                                     银
美洲银行      →  美洲银行公司 → 美洲银行                美国银行       ┐ 行
太平洋保险       (91.8)         大陆公司                (1998.4) 6 241  │
NCNB          →  国民银行                                              │
C&S索布朗        (91.7)                                                │
                                                                       │ 主
第一银行      →  第一银行                              第一银行        │ 要
芝加哥第一银行   (91.7)                                (1998.4) 2 693  │ ·
                                                                       │ 超
第一联合银行  →  第一联合                              第一联合        │ 地
考斯迪                                                 (1997.12) 2 541 │ 区
                                                                       │ 银
威尼斯·法格  →  威尔斯·法格                          威尔斯·法格    │ 行
诺威斯特                                               (1998.6) 2 724  ┘

德意志银行    →  德意志银行 → 托拉斯银行（美国）       德意志银行集团 ┐ 万 欧
摩根·格林菲(英国)  (89.12)                             (1997.4) 8 659  │ 能 洲
SBC(瑞士银行)→  瑞士银行   → 迪龙·李德（美国）→ UBS  UBS集团         │ 银 系
SG(英国)         (95.7)       瑞士银行                 (1998.6) 6 858  ┘ 行 统
                              (97.9)
```

表2-8是关于在资产规模上世界银行集团前十名银行的情况，1989年、1995年直到2000年的资产规模的变化和银行排名的变迁刻画出这一期间进行大重组的激烈程度。顺便说一句，前十名银行的平均资产规模在10年间成为原来的3.1倍。

1980年末存在的美国七家货币中心·银行（包括美洲）在21世纪的现在已成为两家。1995年8月曼哈顿和汉华合并，接着在2000年1月和J.P摩根合并，成为J.P摩根大通银行。而花旗公司在1998年4月和道富合并，变为花旗集团。还有在正式的意义上并非货币中心·银行的大银行美洲银行在1998年4月和国民银行合并，成为美国银行。

此外，货币中心·银行芝加哥第一国民银行在1998年4月和第一银行合并。

表2-8 世界银行前十名 （资产规模、单位:亿美元）

顺序	2000年		1995年		1989年	
	银行集团	资产规模	银行集团	资产规模	银行集团	资产规模
1	瑞穗FG	12 594	德意志银行	5 034	第一劝业银行	3 525
2	三井住友	9 570	三和银行	5 010	住友银行	3 346
3	花旗集团	9 022	住友银行	4 999	富士银行	3 277
4	德意志银行	8 747	第一劝业银行	4 986	三菱银行	3 177
5	三菱东京FG	8 208	富士银行	4 870	三和银行	3 073
6	UFJ集团	7 548	樱花银行	4 780	日本兴业银行	2 614
7	JP摩根	7 153	三菱银行	4 750	法国农业信贷银行	2 143
8	汇丰	6 736	农林中金	4 295	三菱信托银行	2 059
9	德国从属社团银行	6 667	法国农业信贷银行	3 863	花旗	2 038
10	UBS	6 645	中国工商银行	3 736	BND	1 969
	平均	8 289	平均	4 632	平均	2 507

如上所述，1990年代美国的金融界，特别是银行界大体分为四个集团。第一集团是货币中心·银行，其志向是在纽约设立总部而成为全球性大银行。

第二集团是以美国国内为主要市场的地方·大银行（大型·超级地方银行）。第三集团是中等规模的地方银行，第四集团是S&L、相互储蓄银行、信用社等中小规模的储蓄金融机构。

向着未开发的金融新时代

经过这疾风怒涛的金融重组，现在美国金融界正在制定21世纪战略。一言以蔽之，提高前述的ROA。更正确地说，一边提高自有资本比率(对总资产),一边提高 ROA。

如果在全球化(G)、放宽管制(D)、证券化(S)的金融大潮流之下,银行不到达这个目标,在 21 世纪是很难生存的。

在这一基本背景之下,银行提高 ROA 的渠道基本有六个。

(1)向开拓效率性(收益性的)贷放。(2)增加未计入资产负债表的交易。(3)提供信息,咨询业务等。(4)信息处理等和数据相关的业务。(5)证券相关业务。(6)保险业务。

增加贷放就是增加总资产,所以在此限度内,ROA 就会下降。因此,今后银行经营的基本要谛就是不依靠贷放来确保收益。于是便扩大定位于广义的未计入资产负债表的交易。

这里广义的未计入资产负债表的交易可以分割为(2)、(3)、(4)、(5)、(6)。其中(2)是狭义的未计入资产负债表的交易。

首先,(1)的效率性贷放是开拓附有高利率的面向个人的分期付款等零售战略,但如果考虑到将来可能正式地参入证券业务或保险业务的话,那么对银行而言,这存在着成为 21 世纪战略巨大支柱的概率。

而(3)和(4)不是将来主要的收益来源,可以说是是所谓附带的业务。能够成为 21 世纪业务的是(2)狭义的未计入资产负债表的交易、(5)证券业务和(6)保险业务。

(2)的未计入资产负债表交易的代表是第 3 章详述的金融衍生产品。此外还有各种附带的金融服务,而今后将成为更重要的收益来源的是金融衍生产品。银行如何对待这种交易很容易成为将来的分水岭。在市场经济驱动的今后,GDS 的金融潮流将会更加高涨。因为在这种情况下,为了穿越"风险之海",金融衍生产品是不可或缺的金融手段。

关于金融衍生产品,可以说美国的大银行或主要的证券公司要比其他国家的金融势头领先一两步。在这点上,21世纪初,美国银行已经将金融衍生产品完全定位于21世纪金融商务的核心。

1990年代后半期,美国金融界最大的焦点是重新看待、废除规定银行和证券分离的格拉斯·斯蒂格尔法("33年银行法")的行动。1994年9月议会通过了使银行州际业务自由化的"州际业务自由化法"("94年里戈尔·尼尔州际银行·分行效率化法")。银行的S&L等的合并在实体上进展着,"州际壁垒"降低了,所以如前所述,由于"州际业务法"的执行,以全美为舞台的金融重组之风开始劲吹。

这样,焦点逐渐变为另一个战前时代的遗物"银行·证券壁垒"的废除。在此前的1980年代,这个问题也屡次在议会中进行过激烈的论战,数次提出过法案,但这不仅是银行对证券的对立,而且和银行内部的对立(大银行对地方银行)或证券业内部的对立(投资银行对综合证券公司)等问题复杂地纠葛着、相互渗透着,对此都要全面地重新看待,而且没有以法律形式予以废除。

实际上美联储在1956年的"银行控股公司法"之下,在一定的解释基础上以规定Y个别地认可了一部分非银行业务,而1987年4月以后,美联储以格拉斯·斯蒂格尔法的解释承认了大银行的证券子公司承办特定财源地方债或CP等。

在1990年代初,美联储对J.P摩根的证券子公司承办股票买卖业务解禁。美联储设定了从银行系统证券公司进行的证券业务(美联储新认可的非合格证券)中获得的收入不得超过证券子公司总收入的一定比率的规则。

于是,银·证超越壁垒因为没有法律的缘故,就靠着美联储一点点地扩大解释而逐步进展着,但经过以前的金融革命的疾风怒涛,恢复了力量的银行或证券公司都在以 21 世纪为目标,终于对废除格拉斯·斯蒂格尔法开始行动。1999 年 11 月"新金融制度改革法"(简称 GLB 法,GLB 是立法者议员名字的首字母组合)出台。这是完全拆除持续了 66 年的银行和证券间壁垒的历史性法律(参见专栏)。

花旗是金融改革法的"影子主角"吗?

1999 年 11 月 12 日是美国金融史上划时代的日子。因为在这天,克林顿总统废除了 66 年来支配美国金融世界的"33 年银行法"(通称 GS 法＝格拉斯·斯蒂格尔法),在新的"99 年金融制度改革法"(略称 GLB 法＝格拉姆·里奇·布拉伊利法)上署了名。GLB 是立法的三个负责人名字的开头字母。

根据这一新法,"GS 法"原则上曾经禁止的银行、证券及保险业可以超越壁垒在法律得到承认。围绕这一新法,消费者俱乐部等并非没有一点儿异议。

因为使银行业务、证券业务、保险业务都能进行的这一法律的最大受益者是和工商联合体的旅行者集团(拥有所罗门、史密斯、巴尼)合并的花旗集团,因为这家巨大金融企业的共同董事长是和怀尔、里德一起就任的前财政部长罗宾。新法通过时,罗宾正担任财政部长的要职。

2 金融自由化和金融大爆炸   149

在这一壁垒问题上,最大的课题之一是根据相互参入而产生"利益相悖",或者对使用者有不利之处,或者是否和金融体系的不稳定化有关联。关于这一点在后面的第 3 章里,将作为"防火墙"的问题进行论述。

因为银行在法律上可以正式地自由参入今后金融潮流的最大支柱的有关证券化的领域,所以传统的投资银行的 21 世纪经营战略是今后最大的主题。

和将所罗门、美邦纳入旗下的旅行者集团合并的花旗集团及和在投资银行业务方面能力强大的 J.P 摩根合并的 J.P 摩根大通银行这两大货币中心在证券领域确保了巨大的利益,所以美林、摩根斯坦利、高盛等大投资银行今后如何开展合纵连横,前途叵测。而欧洲系统的银行又如何和这一动向联系起来呢? 21 世纪的"金融新时代"正在动荡中开幕。

3　了解银行制度

对于美国人来说,"存款"(deposit)本来意味着"保管"。无论是谁将自己的钱"保管"在银行,都期待着银行为了安全将钱"保管"在金库里。然而实际上却并非如此。假如做这样的事的话,不要说对这些钱支付利息,就是为了支付其他各种费用的收入又从何处得到呢?银行也许将所存钱的极小部分作为"准备"放在金库里,而剩余的部分则或是借给他人以获取利息,或是购买付息的证券。

M.R.弗里德曼著　西山千明译:《自由选择》
(日经商务人文库,日本经济新闻社刊行,2002年)

Ⅰ 现在的银行制度

1 日本银行制度的起源和推移

银行是金融制度的中心

所谓金融制度是关于一国金融交易的结构或规则·习惯。以这金融交易为专业的机构叫做金融机构。

根据金融交易或者金融服务的内容,金融机构大体可分为(1)银行,(2)证券公司,(3)保险公司,(4)其他金融服务机构,(5)政府系统金融机构(参见图3-1)。这是在广泛意义上的金融机构的定义。

在这广义的金融机构中,处于日本金融制度中心位置的肯定是银行。这是和日本比欧美大约晚了100年才开始进行工业化的后进资本主义国家的历史情况有关。

资本积累在低水平上,为了培育近代产业将会如何做呢? 就是建立起这样的结构:一方面银行大量地获取零散的小额储蓄,一方面积极地向原始资本积累贷放而对企业的活动予以支持。这也是因为后进资本主义国家日本对企业进行设备投资等的资金大量

图 3-1 金融机构的概念图

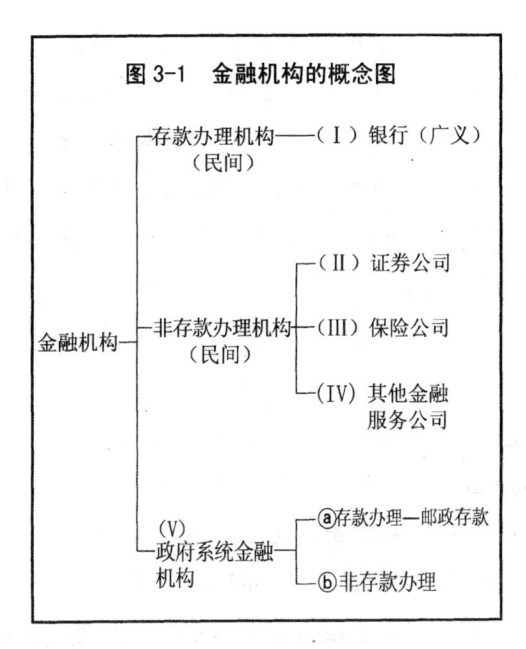

```
              ┌─存款办理机构──(Ⅰ)银行（广义）
              │  （民间）
              │
              │                    ┌─(Ⅱ)证券公司
              │                    │
金融机构──────┼─非存款办理机构────┼─(Ⅲ)保险公司
              │  （民间）          │
              │                    └─(Ⅳ)其他金融
              │                        服务公司
              │
              │  (Ⅴ)              ┌─ⓐ存款办理─邮政存款
              └─政府系统金融──────┤
                 机构              └─ⓑ非存款办理
```

不足所致。因此,明治政府建立了以银行为中心的金融制度,赋予银行重要的作用。因为这在供给近代化、工业化所必要的资金方面是最有效的方法。这件事本来意味着银行也接过了证券公司应发挥的金融功能。换言之,从战前到 1980 年代中期,日本的证券公司停留在二流水平上。

　　日本的银行长时间地在金融制度中占有优越地位,因为在资本积累过少的状态下,企业所必需的资金只有依靠银行。就是说,银行一方面是供给产业资本的渠道,一方面又站在比产业、企业优越的位置上。这一点可以说和德国等后发展的资本主义国家有着共同的特征,在这些国家中,金融资本对产业资本保持着优越位置。

但是,日本的银行制度具有和德国不同的特征。德国遵循着所谓万能银行的原则,大银行在做银行业务的同时也兼营证券业务。就是说,是一种"综合银行"。但是,日本的情况却是在引进明治时代的近代银行制度时,以英国为范本,证券业务从银行剥离已成为习惯。这是根据证券业务的风险多,故应和银行业务严格区分开来的想法形成的。

而且,日本的银行制度中引进了英国的商业银行主义的理念,以这一原则为基础而建立了"日本式银行"。银行既然是以流动性高(可以说是变卖性高)的短期存款为主要的筹资源,那么其资金运用就仅限于靠回收商品的售出货款而在短期内贴现可能返还的商业票据——这就是商业银行主义。这是19世纪后半叶在英国确立的想法,并成为银行健全经营的基本原则。

日本的银行在以商业银行主义为基础的同时,一边和证券业务分离,一边在金融制度及产业整体中占据着中心位置。因为银行是唯一的供给产业资本的渠道。

但是,如本章后述的那样,进入1990年代,银行和证券公司的业务开始了相互参入,目前银行中心的传统日本金融制度已经极大地改变了。

什么是银行·证券的分离

到1990年前,日本银行制度的基本特征是明确地站在"分业主义"上。分业主义可以大体分为:(1)银行和证券的分离,(2)长期金融和短期金融的分离,(3)存款业务和信托业务的分离,(4)中小企业金融的特定化,(5)外汇业务的特定化等。特别是银行·证券分离、长短分离、银行·信托分离等三个业务分离壁垒是其中心。即业务区分。

首先是银行·证券的分离。日本也引进了英国的银行制度,战前,银行·证券分离在习惯上确立起来。实际上,在战前的法律中并没有银行·证券分离的规定。只是当时银行根据商业银行主义的原则,不想大举进军证券业务的自我限制的想法是很强烈的,银行几乎没有积极地染指股票的承办或公债及公司债的债券买卖。

第二次世界大战后,在美国占领军事当局的强硬指导下,制定了"证券交易法",于是,银行·证券分离在法律上予以明确(参见第5章)。说来这是将战前习惯上的银行·证券分离予以美国式的法律化。对其的规定是证券交易法第65条。证券交易法第65条引进了1930年代大萧条时制定的1933年的美国格拉斯·斯蒂格尔法中的银行·证券分业规定,也被称作"日本的格拉斯·斯蒂格尔法"。

银行业务和证券业务分离是英国、美国、加拿大等盎格鲁·萨克逊系统的国家实行的,与此相对,如前所述在德国等欧洲大陆国家,万能银行则是支配性的,一般都是兼营银行·证券业务。

盎格鲁·萨克逊系统的国家是基于银行健全经营的立场,认为银行·证券的兼营是不好的。因为,他们认为如果银行过多地牵扯到价格变动风险大的股票或债券中的话,那么就会发生银行损失,存款者的存款暴露在危险中的可能性就大。此外,1920年代、1930年代,在美国发生的"利益相悖"(Conflict of Interest)问题也是伴随着兼营而出现的。

这种"利益相悖"是什么呢?譬如为了回收不良贷款,让这家企业发行证券,银行以兼营的信托账户(以委托者的资金为基础,运用资产的账户)买断。就是说,存款者的利益和信托委托者的利益在兼营时有对立的可能性。在这种事例中,存款者及银行自身的利益优先于信托委托者的利益。

只是证券交易法在"但书"中承认银行承办公共债。这成为本书第2章及第5章的国债窗口销售问题等银行对证券领域最初的超越壁垒的法律依据。而像稍后要讲的那样,由于1992年6月的"金融制度改革法"(1993年4月实施)的出台,银行业务和证券业务开始互相参入,以前赋予日本金融制度特征的"分业主义"被大幅度改变。而且,如后述的那样,1998年3月金融控股公司解禁,在法律上,分业主义消失了。此外,在美国,如在第2章所涉及的那样也重新看待银行·证券分离原则,并在1990年代开始相互参入,而根据1999年11月的"新金融制度改革法"(简称GLB法)的制定,完全废除了银行·证券的壁垒。

其间,当然也承认证券公司进入银行业。归根结底,在万能银行普遍化的欧洲的欧洲市场,无论是美国银行还是日本银行已经蓬勃地展开着证券业务,因此在金融全球化的潮流下,银行和证券的一体化将成为"世界标准"。

什么是长短分离的逻辑

日本的银行制度是从银行部门剥离证券业务而开始的。但是,这并不能使银行的金融功能弱化。整个战前直到战后的高速增长时期及1980年代中,银行在金融制度中占有优越的地位。

其中长短分离的原则被巧妙地利用着。银行制度本身以英国的商业银行主义为规范,但正因为固守这一原则,为促进产业的工业化长期资金的供给出现了障碍,所以这并不是好的政策。因此,一边保卫着商业主义的原则,另一方面必须扩张银行的金融功能。折中这两个金融功能矛盾的就是长短分离原则。

这一方式是从健全主义的观点出发,让商业银行特化为短期金融,而另设以长期金融为专业的银行。

具体而言是在明治30年代(19世纪末至20世纪初)政府成立了日本劝业银行、日本兴业银行等特殊银行,这些银行主要从事设备投资等长期融资业务。它们是战后长期信用银行的母体。

商业银行承担短期金融,特殊银行或者长期信用银行承担长期金融,靠着这两个业务功能的分开,更强化了银行制度本身的优越性,这是要应对产业界需求的逻辑。

1952年(昭和27年)制定了"长期信用银行法"。依据这一法律,从战前就有的日本兴业银行(现在和瑞穗金融集团合并),加上新设立的日本长期信用银行(现在的新生银行),还有战前的朝鲜银行改组为日本不动产银行(后来成了日本债券信用银行,现在的青空银行),就有了三家长期信用银行。这样长银三行靠着发行债券来筹措长期的稳定资金,确立了应对设备投资资金需求的长期金融的日本式结构。

根据这一长短分离原则产生的长期信用银行和下面将要讲到的信托银行制度一道支持、促进战后日本高速增长,在这一点上是起到了值得一书的作用的。因为长期金融的结构将大量的设备资金重点地分配给了产业中心的重工业、化学工业。

但是,以大城市银行为中心的商业银行实际上并没有局限在短期金融上,而是逐渐地积极进行长期贷款,现在其比重十分显著。顺便说一句,城市银行的长期设备资金贷放的比率从1965年(昭和40年)末的10%增加到现在的40%强(2002年2月)。也就是说,现在长短分离原则业已崩溃。

什么是信托分离

信托公司从战前就存在,但战争时加入了信托兼营银行,信托机构便作为长期金融的专门机构而活动起来。但是,因为战争结束后的严重通货膨胀,信托公司的经营走入困境。因此,政府在1948年将信托公司转为银行,更名为信托银行,试图给予新的发展。

这就是现在的信托银行的前身。一方面政府随着1952年的"长期信用银行法"的制定,贯彻着长短分离的原则。为此就有必要从战时兼营信托的城市银行中剥离其信托业务。

1952年,政府首先承认只有信托银行办理贷款信托业务,1950年代后半期,又推进银行、信托分离,原则上禁止一般的银行兼营信托业务。

贷款信托是靠发行信托银行的受益债券,将从顾客那里筹集来的资金主要用于长期贷款,其收益分配给持有受益债券的顾客(期限两年或五年,1万日元单位)。可以认为贷款信托是期限两年的或五年的中、长期存款。

信托银行以这中、长期筹资为基础,从中长期贷放这一点来看,确实是长期金融机构。因此银行、信托的分离可定位于长短分离原则的扩张。只是在银行、信托的分离中纠葛着日本的历史情况。因为在美国,从防止所谓的"利益相悖"观点出发,信托业务和银行业务在经营或人事上分离,但银行本身兼营信托是被认可的。就是说,在美国不存在特化为信托银行的从事信托业务的银行。

所以到1980年代中期,银行·信托分离是壁垒战争的最大焦点之一。这个问题除了和长短分离的原则以及业务限制的存在方式(利益相悖问题或者确立业务上的防火墙等)有着很强的关联外,也牵扯着相互主义的原则。

所谓相互主义的原则是:譬如日本城市银行在欧美能够完成信托业务,但在日本为什么不可以呢？这是关系到国际平等地位的问题。

鉴于这种情况,在1992年的"金融制度改革法"出台前,从对外国银行适用相互主义原则出发,1985年开始承认成立信托专门银行。

有担保原则的有效性

支撑着日本银行制度的三根支柱如前所述,但从不同的视点来看,还有一个原则也是日本银行的特色。这就是有担保原则。就是说,在金融交易上有这样的金融习惯,即有担保原则。欧美的金融习惯一般是无担保原则,所以这一有担保原则被视为日本金融制度后进性的象征。为什么在日本有担保原则成为习惯化而无担保原则则成为例外呢？这是谁都会有的当然的疑问。第一个理由是,在昭和初期的所谓金融危机中,开始出现经济破产时,发生了很多不履行返还公司债的行为,所以持有无担保公司债的银行等遭受了莫大的损失。

所以银行不再购买或贷放无担保的、有风险的公司债。在这一点上确实和欧美迥异。因为欧美在1930年代经济破产时期也发生了许多不返还公司债的事情,但这些主要是信用度低的债权,上等级的优良公司债没有产生这样的问题。就是说,欧美以扩充评级制度的形式,采取了补充无担保原则的方式。

日本的有担保原则占压倒性优势的第二个理由是,以前作为产业资金供给渠道,银行具有压倒性力量。银行经营的大前提是充分考虑存款者的存款安全性。即保护存款人。因此,银行必须排除贷放的风险。在贷放时,有无担保是决定性的。

这种慎重且扎实的银行行动原则给予公司债的发行乃至短期同行拆借资金的交易以重大的影响。因为银行在金融制度中处于压倒性优势。其结果担保的有无就对日本金融交易成为决定性标准。

但是,1980年代以后,企业的资本力量提高了,以及国际性的资金筹措渠道增多,所以特别是以公司债及可转换公司债为中心的无担保起债增加,并普遍化了。此外,依靠土地的担保主义因泡沫破灭而崩溃,所以有担保原则现在站在重大的转折点上。评级制度的定义化和确立银行新的审查能力等课题成为燃眉之急。

2 开始行动起来的金融制度改革

开始超越壁垒

接受了1984年5月的"日美日元美元委员会报告书"及大藏省的"金融自由化·国际化宣言"(关于金融的自由化及日元的国际

化的现状和展望,第2章详述过),日本的金融自由化开始起动。而其中心是利率的自由化。

但金融自由化还有另一根支柱。那就是业务自由化。就是说,降低银行之间、银行和证券公司之间存在着的业务壁垒,试图使其相互参入。如前所述,这是围绕着"银·证分离"、"信托分离",还有"长短分离"等的问题。

业务上设置壁垒的分业主义在进入1980年代后,在若干点上很难应对时代潮流。最大的要因是在新的金融大趋向中,银行·证券的分离、信托分离及长短分离实际上和现实已不相称,甚至变得徒有其表。

全球化、自由化、证券化等在第1章说的GDS象征的金融大趋向中使金融机构的业务同质化,所以重新看待从前的以分业主义为基础的金融制度的必要性就强烈起来了。

金融制度的改革在1980年代中期,对要求金融服务多样化的使用者来说也是必要的,同时从国际性的潮流来看是必须着手进行的紧急课题。

以这种基本的背景为基础,1985年9月,在大藏省的金融制度调查会上,和审查"金融制度问题"同时,1989年5月在证券交易审议会上也开始了"金融证券化"的讨论。而1991年6月,两审议会发表了"关于新的金融制度"及"关于和证券交易基本制度有关的存在方式"的报告,业务自由化进入到具体的阶段。

其结果是1992年6月制定了"金融制度改革法"(关于完善有关金融制度及证券制度改革的法律等的法律),翌年的1993年4月开始实施。

由于这一法律的执行,首先在1993年7月,日本兴业银行(当时)、日本长期信用银行(当时)、农林中央金库的证券子公司开始做证券业务,随后在同年10月,野村证券、大和证券(当时)、日兴证券(当时)、山一证券(当时,后来停业)及东京银行(外汇专业银行,其后合并为东京三菱银行)的信托子公司参入信托业务。接着在第二年的1994年7月,朝日银行(当时)的证券子公司首次作为城市银行越过了银·证壁垒。

业态别子公司方式的相互参入

据1992年制定的"金融制度改革法",长期以来支撑着日本金融制度的分业主义大原则崩溃了。银·证分离、长短分离、信托分离的壁垒降低了,虽然是渐进的。

关于相互参入的方式讨论了五个方式,即(1)相互参入方式,(2)业态别子公司方式,(3)特例法方式,(4)控股公司方式,(5)万能银行方式,而最终采纳了通过各金融机构新设立的子公司可以参加其他业态业务的(2),即业态别子公司方式。

(1)关于相互参入方式,一边以现行的业务领域为前提,慢慢地扩展到参入其他业务,但这不能阻止"利益相悖"等的问题,而且和禁止银行从事证券业务的证券交易法第65条相抵触,故被放弃。此外,对于(4)的控股公司的方式,从被当时的反垄断法所禁止这一点来看,是有问题的(如即将论述的那样,其后反垄断法被修改,以至于现在也采用控股公司方式了)。

其次,关于(3)的特例法方式,在制定了能够兼营银行业务和证券业务的新法下,承认金融机构成立这样的投资银行,虽然这是擅长企业金融的长期信用银行以前就一直主张的,但也还是和证券交易法第65条相抵触,实施起来有困难。

在欧洲各国中,一般是(5)的万能银行方式,这种方式是金融机构能够从事银行、证券、信托等所有的金融业务,并被认为这是今后世界上具有普遍性的方式,但鉴于一直采用严格的分业主义的日本金融界或坚持格拉斯·斯蒂格尔法的美国当时的情况而被放弃。

因此采用了剩下来的(2)的业态别子公司方式。这使金融当局能够渐进地控制各金融机构的子公司参入其他领域,是和讨厌激进变革的日本的金融土壤相符合的。

于是,业态自由化,即相互参入从前述的1993年7月的兴业银行、长期信用银行、农林中央金库设立证券子公司而开始了。但是,无论怎样,金融当局也担心如果既得利益大大受损的话,金融秩序难免产生混乱,在"超越壁垒"中,他们考虑的是不使被动的证券公司或信托银行陷入不利的境地,因此业务自由化的节拍是很慢的。

不过,随着子公司方式的相互参入的进展,也产生了新的问题。一个问题是以母公司的巨大影响力为背景,子公司比既有的金融机构开展业务更为有利,或者靠着只有有关人士才能知道的信息(内幕消息)而得到特殊利益。而且为回收对经营不好的企业的融资,使之发行证券,便会给普通投资者带来损失,如何防止这种所谓的"利益相悖"呢?

对此采取的就是被称作"防止弊害措施"或"防火墙"或"万里长城"(参见专栏)的措施。

> ### 中国·火
>
> 这不是"中国火灾"的意思。而是将万里长城和防火墙两个词语糅合在一起了。
>
> 中国墙也叫"信息墙",这是指防止利用只有在同一组织或关联组织(母子公司或系列公司等)内才能知道的重要信息而获取特殊利益或不给他人造成损失,就像万里长城一样制造隔断信息的墙。
>
> 譬如,防止营业部门利用同一证券公司承办部门的交易企业的信息,以买卖该企业的股票而获利的行为。
>
> 防火墙就不仅对信息,而且对包括人的交流,构建严格地分隔母子公司、系列公司之间的装置,即防止弊害的装置。特别是在银·证或信托壁垒瓦解的情况下,容易发生"利益相悖",对此必须严格地应对。譬如,银行为了从危险的公司撤回融资,就通过证券子公司起债,让投资人购买。这种防止弊害装置是业务自由化时代不可或缺的。

具体的是"主银行限制"、"无回报规则"、限制共用店铺等。"主银行限制"是指对母银行有着强大影响力的企业发行的证券,限制该银行的证券子公司承办。

此外,"无回报规则"是母公司和子公司之间的人事交流限制,譬如限制管理人员兼职或下派职员的比例。而且同一店铺,譬如在银行或证券公司的场所,限制其银行业务和证券业务及保险销售业务等一起做。2002年秋,放宽了"共用店铺限制"。

3 金融制度改革的正式化

金融大爆炸的轰鸣声

如前面所概观的那样,战后以分业主义为基础的日本金融制度不仅不符合时代潮流,即大趋势(GDS),而且成为经济发展的绊脚石。

因此,如前所述,政府在1992年制定了承认业务自由化的"金融制度改革法",从翌年的1993年开始实施,从而踏进了业态别子公司方式的相互参入的领域。

于是,战后的银行·证券分离和信托分离等业务壁垒正式地,就是说在法律上崩溃了。但是,金融当局以急速废除壁垒会使金融界混乱为由,在行政方面停留在渐进主义的相互参入上。采用前述的(2)的业态别子公司方式,一边限定"超越壁垒"的范围,一边却慢慢地予以扩大,这是极其日本式的做法。

换言之,在1990年代前半期开始的试图使业务自由化的金融制度改革说到底没有从根本上改变以前的护航舰队方式,这和发达世界的潮流相比,未免有半途而废的感觉。所以以致一般都认为日本的金融改革比欧美迟滞10年。

于是就发生了动摇日本金融制度根底的激烈震动。这就是1996年11月桥本龙太郎首相向内外发布的"金融大爆炸宣言"的轰鸣声(关于金融大爆炸一事请看第2章)。

这"金融大爆炸宣言"是有意识地想使日本金融市场在2001

年前成为和纽约、伦敦并驾齐驱的自由、公正、全球性的国际金融市场，目的是从根底上变革日本金融制度。

接受了桥本倡议，大藏大臣的咨询机构金融制度调查会、证券交易审议会、保险审议会等作出了改革的具体内容，1997年6月归纳为报告书。此外，1998年8月，这三个调查会、审议会被合并，成为现在的"金融审议会"。

1998年4月开始实施修改的外汇法。这成为日本版金融大爆炸的所谓领头羊。因为根据这一外汇法，外汇（就是外币）的办理可以不通过公认的外汇银行（外币兑换银行），一般的企业也能自由地做。于是"外汇公认银行制度"竟至于被废除。

金融控股公司的解禁和壁垒的全面开放

日本版金融大爆炸的内容已经在第2章里详细论述过了，而在这里想涉及一下1990年代前半期渐进进展的业务自由化以"金融大爆炸宣言"为契机，在法制方面试图进行划时代修改的情况，其内容是以全面的相互参入取代部分的相互参入。

1997年6月，反垄断法终于被修改，控股公司解禁。接着在1997年12月颁布了控股公司解禁相关法（"控股公司完善法"等），并从1998年3月开始实施和运用。

国内这一系列的法律修改（修改反垄断法、金融控股公司解禁、银行法等有关的金融各法的修改），使选择前述的"1992年金融制度改革法"不承认的、和相互参入相关的(4)的控股公司方式成为可能。

金融控股公司就是银行、证券公司、保险公司不经营自身业务,以保有旗下附属企业的股票便可以开展有关金融的业务(参见图3-2),在美国,这种方式是作为使业务自由化的"超越壁垒"方式,从1980年代后半期被广泛地应用。此外,证券控股公司和银行控股公司或保险控股公司不同,在其旗下可以拥有普通商业子公司。就是说,证券公司在法律上不被认为是"金融控股公司",所以和普通商业公司一样,可以设立"普通商业控股公司"。

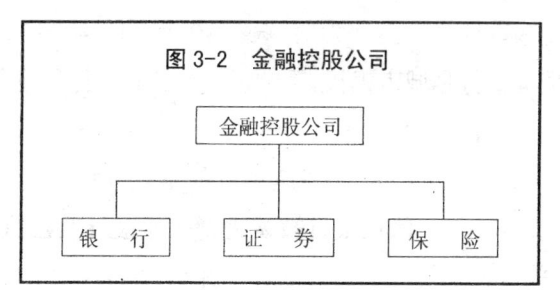

图3-2 金融控股公司

```
         金融控股公司
       ┌─────┼─────┐
      银行   证券   保险
```

这种控股公司方式在能够多元地并灵活地完成相关金融业务上,被认为是金融重组的所谓优胜候选人的手法。因此,以1997年12月的"金融控股公司解禁相关法"的颁布为界,日本的金融制度改革终于走上正规的道路。

4 银行种种

什么是普通银行

此前本书对银行的各种种类常常不加定义地论述,而在这里我则想论述一下银行的种类。

说起银行,具体地会想到银行为何物呢？有些人也许会想到东京三菱银行或瑞穗银行的名字。或者住在千叶的人会想到千叶银行，住在熊本的人会想到肥后银行。不，也许会有人举出身边银行的信用金库或信用组合。常常去海外的商业人等会说出花旗银行等外国银行的名字。

通常，我们说银行时，多指"普通银行"。"普通银行"是根据银行法建立的金融机构，具体而言是城市银行和地方银行（包括第二地方银行），多数场合被简称为"普银"。在前面的例子中，东京三菱银行和瑞穗银行是城市银行，千叶银行和肥后银行是地方银行。

说到银行法，除了城市银行、地方银行外，在"普通银行"中还包括在日本的外国银行（譬如花旗银行的东京分行等）及信托银行。因为从法律而言，信托银行被认为是普通银行兼营信托。但是通常说"普通银行"时，是指以短期金融为主的商业银行，所以信托银行一般被划为长期金融机构。

稍前说过有被称作相互银行的银行，那不是正式意义上的银行。因为虽然起了个银行的名字，但不是银行法中的银行。即相互银行是根据 1951 年（昭和 26 年）制定的相互银行法，作为中小企业的专门金融机构而出现的。

但是，1989 年 2 月，68 家相互银行中的 52 家根据"关于金融机构的合并及转换的法律"（1968 年）等法律而转换为普通银行，1990 年代初达到了所有的相互银行都完成了"普银转换"，从而变为地方银行。但是，这些从 1989 年 2 月转换为普银的相互银行创立了和已有的全国地方银行协会不同的第二地方银行协会，所以被称作"第二地方银行"（第二地银）。当然这些第二地银加入了"普通银行"。

这样，普通银行就是指城市银行、地方银行及第二地方银行的商业银行，是主要进行短期金融业务的金融机构。我们说起银行，大体上当然会想到的就是这种"普通银行"。

而在报纸或有关金融统计上常见到的用语中有"全国银行"。这是指作为会员隶属于全国银行协会联合会的金融机构。全国银行协会联合会通称全银协，是1945年起步的研究有关银行业务等各种问题的团体。

城市银行、地方银行、第二地方银行及长期信用银行都加入了这一组织，因此全银协是代表日本金融界的银行集群，从而构成了金融体系的基干。而全银协会长职务是由四个大城市银行集团的首脑轮流担任。

全银协不单是银行之间的亲睦团体，而且可以要求银行进行自主调整或自主限制（譬如广告），并可以对监督官厅提出银行方面的要求，因此其对实际的银行业务及银行行政有着巨大的影响力。

暧昧的业态区分

读金融理论或美国的金融制度的书时，常出现"存款办理机构"（depositary institutions）的术语。确实对银行是什么的问题用一句话来回答的话，最恰当回答就是，银行是开设存款的金融机构。

譬如，证券公司被区分为金融机构，但它不办理存款。此外，提供信用的消费者金融公司或信用卡公司也不能收集存款。在这个意义上，一般地可以管银行叫存款办理机构。

表 3-1 民间存款办理机构的种类和数量

(单位：亿日元)

		数量	资金量	每一机构的资金量
普通银行	城市银行	7	2 728 861	389 837
	地方银行	64	1 843 893	28 811
	第二地方银行	56	549 199	9 807
	(在日外国银行)	73		
长期金融机构	长期信用银行	3	307 948	102 649
	信托银行	5	373 382	74 676
中小企业金融机构	信用金库	349	1 028 310	2 946
	信用组合	244	139 997	574
	劳动金库	21	125 200	5 962
中央机构·联合会	信金中央金库	1	212 845	212 845
	全国信用协同组合联合会	1	31 339	31 339
	劳动金库联合会	1	37 309	37 309
	商工组合中央金库※	1	122 647	122 647
	农林中央金库	1	443 037	443 037
参考〈国营〉	〈邮局〉	〈1〉	〈2 394 797〉	〈2 394 797〉

(资料) 《日经金融年报》2002 年夏季号。
(注 1) 金融机构的数量原则上为 2002 年 4 月 1 日的现在。此外,长期信用银行是 2002 年 3 月时点的新生银行、青空银行、旧日本兴业银行(2002 年 4 月 1 日转为普银)的 3 行。
(注 2) 资金量为 2002 年 3 月末。
※很多场合是作为政府系统金融机构的。

如表 3-1 所示,在"存款办理机构"中,在前述的普通银行上再加上长期金融机构(加入"普银"的信托银行和长期信用银行)、中小企业金融机构(信用金库、信用银行等)及中央机构·联合会(农林中央金库、劳动金库等)。这些"存款办理机构"都是民间经营的,但日本最大的"存款办理机构"邮政局的邮政储蓄(简称"邮储")是由"邮政公社"(2003 年 4 月以后)办理的,所以也可以说是国营企业。

此外,在说到代表日本的金融机构(民营)时,多使用六业态、三业态等,图3-3表示的就是和其的关联。

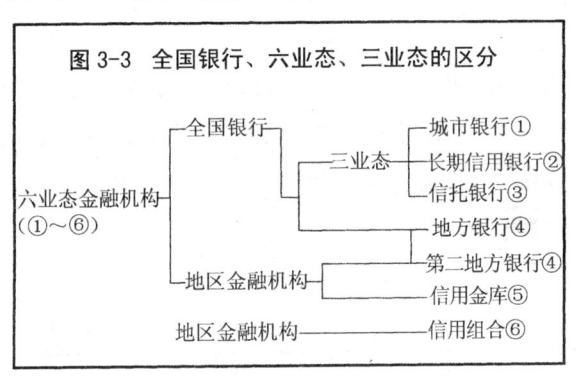

```
                        ┌─全国银行──────┬─三业态──┬─城市银行①
                        │              │         ├─长期信用银行②
六业态金融机构            │              │         └─信托银行③
(①～⑥)                 │              ├─地方银行④
                        ├─地区金融机构──┼─第二地方银行④
                        │              └─信用金库⑤
                        └─地区金融机构────信用组合⑥
```

图3-3 全国银行、六业态、三业态的区分

在金融结构的变化及金融自由化之下,如前所述,这些"存款办理机构"中的业态别特征尚不明确。因为如已论述过的那样,银行间的业态区分其专业性已逐渐淡薄。譬如,城市银行、地方银行都面向中小企业大量贷放,地方银行和信用金库几乎从事同样的业务。在滋贺县有家滋贺银行的地方银行,另外还有家叫琵琶银行的第二地方银行,这两行的业务几乎没有什么不同。

就是说,城市银行和地方银行、地方银行和第二地方银行、第二地方银行和信用金库、普通银行和农协、民间银行和邮储……的业态别的特征是极其暧昧的。

这是因为除了银行制度是历史的产物之外,战后试图做的各种"分业主义隔断"随着时间的推移正在崩溃。长短分离的原则、中小企业金融或农业金融的专门性及所谓邮储的国营事业的意义在战后经济、金融的巨大的结构变化中,业已变质。只是在现实中,基于"分业主义"的各种业务上的壁垒名义上还存在,所以业态别金融机构的区分依然具有社会性意义。

活力洋溢的城市银行

说起银行中的银行,那就是城市银行了。从法律及功能上说,它和地方银行完全相同,但在城市银行以大城市为中心在全国布满庞大的分行网络,并且在全世界伸张着它的网络及存款的规模上,它代表着银行界。

表 3-2 城市银行 7 行概要

(存款量:2002 年 3 月末)

	存款量 (万亿日元)	贷款余额 (万亿日元)	店铺数 (国内)	店铺数 (海外)	从业员数 (人)
瑞穗银行	36.7732	30.9192	664	0	24 593
瑞穗法人银行	36.1858	30.4576	18	42	5 852
东京三菱银行	49.4902	35.6208	294	58	18 258
UFJ 银行	51.9992	41.5528	601	28	19 526
三井住友银行	67.6293	59.9283	686	23	25 027
朝日银行	19.2887	17.1487	299	0	8 176
大和银行	12.3500	10.0886	186	0	5 341
合计	273.7164	225.7160	2 748	151	106 773

(资料)《日经金融年报》2002 年夏季号。
(注1)店铺数、从业员数原则上为 2002 年 4 月 1 日的现在。
(注2)关于存款量,瑞穗银行是原第一劝业银行。瑞穗法人银行是原富士银行,不包括原日本兴业银行。

如表 3-2 所示,现在有七家城市银行,如果分为集团的话,就集约为四家进行国际性活动的大银行和一家超级地方准大银行等五大金融集团。其构成是:瑞穗、三菱东京、三井住友、UFJ 的四个大银行集团和里索那(朝日和大和的合并)。此外,瑞穗集团如表3-2所示,除了"瑞穗银行"、"瑞穗社团银行"之外,还有长期信用银行的日本兴业银行,它在2002年4月后转换为普银,并加入了"瑞穗社团银行"。

城市银行七行的国内店铺数量为2 748家。城市银行储蓄总额达274万亿日元。约占全部金融机构资金总量的23%。另一方面,七行的贷放余额是226万亿日元,占有率约为28%。

表3-3 城市银行11家时代概要

(1994年3月末)

	银行名	存款量(亿日元)	店铺数	从业员数(人)
上位六行	樱花银行	369 967	588	21 346
	富士银行	363 376	366	16 008
	第一劝业银行	353 576	415	18 793
	住友银行	352 300	386	16 582
	三菱银行	347 135	373	16 225
	三和银行	334 493	385	15 181
中下位五行	东海银行	212 150	302	11 847
	朝日银行	209 678	436	13 069
	大和银行	123 099	243	10 046
	北海道拓殖银行	87 319	211	6 181
	东京银行	98 675	99	7 734
	(外汇专门银行)			
	合计	2 851 768	3 804	153 012

此外,表3-3是1990年代中的11家城市银行的概要。

城市银行在理念上所指的是商业银行,是以大企业为对象进行短期存贷业务的中心。譬如,看看存款余额,接近存款总额的五成是法人存款,其中大部分是大额存款,说明其和大企业的关系之深。

但是大企业最近加强着自己的资本力量,所以城市银行试图积极地接近中小企业及个人。在 2002 年 3 月末,城市银行面向中小企业的贷放比率约为 44%,面向个人贷放比率约 23%,两者合起来的贷放比率约占总量的七成。顺便说一句,在 1971 年 3 月末时,两者的比率(合计)停留在 25% 左右。

无论怎样,城市银行以人才能力和信息能力为基础,正在挑战金融最前线,其作为金融自由化及国际化的旗手展开积极的自由化、国际化战略。

而城市银行七行在城市银行的名义下,结成五个集团。像前述的那样,它们不一定是同等水平。因为在 1990 年代中期前曾经有 11 家城市银行,而从 1990 年代中期以来,银行大力展开合纵连横的金融重组,目前集约为五个集团,其中四家是进行国际业务的大银行,另一个是专门从事国内业务的集团。

1996 年 4 月,三菱银行和东京银行合并,诞生了"东京三菱银行(东京银行是唯一的一家根据外汇银行法从事外汇业务的专门银行,而现在外汇专门银行的历史终结了)。而且,在不良债权问题、金融大爆炸、金融全球化的潮流中,大银行开始重组,首先是在 1999 年 8 月,日本兴业银行、第一劝业银行、富士银行公布了建立"瑞穗控股"(控股公司)。2002 年 4 月,瑞穗银行、瑞穗社团银行开张。然后在同年的 10 月,住友银行和樱花银行公布合并,2001 年 4 月,作为"三井住友银行"开张,2002 年 12 月成为"三井住友金融集团"(控股公司)。其间,2001 年 4 月,东京三菱银行、三菱信托银行及日本信托银行合并,成立了"三菱东京金融集团"(控股公司)。同年同月,三和银行、东海银行、朝日银行公布合并,但朝日银行退出了,而东洋信托银行加入,成立了"UFJ控股"(控股公司)。从UFJ退出的朝日银行在2002年3月和大和银行合并,结成"里索那集团"(控股公司),于是就产生了四家大银行和一家地方大银行(城市银行的大重组过程参见第1章)。

问题是迄今为止进行重组的日本大银行在21世纪世界范围的大通货战争中,果真能构筑发挥生存竞争能力的"商业模式"吗?

动起来的地方银行

地方银行作为普通银行和城市银行在法律上具有同一性质,与此同时,在其理念上所指的也是商业银行。但是,在业务面上两者有相当大的不同。

第一点是"城市"和"地方"名称各异,这是一目了然的。正为此,地方银行的营业基础仅限于比较狭窄的地方。一般是以县为单位营业,总行几乎都在都道府县的首脑机关所在地。原则上是一县有一两家,是各县的"结算地"。

第二点是资金量和城市银行相比很少。2002年3月末,地方银行在全国有643家,每一家平均的资金量约为29 000亿日元,和城市银行平均一家的资金量为39万亿日元相比,不过是其7%左右。并且,城市银行间的资金量的差异(三井住友和里索那[朝日、大和])约为三倍多,而地方银行之间的落差(横滨银行和富山银行)约为27倍。地方银行集团内部的规模差是很大的。

第三点是在存款方面,地方银行的个人存款比率约为70%,

贷放也是以当地的中小企业为中心(面向中小企业的贷放比率和城市银行的44%相比,为52%)。

第四点是地方银行和城市银行相比,融资的企业少,所以资金上有充裕。因此,地方银行的有价证券保有率较高。

归根结底,在战后的金融体制下,地方银行在优越的环境中,能够加强其营业基础。因为它们作为所谓一国一城之主而成为地区经济的中心势力。就是说,地方银行以前在所谓的无风状态中进行着稳定的经营。

但是,现在地方银行被迫进行新的应对。因为在激烈的环境变化中,地方银行已不能稳坐在以前那样的稳定经营上了。确实,地方银行以前可以自夸为磐石般团结。在原则上的一县一地方银行的"地区分业主义"之下,对于各家地方银行来说,利害关系是一致的,只要向同一方向行动即可。

但是如前所述,现在地方银行之间的规模差是27倍,因此地方银行分解为两极或三极,利害和行动的多样化是不可避免的。因为所谓战后的"护航舰队方式"的崩溃,利害关系一下就错综复杂起来,团结反而容易和不利连在一起。加之从相互银行转换为普通银行的第二地方银行的加入,更加重了竞争激化的程度。

被金融自由化大浪席卷的大城市圈中的大型地方银行必须和城市银行对抗、竞争。为此,积极地采取新的经营战略的必要性就加强了。

另一方面,对于中下规模的地方性银行来说,自由化或金融大爆炸的大浪逼近过来。特别是由于"金融大爆炸",处于低一级的第二地方银行、信用金库、信用组合及农协等组织正在采取"生存战略"。

于是,地方银行逐渐努力去应对新的形势变化。因为这一形势动摇了战后稳定的金融体制的最大受益者地方银行的根基。

就是说,战后金融体制目前在后金融自由化中遇到了巨大的转机,今后地方银行如何应对新的形势引人注目。

追求专门性的第二地方银行

在金融自由化的潮流之下,迄今为止保守的地方银行也进行着试图从守势转为攻势的经营转换,除此之外,和地方有着密切关系的金融机构的信用金库或信用组合、农协,加上邮政使第二地方银行赖以立足的基础遭到了很久没有的激烈竞争。

第二地方银行的前身是根据1951年(昭和26年)制定的"相互银行法"而从传统的平民金融机构的无尽公司①转换的相互银行。相互银行像已述的那样,根据1989年2月的"关于金融机构合并及转换的法律"等而转换为普通银行(普银转换),变成了地方银行。

只是这些普银转换的相互银行因为没有加盟已有的地方银行协会,而是加入了"第二地方银行协会",所以被称作第二地方银行。

但是,地方银行和第二地方银行都是普通银行,其依据的基本法规是"银行法",所以在法律地位上完全相同。在1989年一起转为普通银行时,68家中52家完成了普银转换,而在1990年初都转为普通银行,现在相互银行已不存在了。

---

① 为民间的互助组织,会员按期平均缴款,分期轮流使用。——译者

第二地方银行活动地区及活动对象或领域和地方银行或信用金库等其他地方金融机构重合。因为在都道府县或市町村水平上,它们都是以当地的中小企业或商店、个人为对象的。

和信用金库相比,如表3-1所示,每一行的资金量约为9 800亿日元,远远超出信用金库的3 000亿日元,但和直接竞争的地方银行的约29 000亿日元相比,有巨大的差距,从这点上来看,它受到地方银行和信用金库、信用组合的夹击,具有很难发挥自主性的弱点。

因为在后金融自由化的今天,地方银行构筑着在当地深耕细作的新战略,信用金库又加上了船小好调头的游击战略,燃烧着求生存的欲望。在这种情况下,第二地方银行如何再构筑零售战略,同时开拓或深耕当地企业呢?这就要求它们向专门型银行挑战。

本来在旧的相互银行中就具有先发制人的或攻击性银行的素质。原因是如果它指向稳定经营,就难免被地方银行侵蚀地盘,或者说旧相互银行的主人型经营者较多,能够实行不拘一格的经营。

其中的一个事例是引进MMC(如今已经没有了)。如第2章所述,MMC(市场利率联动型定期存款)于1985年3月开始发售,而相互银行(当时)先行一步,城市银行或地方银行等是从大约一年后的1986年4月才开始的。

这发生在福冈相互银行(现在的福冈城市银行)的四岛司总经理任全国相互银行协会会长的1980年代初,他提出相互银行一起转换为普通银行的"第三普银论",同时主张在其他业态之前先创设金融自由化商品的MMC,因此在引进MMC时,当局不得不让相互银行先行。

如果考虑到当时只有一部分大城市银行有自由化论,而地方银行和信用金库等地方金融机构正在进行强有力的抵抗自由化的战斗的话,从相互银行内部出现自由化先锋是很令人吃惊的。但是,相互银行本来就有这样的素质。

所以,在后金融自由化中,从第二地方银行中出现甩开地方银行或信用金库而冒尖的银行也不足为怪。但是,问题是现在的第二地方银行是否具备这样的经营基础或经营力量,这却是有疑问的。在不良债权重压下,它们粗糙的经营遭遇了灾难,1990年代,在第二地方银行中发生了"破产高峰"(参见表3-4及专栏)。

表3-4 1990年代以后主要的第二地银的破产

年　月	破　产　银　行
1992.4	东邦相互银行破产(伊予银行救济合并)
1995.8	兵库银行破产(绿色银行建立)
1996.9	太平洋银行破产(向若潮银行转让营业)
11	阪和银行破产
1997.11	德阳城市银行破产(向仙台银行转让营业)
1998.10	福德银行和难波银行特定合并(浪花银行建立)
10	京都共荣银行破产(向幸福银行转让营业)
1999.4	阪神银行·绿色银行合并(港银行建立)
4	国民银行破产(向八千代银行转让营业)
5	幸福银行破产(关西爽银行建立)
6	东京相和银行破产(东京星银行建立)
8	浪花银行破产(大和银行等继承)
10	新泻中央银行破产
2001.12	石川银行破产
2002.3	中部银行破产

第二地方银行的倒闭高峰

进入1990年代的金融动乱的导火索是从"银行的破产、倒闭"开始的。在战后金融史上以前几乎没有银行倒闭（金融机构的破产）。1980年代中发生了以埼玉县为地盘的平和相互银行的破产，但那是因不正当交易等有着犯罪色彩的问题而引起的经营破产。以首都圈攻势为目标的住友银行以"救济合并"的形式吞掉了平和相互，事件无事而终。

但1990年代在伴随着景气恶化和泡沫破灭产生的"纯正·银行破产"形式中，以相互银行为前身的第二地方银行的破产相继发生。与此同时信用金库或信用组合因丑闻或不正当交易等也出现倒闭高峰，从规模和影响面来讲，可以说第二地方银行的倒闭象征着1990年代金融动乱的开幕和其后的发展。

第二地方银行倒闭根源之深从其中第二地方银行中最大规模的兵库银行的破产和东京相和银行的破产可见其一斑。表3-4归纳了1990年代以后主要的第二地方银行的破产动态。

从这种情况出发，靠着和地方银行的合并或第二地方银行之间的合并等试图加强经营基础的合纵连横的动向也正式化了。因为一成不变难免陷入经营失败。实际上如表3-4或专栏所示，在1990年代或因经营基础脆弱或因经营失败的事件接踵而至，第二地方银行正在被逼向破产。

大银行的金融大重组告一段落，正在处理着不良债权，而第二地方银行将成为今后金融机构淘汰、整顿的巨大焦点。

结束了历史作用的长期信用银行

长期信用银行是和城市银行一道支撑着战后金融体制的两个车轮中的一个。就是说，城市银行如果是短期金融的王者的话，长期信用银行就是长期金融之雄。

但现在我们所熟悉的日本兴业银行、日本长期信用银行及日本债券信用银行这三家银行却消失了。日本兴业银行在2002年4月转换为普通银行，加入"瑞穗社团银行"而成了城市银行。此外，日本长期信用银行、日本债券信用银行现在也依然停留在"长期信用银行"上，但国有化后，分别作为"新生银行"、"青空银行"而重新开始。据说在不久的将来，两行都要转换为普通银行。

日本兴业、日本长期信用、日本债券信用等三家银行是根据1952年（昭和27年）制定的"长期信用银行法"建立的长期金融机构。这三家银行和战前的"特殊银行"或多或少都有关系。

战后，占领军立刻着手解散财阀，同时强烈地压日本方面废除旧特殊银行。结果，在1950年日本兴业银行、日本劝业银行及北海道拓殖银行转换为普通银行。但1952年颁布了"长期信用银行法"，日本兴业银行（简称兴银）从普通银行再次转换为长期信用银行。同时继承了日本劝业银行的一部分，成立了日本长期信用银行（简称日长银）。

一般将长期信用银行叫做"兴长银"是来源于1952年建立的兴业银行和日本长期信用银行两行的名称。而1957年，以继承战前特殊银行之一的朝鲜银行的剩余财产的形式成立了日本不动产银行（后改名为日本债券信用银行），于是，战后的长期信用银行体制以长信银三行的形式诞生了。

在这长信银三行内,日本兴业银行是唯一的从战前就存在的组织。兴业银行在 1902 年(明治 35 年)是作为供给产业资金的半民半官的专门金融机构而成立的,因为其历史业绩,它和大银行一道对战后的产业界也一贯保持着强大的影响力。

长期信用银行根据所谓的"长短金融分离的原则",是业务以长期贷放为主的专门金融机构。为了提供长期资金,长期信用银行作为资金源必须保持中长期筹资手段。就是说,因为如果将像城市银行或地方银行那样的短期存款作为资金源的话,那么在进行如设备资金那样的中长期贷放中就会产生障碍。

因此,作为长期信用银行的筹资手段,被特别认可发行债券。这是期限一年的贴现金融债券及期限五年的付息金融债券。因为长期信用银行被特别认可以金融债来筹资,所以店铺数量用不了很多。

长期信用银行不论怎么说都是靠着长期供给资金而支撑着、促进着战后产业机构的重工业、化学工业化。在这一点上,战后金融体制中的"兴长银"的能量是强大的,也因此它们迄今为止一直坚持、执著于战后金融体制,并成为保卫这一体制的中心势力。就是说,和金融自由化旗手的大银行相对照,"兴长银"结成了强有力的抵抗自由化的势力。

但是,遭逢了以 1973 年(昭和 48 年)第一次石油危机为契机的经济环境的剧变,长期信用银行的经营面临着新的状况。这种新情况就是在低增长下,企业的设备投资意愿降低。而长期资金需求的钝化,再加上大企业的自我资金能力的增强,便加速了这种处境的发展。而且,城市银行等金融机构看到企业短期资金需求难以增长的倾向,就积极地贷款给长期资金。就是说,"长短分离"壁垒崩溃的动向在低增长下进一步加强了。

于是,在金融自由化的压力也在增强的情况下,形势就要求长期信用银行要有新的战略。从1970年代后半期的"兴长银"向国际金融领域展开积极政策及开拓以第三产业为中心的软件化产业领域顾客的举措就是在这样的背景下产生的。以前防御态势很强的长期信用银行也为应对1980年代的变化,转而采用要夺取先机的攻击性战略,其作为企业金融的专家有意识地开拓证券业务、国际金融。

但是,1980年代后半期的不动产担保融资的扩张、向非金融机构贷款的扩大、国际业务的展开等长期信用银行的积极政策由于1990年代的泡沫破灭而适得其反,以致使其抱有庞大的不良债权。其结果是日本长期信用银行、日本债券信用银行在1990年代后半期相继破产,唯一残存的日本兴业银行也终于摘下明治以来的"传统招牌",不得不选择加入瑞穗的道路(参见专栏)。支撑日本战后时期的"兴长银体制"终于在无可奈何中消失了。

而谁都不存在了!

从金融方面来主导、支援日本经济骨架的重工业、化学工业的主角是1902年(明治35年)创立的日本兴业银行,再加上战后诞生的日本长期信用银行,它们牵引了战后高速增长或高度化。1980年代,"IBJ"(兴银)和"LTCB"(长银)是代表日本的"投资银行",在国内外都是人们憧憬的对象。

> 但是,在被巨大的泡沫直接打击的同时,又身处金融自由化的洪流之中,它们的经营基础出现裂痕,终于在1998年秋,日本长期信用银行、日本债权信用银行因破产而被国有化,最终长银被美国的利浦路德集团并购,而日债银被软银、奥里克斯、东京海上等并购,分别变为"新生银行"、"青空银行"而重新起步。剩下的兴银也转变为普通银行,成了"瑞穗社团银行"。"新生银行"、"青空银行"在形式上还停留在"长期信用银行"的业态上,但早晚会转变为普通银行的。用阿加莎·克里斯蒂的方式说,就是"而谁都不存在了!"这一天不会远了。

但是兴业银行转换为普通银行,正式从长期信用业务退出,但其基本的精神或技艺为"瑞穗社团银行"所继承。因此长信银现在成为"新生银行"(旧日本长期信用银行)及"青空银行"(旧日本债券信用银行),均为二流的银行。

试图以功能特化而生存下去的信托银行

支撑"长短分离原则"的长期金融机构不仅是长信银。信托银行也是长期金融的专门机构。信托银行像前述的那样,和城市银行及地方银行同被分类为"普通银行"。但是,在其功能上以做长期金融为主,因而被定位为长期金融机构。

信托银行完成现在这样的形式是从1950年代后半期开始的。大藏省在1954年为了分离银行业务和信托业务,将战后开始起步的信托银行分割为以信托业务为主的信托银行和以银行业务为主的银行(信托兼营银行)。

目前,大信托银行有五家,即三菱信托银行、住友信托银行、中央三井银行、UFJ信托银行(原东洋信托银行,2002年1月更名)、瑞穗资产信托银行(原安田信托银行,2002年4月更名)。而且因战后银行重组及占领时代等原因,城市银行的大和银行兼营信托业务。此外,因外国强烈地要求日本开放信托,1980年代中期以后,外资系统的金融机构很多都从事信托银行(2002年4月有9家)业务。

而且,如在"信托分离"的自由化中看到的那样,根据1992年的"金融制度改革法",其他业态(开始是证券公司等机构)也可以设立信托子公司(2002年4月有15家)。

所谓信托,根据信托法第1条就是"委托者以信托行为使自己的财产归属于他人(受托者),同时将其财产按一定的目的为社会或者自己或者第三者管理、处分"。

但是,战后因战时的财产消失或通货膨胀等情况,信托业务本身长时间没有扩大,信托银行则在以长期金融业务(长期贷款等)为主的领域里发展起来。

信托银行作为长期金融机构而加强基础的根源是从1952年(昭和27年)被认可办理的贷款信托。贷款信托就是信托银行靠着受益证券的发行从顾客处收集资金,以长期贷款为主来运用,其运用收益分配给顾客,可以说是一种和中长期定期存款(期限两年及五年)相同性质的金融产品。

依靠贷款信托筹措的中长期稳定资金,信托银行增加了面向企业的长期贷款,稳固了作为长期金融机构的地位。

而这一期间,在资本积累高涨之下,企业及家计的金融资产余额增多,于是,信托业务本身就受到注意了。就是说,信托银行及信托兼营银行从委托者那里接受财产委托,并加以管理、运用的信托业务扩大了。

特别是特定金钱信托(简称特金)及养老金信托等炫耀夺目。所谓特定金钱信托是从进入 1980 年代以后急剧增长的,因为商业法人或中小金融机构接受投资顾问公司或证券公司等的劝告,试图运用高回报的股票、债券或外债等金融手段,于是将资金委托给信托银行。

在特金的场合,信托银行仅仅是受托、管理顾客的资金,但在 1981 年住友信托银行开了先例的基金·托拉斯则是信托银行本身根据自己的裁量运用于高回报的方式,而这又获得了高速增长。特金成了所谓企业金钱运用的潮流。

但是,由于泡沫破灭,特金、基金·托拉斯的余额在进入 1990 年代后大幅度减少,现在已经很少了。

其次,就是养老金信托,具体而言这就是信托银行管理、运用合格退职养老金(简称合格养老金)及厚生养老金基金(简称调整养老金)的方式,现在除了信托银行,人寿保险公司也在接受着这些企业的养老金委托。

于是,在日本经济整体资本积累高的情况下,在刚过去的日子里,不过是一部分资产管理业务的信托业务成了有希望的金融服务领域。在这个意义上,"信托的时代"来临了。但是,这意味着不仅和开始参入的外资系统,而且也和其他行业的新竞争时代正式开始了。

这对既有的大信托银行来说,意味着要重新建立新的经营战略或重组业界。

因为迄今为止的"长短分离"或"信托分离"的壁垒崩溃。为此，已经有很多大信托银行进入大城市银行经营的旗下，重新构筑"信托功能"的道路，这是它们的战略选择。1994年11月，日本信托银行进入东京三菱银行旗下，1998年11月，安田信托银行进入第一劝业银行·富士银行旗下，除了现在变为瑞穗资产信托银行外，在金融大重组中，东洋信托银行进入UFJ集团，成为UFJ信托银行，三菱信托银行加入三菱东京金融集团。此外，2000年4月，三井信托银行和中央信托银行合并，成为中央三井信托银行，变为控股公司三井托拉斯。这家银行和住友信托银行处于大银行重组之外，今后的去从引人注目。因为"信托功能"在21世纪会越来越重要，为了十二分地发挥其专门功能，瞄准金融重组趋向的"最后选择"是不可或缺的。

信托银行的"最后选择"

展望今后的老龄化，那么养老金资金等的资产运用的时代来临是没有错的。在这点上，对今后的金融机构经营而言，"信托功能"不可或缺。所以，随着城市银行向着大重组进发，信托银行也开始积极和大型银行的重组联系起来。

日本信托银行已经在东京三菱银行的旗下，而三菱信托银行加入三菱东京金融集团，2001年4月，三菱系统完成了将信托组织进来的整合。与这些举措前后，东洋信托银行和安田信托银行分别被组合进UFJ集团和瑞穗集团。

> 在大信托银行中,中央三井信托银行(2000年4月开张)和住友信托银行被甩在大型银行重组之外。中央三井信托银行(2002年4月设立控股公司三井托拉斯)是三井系统的,住友信托银行是住友系统的,所以是否会组合进三井住友银行集团呢?但三井住友银行因具备独自的信托功能而和这两行拉开距离。这三行今后是走独自的路线呢?还是统一呢?它们正面临着"最后的选择"。

求生时代的信用金库、信用组合

不管走到全国任何一个城镇一定会有信用金库或信用组合。信用金库(简称信金)其前身也是信用组合(简称信组)。在普通信用组合中规模较大的改组为信金的例子较多。

信用金库根据1951年信用金库法而具有了法的性质,在进行存款、贷款业务上,和普通银行相同。只是信金在一定地区内成为营业被限定的组合成员组织,在这一点上和一般的银行不同。不过,虽说是会员组织,但对于存款,即使是会员以外的人也是自由的,所以实质上和银行几乎没有区别。

信金作为掉头方便的地区金融机构完成了发展,在1960年代有500家以上,但现在全国减少到349家。但是,资金数量(2002年3月末)约为103万亿日元,超过了第二地方银行资金量的55万亿日元。信金这种经营扩大和地区的中小企业或商店、居民密切相连的"田间经营"在取得了扎实的成果的同时,最近作为"社区银行",背负着尽力实现现代化的任务。特别是资金量占首位的城

南信用金库在1994年11月发售了有奖金的定期存款,给金融自由化投下了一块巨大的石头。(参见专栏)

> **城南信金的DNA**
>
> 1994年11月城南信用金库发售的有奖金定期存款不仅获得了爆炸般的人气,而且是使平民百姓感到金融自由化就在身边的划时代的金融商品。城南信金在信金行业中资金量第一,在这之前也在真壁实董事长的指挥下有意识地做自由化的工作。
>
> 本来,城南信金在被称作"信金的教父"小原铁五郎(已故,右边照片)之下领导着行业界,其做法和后继的真壁董事长(左边照片)是正相反的,实行的是使行业有条不紊的"协调路线"。说来他是反对金融自由化的急先锋。但受这位"教父"熏陶的真壁董事长却相反地作为"自由化的旗手"奋勇前进。这也许是时代背景所决定的差异。只是过去和现在不变的是城南信金常常作为"鸡口"的矜持(DNA)仍在持续。

以全国信金为会员的上级组织是全国信用金库联合会(简称全信联),从2002年开始将名称改为信金中央金库(信金中金),信金中金从事着收存个别的信用金库的存款,贷放给其他个别的信金或会员以外的组织的业务,以此试图将全国信金的资金集中化、效率化,它自负地将自己称为"信金的中央公园"。此外,在1994年2月建立了"亲近信托银行",试图开拓并完成参入信托业务等

新的领域,同时日常性地收存地方信金的富余资金(有奖金)并加以运用。

另一方面,信用组合也是和信金同样的组织。只是信组和信金相比,不仅规模小,而且协同组织的性质较强,业务内容也限定在组合员中。在这一点上,信组一般是难以亲近的。

信用组合是根据1949年的中小企业等协同组合法建立的,以会员外的存款为总存款的20%为限度,组合的性质较强,但实际上在地区中和信金、第二地方银行等机构进行着激烈的存贷竞争。

2002年3月末,全国有244家信用组合,但在近年的金融自由化的潮流中,合并等的动向增强了,另一方面破产的信组也增加了。其资金量余额约14万亿日元。而且和信金、中金同样有着上级组织,叫全国信用协同组合联合会。

这样,信用金库及信用组合作为船小好调头的地缘性金融机构和当地的中小企业或居民十分亲近,并因此而完成了发展。这些小规模的金融机构以前能发展的原因基本上在于战后的"护航舰队体制"。其吸收低利息成本的存款是可能的,所以资金规模小的信金(信金平均的资金量约为3 000亿日元)或信组(信组的平均资金量为570亿日元)也能够充分确保其收益。

但是在利率自由化等金融自由化之下,地方银行、第二地方银行等加强了积极的战略发展,所以信金或信组未必可以说是一帆风顺。因为以迄今为止的"田间金融"为基础,为了中小金融机构能生存下去,"社区·银行"的重组等战略是不可或缺的。在这一点上,必须抹杀信金和信组的区别,而且要取得和普通银行平等的地位。包括信金和信组,还有第二地方银行、地方银行等地区金融的重组已时不我待(参见前专栏"第二地方银行的破产高峰")。

而且,基于法律的特殊民间金融机构有劳动金库及商工组合中央金库。前者是根据劳动金库法(1953年制定)设立的协同组合组织的金融机构,后者是以从战前就存在的中小企业组合为对象的特殊法人的金融机构,政府的干预较强。

劳动金库(简称劳金)在全国有21家分店,以地区内的劳动组合、生活协同组合等团体或其会员为对象进行存款、贷放。会员外的存款在总额的20%以内。

另一方面,认可商工组合中央金库(简称商工中金)作为筹资的手段发行债券,对中小企业或其组合进行贷放。给商工中金出资的大部分是政府,并且因承购一部分商工债券,所以和业务机关的通产省(现在的经济产业省)及大藏省(现在的财务省)有很深的关系。因此,多将它和国民生活金融公库、中小企业金融公库(都是政府全额出资的)一道,分类为政府系统的中小金融机构。

重组不可避免吗？农协系统金融

从农协这个词看,许多人会立刻联想到的是大米问题。确实,农协是和大米有着很强关系的组织,但不仅如此,在金融方面它也是很有势力的。

农业协同组合,即农协是根据1947年的农业协同组合法建立的,是组合组织的特殊法人。农协的事业内容是多样的。其中金融被称作信用事业,是弥补农协其他事业(指导农业经营等)赤字的收益部门。

在2002年3月末,农协在全国数量达1 076家。农协的信用事业是接受组合员的储蓄和向组合员贷款。农协的储蓄利率比银行的要高 0.1%。2002 年 3 月末的存款余额约达 74 万亿日元,超过了第二地方银行的余额(约为 55 万亿日元)。

另一方面,农协整体的贷放余额在 2002 年 3 月末约为 22 万亿日元,难以增长的倾向更强了,农协(在单位农协的意义上被称作单协)将这富余资金作为存款存入上级的县单位的信用农业协同组合联合会(简称县信联),这叫做系统存款。

县信联是每一都道府县设一个以县为单位的单协信用事业的联合组织。这个机构除了从其会员的单协将富余资金以"系统奖金"存入之外,还进行对会员的贷款,调整单协之间资金的过剩与不足。在这一点上,信联和前述的信金中金(信用金库的上级组织)在县一级的水平上发挥着相同的功能。

县信联以从单协存入的存款为基础进行贷款,但存贷率(占存款余额的贷放比率)是比较低的,为 10%,也有很多信联将余资积极地投资于有价证券。县信联更将这富余资金的大半作为"系统储蓄金"存入上级的农林中央金库(简称农中)。目前的状况是信联整体的 65% 储蓄金存入农中。

这样,和农业相关的金融结构就成为单协—县信联—农中三个环节,这被称作"系统金融"。就是说,单位农协收集的存款存入上级的县信联,再集中到最上级的农林中央金库。在存入上级的"系统储蓄金"里有奖金,在这点上,这一结构对稳定难以运用资金的下级机构的收益发挥了作用。

农林中央金库是三个环节的系统金融的所谓母银行,全国单协—信联收集到的存款在 2002 年 3 月末约达 38 万亿日元。而且农中靠着发行金融债,能够筹措资金。资金量现在达到约44万亿日元,比大银行中最大的瑞穗集团(除了旧兴银)的72万亿日元资金量(包括原兴银则为97万亿日元)要少,但是仅次于城市银行第二位的三井住友银行的60万亿日元的规模。农中以这些资金源为基础进行贷放、投资有价债券及资金运用。因为贷放增长迟缓,所以农中的有价证券投资的比率极其高(对资金量的比率为53%)。

"系统金融"在金融自由化的进展和农业经营的变化中被迫进行根本性改革。特别是在金融自由化之下跨越三个环节的"系统储蓄金"的结构难以发挥其功能,重新看待包括单协合并的三个环节等方式是势所必至的。

在后金融自由化中,位于"系统金融"最上面的农中资金成本以现行的结构而言是较高的,所以失去竞争能力也是不得已的。并且,如果现行的保守的信用事业一成不变的话,兼业农家的增多或世代交替,就不能不加速农家"脱离农协"。如同"农协变为JA"的标语变化那样,为了21世纪的系统金融的生存,早晚要进行根本性制度改革,这是不可避免的。

巨大的邮政储蓄和公共金融

大城市银行的行长、地方银行、信用金库等中小金融机构的首脑一开口就是"国营金融机构的邮政储蓄压迫着民间金融机构的经营",真是一出激烈的大合唱。

邮政局是政府金融机构重要的一翼。政府金融机构如图3-4所示,大体上是ⓐ存款办理机构及ⓑ非存款办理机构,而一手承担ⓐ资金吸收作用的是邮政局。

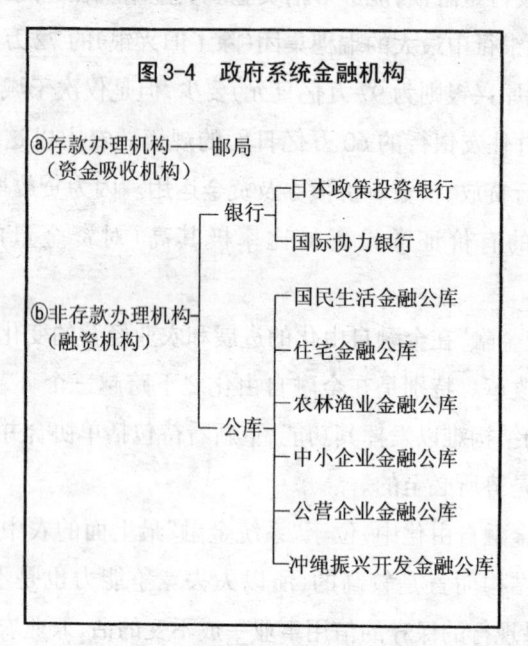

图3-4 政府系统金融机构

```
ⓐ存款办理机构——邮局
 （资金吸收机构）
                    ┌─日本政策投资银行
               银行─┤
                    └─国际协力银行
ⓑ非存款办理机构─┐    ┌─国民生活金融公库
 （融资机构）    │    │
                │    ├─住宅金融公库
                │    │
                │    ├─农林渔业金融公库
               公库─┤
                    ├─中小企业金融公库
                    │
                    ├─公营企业金融公库
                    │
                    └─冲绳振兴开发金融公库
```

而ⓑ的金融机构是日本政策投资银行、国际协力银行两家银行和国民生活金融金库、住宅金融金库、农林渔业金融金库、中小企业金融金库、公营企业金融金库、冲绳振兴开发金融金库等六家金库。这些政府系统的融资机构在2002年3月末贷款融资总额为162万亿日元，相当于民间总融资额594万亿日元的约27%。这些政府系统的金融机构都是政府全额出资的，表面上是向和民间没有竞争的公共性质强的领域融资。

这些融资机构的巨额贷款的大部分主要是从财政投资融资资金(原资金运用部)借来的。这些财政投资融资资金中原来资金的很大部分是由邮政储蓄提供的。

就是说,邮政储蓄不单单是邮政储蓄对民间银行的竞争,而且邮政储蓄本身的存在就是从根本上和政府系统金融机构的存在及公共金融制度的结构相联系的。

这就是邮政储蓄问题。邮政储蓄业务从1875年(明治8年)开始,目前为止在全国大约有两万家邮局进行着这项业务。不言而喻,邮局在和从事这一储蓄业务的同时,也进行着邮政业务,其金融业务还包括其他的简易人寿保险、邮政养老金、个人融资等。

邮政储蓄通常有定额、定期、公益、信托公益、进学公益等各种存款,而占邮政储蓄约九成的是定额邮政存款。

2002年3月末的邮政储蓄余额约达240万亿日元,和全国银行的个人存款的余额水准的约350万亿日元相比,毫不逊色。

城市银行中最大的瑞穗的资金量约为72万亿日元(包括原兴银为97万亿日元),邮政储蓄的规模约为其3.3倍。邮政储蓄真可以称得上是世界最大的"银行"。

邮政储蓄对民间金融机构形成威胁不仅是其庞大的资金规模。邮政储蓄除了已经实施将存款作为担保的各种面向个人的贷款制度外,还从事公共收费的自动转账、承办和有价证券相关的资金、扩充和民间磁卡公司共用磁卡等金融服务。特别是在1984年3月,全国邮政局联网后,邮政储蓄以凌驾于民间金融机构的网络为基础,增强了其扩张业务内容的势头。

邮政问题的根本问题如同前述,要在和政府系统金融机构的存在的密不可分关系上去寻找。因此,邮政问题在和关系到如何改革公共金融制度的财政投资融资制度结构整体的真正的改革论的密不可分之点上,不是光用民间对国营的存款竞争或者贷放竞争一句话就能了结的。

邮政、邮政储蓄、简易保险三个事业的民营化议论很是活跃,而其中邮政、简易保险事业从2001年开始因中央机关的改革成了总务省所管辖的范围,从2003年4月开始和邮政事业一同将业务转移到国营的邮政公社。小泉纯一郎首相将这邮政公社的民营化作为"里程碑",以民间参入邮政事业为目标,在2002年夏,使邮政改革法在议会通过。但是,这与民间参入邮政事业是否有关系还不确定,何况"邮政储蓄民营化"更是需要时间。

5 银行的行动和经营

银行的基本功能

1927年(昭和2年)制定的"银行法"是现行银行的法律基础,而在1981年4月(昭和56年)全面修改了"银行法"。

"新银行法"的第二条是这样定义银行的。

一、同时进行接受存款或定期公益金和资金贷款或支票的贴现。

二、进行外汇交易。

这是"新银行法"规定的银行基本义务。就是说,从事存款业务、贷放业务及外汇业务等三项业务。

此外,"新银行法"的第10条第2项对于银行在国内经营附带业务,列举了债务保证、买卖有价证券等,而第11条明示了银行的证券业务。所谓证券业务即国债的窗口销售及办理已发国债。

银行通过这样的业务活动获得收益。在这些业务中,银行行业的中心是存款、贷放、外汇等三种交易,这是银行的固有业务。其中存款和贷放一起办理,银行的基本功能就出现了。这是资金中介功能及信用创造功能。而如果将银行固有业务的外汇交易改称为结算功能(参见下一项),那么银行的基本功能就是中介功能、信用创造功能、结算功能三种。

但是,三种功能中的信用创造功能是从银行整体上来理解的,在个别银行的层次上是不存在的(关于这一点请参见第6章)。因此,说起银行的基本功能,光说资金中介功能和结算功能也没错。

所谓资金中介功能是从资金剩余者那里吸收作为存款的资金,另一方面作为贷款向资金不足者提供资金的功能。即使地区间资金不平衡,资金中介功能也能够通过将资金从剩余地区向不足地区转移来发挥其功能。这一点在国际间的资本移动中也能看到。

银行的另一个基本功能是结算功能,这可以说是银行通过活期存款或者普通存款的转账来结算、办理这些要求支付的存款,即所谓只有银行才能进行的银行根本性功能。

特别是现在,银行的结算功能如果没有以计算机和通信技术为基础的电子资金转账(EFT、Electronic Funds Transfer),那就什么也说不上了。

什么是即期存款

说起银行,首先在人们的头脑里浮现的语言或者形象就是存款。实际上银行不吸收存款就不能贷放,银行的经营也不能成立。

因此，银行首先必须从有剩余资金的地方筹措资金。而这筹资的中心自然是存款。

并且，法律上只承认唯有银行可以从不特定多数中收集资金作为存款。我们在证券公司购买投资信托不是"存入存款"而是投资，即资金运用。

表 3-5 存款的种类

即期存款	定期存款	其他
活期存款	定期存款	转让性存款
普通存款	1个月	（CD）
通知存款	以上至10年指定日期	储蓄存款
纳税准备存款	定期公积金	变动利率存款
特定存款		
外币存款		
（活期、普通、通知）		

存款虽然是一个词，但其涉及种类很杂。因此，如表 3-5 所示，分为即期存款和定期存款。

首先，看看即期存款，其中有活期存款、普通存款、通知存款、纳税准备存款、特定存款等。而且即期存款的英文名称是 Demand Deposit，原则上是随时要求就可自由取款，是用于可以支付（结算）的存款。以下简单地看看主要的即期存款。

#普通存款……和活期存款一样，存款者根据必要可以自由取走的存款，主要用于企业的结算账户。就是说，对于企业等大额资金交易者来说，和现金结账有着相同的功能。一般企业将活期存款存入的交易银行作为支付人，用开出的支票进行支付。此外，

活期存款是没有利息的。这种普通存款从个人的结算账户开始和定期存款或信贷信托或金融债相组合的新的金融服务(其代表是综合账户)已经被开发出来了。

#通知存款……存入后,最少必须存上七天,之后如果在两天前通知的话,那么任何时候都可以取走,利率比普通存款要高。

#纳税准备存款……存入充当纳税的资金,利率比普通存款设定得稍高一些。原则上在纳税时可以支出,但此外的支出也是可能的。只是在这时候,利率和普通存款一样。

存款的代表是定期性存款

下面看看定期性存款,这大体上可分为定期存款和其他。

#定期存款……存入的时间是确定的,是在期限终了前原则上不能支付的存款。期限从一个月到10年,根据银行不同可以选择各种期限。而且,一般将存入额不满300万日元的叫做"超级定期",300万日元以上的叫做"超级定期300",其各种期限、利率是自由的。定期存款原则上在期限未满时不能支付,但在不得已的情况下,在期限前解约,也可以支出。只是这时适用根据存入期限的低利率解约利率。就是说,定期存款的解约是不利的。因此,为了消除其负面影响,现在一般是使用前述的将普通存款和定期存款结合在一起的"综合账户"。

1981年6月创设了定期存款的新型商品"日期指定定期存款"。其内容是:存入期限一般是一年以上到三年。存入一年以后,如果在一个月前指定支出日期,任何时候都可以取出,是一种有机动性的定期存款。

而且,在定期存款中有定期公益金。这是以一定的金额为缴纳款项,每月或每天积攒,到期后接受积攒总额和存款利息。积攒期限为六个月以上。此外,在和定期公益金有着几乎相同内容的金融产品中还有第二地方银行的储蓄型产品的相互纳款。

#大额定期存款……是最低存入额为1 000万日元以上的大额存款,也叫做自由利率型定期。和超级定期一样,期限是一个月到10年。

#转让性存单……存入期限可以自由设定。这是短期性定期存款,在可以转让给他人这一点上具有债券的性质。这是银行以自由利率发行的,是1979年创设的自由利率存款的第一号。最低发行单位现被废除,是自由的。此外,CD 是 Certificate of Diposit(存单)的简称,也被称作 NCD(Nagociable Certificate of Deposit)(关于CD 请参见第2章专栏)。

#储蓄性存款……1992年和废除 MMC 的最低存入金额(50万日元)(参见第2章专栏)相对应,引进了自由化措施之一的流动化存款(非定期存款),利率较普通存款要高,但开始时结算功能是不方便的。从1993年10月开始赋予其普通存款的浮动功能。此外,现在的最低存入额为一日元,但不达到一定余额(一般是10万日元)的话,适用普通存款的利率。可以说是介于普通存款和定期存款之间的存款。

#变动利率存款……由于1993年6月的定期存款利率的完全自由化,利率频繁变动。这是和自由变动利率相结合的新型定期存款产品。一般是每六个月变动一次利率。

限制自有资本比率的潮流

如上所述,银行的资金源以存款为主力,但分类为长期金融机构的长期信用银行及信托银行的主要筹资手段不是存款。当然,这些长期金融机构也办理存款或CD,但在长期信用银行,金融债券(五年期的付息债券和一年期的贴现债券)占了资金源的大半,而信托银行以贷款信托(二年及五年)为中心的信托占了全部资金量的大半。

而银行的资金源在存款或CD、金融债券、信托以外还有重要的东西。那就是银行的自有资本。存款或金融债券是筹措外部资金的,而自有资本则是内部筹资。

自有资本由银行的资金平衡表的负债部分的资本金、法定准备金(资本准备金、法定盈余准备金)、盈余资金、准备金组成,一般多数将除去准备金的部分称为自有资本(参见专栏)。

在第二次世界大战后的日本经济的复兴过程及增长过程中,资金显著不足的民间企业向银行大量借贷,这叫做"超借资本"。为此,日本的大银行,特别是城市银行也是贷放过多(这叫超贷资本)。于是,激化了银行之间的贷放竞争及获得存款竞争,银行的自有资本比率下降到极其低的水准。

对于这种日本银行低水准的自有资本比率,在1980年代后半期的日本货币大跃进时,受到欧美各国的强烈批判。这是因为以美国为中心的欧美金融当局在进入1980年代后,从确保银行健全经营的视点出发,要求民间银行提高自有资本的比率,而在这个潮流中,日本银行却在用过少的自有资本倒行逆施。

美国及英国的金融当局在1987年初,对银行的最低自有资本比率达成共识。如果按照这种共识,从银行经营的健全性出发,自我资本比率最低为5.5%。日本城市银行的自有资本比率是2%~3%左右,所以欧美强烈要求日本银行提高自有资本比率。

这一要求背景虽然是很自然的,但也有要求对在欧美活动的日本银行在风险上予以充分考虑的想法,加之也存在着对日本银行充斥欧美市场的强烈警惕性。因为当时日本货币的势头是很猛烈的。

以欧美金融当局的共识为基础,BIS(国际清算银行)归纳了自有资本比率限制(参见专栏)。

风险资产的自有资本比率

1988年7月,对BIS的自有资本比率基准达成了巴塞尔协议,从事国际业务的日本银行也从1993年3月末被赋予自有资本比率达8%以上的义务。

自有资本比率的分子是由"核心资本(Tier I)"和"附属资本(Tier II)"构成。前者是股票资本、资本准备金、法定盈余准备金等。后者是股票预计收益的45%、备抵呆账金、从属分期付款等,达到和Tier I同额可以算入。

分母被称作风险资产(根据风险度加权的总资产),以资产(贷款或有价证券等)或各种资产负债表外交易的风险度来调整资产额。

譬如,自有资本100亿日元、股票预计收益10亿日元、贷款

900亿日元、国债100亿日元、住宅分期付款200亿日元,那么这家银行的风险资产的自有资本比率为下式:

$$自有资本比率 = \frac{100 + 10 \times 0.45}{900 \times 1 + 100 \times 0 + 200 \times 0.5} \times 100 = 10.45\%$$

1988年7月,BIS的巴塞尔银行监督委员会从1992年12月末开始决定展开国际银行业务的所有银行要维持8%以上的自有资本,做国内银行业务的银行要维持4%以上的自有资本。

贷款和主银行

银行仅靠存款收集资金是做不成买卖的。因为对存款或金融债券·贷款信托,银行必须支付利息(贷款信托场合为红利)。

因此,银行必须以运用筹资得到利息。银行运用资金的中心自然是贷放。就是说,对需求资金的企业等贷放,以收取利息来得到差额利润(贷放利息减去存款利息)。

贷款在形态上分类有票据贴现、票据贷款、证书贷款、账户透支等,而除了票据贴现以外,银行一般从接受贷款的一方取得担保。因为对银行来说,最大的问题是贷放的资金因接受贷款一方的经营不振而不能回收,银行是从保全债权的观点要求担保的。

在贷放的使用途径上,有短期资金贷放和长期资金贷放,前者主要充当企业的流通资金。就是说,如果是工厂的话,就是为购入原材料或人工费的资金。流通行业就是为保有库存的资金。

另一方面,后者的长期资金主要是使用于设备投资。是工厂建设或购置机械设备,还有新建、改装店铺等涉及长时期的资金。近年,城市银行或地方银行的流动资金比率显示出下降的倾向,而设备资金的比率高了起来。

而银行在贷放时,当然选择优良企业,就是说,因为优良的接受贷款方陷入不能回收贷放的呆账几率较少。这些优良的接受贷款方是以营业内容顺利,具有担保能力或信用的大企业为中心的。

另一方面,在企业看来,一旦有事在任何时候都能给予融资的"可靠银行"是最合适的。如果银行也是优良的企业,那么就想垄断性地加深交往。于是,就产生了日本独特的"主银行"。

"主银行"对某交易对象的企业而言,是具有优先关系的银行,贷放自不待言,在存款方面及商谈经营、提供信息的功能上如同亲人一般,是支援企业经营的主要往来银行。

但是,随着企业自有资本充实的进展,以公司债券、增资等在资本市场直接筹资的动向强大起来,另一方面,在金融自由化中,银行的贷放竞争激化,所谓企业选择银行的"逆选择"动向加强,日本独特的金融习惯的"主银行制"也慢慢地出现崩溃的苗头。

虽然如此,但日本经济在国际经济中被迫大转变,为了在新的全球化时代生存下去,对于企业来说,在信息方面要求强有力地给予支持的"新主银行"的动向也强烈起来。同时,银行不仅要确保和优良贷款接受者的重要交易,而且也认为加强指向直接金融交易的投资银行业务是生存下去的战略。

变化的贷放内容

以货币流结构或产业结构的变化为背景,银行贷放对象的巨大变化很是触目。大体上在分为业种别、企业规模别和面向个人贷放方面的变化是其象征。

图 3-5 城市银行业种别贷放比率

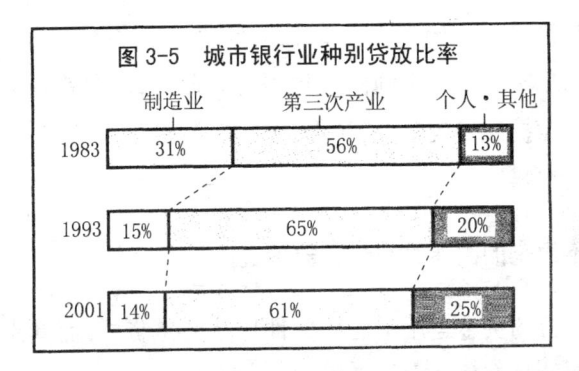

年份	制造业	第三次产业	个人·其他
1983	31%	56%	13%
1993	15%	65%	20%
2001	14%	61%	25%

图 3-5 可以看到城市银行的业种别贷放余额量构成比的变化,而进入 1990 年代,制造业的构成比下降,服务业及面向个人的贷放比例出现上升的倾向。特别是对个人等贷放比率上升。以前,说到银行,特别是大银行,均以重工业、化学工业为中心的企业为主要的融资对象,对服务业等第三产业的贷放较少。

这种业种别贷放对象的变化自然也显现在贷放结构的变化上。全国银行面向中小企业的贷放超过了六成。

在当地大企业较少的情况下,本来地方银行向中小企业贷放的比率就高,即使在最近面向中小企业的贷放也是很高的。

在以城市银行为中心的全国银行面向中小企业的贷放倾向增强,并正在侵占着以前的信用金库、信用组合等面向中小企业的专门金融机构的领域。

对金融机构而言,"资金运用难的时代"真的来临了。在这种贷放结构变质的潮流中,银行将新的融资对象瞄准在个人·消费者身上。这就是消费者金融,即住宅分期贷款的增加。

特别是大城市银行以在 1980 年代中期开始的低利率时代的

到来为契机，积极地推进已有的住宅分期付款的倒期，因此住宅分期付款的战争在银行中间激烈地展开。此外，对消费者的分期付款也大幅度提高贷放单位，拼命地开拓、深耕个人部门，极大地展开了零售战略。

扎下根来的国债等有价证券投资

在银行的资金运用中占压倒性比率的是贷放，而其次的资金运用形态就是有价证券的运用。

看看有价证券运用的内容，那就是国债、地方债券、事业债券、金融债券及股票等，最多的是国债，其次是股票。靠着运用有价证券，银行获得有价证券利息及股票红利。

"从贷放走向有价证券"的资金运用模式变化的先声是从1984年6月发出的，一部分银行期限未满两年的公共债券（国债、地方债券、政府保证债券）开始即时交易，接着就是承认从1985年6月开始，涉及所有公共债券的即时交易（也叫满即时交易）。以此为契机，银行等机构增加了以国债为中心的买卖公债及公司债的交易，以致目前年买卖额超过了4 000万亿日元。其中加上以买卖长期国债为中心的有价证券买卖，股票买卖也很活跃。

银行的证券业务不光是这种即时买卖，还加上了承购或承销新发行的国债或地方债。

此外，银行有价证券的运用不仅瞄准着利息或红利及卖掉的收益，而且也是从和发行企业的交易关系紧密起来的观点出发而进行的。这被叫做"股票互控结构"。

作为银行的资金运用，看看资金平衡表上的资金部分，就知道是存款、通知放款(短期拆放)。存款是在日本银行作为存款准备而存入的存款,没有利息(参见第8章)。

此外,短期拆放是银行将所有的余资在短期间内,对其他的金融机构融资,反过来,短期借入的叫做短期拆借。关于这一点本章的"二 金融市场和利率"将会涉及。

银行经营的三个风险

银行靠着以存款为中心的筹资来收集资金,以将其贷放或投资有价证券等投资转向资金运用,得到利益,但这种银行的行动常伴随着风险。

简单地说,银行存的是他人的钱,又将这向他人贷放,如果贷款没能返还,银行就不能充分应对存款者的提款。这是银行的风险,也是银行经营失败的导火索。

这种银行风险大体分为信用风险、流动性风险、利率风险等。信用风险就是,譬如银行在贷放方面抱有不能回收债权的危险性。特别是在"贷放难的时代",银行如果不向信用度低的贷款对象积极贷放的话,就不能确保收益,因此,就增加了这种信用风险。

此外,如在第1章所看到的那样,日本多数银行从1980年代后半期以后,和土地相关的融资或其后因平成通货紧缩而以企业为中心的贷放使其抱有相当多的不良债权。这就是不良债权问题的信用风险的增加。

其次是流动性风险。譬如资金过分依赖于短期的大额存款,另一方面,在如进行长期贷款时,银行对提款会产生资金不足。就是说,对银行而言现金不足,执行银行业务是不可能的,这就是流动性风险。

而利率风险是逆转筹资利率和运用利率,是收益为负数的危险。特别是由于金融自由化的进展,在自由利率的金融产品正在增加之下,容易产生长期贷放利率的逆转。

因为存款利率由于金融市场的动向,譬如上调了,但如果接受贷放方面以长期合同付给低利率的话,就会发生利率的逆转(即逆差额利润)。除了这利率的风险外,也有伴随着债券或股票等的价格变动或外汇行情变化的价格变动风险或汇兑风险,将其归纳起来,多称作"市场风险"。

这样,信用风险、流动性风险,还有利率风险(或者市场风险)因金融自由化及国际化,还有因不良债权等缘故,从维持银行经营健全化的观点出发,是很大的问题。

在利率变动激烈的情况中,银行尽可能回避风险的经营手法是 ALM(Asset Liability Management)。就是说,ALM 在 1970 年代后半期的美国金融革命下,为美国的大银行所采用,是一般化的资产负债管理方法。

银行在各种风险增加中必须在筹资和运用两方面综合管理,在日本银行中 ALM 也迅速普及起来。

而且,伴随着电脑系统的发展,在管理方面的风险或某金融机构经营失败使金融体系整体混乱的系统风险等也可称作是大风险。人们对 2002 年 4 月的瑞穗银行的"系统障碍"记忆犹新,那就是系统风险。

银行利润的源泉是什么

银行的收益是如何决定的呢？譬如在企业或流通业者的情况中，有销售额，而从扣除将为完成销售花费的人工费等经费及采购额，剩下的就是利润。

但是，银行没有相当于企业或流通业的销售额。对于银行来说，相当于销售额的是经常收益。这个经常收益大体由利息收益和非利息收益构成。

利息收益是贷放的利息及其他利息（基于有价证券投资的红利或短期拆放的利息等）。而另一方面，非利息收益分为手续费收入、有价证券收益及外汇买卖收益。

其中手续费收入是基于提供付款业务、保证业务、交易及

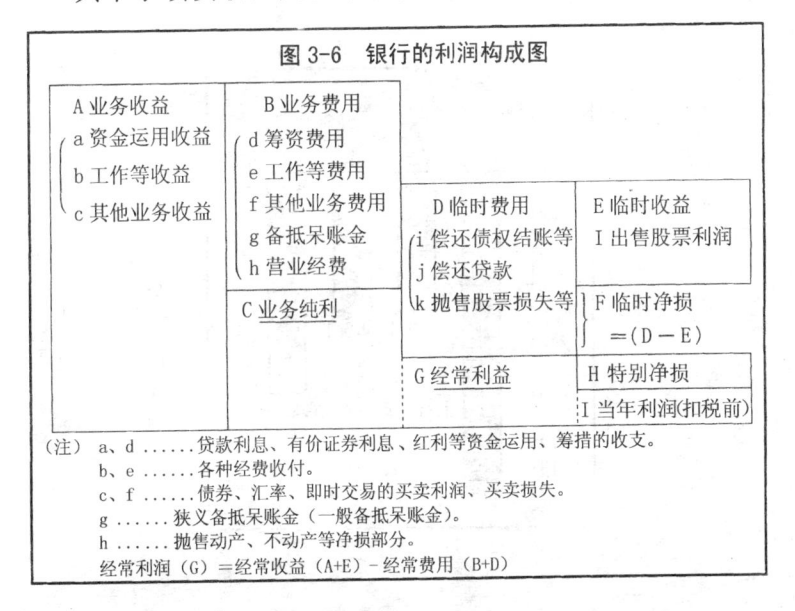

```
图 3-6   银行的利润构成图
```

| A 业务收益
a 资金运用收益
b 工作等收益
c 其他业务收益 | B 业务费用
d 筹资费用
e 工作等费用
f 其他业务费用
g 备抵呆账金
h 营业经费
C 业务纯利 | D 临时费用
i 偿还债权结账等
j 偿还贷款
k 抛售股票损失等
G 经常利益 | E 临时收益
I 出售股票利润
F 临时净损
＝(D－E)
H 特别净损
I 当年利润(扣税前) |

(注) a、d……贷款利息、有价证券利息、红利等资金运用、筹措的收支。
　　　b、e……各种经费收付。
　　　c、f……债券、汇率、即时交易的买卖利润、买卖损失。
　　　g……狭义备抵呆账金（一般备抵呆账金）。
　　　h……抛售动产、不动产等净损部分。
　　　经常利润（G）＝经常收益（A+E）－经常费用（B+D）

M&A(和合并及收购相关的报酬)等服务得到的。是伴随着股票或债券买卖的收益,外汇收益是外汇即时交易的收益。

为完成这个经常收益(A + E),相当于必要成本的就成为经常费用(B + D)。在这上面加上存款利息或短期拆借利息、人工费或物件费,还有营业经费及有价证券买卖损失或外汇买卖损失。从经常收益中扣除经常费用就是经常利润(G),这是综合性地判断银行经营的指标。此外,经常费用包括备抵呆账金。图3-6是图解式地表示了银行的利润构成。一般作为判断银行收益状况的指标使用"业务纯利"(C),而这是为了排除临时的收入或损失,掌握银行基本收益能力的。

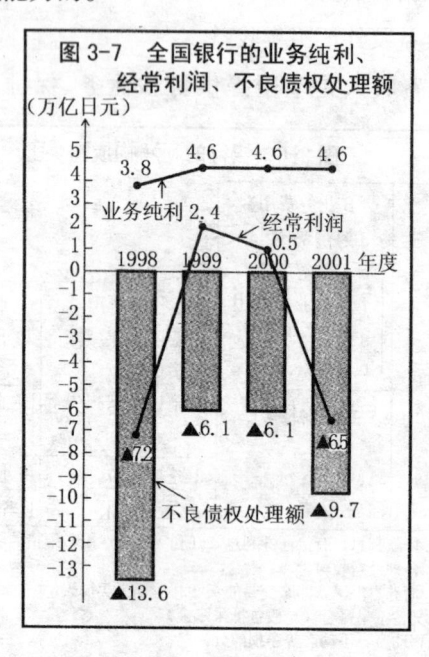

图3-7 全国银行的业务纯利、经常利润、不良债权处理额
(万亿日元)

业务纯利 2.4　经常利润 0.5
1998　1999　2000　2001 年度
▲6.1　▲6.1　▲6.5
不良债权处理额 ▲9.7
▲7.2
▲13.6

此外,图3-7表示了最近全国银行业务纯利和经常利润的变迁。业务纯利和经常利润的偏离较大,而这是因为不良债权的备抵呆账金或偿还如图所示增加了。

差额利润和银行的利润

为掌握银行的利润状况,使用银行的资金运用收益率(%)及筹资成本(%)是方便的做法。就是说,因为如果从一单位的资金贷放或运用有价证券得到的收入中扣除筹措这一单位资金的成本的话,那么就会立即明白每单位的资金产生了多少利润。

从这种运用收益率中扣除筹资成本余下的被称作差额利润,是诊断银行经营的基本指标。这个差额利润大体可分为两种。一种是"存贷差额利润",是从银行运用贷放的收益率中扣除存款成本。首先,将靠贷放得到的利息收入以运用于贷放的资金量去除以,就会算出每单位资金的贷放收益率(%)。

另一方面,有和这筹措贷放资金相关的费用,而这是由支付存款利息和人工费、物件费等营业经费构成的。用资金量去除以存款利息和营业经费的合计,就是每单位资金的筹资成本。这是存款成本,是由存款收益率和经费率构成的。

因此,从贷放收益率中扣除存款成本就是"存贷差额利润"。这是表示被称作银行的贷存业务(也叫存贷业务)的本行收益性的指标,但最近也因利率自由化而倾向于缩小。

另一个差额利润叫"总资金差额利润"。银行不光做存贷业务,也运用国债或公司债等有价证券而获得收益,其筹资也不光是存款,还有债券或短期拆借等存款以外的途径。

因此,从贷放金及有价证券的红利中扣除存款成本或外部负债(债券或短期拆借等)成本的差额利润指标被叫做"总资金差额利润"。

一般提到差额利润时,就是意味着"总资金差额利润"。"总资金差额利润"经过这十几年,以平均 0.2%~0.4% 的低水平变迁。顺便说一句,2001 年度、2002 年度全国银行水平的总资金差额利润分别是 0.34% 和 0.38%。

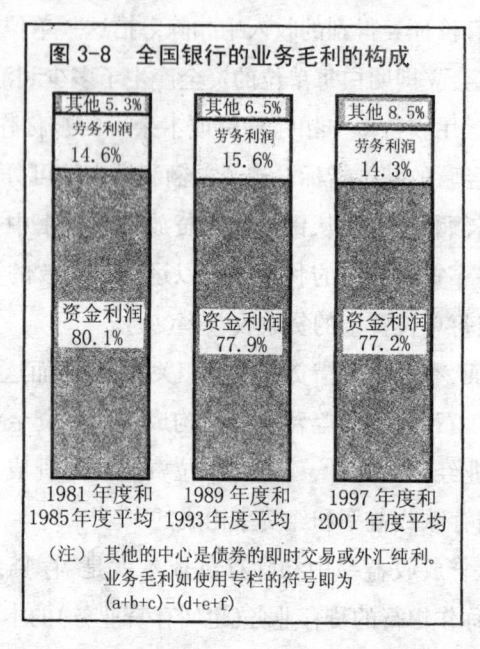

图 3-8 全国银行的业务毛利的构成

	1981 年度和 1985 年度平均	1989 年度和 1993 年度平均	1997 年度和 2001 年度平均
其他	5.3%	6.5%	8.5%
劳务利润	14.6%	15.6%	14.3%
资金利润	80.1%	77.9%	77.2%

(注) 其他的中心是债券的即时交易或外汇纯利。
业务毛利如使用专栏的符号即为
(a+b+c)-(d+e+f)

在存贷业务之外,银行的收益还依靠其他业务。如图 3-8,在内容上划分了全国银行业务毛利(资金、劳务、其他)。"总资金差额利润"关系的资金收支比率是 77%,23% 左右是劳务或其他(即时交易等)。就是说,除了有价证券买卖收益或外汇买卖收益等即时交易的利润外,还有交割交易等的各种手续费收入(参见专栏)。

总资金差额利润和业务纯利

业务纯利是为了把握应对金融自由化时代银行业务的成果而在1989年3月采用的新利润指标。我们使用图3－6的符号来思考一下和业务纯利相关的等式。

业务纯利＝业务毛利－(经费＋一般备抵呆账金)＝资金收支＋业务交易等收支＋其他业务收支－(经费＋一般备抵呆账)

$$= (a-d)+(b-e)+(c-f)-(g+h) \quad \text{A式}$$
$$= (a+b+c)-(d+e+f+g+h) = 业务收益 - 业务费用$$

用资金量(＝资产额)去除这A式的两边,就成为以下的式子。

业务纯利率＝总资金差额利润率＋业务纯利率＋其他业务纯利率－经费率－一般备抵呆账金率

这样,银行收益就不仅是总资产差额利润,而且依存于和劳务交易(资产负债表外交易的手续费等)或其他业务(即时交易等)相关的收益。

因此,仅用差额利润来讨论银行收益结构未必适当。只是在今后的金融自由化中,扩大差额利润是无望的,必须试图扩大迄今为止的那些收入尚未成为日本银行主要收益源的银行服务商业化的收入。

零售对批发 零售对中间市场

以前说到银行,除了一部分信托银行或长期信用银行,任何一个都做同样的业务,可以说银行间没有什么差异。城市银行、地方银行、第二地方银行及信用金库或信用组合之间,虽然有规模或营业地区的差异,但在实际营业活动中大同小异。

这种金融机构的同质化最近愈演愈烈。譬如,城市银行以前一直是以大企业为主要的融资对象,但像本章中所看到的那样,目前城市银行对中小企业的贷放也积极起来。

在这一点上,城市银行和地方银行或中小企业金融机构的第二地方银行、信用金库、信用组合等的差异正在消失。而且,城市银行、地方银行的商业银行现在也增加了设备资金贷款等长期贷款,与长期金融机构的差别正在消失。

而根据已述的"金融制度改革法"及"金融控股公司解禁",法律障碍正在降低,所以金融机构间的业态差异今后将更加减少。

但是,以这种同质化现象为背景,必须注意到新异质化的专门化倾向也在出现。这就是零售银行化和批发银行化的潮流。

零售银行或零售银行业务(retail banking),如果直译的话,就是"小卖银行"。即主要从事直接以消费者为对象的业务,是以在美国说的消费者银行(Consumer Bank)或个人金融领域(peersonal finance sector)为目标的。这些银行是从事销售包括个人存款在内的面向个人的各种金融产品,及住宅分期付款等的贷放及资产运用的咨询(顾问)等业务的银行。

根据现在的信息通信技术上的革新,这种零售银行化在世界层次上确实是可能的。而且,零售银行化也是限定对象地区,是作为一种地区银行试图"深耕"营业的方法。就是说,如果在世界规模上展开电子化银行的零售银行是大银行的志向的话,那么特化于地区的零售银行化可以说是地方银行或第二地方银行及信用金库、信用组合等中小规模银行的志向。

如果从今后的时代潮流是资金需求或提高生活质量来看,那么零售银行化的未来是大有前途的。问题是以比较小额的、信用度未必充分的个人顾客为对象,如何提高零售银行化的收益性及安全性。于是就出现了将信托业务或投资信托业务组合起来的新零售银行化的可能性。

另一个是批发银行或批发银行业务(wholesale banking)。具体地说,其和零售银行不一样,是将主要交易对象设定在企业等大额资金交易者身上的银行。一般属于被称作企业金融(corporate finance)的领域。

这种企业金融的领域以前在美国及日本的情况是银行(商业银行)和证券公司之间"分别居住"。存在着格拉斯·斯蒂格尔法或证券交易法的银行·证券的壁垒。就是说,商业银行在企业金融中,发挥着供给企业短期运转资金和提供开设活期存款账户的结算功能,另一方面证券公司介入有关交易对象企业的中长期起债、增资等的筹资或运用富余资金的资金交易。

但是,从金融的证券化或大企业的流动性提高等情况出现开始,在企业金融中,商业银行的功能处于下降的倾向,在这一点上,以前那种形式的批发银行业务就有了局限性,于是就有了本章所述的业务自由化开始相互参入的基本背景。就是说,重新看待银·

证分离、信托分离、长短分离。

所以虽然说有批发银行业务，但今后特化为以证券业务为主的企业金融的高度"金融公司"将会抬头。就是说，这是投资银行业务的扩大。其中有M&A（企业的合并或收购的斡旋）或有关企业资产管理的专门中介或咨询。

此外，虽然说是批发，但在产业结构的国际性调整或技术革新下，今后新金融服务的机会会扩展开来。因为新的中等规模的骨干企业或新建企业将会抬头并成长。因此，大银行、证券公司、中小银行等将对准中间市场银行化的领域来开展新的批发银行业务战略。

Ⅱ 金融市场和利率

1 扩大的短期金融市场

什么是短期金融市场

金融市场从其名称来看就是金融,即钱的供给者和需求者之间进行资金交易的地方。在小麦或大豆等交易谷物(商品)的市场上,是根据其供需关系决定价格。同样,在交易钱(资金)的金融市场,关于钱的借贷价格是利率。

在金融市场上交易的钱(资金)是品质同一的,但仔细看,则根据交易的借贷时间长短,大体上能分为短期和长期的。短期是借贷期限不满一年的交易,交易这种资金的市场被称作短期金融市场(Money Market)。另一方面长期是交易期限一年以上者。一般地将这长期金融市场叫做资本市场,这和第 4 章的证券市场密切相关。

而急速发展的是不满一年的进行资金交易的短期金融市场,即货币市场。这种短期金融市场大体上可分为在金融机构之间进行资金交易的银行同业市场和非金融机构的普通商业公司也可以自由参加的公开市场(参见图3-9)。

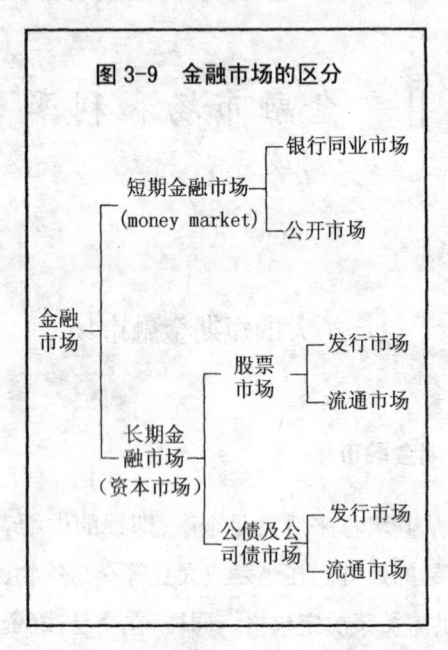

图3-9 金融市场的区分

```
                    ┌─ 短期金融市场 ─┬─ 银行同业市场
                    │  (money market)└─ 公开市场
                    │
金融市场 ─┤              ┌─ 股票市场 ─┬─ 发行市场
                    │              │            └─ 流通市场
                    └─ 长期金融市场─┤
                       (资本市场)   │
                                  └─ 公债及公司债市场 ─┬─ 发行市场
                                                      └─ 流通市场
```

短期金融市场当初是作为金融机构之间调节每天资金的过剩与不足的银行同业市场出现的。在我国作为银行间的短期拆放交易而成为极其短期(从半天期到一周内)的资金借贷场所。

譬如,某城市银行进行了过剩的贷放(资金运用)。在这时,这家城市银行陷入了贷放回收不及时,不能支付资金的一时性资金不足的状态。怎样使这家城市银行摆脱这一资金不足的状态呢?不管怎样,作为银行不能消除资金不足,就会发生信用问题。

另一方面,反过来某地方银行一时性资金剩余。如果仅仅保有这流动性资金的话,就没有利息,是收益上的损失,因为只是一时性剩余资金,所以不能转向恒常的或长期的资金运用上去。

调节这种金融机构间产生的一时性过剩与不足的是短期拆放市场,是短期金融市场的本源,在这个例子中,陷入一时性资金不足的城市银行从有剩余资金的地方银行借入短期资金,借的是短期拆借,而贷方是短期拆放。就是说,一呼就应,所以英语叫呼叫市场(call)。

这种短期拆放(借)交易开始时,有担保是个原则。但从1985年7月开始了无担保交易,而此后短期拆放(借)期限等被大幅度自由化了。

短期拆放市场是金融机构相互间借贷短期资金的场所,在一般商业公司中有短期性流动资金的也增加了。就是说,有富余资金(余资)的企业增多了。将这余资仅仅作为银行存款,是不能期望有丰厚的利息收入的。因此,商业公司也开始寻求以自由利率来运用余资的场所。这就是作为公开市场的短期金融市场,具体有期货市场、CD市场等。

债券回购市场,公开市场的先驱

短期金融市场的定义很难是一义的,而这里以狭义的定义为中心运用这一概念。就是说,从以日元计价且作为国内短期金融市场来理解的立场出发,来定义短期金融市场。即在内容上是由(1)短期拆放市场,(2)票据市场,(3)CD市场,(4)CP市场,(5)TB市场,(6)FB市场,(7)债券回购市场,(8)回购协议市场等八个市场构成。

从1960年代后半期开始到1970年代中期,日本的短期金融市场作为调节前述的金融机构相互间的资金过剩与不足的场所,其中短期拆放市场占压倒的分量。只是作为证券公司的短期金融场所的债券回购市场不过是小规模的存在。因此,短期金融市场的规模(余额基础)对名义 GNP 的比率只停留在 4%左右。

但是,进入 1970 年代后半期,短期金融市场在内容上也多样化了,同时,其规模也迅速扩大起来。这是因为加上以短期拆放市场为中心的银行同业市场的交易,新的开放市场接连不断地成立起来,并在不断地扩大。

短期金融市场的两个定义

短期金融市场是什么?其定义很难确定为一个。因此在这里介绍一下日本银行在分析金融市场时使用的一般定义。

日银对短期金融市场定义为能满足下面三个条件的资金交易场所。

(1)有广泛的市场参与者(金融机构是中心,但根据市场,包含机构投资者、企业等)。(2)利率自由变动。(3)交易期限不满一年。

在这三个条件下,如文中所述,为(1)~(8)的"日元计价"且是国内市场的就被定义为短期金融市场。这是"狭义"的定义。

但是如果离开"日元计价"的条件,就要包括美元短期拆放市场或离岸市场还有欧洲日元市场等。这是"广义"的定义。

此外,定期存款等自由利率的存款性商品不是"市场型",而是"相对型",因为其缺乏"市场性(流通性)"而被排除。只有 CD 虽是存款,但具有"转让性",是有市场性的,所以被划进了短期金融市场。

3　了解银行制度

由于1972年秋的第一次石油危机的发生,日本经济走入稳定增长的经济轨道。结果是日本的企业在搞减量经营的同时,试图压缩设备投资。在这严峻的调整中,企业的充实自有资金不断进展,持有余资的企业在增多。此外,在稳定增长下,企业利率选择也强烈起来,因此朝向有利的余资运用的普通商业企业也增多起来。

这样,保有余资的很多企业开始参入债券回购市场。债券回购市场本来叫做"公债及公司债回购买卖市场",但一般叫做"债券回购买卖市场"。债券回购是事先约定的在一定期间后以一定的价格"回卖"或"回买"同一品牌的公债及公司债的买卖交易。持有富余资金的普通商业公司从陷入资金不足的大银行那里在一定期间内"买进"国债或公债及公司债,以此供给它们资金。从事这一资金和公债及公司债"中介"的是证券公司。前者提供富余资金的叫做"买回购",后者进行筹资叫"卖回购"。当时银行的存款利率被限制在低水平,所以证券公司中介的自由利率的债券回购市场进入1970年代中期以后,一下子就扩大起来。债券回购市场确实起到了日本短期金融市场开放化的"先驱"作用(参见第2章)。

达到近250万亿日元的通货市场

进入1970年代后半期,这种自由利率的开放市场扩大起来的主要原因之一是不可忽视的大量发行国债。

如第2章所述,1970年代后半期,即进入昭和50年代,面临着大幅度的岁收不足的政府从1975年度以来开始发行大量的国债。由于大量的国债发行,已发国债的流通市场也逐渐扩大起来。在国债流通市场上,是以自由利率进行交易的,并且因证券公司的中介而促进了附有条件的买卖公债及公司债回购货市场的扩大。就是说,在债券回购市场上,使用已发国债和有余资的商业公司或中小金融机构的资金交易开始积极地进行起来。于是,国债流通市场的发展对开放的短期金融市场的扩大起了巨大的作用。

证券公司主导的期货市场的急剧增长对于银行来说是个威胁。因为银行的法人存款流向债券回购市场。于是,1979年5月,银行终于走出了创设自由利率的CD(转让性存款)的一步。这是银行主导的自由利率开放市场的创立。在这个意义上,表明证券公司和银行围绕着为获得企业流动资金的竞争激化,同时也可以说是更加促进了日本短期金融市场的扩大。

使日本短期金融市场扩大的要因之一是不能无视金融行政当局一系列的自由化措施。成为自由化措施契机的是1980年2月的外汇法的修改。根据新外汇法,原则上内外资本的移动是自由的,日本的金融市场和自由的海外市场加强了联动性。

而一口气推进自由化措施的是1983年秋的日美日元美元委员会的建立。1984年5月发表了"金融自由化·国际化宣言",短期金融市场自由化措施接踵而至。其代表是1984年6月的废除日元转换限制。

日元转换限制是限制银行引进外汇(美元或欧洲市场日元等)并转换为日元,目的是抑制海外的投机性资金流入国内。日元转换限制以1980年12月的新外汇法而部分得到放宽,接着在1984年6月全面予以废除。由于日元转换限制的废除,日本银行可以从海外(包括欧洲市场日元)自由地引进外币,或者反过来将日元换成外币。

结果是日本的短期金融市场和海外的短期金融市场密切结合起来,日本的短期金融市场一下子就被卷入了国际化、自由化之中。

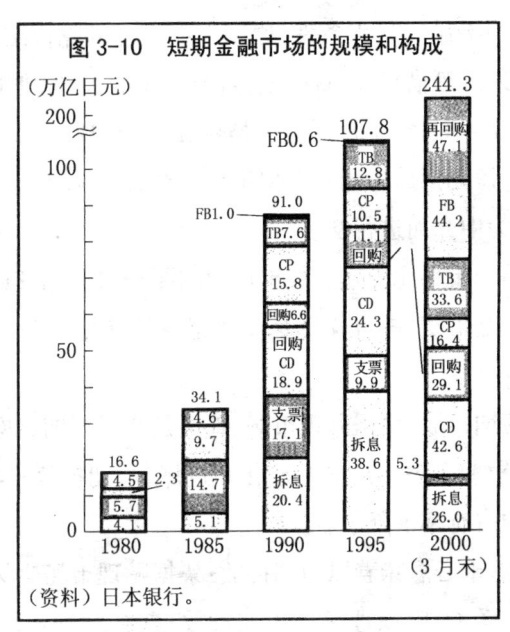

图 3-10 短期金融市场的规模和构成

（万亿日元）

1980	1985	1990	1995	2000（3月末）
16.6	34.1	91.0 FB1.0	107.8 FB0.6	244.3
4.5	4.6	TB7.6	TB12.8	再回购47.1
5.7	9.7	CP15.8	CP10.5	FB44.2
2.3	14.7	回购6.6	11.1 回购	TB33.6
4.1	5.1	回购CD18.9	CD24.3	CP16.4
		支票17.1	支票9.9	回购29.1
		拆息20.4	拆息38.6	CD42.6
			5.3	拆息26.0

（资料）日本银行。

在 1985 年末 34.1 万亿日元的日本短期金融市场的规模如图 3-10 所示,1990 年末猛然扩大到 11.0 万亿日元。对名义 GNP 比率从 10.6% 上升到 21.2%。而 2000 年 3 月末扩大到 244.3 万亿日元(对名义 GDP 比为 49.5%)。

银行同业市场的活性化

银行同业市场作为短期金融市场的核心而被定位为传统市场。具体由短期拆放市场和票据市场构成,一般总称为短期拆放·

票据贴现市场。此外,在外汇储备的短期金融市场中有东京美元短期拆放市场和东京离岸市场。

短期拆放市场是超短期的金融机构相互间的资金借贷场所,交易半日(当天结算)、无条件(原则上在交易的隔夜结算,也叫隔夜拆放)及期限等借贷(两日以上,直至一年的)。原则上是有担保的交易,但从 1985 年 7 月开始无担保化,以至现在无担保交易占据了中心。短期拆放市场和票据市场同样,以短期资金公司(现在三家公司)为中介而进行交易。

票据贴现市场比短期拆放市场时间要长,是一周以上、一年以内的短期资金借贷,进行优良企业票据或把票据作为抵押的金融机构的票据交易。

说起短期拆放·票据贴现市场,曾经是我国短期金融市场的明星,但最近短期金融市场的开放化在进展,短期拆放·票据贴现市场压倒性的占有率下降了。

但是,这未必意味着以短期拆放·票据贴现市场为核心的同业市场功能下降了,应该理解为短期拆放·票据贴现市场的作用变了。在这里应该注意的是,金融当局从 1980 年代中期开始积极地研究短期拆放·票据贴现市场的弹性化、自由化措施。认可证券公司引进无担保的短期拆借、短期拆放,还有拆放比率由市场的发盘二进制决定等。

而要是举出短期拆放·票据贴现市场的第三变化就是作为卖方的信托银行的出现。以前短期拆放·票据贴现市场资金(短期拆放·分期付款)的大额卖方是地方银行或农业系统及信用金库,但最近信托银行成了大额卖方。

信托银行进入短期拆放·票据贴现市场的契机是特别因投资信托等运用信托的投资资金增多而造成的。譬如,证券公司的名牌金融商品的先驱中国基金(投资信用)或 MMF 通过信托银行,被运用在一部分短期拆放市场上。

而且作为银行同业市场的短期拆放·票据贴现市场的利率功能增强,促进了通货市场的活性化。确实,在已有的债券回购市场上,又新上市了 CD 市场或 CP 市场,短期金融市场的短期拆放·票据贴现市场的作用相对降低了。

但是,反过来看,开放市场的出现和发展使得银行同业市场的功能更加活性化了。就是说,开放市场和银行同业市场之间,裁定利率的动向增强,通过我国短期金融市场的自由化使之活了起来。自由利率功能起作用的通货市场正在不断扩大,短期拆放·票据贴现市场起到了其核心作用。

以 CD 为杠杆,扩大的公开市场

公开市场的先驱是债券回购市场(期限主要是 1~3 个月)。如同前述,证券公司主导的债券回购市场进入 1970 年代后半期急速扩大起来。其主要原因是有余资的商业公司的增多及国债大量发行造成的国债流通市场扩大,而这本身使得银行作为自身能够管理的公开市场而决定创立 CD。

1979 年 5 月,创立了 CD(转让性存款),其后阶段性地放宽了发行单位、期限、限度等限制,目前所有的限制都被废除了。在 2000 年 3 月末,CD 发行余额约 43 万亿日元,远远超过债券回购余额的 29 万亿日元(参见图 3-10)。CD 是为金融机构筹资发行的,商业公司等将 CD 作为余资运用而购入的就是 CD 市场。CD 是由信用力强的金融机构发行的,所以有转让性,CD 流通市场也就发展起来。CD 流通市场的主流是 CD 回购(有条件的买卖),在这一点上和债券的回购处于竞争关系之中,1985 年 6 月,证券公司已经被准许参加 CD 流通市场。CD 市场目前成为日本公开市场的中心。

FB 和 TB 的不同

作为债券回购市场,政府证券市场是次于 CD 公开市场的市场。这大体分为政府短期证券(FB = Financial Bill)市场和短期国债(TB = Treasury Bill)市场。FB 市场是进行政府的资金周转证券(发行期限约 60 天,年度内偿还)交易的地方,具体为财务省证券、外汇证券、粮食证券三种。以前的发行利率(为贴现债券的官方贴现率)是低利率,事实上是以日银全部承办而发行的,进入 1980 年代以后,因为日银在开放市场上开始销售保有的 FB,1999 年 4 月发行方式改为公募招标,以致目前占据着公开市场的中心。

对此,TB 是期限一年以内的贴现国债(短期国债),不是像 FB 那样是为抽调资金发行的,而是作为应对大量偿还国债的借换债而发行的。TB 市场已经从 1986 年开始实施公募招标的方式,所以成为自由利率的市场时日已久。而且,从 1990 年 1 月开始引进了日银的购买业务。

CP 目前是嫡系

CP(Commercial Paper)是有信用力的企业以筹措短期资金的目

的而发行的无担保票据,在这一点上它是票据法上的约束票据,"金融制度改革法"(1992年6月制定)将其视作证券交易法上的有价证券。

所以,它可以叫做是短期型的无担保普通公司债。在直接可以从市场筹资这一点上,企业方面本来就强烈要求CP解禁,但在1987年1月才好不容易实现。

如果对于银行来说,会担心CP或许带来脱离银行的结果,那么,另一方面对于证券公司而言,却会害怕银行会以引进CP为入口而参入证券业务,因此,引进得较迟。

但是,目前CP的发行条件全部是自由的,发行余额在2000年3月末约为16万亿日元。以前被当作嫡系以外来看待的CP,如今堂堂正正地成为了嫡系。此外,从1989年5月日银也开始了购买业务。

跃入开放市场中心的回购协议市场

最近,在公开市场上债券回购协议交易突然浮现,和在已述的公开市场起到"先驱"作用的债券回购交易酷似。这是用借贷国债等债券来移动资金,是以现金为担保的债券借贷交易。所以,与债券回购市场相对,也多被称为"债券借贷市场"。债券的借方(资金提供者)支付给债券贷方(资金筹措者)债券借贷费,债券的贷方将对担保(现金)的利率支付给债券的借方就完成了结算。

在这里,债券的借方以"利率(接受)—债券借贷费(支付)"的比率运用资金,而债券的贷方以"利率(支付)—债券借贷费(接受)"的成本来筹资。

债券回购协议市场在1997年以后迅速扩大的最大原因是日本银行将国债回购协议交易作为金融调节手段来开始运用。回购协议市场从1996年4月开始动作,而这引人注目的契机是当时在债券回购交易中有价证券交易税(1999年4月废除),但债券回购协议交易不课税,长期国债的回购交易转为回购协议交易。2003年3月末的回购协议市场约为47万亿日元,在短期金融市场中规模最大。

但是,由于废除了有价证券交易税,债券借贷交易(回购协议)和以前的债券回购交易同一化了,因此,日银从2002年11月开始将国债借贷交易全面地转换为国债回购业务的"新回购业务方式"。由此跃居到公开市场中心的回购协议市场今后将把主座交给债券回购市场。

货币市场的国际性联动化

本书对短期金融市场的定义是"狭义"的日元计价且为国内市场,因此东京美元短期拆放市场不包括在通货市场中。但是,在内外资本移动自由化的今天,东京美元短期拆放市场、欧洲日元市场及东京离岸市场和短期金融市场是有关联的。

首先,东京美元短期拆放市场是1972年4月开张的进行美元短期借贷交易的地方。通常是以叫做隔夜拆放的隔夜结算为中心,但其中也有一个月的、两个月的。和短期拆放·票据贴现市场同样是银行同业市场。如果将某国的通货在海外交易称作是欧洲市场交易的话,那么东京美元短期拆放可以称作是欧洲美元市场。而且,东京美元短期拆放市场在非居住者不能参加这一点上,和欧洲美元市场不同,因日银不参加,所以和定义(狭义)的短期金融市场也不同。

另一方面,外汇银行从海外的分行或海外的银行可以自由取得欧洲市场日元。在这个意义上,国内的短期拆放·票据贴现市场或短期金融市场通过各国欧洲日元市场和海外市场密切结合,将日本的通货市场卷进了国际化中。

此外,东京离岸市场(JOM = Japan Offshore Market)是金融机构和非居住者与日本的法律限制或税制毫无关系而可以自由地进行金融交易的地方,它于1986年11月创立。这是和欧洲日元市场或欧洲美元市场同样自由的金融交易,不仅在海外,就是在日本也可以进行,虽然和日本市场隔绝,但通过欧洲日元市场交易的活跃化,也影响到国内的短期金融市场。

2 利率是如何决定的

利率是钱的价格

利率这个术语的同义词或类似语很多。譬如,利子或利息或利子率或利息率。而且,还有贴现率或红利或筹资成本或贴现等等。归根结底,这些和利率相关的用语意味着这是和钱或者资金的信贷相关联的价格。只是在讨论利率时,一般是将其基准作为100,它有百分之多少或者几成、几分的利息,以年的比率(利息率)来表示。

就是说,年5%的存款利率,以100日元为存款,一年后有5日元的利息。再复杂一些,看一看譬如公司债的认购者红利。

以三年偿还的公司债为例:现在发行的面额为 100 日元,发行价格为 97 日元,表面利率为 6%。这时公司债发行企业对这 100 日元除了支付公司债保有者每年 6 日元的利息外,在发行时已不是 100 日元而是以 97 日元发行、销售,在三年后偿还时,以 100 日元的现金偿付给公司债保有者。在像这样复杂的情况下,对要购进这种公司债的投资家来说,必须多少要知道些这些公司债实际上获取的利息。为此,投资家在将这 100 日元的资金投入公司债时,算出一年得多少利息对他来说会方便得多。这叫认购者红利。

如果投资家购进该公司债,那么一年就获得面值 100 日元的 6% 的利息。而且,在三年后偿还时,因为 100 日元回来了,和发行的 97 日元之间有偿还盈余 3 日元。因此,对于这位投资家来说,如果将 97 日元的资金投入该公司债,那么认购者的红利就是这样的(年单位):

$$[100 \times 0.06 + (100 - 97) \div 3] \div 97 = 0.07216$$

就是说,认购者的红利是年 7.21%,如果对这个公司债投入 100 万日元,投资家每年就可以获得利息 72 100 日元,这样的话,先前例子的年 5% 的存款和该公司债认购者红利相比较,投资家很容易就能够选择资金运用。

这在借方或筹资者准备资金时也同样可以适用。筹资者比较年率利息,应该借更低利率的资金。在这个意义上,利率在资金的借贷之际,发挥着和一般买卖商品价格同样的价格功能。

1994年10月前的限制利率体系

那么这一利率是怎样决定的呢？利率如果是作为资金的借方和贷方的需求关系决定的价格的话，那么利率和萝卜或鸡蛋一样应由市场自由定价。

但是，只要稍许考虑一下就会明白，钱以外的普通商品或服务的价格也不是全都反映供需关系而自由决定的。譬如，大米的价格，即米价的决定并不完全由市场进行，行政干预对铁路或公共汽车或电费等公共服务的价格决定的作用也是很大的。

就是说，在现实的自由经济社会，如果有政府或行政参与的限制价格，也就有完全由市场供需决定的自由价格。在这一点上，资金还有证券等的交易价格的利率有限制利率和自由利率两种也不是不可思议的。

实际上，从1947年12月的"临时利率调整法"到1990年时，日本利率以束缚手脚的限制利率为中心，自由利率不过是前述的短期金融市场或海外欧洲市场交易等一部分而已。因此，我们先来看看以前的限制利率。限制利率是由法律或金融当局（政府及中央银行）的行政指导（或者指导原则）决定的。虽然说是限制利率，但如果当局对每个个别的分散价格都干预的话，资金流动就会产生扭曲，国民经济会发生巨大的损失。

因此，限制利率一边是相互有关，一边是作为整体而形成体系。这被称作限制利率体系，因此其顶点或中心被定位于日本银行的官方贴现率。

官方贴现率是日本银行对民间银行贷款适用的基准利率，日本银行具有决定权。日本银行通过官方贴现率的变更,除了给民间银行的筹资成本(从日本银行借款的利率)以影响外,还给民间企业或消费者以心理上的效应(详情请参见第8章)。因为官方贴现率是日本银行决定的,所以和政府金融机构(日本政策投资银行或国民生活金融公库等)的贷款利率并称政府利率。

这一限制利率体系到1994年为止,在近50年期间支配着被称作日本经济的国民生活。但是,限制利率体系进入1980年代便随处都暴露出其明显的破绽,这是因为利率自由化的动作。其突破口是存款利率的自由化。

存款利率的自由化以当局的阶段性利率自由化进程为基础,应该说在制度上进展起来。如第2章所见,是接受1984年5月的"日元美元委员会报告书"及大藏省的"金融自由化·国际化宣言"而起步的。沿着金融自由化日程,存款利率自由化或欧洲市场日元交易自由化历经10年的岁月而开展起来,终于于1994年10月17日以流动性存款(普通存款)的利率自由化完成了存款利率的完全自由化。

自由利率时代和套利活跃化

自由利率从上述的银行存款开始,逐渐波及贷款。根据1994年秋的存款利率的完全自由化,存款利率市场对短期金融市场降低利率的变动及欧洲日元市场动向更有影响了。同时,存款市场的自由化使得短期金融市场等方面的交易活跃起来。

因为参加短期金融市场的不光是金融机构,而且有普通商业法人的卷入,从而使资金的自由交易活跃起来。而出资金的一方在利率哪怕是只高一点的地方运用资金,另一方面资金的接受方哪怕只是利率少一点点也要筹措便宜的资金,所以在各个金融市场中,围绕着利率差发生了资金移动。这就是套利,是以所谓的"获取差额利润"为目标的资金交易,这种资金交易的扩大给贷款利率的自由化以强大的影响。

银行间的短期资金交易在银行同业市场(短期拆放市场、票据贴现买卖市场)上进行,而在普通商业公司也加入的公开市场(CD市场、CP市场、TB·FB市场、债券回购市场)之间也产生了资金移动。因为银行是横跨银行同业市场和公开市场双方的市场行动的,两个市场之间围绕着利率进行着资金移动,即套利。而且,自由利率的短期金融市场和利率完全自由化的存款市场之间也当然因套利而产生资金移动。

譬如,某商业公司想在三个月期间运用10亿日元的资金。其法人不仅比较公开市场的CD、债券回购或短期国债的利率,而且当然要考虑存款市场的定期存款利率。因为定期存款利率是自由利率。就是说,短期金融市场和存款市场在利率自由化之下,由于套利加强了联动化。同样,商业法人的资金运用,也要考虑到将譬如MMF或其他投资信托那样的自由利率商品作为运用对象。

套利的活跃化,更被所谓的金融国际化所促进。其契机可以追溯到遥远的1980年12月的外汇法修改产生原则上的内外资金移动的自由,后来根据1984年5月的"金融自由化·国际化宣言",同年6月废除了日元转换限制,于是,国内短期金融市场的利率和海外市场的利率(欧洲日元市场利率)的套利正式化了。

存款利率完全自由化,而眼下套利的自由利率时代是当然的现实。其结果是,如果银行不设定根据自由利率筹资的贷款利率的话,就会遭到逆差额利润增强的利率风险。这样市场利率联动型的差价方式的设定利率的贷款就很普通了。

而且,在各自由利率市场之间的套利和长期资本市场的红利有着很强的联系。因为以国债为中心的资本流动市场的红利是自由利率。因此,国债的流通红利和短期金融市场的利率之间发生了套利的动作。这不是根据市场之间的差异(CD或债券回购或欧洲日元市场等)的套利,是期限不同(三个月或六个月或一年或三年等)的套利。其套利的主角是参加短期金融市场的银行或证券公司等金融机构。

利率的期限结构和利率变动

随着利率自由化,在短期和长期的利率关系中也发生了变化。一般是时间越长利率越高。五年期的国债利率一般比一年期的要高。

描绘这种资金的期限和利率(红利)关系的图叫做红利曲线。而期限和利率关系叫做"利率的期限结构"。

因此,红利曲线如图3-11所示,通常是以向右扬的曲线描画。因为期限越长利率越高。这叫顺曲线。

在限制利率体系下,是以期限越长利率越高,期限越短利率越低的顺曲线利率的期限结构为前提的。但是,在利率自由化时代,因为套利在短期·长期上移动,利率的期限结构未必是顺曲线。

因为,譬如预测将来短期利率降低的话,即使在长期金融市场上,人们也会推测利率要降低。就是说,因为估计将来短期利率降低,在将来的时段上期限到来的长期利率也要降低。因此,这时红利曲线如图 3-11B 所示,其向右下降(逆曲线)。

相反,对最近短期利率上升有着强烈预期的话,红利曲线就如图 3-11A 所示是向右扬的顺曲线。只是在景气过热时,如果当局上调利率将会怎样呢？如果确信市场将会逐渐地景气下降的话,长期利率就会大幅度下降,呈逆曲线。

于是,在自由利率一般化的金融市场上,金融当局不能正确地应对市场利率预期的话,利率难免不稳定。如果利率诱导失败的话,景气变动的振幅就会强烈起来,所以,可以说在自由利率下的金融政策更难制定或决定了。

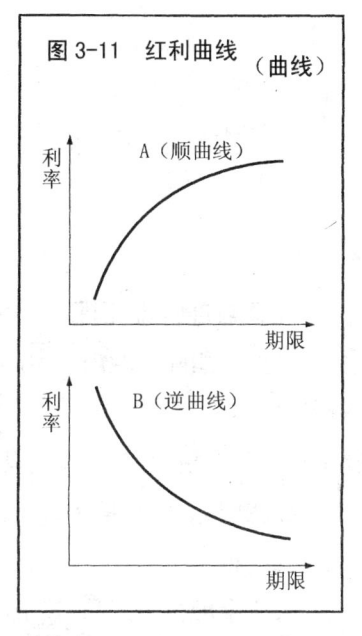

图 3-11 红利曲线（曲线）

A（顺曲线）

B（逆曲线）

Ⅲ 金融衍生产品市场的扩大

在金融自由化、国际化(更有全球化)的潮流中,在从 1980 年代末开始的国际金融场景中产生了被叫做衍生的新金融交易或金融产品,并正在扩展着。

"金融的衍生产品"在其诞生的 1980 年代被视为妖怪或魔鬼,但现在在国际上,甚至在日本也作为金融交易不可或缺的产物而完全扎下根来了。

关于金融衍生产品,其中心产品可以说有其先祖的远期交割或期货交易的金融期货。被称为金融衍生产品的明星的掉期,还有被认为是金融衍生产品女王的期权,在这里对这些商品进行以下归纳。

表 3-6 我国的金融衍生产品

	证券交易所		门市交易
	东京证券交易所等	金融期货交易所	
<u>金融期货</u> 期货交易 (future)	债券期货(东证) ·长期国债 ·超长期国债 ·美国财政部证券 股票期货	利率期货 ·日元短期利率 ·美元短期利率 通货期货	

续表

远期交割 (forward)	（股价指数期货） ·日经平均股价 (日经225)(大证) ·东证股价指数 (TOPIX)(东证) ·日经股价指数300 (大证)	·日元·美元通货 (日元通货) ·美元·日元通货 (美元通货)	FRA(利率远期交割) FXA(外汇期货)
掉期		短期利率 通货 利率掉期 (2003年上市预定)	利率掉期 通货掉期
期权	长期国债期货(东证) 股价指数期权 ·日经225(大证) ·日经股价指数300(东证) ·东证股价指数 ·名证期权25(名证)	日本元短期利率 通货期权	债券门市期权

（注）1998.12有价证券门市金融衍生产品的全面解禁。

此外,表3-6归纳了我国的金融衍生产品的现状。日本的金融衍生产品交易的中心是在表3-6所示的东京证券交易所等处,但1998年12月也作为金融大爆炸的一环,证券公司或金融机构的门市交易的门市金融衍生产品(OTC金融衍生产品)被全面解禁。

1 金融期货

金融衍生产品的原型·金融期货

说金融期货的活跃化是进入 1980 年代的金融·证券界的最大话题之一并不为过。1970 年代,在美国的 CBT(芝加哥商品交易所)及 CME(芝加哥商业交易所)开始的各种证券或通货等的金融期货交易在 1980 年代扩张到全世界,日本也于 1985 年(昭和 60 年)10 月在东京、大阪的证券交易所分别开始了东证股价指数、日经平均股价的期货交易。作为金融期货市场在日本是首次建立。而 1989 年 6 月建立了东京金融期货交易所(TIFFE),日本的"金融期货时代"正式来临了。

金融期货如名称所示是期货交易的一种。期货交易以前是在谷物、农作物、各种金属等的商品市场上发展起来的。是在将来确定的时期把一定数量的某种商品以一定的价格买卖的交易。

譬如,三个月前,将大豆以一袋五万日元买卖就是产品期货,这一合同一签订,三个月后卖方以这一条件将大豆卖给买方。这时,三个月后卖方将现货的大豆交给买方,这一般被叫做现货的远期交割交易或现货结算。

但是,期货交易的最大特征不是这种现货的远期交割交易。在期货交易中承认有被称作补足差额的不进行现货交割的一种差额结算,这成为期货交易的一般性交易方法。

这种补足差额是将和当初的买卖合同相反的买卖交易在期限

前进行，仅仅结算买卖的差额。譬如，三个月前以五万日元买一袋大豆的买方在三个月后的期限前以五万日元卖出，以此来进行抵消买卖。这时买卖的差额为零。

问题是为什么要进行这种相反的期货买卖呢？譬如，经营大豆的批发商为卖给食品工厂等顾客而保有的大豆在将来如果降价的话，就会蒙受损失。

现在，假定这个大豆的批发商预期三个月后大豆的价格将从现在的一袋五万日元降到四万日元时，三个月前在期货市场上就以大豆一袋五万日元的价格卖掉，三个月后，如果大豆的价格实际上掉到四万日元会怎样呢？

这位大豆批发商手中的大豆库存，减计价值是一袋损失一万日元。但是，在结算日期前，批发商进行相反交易，即将大豆买回的话，一袋就有一万日元余利。

这是因为批发商一方面以一袋五万日元卖掉了大豆，另一方面在期限前又以一袋四万日元买回大豆。就是说，批发商在期货市场的期限结算中，以一袋大豆四万日元买，五万日元卖。大豆批发商靠着这宗期货交易能够抵消手中的每一袋大豆的一万日元的减计价值。

期货交易的最大的优点或本质是多样地使用这种补足差额，同时规避伴随着价格变动的风险。

众所周知以1971年8月的尼克松冲击及1973年10月的第一次石油危机为契机，世界经济、金融体系被卷入惊人的变动之中。其结果不仅是商品行情，而且外汇、利率、股价等市场行情也反复出现突升猛降。即第1章中看到的"金融三角形"。

就是说,世界经济整体的风险增大了。作为应对这种增大的风险的手段或场所,在期货市场上,不仅是以前的产品期货,而且金融期货也被快速使用,这和现在的金融衍生产品兴盛的潮流是连接着的。

金融期货的效用

金融期货是将金融商品作为期货交易的,大体上有债券期货、利率期货、通货期货和股票期货等四种。第一种的债券期货稍后将详述,这是靠着债券(长期国债)的期货交易或者规避债券保有的风险,或者得到收益。第二种的利率期货是对有利率的金融资产进行期货买卖,是以短期利率为中心的期货交易。

第三种的通货期货是以日元、美元、英镑、欧元等各国通货行情为对象的。始于1972年5月美国CME作为IMM(国际通货市场)开始交易时。

第四种的金融期货是以股票的价格水准,即股票指数为期货交易的对象,最初是1982年2月KCBT(堪萨斯城商品交易所)开始的价值线综合股价指数,而以后CME的S&P500或NYFE(纽约期货交易所)的NYFE股价指数上市了。日本是在1987年(昭和62年)6月的大阪证券交易所(大证)开始应用的,股票期货交易综合了50家品牌,而以此为契机,其他的股价指数期货的交易便正式化了。即在1988年9月日经平均股价(日经225)及1994年2月日经股价指数300分别在大证上市,此外,1988年9月,东京证券交易所(东证)上市了东证股价指数(TOPIX)。

这样,由于债券行情、利率水平、外汇行情、股价指数的期货交易化,金融市场不仅扩大了地理上的全球化,而且在时间上也开始扩展起来。

其结果是金融机构或企业财务部在世界性的场所利用各种金融期货,或者规避价格变动的风险,或者能够获取差额利润。

当然不限于金融期货,所有期货交易的目的或效果大体上可以分为对冲效果、投机效果、套利效果。其中,譬如对进行大量债券买卖的机构投资家来说,最有作用的是以对冲为目的的交易。因为如果不能进行对冲交易,这些机构投资家难免会蒙受巨大的风险。

以价格95日元购进债券的投资家在看到三个月后这一价格有跌落到90日元的可能而担心时,投资家就以95日元进行卖掉期货的对冲。实际上,如果三个月后价格跌落到90日元,那么手中的债券减计价值便会出现5日元,但以期限前的相反交易(这时是买回),用90日元买进,因为实施期货合同是以95日元卖,所以这个投资家就会有5日元的余利。因此,在这个投资家的场合,靠着期货市场卖出的对冲,能够规避伴随着降价的手中债券的减计价值风险。

另一方面,某投资家预想到三个月后现在95日元的价格确实会涨到100日元,以95日元进行期货的购进就是投机交易。这时,如果三个月后确实上涨到100日元的话,那么,这个投资家在到期限时履行以95日元购买债券的合同,以100日元卖出,就会有5日元的利润进手。但是,如果三个月后价格相反跌到90日元的话,这位投资家就会有5日元的损失。

这是作为投机性交易利用期货市场的事例,一边承受期货市场上的风险,而另一方面则试图获益。

无论如何,在价格变动更为激烈的时代,内含着对冲的金融期货市场的出现并扩展是必然的潮流,这和今天的金融衍生产品的盛况是相联系的。

债券期货时代的开幕

1985年(昭和60年)10月19日,东京证券交易所诞生了债券期货市场。这是日本战后第一个金融期货市场。

这个债券期货市场创设的基本背景是由于大量发行国债而公债及公司债发行余额积累起来,因国债的价格变动剧烈,必须要有规避债券买卖风险的结构。此外,以美国为首,英国、澳大利亚、加拿大、新加坡等国在海外扩张了金融期货市场,这也构成日本债券期货市场创立的要因。

能够参加这一期货市场的除了东京证券交易所的会员证券公司外,还有进行即时交易的金融机构(具体而言是普通的银行或人寿、损害保险公司)或驻日的外国证券公司。一般的投资家则通过证券公司能够进行委托交易。

东京债券期货交易市场从午前9~11时、午后1~3时以电话订货的方式进行交易。买卖国债的品牌是被称作"长期国债标准"的虚构的标准化国债,表面利率6%,期限10年。买卖单位为面值一亿日元,结算日期是3月、6月、9月和12月的20号。

普通投资家委托买卖时,将面额3%(但最低是600日元)以上作为委托保证金拿出来。结算为相反买卖的补足差额或到期交割现货。

参与债券期货市场的是持有大量的运用资金的机构投资家、办理债券的证券业者、做债券即时交易的银行或人寿、损害保险公司及有余资的商业公司等,但对这些债券买卖者来说,最关心的是随着保有证券的价格下跌而增加的风险或靠债券买卖确保收益。

譬如,对大量买进债券的人寿保险公司等机构投资家而言。如何规避债券的贬值是重大的关心事项,作为承销人在四处卖掉这些承购的证券之前而不得不大量保有证券的债券业者十分担心因债券价格下跌而蒙受损失。

此外,在商业公司中,因为资金调整的关系而有几个月后进行债券投资的计划,但也担心那时证券或许上涨。而且计划将来筹资的企业也会担心届时利率上涨。

这些机构投资家或证券业者及商业公司等投资者如果使用债券期货市场,就可以规避他们所担心的风险。这就是前述的期货交易的对冲功能。譬如,在某人寿保险公司担心以单价100日元买进的债券(10亿日元)会贬值到96日元的场合,如果任其下去,这家人寿保险公司就会蒙受4000万日元的减计价值,而如果进行卖出期货的对冲的话,在期限前以96日元买回,那么,就有4000万日元的进账收益,风险完全被抵消了。

此外,计划将来起债的筹资企业在预料到利率上涨时,如果做期货的卖出对冲,能够规避和债券发行的资金成本相联系而上涨的那部分风险。这是因为买回了在将来时段的利率上涨部分,就可以抵消成本上涨部分。

于是,投资家或金融机构靠着债券期货市场可以规避和债券买卖及保有相关的风险。这便促进了债券市场的发展。

现货和期货的套利

债券期货市场具有减少或规避和投资家的债券买卖的相关风险的对冲功能,但不仅如此,期货市场还有可以使现货市场的交易活跃化并使那里的债券行情的决定灵活化的功能。

这是因为现货市场的价格和期货市场的价格并非无关,而是有一定关系的,期货交易的增加使期货价格变化,并不能不影响到现货价格。

现货价格和期货价格的价格差被称为基差,而如果现在期货价格比现货价格较高,那会怎么样呢?就是说,基差扩大。这时,在买进现货债券的同时,以较高的价格卖掉期货将会是增多收益的行动。其结果是在期货市场上卖出增加,期货价格就会下跌,回到本来的基差上去。

换言之,和基差的扩大或缩小相应,在现货市场和期货市场之间,套利在运作着,这是为了使现货和期货价格差均衡化。

现在,对于上面的现货和期货的套利举个简单的例子,这有些"头脑体操"的味道,请让我慢慢地描述。

为了使问题简单化,以价格100日元,年利率10%的一年国债为例。而当为了买这国债所必要的资金从短期金融市场借入时,我们将其短期利率设定为7%。这里的问题是"在这个例子中理论上的期货价格是多少?"

某投资家在短期金融市场上筹措了100日元的资金,购进这一国债,一年后投资家有3日元的利息进账。因为以100日元保有国债,年利息可收10日元;另一方面,支付短期利率的部分是7

日元。而这时如果这一国债的期货价格是98日元的话,将会如何呢?这个投资家筹措100日元,在和用这钱购买的同时,一定以98日元卖掉期货。

这是为什么呢?用100日元买现货,如果以98日元卖期货的话,那么一年后就会产生两日元的损失。但是因为保有一年的100日元国债,像前述的那样就会有3日元的进账。因此,卖出期货的结果是能够产生1日元的收益。如果是98日元,那么卖出期货的行动是收益性的。

但是,如果期货价格是95日元的话,这个投资家将会如何呢?如果做相同的考虑,由于期货投资家一年后的损失是5日元(100日元负5日元)。因为伴随国债保有的利息部分是3日元,所以结果这个交易损失了两日元。就是说,95日元的期货价格过低了。

这样看来,在这个事例中,抵消保有国债利息部分的3日元的期货价格在理论上是均衡价格,这就是100日元减去3日元＝97日元。换言之,只要期货价格高于97日元,市场上卖出期货将继续,直到价格成为97日元。

于是,期货市场通过套利交易影响到现货市场。此外,在这个事例中我们看到的伴随保有国债利息部分的3日元(国债运用利息减掉短期贷款利率成本)是现货价格和期货价格之间的差(基差)。

股价指数期货的兴隆

1985年(昭和60年)秋,东京证券交易所创立了债券期货市场,随着其走上正轨,创立股价指数期货市场成了热门话题。股价指数的期货交易如已述的那样,是由 KCBT 在 1982 年 2 月开创了世界上的先例。接着就是 CME、NYSE,而全美最大的股价指数期货交易是进行 S&P500 期货买卖的 CME。

不论是谁对股价指数的平均值或统计的指数预想值的交易一时都难以理解。和其他金融期货,即债券期货或通货期货相比,股价指数的期货交易有两个很大的不同点。

第一是股价指数没有现货市场,第二是股价指数不能交割。

考虑到这些,在股价指数的期货交易中,譬如在 S&P500 股价指数的场合,股价指数 × 500 美元来决定交易金额。譬如股价指数是 130 的话,500 美元 × 130 = 65 000 美元,这就是交易单位。

而如何使用股价指数的期货交易才能规避股价变动的风险呢?从原理上说,譬如统计出像 S&P500 那样的市场整体的股价变动和个别投资家对个别股票的股票投资的股价变动之间的关系值,以这个数值(专业上也叫 β 值)将个别股票投资的股价换算为股价指数整体的次元。假如这个 β 值是 2.0,个别投资的股价水平下降率是 10%,整体股价指数就下跌 5%。如果以这个换算表为基础的话,用市场整体的股价指数(S&P500 或道琼斯平均股价或日经平均股价或东证平均股价等)卖出期货就能够对冲个别股票投资的下跌风险。

从 1986 年 9 月 3 日(昭和 61 年)在新加坡(SIMEX)开始了世界首次的日本股票指数期货交易。在那里进行着日经平均股价指数的期货交易。

在这一趋势中,从 1987 年(昭和 62 年)6 月开始了大阪证券交易所的股票期货交易。被称作"股票期货 50",但翌年的 1988 年 9

月被作为日经平均股价(日经225)上市,直至今日。此外,1988年9月,在东京证券交易所开始了TOPIX(东证股价指数)的交易。而且在1998年6月,大阪证券交易所开始了股价指数期权交易(日经平均股价),日本的股市突进到"金融衍生产品时代"。

利率期货的机制

金融期货像已述的那样,有债券期货、利率期货、通货期货、股价指数期货,而其中的核心应该说是利率期货。现在在东京金融期货交易所(TIPPE)上市的有日元短期利率和美元短期利率(参见表3-6)。

在这里稍讲一下利率期货的基本机制。目前,企业X预定在3个月后筹资10亿日元(期限6个月)。现在,日元利率(6个月)是5%,但X担心三个月后利率上涨,就想将筹资利率压低在5%上。

如果日元利率期货也是和现行的日元利率水平(5%)相同的95(从100中扣除年利率5的值),那么为了对冲利率风险,X卖掉日元利率期货10枚(一枚=一亿日元)。三个月后如果利率上涨到6%,日元期货也下跌到94(=100-6)。企业X6个月的借款利率负担为:

10亿日元×(0.06-0.05)×0.5=500万日元

另一方面,收到的利率期货的差额结算为:

1亿日元×10×(0.96-0.95)×0.5=500万日元

这样,企业靠着利率期货规避了利率上涨的风险。金融期货的对冲和普通资产(债券等)在面临价格变动的风险之际的对冲基本上是相同的模式。譬如,对于国债保有者来说,为应对将来价格下跌的风险,就卖掉期货(抛出商品)。

这是因为保有的现货资产因价格下跌而发生损失,但相反地在期货价格高的时候将其卖掉了,所以如果以下跌的价格买回的话,就产生收益,结果是现货的损失被期货的收益抵消。此外,对于资金运用者来说,规避利率下跌是至高命令,而为此只要买利率期货就行。

另一方面,筹资者为规避利率上涨风险,可以卖掉利率期货。这是金融期货基本的对冲功能。

日本进入金融期货交易的嚆矢是 1985 年 10 月的债券期货交易。而如前述,1989 年 6 月在东京金融期货交易所上市了日元短期金融期货、美元利率期货、日元·美元通货期货。特别因日元短期金融期货(3 个月)交易量扩大,1991 年 7 月日元利率期货期权上市。而 1992 年 7 月日元利率期货的 1 年期期货上市。

对于日元利率期货的兴隆,我们不要忽视其和在"掉期"一项中涉及的银行"日元－日元掉期·即期交易"之间的关联。

目前,譬如 A 银行考虑在三个月后用 LIBOR(伦敦市场的欧洲市场日元变动利率)筹资。A 银行想在现时点上确定筹资成本为 5%。A 银行从欧洲日元市场进行 6 个月 LIBOR 的筹资准备,但问题是三个月后因利率上涨而会出现筹资利率超过 5%的风险。因此,A 银行和 B 银行结成了支付固定利率 5%、日元 LIBOR 接受的日元－日元掉期。结果,A 银行在三个月后筹资之际,能够将利率确定为 5%(关于日元·日元掉期,在掉期中详述)。

至此没有问题。但是,对于结成日元－日元掉期的 B 银行来说,利率风险又会怎样呢？B银行靠着日元LIBOR的筹措,应该进行5%的固定利率的资金运用,但三个月后日元LIBOR利率很可能超过5%（A银行为此将利率固定在5%上）。

如果市场利率上涨到6%的话,B银行因用6%筹资而以5%运用,就陷入了逆差额利润中。因此必须覆盖这个风险。

在这里应用TIFFE的日元利率期货的机会就凸现出来。B银行为了对冲利率上涨的风险,将日元利率期货以95%（100 − 5）抛售。三个月后利率如果上涨到6%（利率期货94）将会如何呢？B银行的损益（假定交易资金量一年一亿日元）

(1) 利率上涨的成本上升部分

1亿日元 × (6% − 5%) = 100万日元

(2) 利率期货的买回的差额收益部分

1亿日元 × (95 − 94) ÷ 100 = 100万日元

如上所述(1)和(2)的损益互相抵消,B银行规避了风险。就是说,B银行和A银行的"日元-日元掉期·即期交易"靠着东京金融期货市场的日元利率期货的上市,更容易对冲风险。这意味着利率期货具有支持、促进掉期的效果。

远期交割交易·FRA

至此说明了金融期货（债券、利率、通货、股票）的基本机制等的大要,而这是以期货交易为基础的说明。但是,金融期货中不仅有期货交易（futures）,还有远期交割交易（forward）。

远期交割交易指的是在期满日,以特定的价格买进或者卖出。这一点和期货交易也是一样的。但是,在期货交易的场合,在到期前,一般是以差额结算(减计价值)来进行清算。

此外,期货交易通过交易所(东京证券交易所或东京金融期货交易所等),需要保证金,交易也是定型化的。但是,远期交割交易以当事人的协定进行,不需要保证金,基本上是自由契约。即远期交割交易仅以当事人的共识便可以签订各种各样的合同。

从 1990 年代中期开始,正是这远期交割交易在日本作为强有力的金融期货而备受瞩目。这就是本章开头说的"门市金融衍生产品"之一,其先驱是 1994 年 10 月在日本解禁的 FRA(Forward Rate Agreement)。这 FRA 是类似于被称作"利率远期交割合同"的金融期货,是欧洲市场从 1980 年代前半期开始作为规避利率变动风险的手段而积极使用的金融衍生产品。

这是在当事人之间(银行对银行或银行对企业等)签订在将来时间段对特定的通货、期限、金额、利率等定价的合同,所以日本的大藏省在 1994 年秋以前,以"FRA 是一种赌博行为"而不予认可,即这是有说道的东西。利率期货以交易所的交易将其形态标准化、规格化了,但 FRA 则完全是以自由的形式建立起来的。这一点可以说是 FRA 兴隆的最大原因。此外,"门市金融衍生产品"不仅限于 FRA 这种远期交割交易,如表 3-6 所示,也包括掉期或期权。

而 FRA 像利率期货一样,和限定日期(交易所制定的结算日期)不同,任何时候都可以开始,到期日也可以自由设定。譬如,约定日是 1994 年 10 月 10 日,那么"3×6 的 FRA"就是在翌年的 1995 年 1 月 10 日(三个月后)开始,至 1995 年 4 月 10 日(六个月后)到期的交易。

譬如,在和有关 FRA 的经纪人的记录里则表示为"3×6"的日元 LIBOR(三个月的)。三个月之前想筹措欧洲市场日元(期限三个月)的银行 A 担心日元 LIBOR 的上涨,便想确定利率。而另一方面,银行 B 想在三个月后得到资金,但担心日元 LIBOR 下跌,也想确定利率。

如果 A、B 银行就记录中的"3×6"的比率(5%)、金额(一亿日元)及期限(三个月)可以达成共识的话,A 银行就成为 FRA 的买方(筹资者 = Borrower),B 银行成为 FRA 的卖方(运用者 = Lender)。三个月前(正确地说是其两个营业日前),日元 LIBOR 将上涨到 6%。A 银行和 B 银行进行差额结算。

$$1 亿日元 \times (6\% - 5\%) \times 0.25 = 25 万日元$$

A 银行将利率上涨部分的损失(25 万日元)让 B 银行来填补。就是说,A 银行靠着 FRA 交易能够规避利率上涨风险。

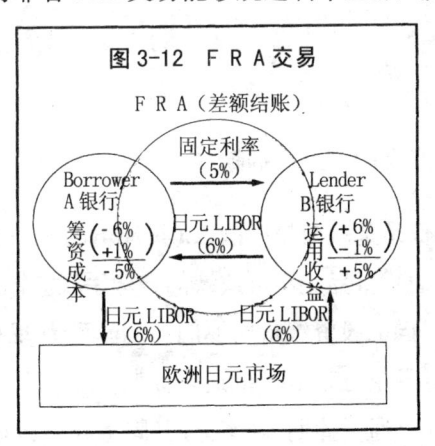

图 3-12 FRA 交易

另一方面,B 银行因这 25 万日元支付部分而减少了收益,但是 B 银行在签订 FRA 合同时本来就考虑到只要确保 5%的红利就行,所以,这丢掉的收益未必可以说是增加负担。因为 B 银行害怕利率下跌的风险,而实际上利率从 5% 上涨到 6%。所以,失去这 1% 的收益是当然的,就是说,B 银行可以因 6% 的日元 LIBOR 获得运用收益,但不得不将 1% 填补 A 银行,扣除后就是 5% 的运用收益。但是,运用收益如其所期望那样,确保了 5%(参见图 3-12)。

如上所述,FRA 是针对利率变动风险的,而当事人以协定可以相当自由地决定条件,故而银行的掉期·即时交易更容易顺利地进行。这样一来,欧洲市场日元利率期货或 FRA 就更加扩大了银行之间的未计入资产负债表交易。这是金融市场的扩大、深化,同时也增加了新的风险。但是,现代通货世界别说没有金融衍生产品不能发展,就是存在下去也是不可能的。

2 掉 期

金融衍生产品的明星 掉期

掉期被称作是金融交易中的 IC(集成电路),在变动性已经常态化了的现代通货世界是不可或缺的金融手段。掉期的起源是在 1981 年 5 月,美国的投资银行所罗门·布拉萨斯(现在的所罗门美邦)归结出的世界银行和 IBM 的通货掉期。

现在,不光是通货掉期,利率掉期(固定利率和变动利率)也很兴盛,在这里让我们看一下利率掉期的基本机制。

眼下,譬如 A 银行以变动利率(LIBOR)资金在市场上筹资。

这时,对于先行利率上涨的预测很强。A银行如何应对这利率上涨的风险。

大体上可以考虑两种金融手段。一是后述的期权的灵活运用,还有一个就是掉期的风险对冲。

关于期权后面再讲,讲讲另一个手段的利率掉期。譬如A银行估计利率上涨,就将变动利率(LIBOR)交换(掉期)为固定利率(譬如5%)。如果和对方银行的B之间,这一掉期成立的话,就像图3-13所示。这里,和A银行从市场上的筹资关联的LIBOR支付(图的①)以从B银行的LIBOR收取(②)互相抵消,结果A银行只要支付给B银行固定利率(5%)就行了(③)。

而在这里,A银行和B银行之间成立的固定利率被称作"掉期利率"。

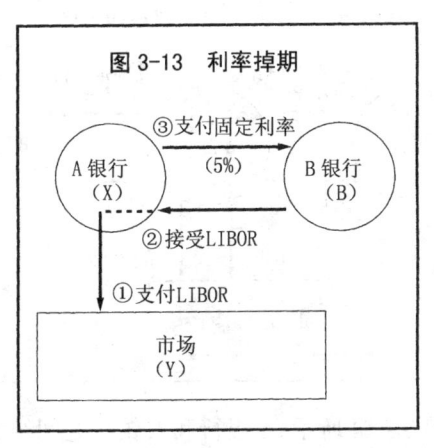

图3-13 利率掉期

当然,在这个事例中,将A银行作为普通企业X,将市场作为Y银行,掉期同样成立。这在图3-13中用括号来表示。假设企业X从Y银行以LIBOR借入资金。

因担心因利率上涨而利率负担增加,所以如果企业 X 运用和 Y 银行的利率掉期的话,那么就和前述的图 3-13 的 A 银行和 B 银行的关系及 X 企业和 Y 银行的关系是一样的。就是说,因为 X 和 B 银行之间进行了以 5% 的固定利率支付和接受的 LIBOR 利率掉期。

上述的利率掉期是日元这一同一货币的交换,所以,区别于其他通货(美元等)的交换,特别是对于银行之间的以日元为基础的掉期,也被称作"日元-日元掉期",但表现方式没有必要特别拘泥于"日元-日元"。

在图 3-13 的事例中,一年后利率上涨,掉期利率从 5% 上涨到 6%。A 银行当然想确定掉期产生的收益。

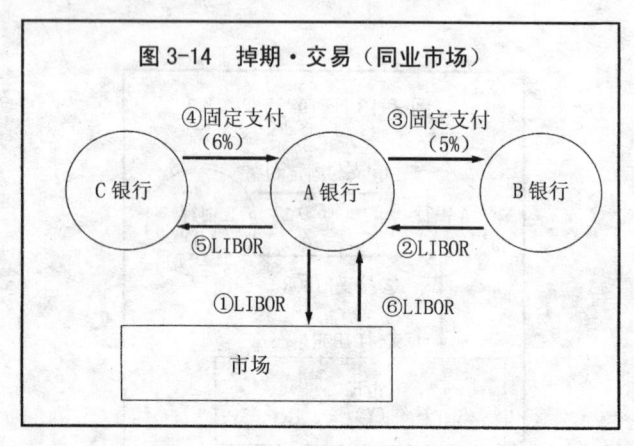

图 3-14 掉期·交易(同业市场)

C 银行 ④固定支付(6%)→ A 银行 ←③固定支付(5%) B 银行
C 银行 ←⑤LIBOR A 银行 ②LIBOR→ B 银行
A 银行 ①LIBOR↓ ⑥LIBOR↑ 市场

这时,如图 3-14 所示,A 银行和 C 银行之间结成逆差额利润(B 银行也行)。就是④的固定利率(6%)收取及⑤的 LIBOR 支付。在这里,LIBOR 是①、②、⑤,仅仅是一个没有抵消而剩余下来,所以 A 银行如果在市场上运用 6LIBOR 的话,结果能够确定(完结)

1%的差额利润。

在这里,有心的读者应该会抱有这样的疑问:在利率和预测的不同而没有上涨时,A银行的风险将会怎样呢?

这就是掉期使合同人有了新的风险。如果是市场利率从5%下跌到3%将会怎样呢?如果没有缔结掉期,A银行只需支付3%的变动利率就可以了,但由于缔结了掉期就有支付5%的义务。

所以,如果利率下跌的话,A银行就放弃了如果没有缔结掉期而应该得到的2%的收益。就是说,A银行能够以掉期规避利率上涨的风险,但却丢掉了机会收益,以规避利率上涨风险为目标的利率掉期即使是如果利率下跌,该得的机会收益消失了,但所期望的目的达到了。A银行是否应该这样想。如果这不是它本来的打算,就必须实行下述的期权交易。

掉期被称作是"金融交易的IC"的最大理由是除了规避企业或银行抱有的风险外,内含着低成本或具有收益机会的金融交易多样化所产生的能量。就是说,掉期中蕴含着应对交易当事人的金融需求而量身订做的灵活性。

银行之间的掉期·即期交易

在这一交易中,掉期的"即期交易化"增强了。譬如,如图3-14所示,A银行通过和其他银行(如B银行、C银行)积极的掉期交易,可以认为是能够提高利益的。这种"日元-日元掉期"在交易对方的破产风险少(这叫做信用风险)的金融机构的同行中进行得十分活跃。

这是类似于以前的以通货交易或证券、汇兑的买卖交易而得到收益为目标的资金交易,所以或者叫做"掉期·即期交易",或叫做"利率掉期·即期交易"。以前如果说到掉期的话,是指为使企业和企业在财务战略上增加利益而银行或者投资银行做中介,使之交易成功的事情。

但是,进入1990年代之后,这种掉期状况变了。银行本身以增加收益为目标,成为掉期的当事人。这就是"掉期·即期交易化"。而现在掉期收入占大银行或投资银行收益的比例是不能无视的。

根据利率观(行情观),银行自由地组织利率掉期,确定差额利润。因此银行作为给企业提供有利的资金运用或筹资机会的"中介人"的这种存在形式是很淡薄的。

表 3-7　掉期的预示(QUICK 提供)

INTEREST RATE / CURRENCY SWAP INDICATION 1)　　　　UEDA BUTLER (TREASURY SERVICES) TEL:03-5695-1750		
;$/3M US $ LIBOR PAY STRIPS LAST	YEN/YEN LIBOR S.A 365/365	YEN/US $ LIBOR S.A 365/365
-	2Y　1.90 - 1.86	1.82 - 1.75
-	3Y　2.32 - 2.28	2.24 - 2.17
-	4Y　2.65 - 2.61	2.57 - 2.50
-	5Y　2.97 - 2.93	2.89 - 2.82
	7Y　3.43 - 3.39	3.35 - 3.28
	10Y　3.63 - 3.59	3.55 - 3.48

看看银行的零售商在掉期经纪人选择中表示的预购报价(参见表3-7·QUICK 提供),这就是和对方银行直接或者以经纪人中介来进行交易。真是和汇兑即时服务一模一样。

日元－日元掉期的比率在"YEN/YEN LIBOR"栏中,譬如两年的掉期如果是1.90%~1.86%的话,那么,大的数字是想收取固定利率的银行,小的数字是支付。

眼下,A银行收取固定利率(一年的年利率为5%),以对B银行的支付变动利率(6个月LIBOR)而建立了利率掉期的交换交易。日元－日元掉期主要有下面的规定。

(1)没有本钱的交换,不记在资金平衡表上。

(2)对名义本钱额必须达成共识。

(3)利率的收付原则上是差额结算。利率计算每半年进行一次。

如果以1亿日元作成合同的话,A银行半年部分的固定利率收取额和变动利率支付额是:

固定利率部分(收取) 1亿日元×5%×0.5=250万日元

变动利率部分(支付) 1亿日元×4%×0.5=200万日元(LIBOR4%)

差额收取额 50万日元

接着的半年部分的收取额为:

固定利率部分(收取) 1亿日元×5%×0.5=250万日元

变动利率部分(支付) 1亿日元×7%×0.5=350万日元(LIBOR7%)

扣除支付额 100万日元

设定LIBOR利率为4%、7%时,这一利率掉期的收支对A银行来说,收益是50万日元的超额支付(损失)。相反,对B银行来说,则是50万日元的超额收入(收益)。

银行的掉期·即期交易不记在资金平衡表上,即所谓的未计入资产负债表的交易或对自有资本比率限制比较宽松,而且从利率金融期货市场的发展来看,这使得银行的利率对冲比较容易,所以近年来不断在扩展。

在金融期货方面确如前述,利率期货,特别是欧洲市场日元利率期货或 FRA 的发展,成为银行的掉期·即期交易化的最大要因。

3 期 权

金融衍生产品的女王 期权

我们以譬如输出业者的卖出美元的期权为例来展开话题。日本的输出业者在三个月后(或者三个月以内)以 1 美元 = 100 日元来支付手续费买进出口货款美元(假如是 100 万美元)的"卖的权利"。

在这里,手续费是 1 美元支付 1 日元 50 分,这种美元"卖的权利"叫做卖方期权。现在外汇市场上如果是 1 美元 = 105 日元的话,那么这个输出业者不行使卖的权利。因为在市场 1 美元能够卖 105 日元,而行使期权只能卖 100 日元。

所以,三个月后如果情况是 1 美元 = 100 日元以上的美元升值的话,他就不行使卖方期权。这时他要蒙受每 1 美元赔 1 日元 50 分的损失。

35 岁规则

近年,以华尔街为中心,新的金融衍生产品不断地出现。如今期权、掉期、金融期货等开始极大地改变银行经营或金融交易。是名副其实的金融界革新。这些新金融手法中很多是要用高等数学、统计学或电脑才能编制出来,因此支配性的说法就是"35 岁规则",即超过 35 岁的中老年人是不可能理解这些的。

创造出金融衍生产品的金融工程师们多是出自(美国)国家航空和航天局或理工科毕业的,在擅长数理这一点上被称作"火箭科学家"或"定量"(quants)。

但是,即使超过 35 岁也并非不能理解其基本机制。中央大学的今野浩教授模仿福泽谕吉的理财学(经济学的日语译词)强调"理财工学"的必要性。日本的大学也稳步地完善着系统的金融工学课程。

根据兑换率的变化,以 1 美元 = 100 日元买进美元的卖方期权的输出业者的损益如何呢?看看资产回收图表。这就是图 3-15。

如图所示,输出业者的损益分歧点比率是 98 日元 50 分。因为这时如果他行使 1 美元 = 100 日元的卖出美元的权利的话,就会有 1 日元 50 分的利益,但因为支付了 1 日元 50 分的升水,所以就没有损益。

如果是 1 美元 = 95 日元的美元贬值(日元升值)的话,就可以行使卖方期权。其收益如下。

图 3-15　资产回收图表
（卖方期权的场合）

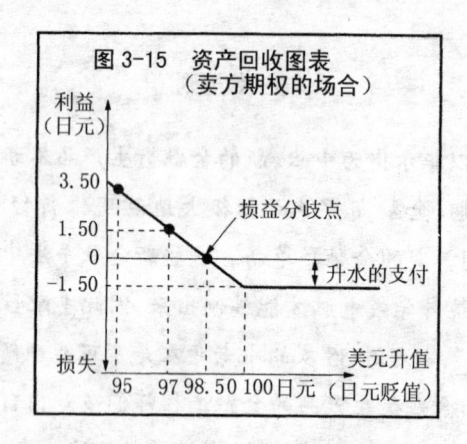

100 日元 – 95 日元 – 1 日元 50 分 = 3 日元 50 分

此外,市场比率如果是 1 美元 = 105 日元的话,就不能行使卖方期权,所以,他的损失是手续费的 1 日元 50 分。图 3-15 就描述了这一情况。就是说,如图所示买了卖方期权的输出业者在美元兑换率跌到 100 日元以下的美元贬值时,因为可以以 1 美元 = 100 日元来行使卖方期权,所以伴随着日元升值的风险可以被对冲。

相反,美元汇率上涨而变成美元升值时,以 1 美元 = 100 日元来行使卖美元的权利的话,是没有意义的,所以其损失仅仅是放弃了手续费的 1 日元 50 分。就是说,由于成为卖方期权的买方,输出业者可以规避伴随着日元升值发生的汇兑风险。

人们会有这样的疑问:这种期权的对冲功能是不是和汇兑期货交易一样呢？在这里,我将简单地阐明期货和期权的区别,并想指出期权是何等优良的金融手段。

前述的输出业者看到三个月后美元会贬值,就以 1 美元 = 100

日元的期货卖出了美元。因为用期货交易可以使这个输出业者对冲美元贬值(日元升值)带来的汇兑率风险。即使美元兑换率超过100日元而成为95日元,也能够进行1美元＝100日元的卖美元。

但是,这个输出业者在三个月后一定要以1美元＝100日元卖美元。这就是期货交易。如果三个月后是1美元＝107日元的美元升值的话,那么因为有期货合同,所以输出业者将陷入每1美元损失7日元的困境。

这如果是期权的话,那么他仅受到每1美元1日元50分的升水损失。就是说,期权的买方(这时是输出业者)在确保汇兑率像预想的那样波动时的利益之上,就和加入了为避免意外损害的保险一样。

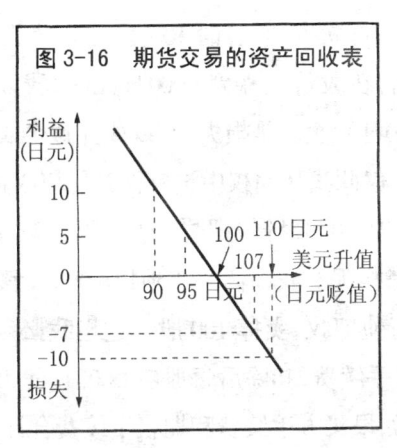

图3-16 期货交易的资产回收表

这为图3-16所示。输出业者要是将美元以期货的1美元＝100日元卖的话,那么,在假使汇兑率是95日元甚至90日元的美元贬值(日元升值)的情况下,他就能以1美元＝100日元在市场卖出。所以,其利益分别是每1美元有5日元和10日元进账。但是，如图所示，汇兑率和预想的不同，如果朝着美元升值波动——1美元=107日元或者110日元的话，将会怎样呢？

即使在这时，输出业者也必须在三个月后卖掉签了合同的1美元=100日元，所以分别有7日元、10日元的损失。就是说，期货交易和期权不同，不能保险这种损失，如图所示，期货风险是无限的。这就是期权比期货交易更为"优秀"的基本理由。

在上面的外汇行情的事例中，我们大体上弄清了期权的结构，但在复习的意义上，我们再一次以股票交易的事例说明期权的机制。

现在，以A公司股低迷为例。我认为再过三个月后还会贬值是确实的，支付了一万日元的手续费（升水）购进了三个月后每股7 000日元卖出权利（卖方期权）的100股A公司股票。三个月后，和我的预想不同，在股价上涨到8 000日元时，我以8 000日元能卖出的但却以7 000日元卖出是损失，所以放弃这个卖方期权，舍弃1万日元手续费。仅此我从期权中没有得到任何收益。

但是，相反地，和预料的那样，这一股票贬值了，如果成了6 000日元将会怎样呢？我高高兴兴地以6 000日元购进100股，以每股1 000日元行使期权，卖掉100股。这里我必须支付证券公司为购进100股的手续费，扣除后每股赚1 000日元，100股的买卖赚了10万日元。如果买方手续费和期权手续费合计2万日元的话，用期权我就能净赚8万日元。

因为使用了差额结算，所以实际上没有股票也行，只要有开始时的1万日元的期权手续费足矣。就是说，以微小的资金赚大钱，或者说即使不赚也能规避风险。在这其中存在着期权等金融衍生产品兴盛的根本原因。

以少额资金使巨额资金运转叫做杠杆效应,这是今天金融衍生产品兴隆的原因之一。

但和卖方期权相反的买方期权又如何呢?就是说,购进"买的权利"。譬如,再一次持有A公司的股票,三个月后升值了,和我预料的那样。我以一股7 000日元,支付1万日元手续费购进100股买的权利(买方期权)。

如果如我所料,股票上涨到8 000日元的话,我行使这一权利,以7 000日元购进,在市场上以8 000日元卖出,一股赚1 000日元。手续费譬如是2万日元(股票卖出手续费和期权手续费的合计)的话,用这买方期权我能净赚8万日元。如图3-17的①及②所示,卖方期权和买方期权是和纵轴对称的坐标图。

期权的七个变化

而卖和买完全是像迪斯尼电影中的里斯兄弟的奇普和迪尔那样能编织出各种"奇谋"(恶作剧)。这可以说是期权的七个变化。其中之一的组合战术就是"跨月套利"。

我在兜町①附近的宾馆休息室(为增强现实感,把这个宾馆当作皇家宾馆),譬如听到了A公司要做某个决定的小道消息。只是这个决定没有说明A公司股价是涨还是落。我无法得知A公司到底是开发新药成功了,还是被新药害了。

听到的只不过是"有重要决定",这是确切的事实。所以,当这

---

① 日本东京都的地名,为东京证券交易所的所在地。——译者

一决定公布后,股价将大幅度波动好像是没错的。涨耶? 落耶? 会怎样呢? 这时奇普和迪尔亲密地编织出合作战术。

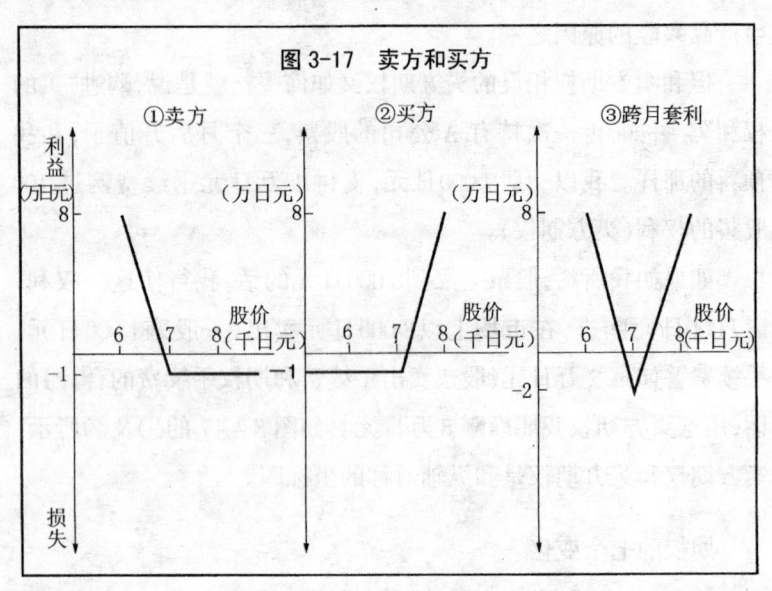

图 3-17 卖方和买方

①卖方　②买方　③跨月套利

这就是图 3-17 的③的"跨月套利"。我以每股7 000日元购进传言做了"重要决定"的 A 公司股票的买方期权和卖方期权各 100 股。如果股票上涨到8 000日元的话,我就行使买方期权(买的权利),以每股7 000日元购进,8 000日元卖出,一股赚1 000日元(除去期权费、股票买卖费)。

另一方面,如果股价下跌,成了6 000日元的话会如何呢? 当然我就行使卖方期权(卖的权利),即使这样一股也能赚1 000日元。所以,除去手续费,我因"那个传言"知道了股价的大幅变动,能够有 10 万日元的进账。在这里假定手续费是 2 万日元,两者都能赚 8 万日元。

如图所示,这是采取买和卖两种期权(从图①和图②中去掉股票买卖手续费)合成的形式。股价离开行使价格7 000日元越远赚得就越多。

再介绍一个期权合成的谋略。这也许要比说是奇普和迪尔的合作更应称作是淘气聪明的奇普设计的计策更好。

如果我现在保有 A 公司股票 100 股。现在的股价是7 000日元。但是以后股价似乎要下跌。我暂时想保有 A 公司股。但又想规避股价下跌的损失。

对这风险·对冲,聪明的奇普想出的期权手法被称作"确保型卖方"。这对于保有、运用养老金基金等大量的股票或债券的机构而言,是其使用的代表性对冲手段,也被叫做"证券组合保险"。

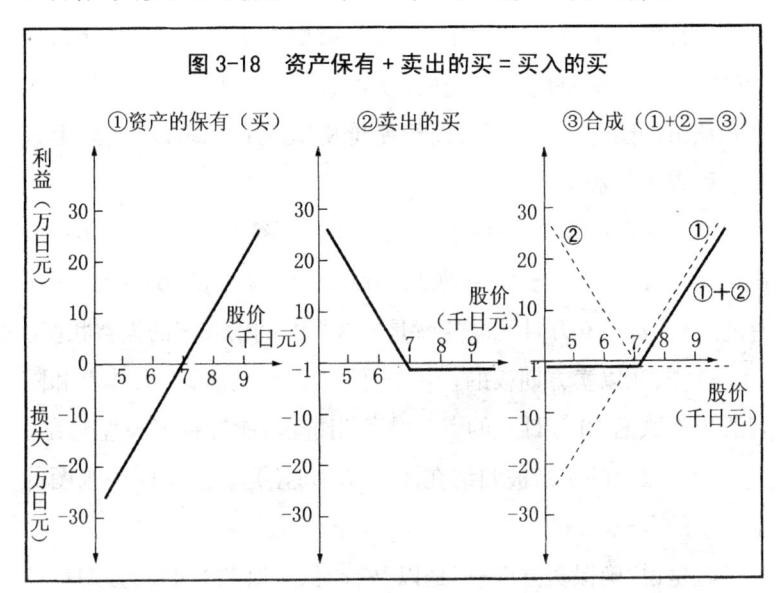

图 3-18 资产保有 + 卖出的买 = 买入的买

我保有A公司股的损失如图3-18的①。就是说,股价如果是7 000日元的话,损益为零,而股价向横轴的左方移动,如果下跌到6 000日元、5 000日元、4 000日元的话,损失向纵轴下方增加。另一方面,股价超过7 000日元的话,如图,收益向纵轴的上方增加。

所以,保有A公司股的我,最关心的是如何规避随着股价下跌到7 000日元以下的风险。如果要防御股价下跌,我就会想到上述的卖方期权。

因此,按每股7 000日元的行使价格,我决定以手续费1万日元购进100万股。实际上,A公司股马上就下跌了,掉到了6 000日元。我保有的A公司股价从70万日元降到60万日元,一下减价10万日元。每股损失1 000日元。

我被震惊了。不过在困难的时候就要靠期权。只要使用行使价格7 000日元买进的卖方期权(卖的权利)就可以了。我以6 000日元从市场购进A公司股,以行使价格7 000日元卖出(实际上这买卖可以用差额交易)。

结果每股我可以赚1 000日元。扣除手续费1万日元,100股赚9万日元。另一方面,股票从7 000日元下跌到6 000日元,我保有的股价减价10万日元。这就是图3-18的①和②的损益状况。

这样,我以卖方期权的行使赚了9万日元,所以,大体上和随着股价下跌的10万日元的资产减价相抵消,能够将损失控制在1万日元。以上的交易被归纳在图3-18的③上,这是同一张图的①和②的合成。

就是说"确保卖方期权"是以"资产保有"(买)和"卖方期权的买"组合的对冲期权手法。

所以,依此类推,相反在我的资产(譬如股票或外汇)在三个月后卖的场合,也可以援用这一手段。输出业者的我对在三个月后入账的美元资产(譬如1万美元),以1美元=100日元卖,这里面就有美元升值的风险。因为如果核算比率是1美元=100日元的话,而再如果比率摆向美元升值而变成1美元=110日元的话,我就会蒙受10万日元的汇兑损失。

这时,将美元按1美元=100日元的行使价格购进。即购进美元的"买方期权"。这样一来,实际上美元上涨为120日元时,我可以行使买方期权。因为能以1美元=100日元买,所以如果在市场上以1美元=120日元卖的话,可以赚20日元。这样,损失和收益为零,风险被对冲。

后者的事例也可称作是"确保·买方期权"。就是说"保有资产的卖"因"买方期权的买"而被对冲。至此多数读者应该会注意到前述的图3-15的输出业者的"卖方期权"的事例和这一"确保·买方期权"完全是一回事。

确实,这种确保型期权就像从图3-18中所表明的那样,为以下的关系。

资产的买＋卖方期权的买＝买方期权的买

资产的卖＋买方期权的买＝卖方期权的买

卖方期权和买方期权就像奇普和迪尔一样是关系良好、一心同体的伙伴,编织出各种奇谋,而期权的根本是在确保能预测的利益基础上,为将有发生可能性的损失压在最低限度的现代金融的基础性便利方法。在蕴藏着七种可能性上,它可以被称为"金融衍生产品"的女王。

而在这里作为期权应用的一个例子,我想简单地说明一下利率期权。在现代金融世界中,和汇兑率、股价并列的另一个金融变数,即利率。利率每天都在目不暇接地变动着。不言而喻,利率变动不仅对钱的借方就是对贷方也带来了市场风险。

譬如,对以年3%的变动利率借进1亿日元的企业来说,如果这利率上升而成为3.5%的话,年利率负担就会从300万日元增加到350万日元。相反,对贷方的金融机构来说,年3%的利率如果降到2.5%的话,获取的利率将从300万日元降到250万日元。

这样,利率变动给借方及贷方都带来了风险。并且在被变动性支配的1990年代以后的通货世界,起因于这种变动的市场风险已经常态化了。

于是,在规避这利率风险的对冲交易中便开始使用起期权来了。譬如,在像某企业三个月后借入资金的场合。现在的利率是3%,但三个月后上升为4%的可能性很大。就是说,这个企业有三个月后利率上升的风险。

这时,借方企业决定缔结如果三个月后行使价格(利率)超过年3%的话,可以领取其差额的合同。当然,利率期权买方的企业对期权的卖方支付升水(譬如0.1%)。如果三个月后利率上升到3.5%的话,该企业当然就行使利率期权,得到差额的0.5%。就是说能够规避利率(上涨)的风险。

相反,利率下降到2.5%时,对于该企业来说,因为行使期权不利,所以放弃了"买的权利"。这只是牺牲了期权手续费。

一般作为利率期权而使用的手段有"利率上限"。上限(Cap)是从帽子一词中演化出的词汇,就是对利率设定上限,如果超过其上限,那么就有领取其差额权利,就是这样的利率期权。

在上述的事例中,上限利率为3%。如果将该企业的基准利率作为市场的 LIBOR 三个月期的利率的话,那么基准利率(市场利率)超过上限利率3%的差额就是期权。所以,在利率差中资金的借方可以规避利率上升的风险;同时,即使利率降低也只是支付期权手续费,这是个风险很低的手段。

相反,资金的贷方为了规避利率下降的风险,使用的是叫做"利率下限"(Floor)的期权。如果3%的资金运用降到2%的话,就会遭到利率减少的情况,为规避这风险,便设定利率下限。

而且,将以上的上限和下限相结合的新种类利率期权中有"区间"(Collar)的方法,这是上限的买和下限的卖的组合。譬如,如果市场利率超过5%,从"区间"的卖方领取利率差额;另一方面下降到3%,支付"区间"卖方的差额部分,这样就结成了区间·期权。

这种场合,即使市场利率上升,资金的借方企业也能免除5%以上的利率负担。只是在市场利率下降到3%时,负有将差额部分支付给卖方的义务,但这是很低的下限利率,因而不会增加很大的负担。进一步说,这个"区间"的有利之处在于伴随着购进上限的对升水的支付和伴随下限的卖而得到的升水相抵消。就是说,区间·期权在于升水可以以极少量的资金对冲借方的利率上升风险。所以,利率上升在几乎是确定的局面下,区间·期权以极少的升水作为规避利率风险的手段,其利用价值很高。

而且,还有一般的掉期(Swap)和期权(Option)的合成语的"掉期期权"(Swaption)交易。掉期期权代表性的有利率掉期期权。这是在前述的"期权"项目中概观的利率期权的应用或者变形。就是说,这是利率掉期和利率期权的结婚或者合成。因为它是在将来进行利率掉期权利的买卖交易。

让我们以标准的利率掉期期权为例来进行考虑。目前,X企业有着两年后开始某项目的计划,而担心那时利率上升,想以现在的掉期利率(年6%)筹措两年后的五年的资金。

信用衍生产品的流行

1990年代初,美国上市了一种新的衍生产品,即信用衍生产品,并开始流行,现在这在日本也有了活跃的征兆。这基本上是期权的变形,和掉期有着类似性。一般的衍生产品是以伴随着价格(利率、行情等)变动的市场风险为对象的,但这信用衍生产品则是以和银行等机构的贷款债权有关的信用风险为对象的。假如A银行向B企业贷放100亿日元(保有债券也可以),那么它就有债务不履行的风险。

这时,A银行具体地规定了金额、期限等对象资产,和接受这一资产的风险C保险公司等其他的金融机构或特别目的公司(SPC)履行支付升水的合同。这是信用衍生产品的基本形态。在日本最近出现了对大银行的优良客户贷款的损害保险公司等机构以及信用衍生产品的地方。这是一种以便宜的升水来减少银行的总资产、提高自有资本率的"不良债权对策"。

因此,X两年后支付固定利率,从A银行买进行使LIBOR接受的利率掉期的权利。但是,行使价格是年6%,升水为0.5%。

这是利率掉期期权。如果两年后利率上升,掉期比率为7%

的话,X 就行使掉期期权。同时和 B 银行结成收取掉期利率 7% 的与 LIBOR 支付相反的掉期。

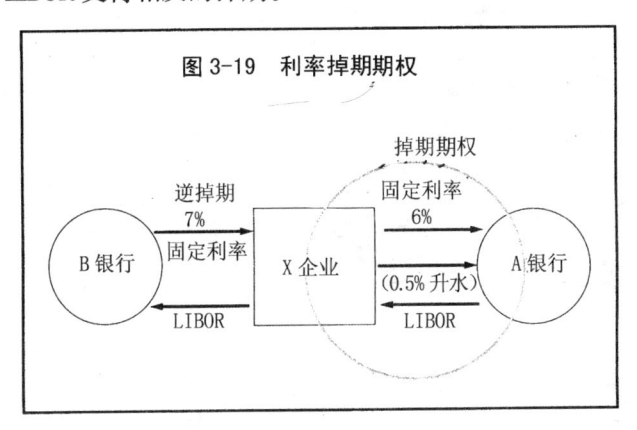

图 3-19　利率掉期期权

```
                              掉期期权
           逆掉期              固定利率
           7%                  6%
  B银行  ─────────  X企业  ─────────  A银行
         固定利率              (0.5% 升水)
         LIBOR                LIBOR
```

结果,X 如图 3-19 所示,得到 7%-6%=1% 的收益。之后扣除 0.5% 的掉期期权费,纯利润为 0.5%。如果利率下降的话怎么办呢? X 就不行使这掉期期权。因为,市场利率是 6% 以下,从市场筹措更划算。

这种掉期期权被称作"可赎回掉期期权"(Callable Swaption),是在将来的时间里保证买方权利的期权。

这一事例是规避在筹资之际的利率上升风险的掉期期权,相反,在将来资金运用的场合也可以利用。

对利率降低的风险,企业结成收取固定利率、LIBOR 支付的掉期期权,如果利率降低,就行使这掉期期权,同时和其他银行结成反掉期即可。

4 了解证券制度

"1977年在斯坦福大学毕业,进入投资银行的我在一次聚会上,自我介绍自己在投资银行工作。于是,人们的反应是:'你说的是什么工作?'从1980年代中期开始到后期,当我还是做同样的自我介绍时,人们问:'赚得相当多呀!'而在1990年代,人们问:'为什么没有辞去这份工作?'我想这在某种程度上可以总结我的工作。以前的投资银行家不出头露面而协助顾客。最近,一部分投资家或个人比以前要引人注目得多。投资银行这项商务工作的地位也比以前提高了。"——斯奇·弗朗西斯(里曼·普拉萨斯的生产技术调查总结)

A&M 帕金斯:《网络泡沫》

(斋藤精一郎主编,日本经济新闻社,2000年)

Ⅰ 股市的结构

1 什么是证券公司

大金融界的一翼

什么是证券公司呢？和银行相比,证券公司确实有难解之处。

原因之一是,至少在1990年代以前,和银行相比较,对普通人来说,证券公司是不熟悉的。这也是因为证券公司作为营业舞台的证券市场或资本市场在日本的发展落后,譬如在金融领域,银行一直占据着应该说是垄断地位。不管怎么说证券公司对我们来说,是遥远的事物。

所以,在日本说起证券公司,就是进行特殊业务的地方,而很少被看作是金融机构。过去人们对它还有很强的"黄牛"印象,甚至被看作是以投机赚一把为目的的集团。

实际上,证券公司现在不是负面的存在,而是和银行形成支撑金融体系的双璧那样的巨大存在。本章要学习的是证券公司的基本功能。

证券公司的诞生和发展和股份公司及股市密切相关。譬如,某人开发产品成功了,并计划将其作为自己的事业,那么这个人必须要有建工厂、造设备、购进原材料、雇佣职工的资金。于是问题便是企业家如何搞到为开始或扩大这个事业经营的必要资金。

在这里,资本积累是否充分?即社会的富余资金是否存在成了问题。在经济发达的地方有要给试图搞事业的人出资(提供资金)的人(投资家)。就是说,有这种人,他认为这个事业也许失败,但或许成功的话,就会得到很大收益,便向企业提供资金。

在经济发达的国家,这种风险资本(即使多少冒着风险但想得到更多收益的资本)比较多,这就成为对股份公司的出资及购进股票的原始资本。这样一来,股票的发行增加,同时股票的流通也活跃起来。而从事股票发行(股份公司募集资金)手续或股票大量流通(发行完了的股票买卖)中介的专家就上场了。这就是证券业者。顺便说一句,活跃在19世纪初的英国古典派经济学家D.李嘉图就是股票中介人(参见专栏)。

李嘉图是学者兼股票掮客

大卫·李嘉图,1772年生于伦敦一个股票交易人的富裕家庭。14岁时他就停止了学业,去父亲的证券交易公司干活,22岁独立,经营国债的承办业务。他在事业上获得非常大的成功,42岁作为一个富翁而引退。其后当上国会议员,依然很活跃。

李嘉图是27岁时开始学经济学的,当时他在温泉休假,为了消闲解闷而偶然看到亚当·斯密的《国民财富的性质和原因的研究》。其后以自学掌握了经济学,和托马斯·马尔萨斯(《人口理论》的作者)是一生的密友,并引导他走进国债交易中。

李嘉图是冷静的投资者,和胆小的马尔萨斯适成对照。后来从马尔萨斯的过小需求说中得到通论想法的凯恩斯被投机者李嘉图的人格所深深吸引。

这位证券公司的经营者继承了斯密建立的古典经济学的正统,创造出了许多伟大的理论,而同时他也是不断地提出大胆经济改革蓝图的实践者。这恐怕是因为他骨子里是个实业家。

另一方面,像日本这样的后发展的资本主义国家没有充分的社会富余资金。这时,干事业所必需的资金如何到手呢?于是,银行的作用就出来了。就是说,银行将募集的每个人的小额资金存款融资给它认为确实需要这笔资金的企业。这是"间接金融方式"。在这样的社会里,股票的发行或流通是有限的,所以证券业者活跃的机会极少。

东京证券交易所

在这种情况下,在资本积累发达的社会或资本丰富的国家一般都有给事业家直接提供资金的投资家。投资家(资金提供者)和事业者(筹资者)相遇并做资金交易的地方就是证券市场或资本市场。就是说,事业者在证券市场为筹资而直接发行股票或公司债。

而即使在后发展的资本主义国家里,由于经济发展,资本积累程度提高,不依靠银行而在证券市场直接筹资的企业也增加了。因为风险资本和富余资金的储蓄在社会上增加了,于是就可以利用多种条件的资金。这就是"直接金融方式"。

在日本高速增长大体结束,进入资本积累大幅度前进的1970年代后半期,证券公司突然有了活力,跃入了金融风景的前线。因为通过证券市场或资本市场的资金交易增多了。而目前证券公司是和银行比肩的巨大存在,成长为和银行一道支撑着日本金融体制的巨大势力。

四种证券业务

证券公司的业务是1948年制定的证券交易法规定的。这个法律(28条2款)将证券业务作为以下四种。

(1)交易商业务＝证券公司本身以自有资金进行有价证券(股票、国债、地方债、事业债、金融债等)的买卖,叫做自我买卖业务。也有叫贸易或操盘部门的。

(2)经纪人业务＝接受顾客的订单,进行有价证券买卖的中介、代理,叫做委托买卖业务。

(3)承销人业务＝承购企业或公共团体等发行的股票或公债及公司债,销售给买方(投资家)叫做承销业务。

(4)也叫分销商业务＝销售,但这是承包前述的承销商的股票、债券等,将新发行的有价证券销售给普通投资家,是募集·卖出业务。

在这四种证券业务中,承销及分销业务是和有价证券的发行或发行市场相关的。另一方面,交易商及中介人的业务和已发行的有价证券的流通或流通市场相关。

证券公司俗称"株屋"(黄牛),这是因为在战前证券公司主要从事股票的中介业务或零售业务。但是,由于近年的公债及公司债发行市场的发展或股票发行(新发行及增资)的一般化及内外市场的起债扩大等,承销业务发展起来。这就是本章章首语中的投资银行家里曼·普拉萨斯用简单语言所象征性表述的(也可参见专栏)。

证券公司和投资银行

一说起证券公司的形象,那就是进行股票买卖的从业者。就是说,是股票的捕客即自我买卖人。但是如本文所述,证券公司的金融功能面很广,特别是在企业金融领域是以高度的专门知识或经验及技术为前提的。

在英国,作为对企业金融整体的顾问,传统上是商人银行在城市中很活跃,在美国这被称之为投资银行,持有MBA(工商管理学硕士)的精英们作为投资银行人从事的是明星职业。这是以承办或买卖证券为中心的专门职务,是金融市场的核心。而且这些银行在业种上被分类为证券公司。M&A(企业的合并、收购)也是其主要业务。很多日本的大证券公司或大型银行也将"世界性投资银行"作为其目标。

如图4-1所示,我们看一下证券公司的总收入结构,就可以明白其中心是中介业务的委托买卖手续费和操盘业务(自我买卖业务)的收益。就是说,这是我们向证券公司预定股票或债券等买卖而和这买卖交易相关所支付的手续费及证券公司自我买卖(股

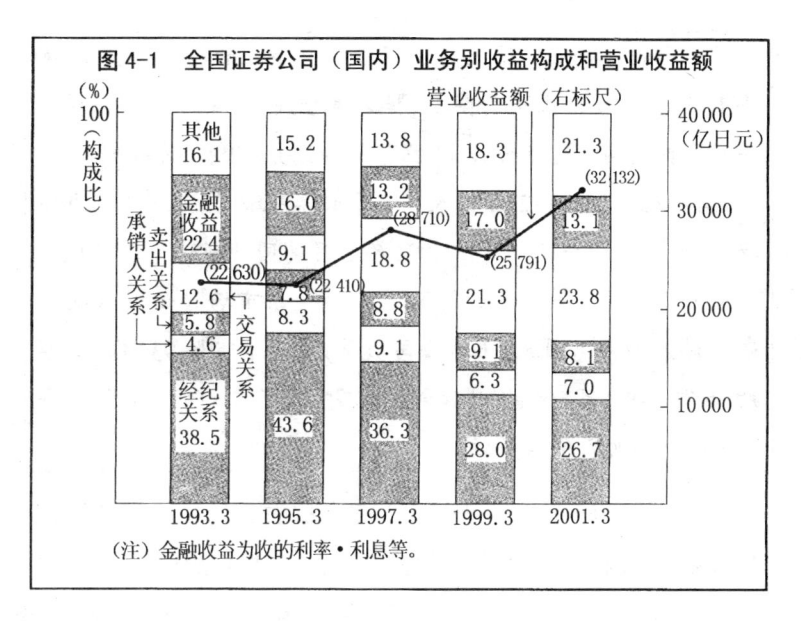

图 4-1 全国证券公司（国内）业务别收益构成和营业收益额

构成比(%)	1993.3	1995.3	1997.3	1999.3	2001.3
其他	16.1	15.2	13.8	18.3	21.3
金融收益	22.4	16.0	13.2	17.0	13.1
承销卖出关系	12.6	9.1	—	—	—
—	5.8	8.3	18.8	21.3	23.8
交易关系	4.6	—	8.8	9.1	8.1
—	—	—	9.1	6.3	7.0
经纪关系	38.5	43.6	36.3	28.0	26.7

营业收益额（右标尺）：(22 630)、(22 410)、(28 710)、(25 791)、(32 132)（亿日元）

（注）金融收益为收的利率·利息等。

票或证券等）的买卖收益。前面说过证券公司收益的大半是和中介相关的收入，但由于买卖手续费的自由化（1999年10月完全自由化），其中介相关的收入呈下降的趋势。代替它的形式是和自我买卖业务相关的收入比例提高，同时，和承销或销售有关的收入目前也上升到达15%左右。

三个新兴股市

对于企业而言，自己公司的股票在股市上公开、上市是个梦。但东京证券交易所（一部、二部）的上市基准是必须要具有清楚的收益额、股东数量、时价总额等许多基准，上市挺困难的。所以风险、投机等新兴企业不能作为新股公开（IPO），这成了产业活性化的绊脚石。因此为了促进新兴企业的股票公开,1999年11月在东证设立了马萨斯,接着是2000年5月大阪证券交易所和美国纳斯达克合作,设立了纳斯达克·日本(简称NJ)。

再加上1963年2月加入了日本证券业协会设立的门市市场,这被称为新兴股市。但2002年8月美国纳斯达克决定从日本撤出,NJ改了一个暂定的名字"日本·新市场",试图从头再来。到2002年6月末,上市公司数量为:门市市场934家、马萨斯36家、NJ98家,但NJ以后会怎样呢?而日本的新兴市场的发展又会如何呢?引人关注。

归根结底,证券公司目前几乎完全拭去了过去的"株屋"(黄牛)形象,正在稳固着和银行并驾齐驱的金融机构的地位。

这种证券公司的业务从顾客看可分为两个。一个是零售部门,另一个是批发部门。前者是对个人投资家等的证券买卖,后者和商业公司或机构投资家的筹资或资金运用相关联。是所谓企业金融的专门"投资银行业务"。

全国291家证券公司

到2001年为止,日本有291家证券公司。全国有五个地方有证券交易所,即东京、大阪、名古屋、福冈、札幌,在那里进行着以股票为主的有价证券的买卖交易。全国证券交易所买卖额的90%多是在东京证券交易所(兜町)进行的,和大阪(北滨)的9%相加,达全国的99%。

到2001年为止,成为东京证券交易所的会员(综合交易参加者)的证券公司有114家,此外还有进入日本的外国证券业者美林、格尔德曼萨克斯、摩根·斯坦利等49家。

而在全国证券交易所上市的企业截至2001年的现在为止是2 666家。其中东京证券交易所的上市公司合计为2 103家。其中第一部为1 491家,第二部为576家、马萨斯36家,外国部有38家。

在外国部上市的外国企业数在1980年代后半期开始增加,1991年达到顶峰,为127家,其后减少。

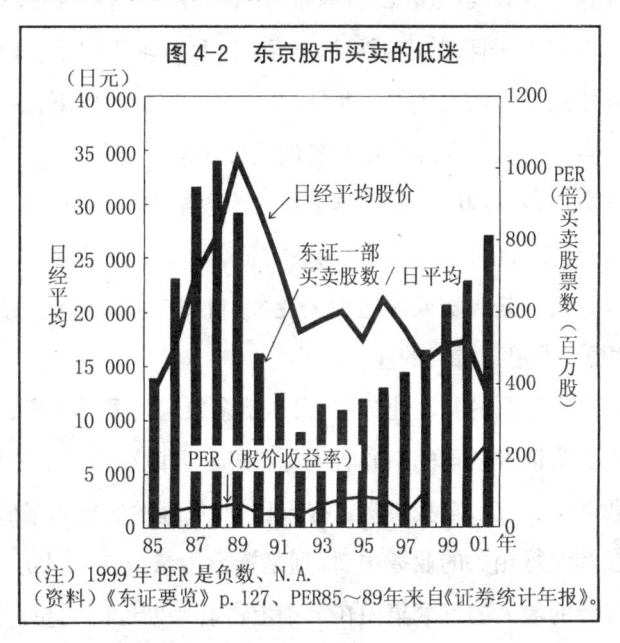

图4-2 东京股市买卖的低迷

(注)1999年PER是负数、N.A.
(资料)《东证要览》p.127、PER85~89年来自《证券统计年报》。

而进入1990年代,证券交易所的股票买卖陷入了低迷状态。图4-2是这15年东京证券交易所的股价(日经平均)、买卖股票数量、PER(股价收益率,后述)。那1980年代后半期每天买卖超过110亿股的宛如梦幻的热潮,进入1990年代变为低调。每天

(一年平均)从1988年的10亿股掉到1990年代的3~5亿股,持续低迷。而从1990年代末开始稍稍恢复到6~8亿股。

在日本进行证券业务(前述的自我买卖、委托买卖、承购·卖出、募集·卖出)时,1968年以后是许可制,而1998年变为登记制。其中,资本金1 000亿日元以上、从事交易、经纪、承销、分销四项业务的证券公司一般被称为大证券公司的有表4-1中的野村证券、大和证券、大和证券SMBC、日兴证券、日兴所罗门美邦证券、新光证券等六家。而且,其中野村证券集团、大和证券集团、日兴集团也被称作是最大的三集团。此外,资本金一亿日元以下,而和上述的大证券公司从事同样四项业务的被称作准大公司。

证券公司办理的商品大体上可分为股票和公债及公司债两种(此外还有投资信托,后述)。另一方面,如前所述,从业务内容来说,有两种,一是买卖或流通相关业务(自我买卖及经纪),二是与发行相关(承销、分销)的业务。

其中在股票的买卖业务中,占压倒多数的是委托买卖,这一大宗买卖成为证券公司的中心收入源。另一方面在公债及公司债的买卖业务中,相反,自我买卖占很大比例,代理的比例则很低。

在和发行相关的业务中,特别是资金力量或在人才方面有着压倒优势的最大的三家集团在承销上占有垄断性的力量。图4-3是六家大公司、其他是国内233家证券公司、外国50家证券公司营业收益、职工等的比例。大公司占有相当大的比率。此外,在该图中,大公司或外国公司在营业收益中,和股票等委托手续费相比,承办等的委托手续费以外的收益比率要高。而表4-1的六家

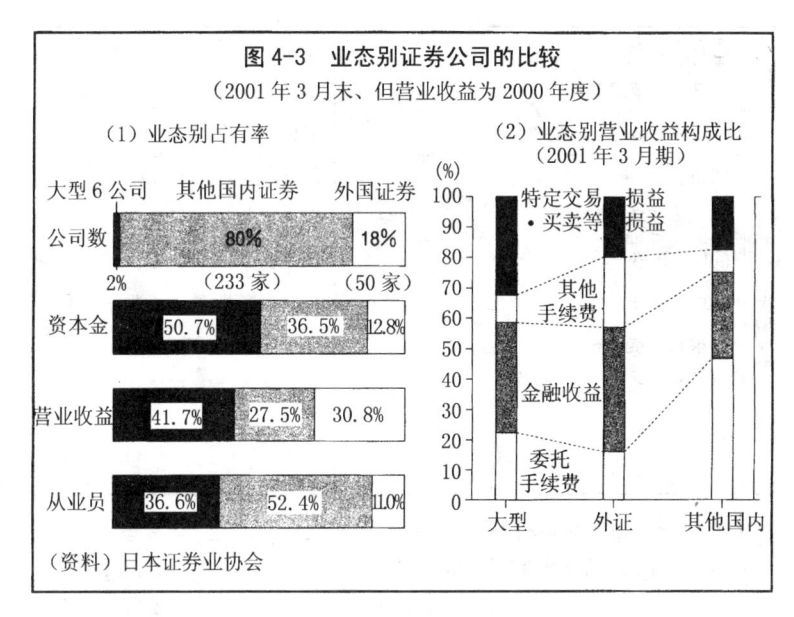

图 4-3 业态别证券公司的比较
（2001年3月末、但营业收益为 2000 年度）

（1）业态别占有率

	大型6公司	其他国内证券	外国证券
公司数	2%	80%（233家）	18%（50家）
资本金	50.7%	36.5%	12.8%
营业收益	41.7%	27.5%	30.8%
从业员	36.6%	52.4%	11.0%

（2）业态别营业收益构成比（2001年3月期）

从上至下：特定交易·买卖等损益、其他手续费、金融收益、委托手续费

横轴：大型、外证、其他国内

（资料）日本证券业协会

大公司(包括新光证券)和七家准大公司中的(3)大和证券SMBC、(6)新光证券、(7)UFJ翼证券、(8)三菱证券、(10)瑞穗证券、(11)东海东京证券、(12)樱花证券、(13)考斯茅证券等八家和大型银行或准大型银行的大银行集团有着密切的关系，并进入了它们的旗下。这正是因金融制度改革法或金融大爆炸而银·证壁垒在法律上和现实上都消失了的证据。

表 4-1 证券公司的现况

	2002年10月现在	1990年代中期
大型证券	6大公司(*) ①野村证券 ②大和证券(大和证券集团) ③大和证券SMBC(同上)	4大证券(四大) ①野村证券

	④日兴证券	⑪大和证券
	⑤日兴所罗门美邦	⑫日兴证券
	⑥新光证券(瑞穗 FG 系统)(**)	⑬山一证券
准大型证券	⑦UFJ 翼证券 ⑧三菱证券 ⑨冈三证券 ⑩瑞穗证券 ⑪东海东京证券 ⑫樱花证券 ⑬考斯茅证券 ⑭新光证券(**)	新日本证券、三洋证券、 和光证券、劝角证券、 冈三证券、山种证券、 考斯茅证券、第一证券、 国际证券、东京证券 丸三证券、东洋证券

(*)6 大公司的定义是资本金 1 000 亿日元以上。
(**)也有将新光证券纳入准大型的。

2 股市的结构

股份公司是最大的社会发明

股票,英文叫 stock、equity 或 share。日常日常叫做股票的是对股份公司这一组织的出资金。

持有股票的人叫股东,他出席股份公司的最高决策机构的股东大会,可以在有关决定经营者或决定事业计划上行使表决权,同时享有公司收益分配的权利。这个收益的分配金叫红利。只要股份公司有收益,股东得到红利就没有问题,如果这家股份公司破产,出现了大的损失会怎样呢? 股东偿还其出资额(股份的持有部分)。就是说,股东只对其出资部分负有有限责任。

股东具有的权利实际上是以股票来表示的。就是说,股份公司发行和其出资额相应的股票,股东保有这股票。而股票是可转让、流通的。

股份公司的起源被认为是1602年在荷兰创立的东印度公司。为了东印度贸易有收益,譬如需要建造大型船只等的大额资金(资本)。股份公司这一组织被考虑为筹资的手段。

对股份公司的出资金(叫资本金)被分割为小额单位的股票。譬如,资本金1亿日元时,如果一股是500日元,那么这家公司就发行20万股,筹募资金。

如果就这样将出资金(资本金)分割为小额股票的话,那么股东有很少的资金就能持有股份。另一方面,作为公司也好筹资。而对于股东来说,即使这家公司事业失败,也不过是所控股份部分的损失。

因此,自1602年的东印度公司之后,以英国为首的股份公司的成立波及全世界,成为资本主义发展的原动力,直至今日。英国的科学家、未来学家的邓尼斯·卡伯尔曾经说过:"股份公司是人类历史上最大的社会发明"。确实如此。

股份公司能像这样繁荣,不可忘记的原因便是股市的存在。具体而言,就是证券交易所。实际上在东印度公司诞生地的荷兰,1608年在阿姆斯特丹开设了世界第一家证券交易所。

由于在证券交易所可以自由买卖证券,人们随时可以成为股东,也能不当股东。公司的股票在证券交易所买卖叫做上市。上市公司的股份有买卖价格,这就是股价。

在东京证券交易所或大阪证券交易所,丰田汽车、松下电器、东京海上火灾等代表日本的优良股份公司的股份均上市,每天通过自由买卖确定股价(价格)。

股票种种

在报纸的股票栏里,每天发表股价的上市公司的股票,几乎都是普通股票。就是说,现在发行的股票大部分是普通股,其保有者作为相同的股东都具有同等的权利。

也有和普通股权利不同的股票。一般相对于普通股而叫特殊股。具体的有优先股(对收益的分配或剩余财产有优先的权利)或劣后股,还有偿还股(将来预定以发行公司的收益进行买进偿还,也可以说是一种优先股),或者无表决权股(没有表决权的股)等。

一般考虑股份时,可以将特殊股看作例外,普通股作为前提即可。而就是普通股也可大体分为两种:一种是面值股,一种是无面值股。面值股如其名是有确定的金额,股票的票面上记有其金额。现在发行、流通的大部分普通股是面值50日元的面值股。面值股的单位金额也有20日元、50日元、500日元和5万日元四种。上市公司的面值大部分是50日元,20日元(譬如东京都赛马等)是例外。500日元的面值股是东京电力等电力公司或一部分地方银行的股票。此外,因1982年(昭和57年)修订了商法,为此新成立公司的面值股都成为5万日元以上。NTT、日本烟草产业(JT)、JR东日本、NTT德克莫等公司的股票面值均为5万日元。

另一方面,无面值股因1982年商法的修订,仅仅是董事会的决议就能够决定面值股的无面值化。因此7点—11点·日本或斯卡伊拉克等公司的股票都变为无面值股。

而无面值股具有什么样的意义呢？如果习惯于面值50日元，就难以理解无面值股了。但是在美国，大半股票都是无面值股。面值股，譬如50日元面值股，股东支付50日元就保有一股，但如果这家公司的业绩上升、资产增加的话，一股的价值（面值50日元）和实际上的公司的价值就有很大的背离。这象征性地表现在这家公司的股价大大超过50日元上。

NTT股票

就是说，面值和能动的企业价值是相当背离的，是没有意义的。因此，股东对公司的权利不是面值，而理解为一股是合理的。这就是无面值股票。无面值股票没有面值，其价值由时价（股价）来表示。

现在，无面值股的公司少得可怜，但一般认为是会逐渐增加的。此外，无面值股的优点还可以举出容易分割股份等若干点。

单位股制度

因1982年的商法修订，要将面值50日元股票或面值500日元股票归纳为5万日元，将此作为有表决权的一个单位的股份。1000股50日元的面值股票为一单位，100股500日元面值股票为一单位，这成为在股东大会上行使表决权的权利。

单位股制度使得流通市场上的买卖也以单位股为最低单位（基准单位）。就是说，以100股50日元面值股为买卖单位。但是,50日元面值股在时价3 000日元时,3 000日元×1 000股=300万日元,那么1 000股的买卖款项就是300万日元,这对普通的个人投资家来说是相当高的,很难出手。因此,为了制造个人股东,也可以降低买卖单位,譬如,索尼就是以100股单位为买卖单位的。

此外,不满单位的股份没有表决权,但有分配红利或股份分割等权利。

股份分割的妙处

所谓股份分割就是:譬如,某公司资本金不变,将发行股票数量增加为两倍。就是说,将以前的一股分割为两股,如果现在你有100股这家公司股票的话,因股份分割而你保有的股票就增加到200股,因为资本金没有变,所以你所有的部分也没变。

因此,在这一限度内,股份分割没有改变什么。但是,股票的价格,即股价在极高时,因股份分割而股价降低,对于普通的个人投资家来说,容易购买。

结果,股东实际上是合算了(譬如,如果将时价800日元的股票分割为二,一股就是400日元,但流通性增加,实际上有可能成为500日元或600日元),另一方面,公司也因为股价下跌在股市上容易发行新股票(叫做增资,稍后说明),筹资的道路便被开辟出来。

即使在面值股的场合,股份分割也是可能的,但为此需要变更股东大会的规定。这样一来,不仅手续烦琐,而且大部分是50日元的面值股,这就会被分割为25日元。

因此,由董事会将股票无面值化,就比较容易进行股份分割。

三种新股票发行方式

由于发行股票，公司可以筹资，但这和从银行贷款的筹资有什么不同呢？

首先，股票的场合，因为是出资金，所以没有必要像借款或公司债一样返还。而且在借款或公司债的场合，必须支付规定的利息，而股票则可以相应于收益来决定红利。这就是说，如果收益没有提高，也可以不支付红利。因此对于公司来说，发行股票的资金收入是稳定的，并且成为了主体性筹资。

对于设备的建造等必需的资金，公司靠着追加发行股票筹资，这叫做增资，是增加资本，也就是说是追加性地增加资本。

公司增资时，投资家是否支付资金是个问题。必须支付的叫做有偿增资，而没有必要支付的叫做无偿增资。

从接受新股的投资家那里不征收资金的无偿增资稍微有些特殊，所以这里跳过，只考虑有偿增资。

公司靠着发行新股（增资）来筹资时，募集购进股票者的方法大体有三种，即（1）股东分摊，（2）第三者分摊，（3）公募（公开募集）。

（1）股东分摊就是仅限于以前的股东，分摊为增资发行新股票的方法。通常，面值金额，譬如在50日元面值时，接受分摊的股东对新股一股支付50日元。如果说是半额增资，就是公司靠增资将资本金增加五成，保有1万股的股东分摊新股5000股。这时支付金额是25万日元（50日元×5000股＝25万日元）。

（2）第三者分摊就是向限于和增资新股的公司有特定关系的

交易客户、银行等发行的方式。一般是增资公司想加强交易上的关系而进行的,和以前的股东无关。只是如果乱用这种方式,有可能损害以前股东的利益。因为譬如,如果第三者分摊增资的发行价格大大低于时价,接受分摊新股的第三者和已有的股东相比,就会得到不正当的利益。

(3)公募是不限于以前的股东,募集广泛的普通新股承购者的方式。现在公募增资一般是以时价发行(关于时价稍后将予以说明)。

什么是时价发行

以前人们曾经对增资或者公募是否以时价发行抱有很大的关心,但现在一说到增资,就一定是和时价发行大体相当的行情。因此,时价发行扎下根来而变为一般的做法。

在美国,很早以来就确定了时价发行,日本首次是在1969年(昭和44年)1月,日本乐器(公司)以时价发行增资。其后,在1972年掀起了时价发行的热潮。

如前所述,日本上市公司的大部分股票是50日元的面值股。这时,进行时价发行的增资,就会发生所谓的增资升水(从时价扣除面值额的部分),增资公司可以得到成本低廉的资金。为此,1970年代前半期,出现了以升水为目标的时价发行热潮。

譬如,某公司的50日元面值股的时价(公募价格)为1 000日元,如果假定进行5 000万股的时价发行的公募增资的话,支付金额的总计就是500亿日元(1 000日元×5 000万股)。其中时价(1 000日元)和面值(50日元)相差950日元,所以增资升水达475

亿日元(950日元×5 000万)。这家公司的红利率(对面值金额)如果是一成的话,增资部分25亿日元(50日元×5 000万股)的红利支付就是2.5亿日元。

因此,这一时价发行的筹资成本实质上仅仅是年0.5%。因为这是红利支付额(2.5亿日元)÷时价发行筹措额(500亿日元)所得到的结果。

于是,因为时价发行增资的筹资方法成本极其低廉,所以以时价发行增资的公司剧增,在这里就出现了各种问题。一个是不太有收益能力的公司很容易走向时价发行,结果,增资后的股价暴跌,股东受到损害。此外,增资后公司也很难将增资升水还原于股东。

于是,1973年(昭和48年)1月,证券界制订了时价发行增资的自主规则,出台了承销增资业务的行动基准。

这就要求增资公司将时价发行的增资升水还原于股东。在这种情况下,为将升水组合进资本金,要无偿地将新股交付给已有股东。

就是说,股东不付钱就接受新股的分摊。这是无偿增资,实质上是不变更面值额的股份分割。因为股东持有部分没有变化,而控股数量却增加了。

怎样买卖股票

前面主要是介绍了股票的发行,下面说一下股票的流通。

所谓股票的流通就是我们买股票,或者卖股票。对炒股的人来说是很熟悉的,但对刚开始炒股的人来说,股票买卖很麻烦、很难懂。

我们不能直接去股票交易所买股票,或者卖股票。一定要去证券公司的窗口。只是已经有了交易的时候,可以用电话或电脑通过证券公司买卖股票。

当你去证券公司的柜台,在大部分场合,证券公司女职员(证券女士)会笑着说:"什么股?多少?是市价还是指定价格?"

股票的买卖一般是以1 000股(面值50日元股)为最低单位。但是在面值50日元以外的场合,譬如,面值金额为500日元的东京电力股,其最低的买卖单位为100股,而5万日元的NTT股,一股就是买卖单位。

而且,像在已述的单位股制度中所看到的那样,对于高额股价的股票,即使是面值50日元股也可以将100股作为买卖单位。

"市价"是"市价下单",和股价,即股票的价格没有关系地下单买(或卖)。另一方面,"指定价格下单"是以指定的股价下单买(卖)。通常的股票买卖是以"市价"来做的。

给证券公司下单,买卖成交,从那天开始后的第四天顾客必须交割。买股票的时候要拿着购买款去证券公司。卖的时候,要拿着股票去交割。而且,从顾客指定的银行存款账户或证券综合账户上可以交割,将股票预托给交易证券公司来交割也是可以的。证券公司保管股票叫做"保管"。

买股票时,顾客就成为股东,而为了接受红利或分摊增资,必须在股东账目上登记名义。这就是"名义誊写",通常由证券公司代理。

这样,证券公司应顾客的下单而中介于股票的买卖,这被叫做

"委托买卖业务"。有关中介的费用叫股票委托手续费,是证券公司最大的收益源。

关于证券公司接受的股票买卖手续费(从顾客来看,是顾客支付的手续费),1994年4月,超过10亿日元的买卖款自由化了,而手续费的完全自由化是在日本型金融大爆炸下,于1999年12月实施的。此外,美国在1975年5月手续费完全自由化了,因此很多将手续费大打折扣的经纪人出现在市场。此外,英国以1986年10月的大爆炸而进行了委托手续费的自由化。

什么是信用交易

通常熟悉炒股的人们用更少的资金进行比较大的股票买卖叫做信用交易。这一结构是以美国的保证金交易为基础的,日本是在战后引进的。

譬如,现在某公司的股价是1800日元。投资家确信这个股票在不久的将来会上涨,就以信用交易用一股1800日元购进1万股。这时将购进款的30%以上作为委托保证金提供给证券公司即可。就是说,在这个例子中,1800万日元的3成的540万日元成为委托保证金。即投资家靠这保证金从证券公司借了买进股票的资金(1800万日元)。

这个投资家买进股票后,必须在六个月以内返还证券公司的借款(交割)。如果六个月以内按照估算而股价成为2000日元的话,卖1万股,就会赚到卖出利润2000万日元。其中,如果返还证券公司1800万日元的话,这个投资家最终会赚200万日元。

另一方面,投资家预料在不久的将来,股价,譬如从1800日元下跌到1 500日元,那么如何利用信用交易呢?这时投资家就从证券公司借卖出股票。即,如果卖借来的这1万股的话,1 800日元1万股,1 800万日元的卖出金额便到了投资家的手中。

六个月内如果股价下跌到1 500日元,投资家是1500日元×1万股,即以1 500万日元买进1万股,返还从证券公司借来的1万股(交割)。结果投资家得到扣除后的300万日元的收益。这时,投资家为从证券公司借进股票也必须提供最低的委托保证金540万日元(1 800万日元的三成)。

以上是六个月内股价按投资家的预想变动的场合。

但是,也有不是这样的时候。那么投资家就要蒙受损失。

确实,在这一意义上信用交易是一种投机交易。但是,这是以少量的资金(最低委托保证金)增加股票的买卖,所以通过买卖额的扩大,使得股票的流通流畅。

此外,投资家靠信用交易可以回避股价下跌的风险。这就是信用交易的对冲效果。譬如,在股票的名义誊写期间,股价如果下跌,投资家就不得不蒙受损失。或者以保有的股票为担保而从金融机构借款也是同样的。

这时,投资家如果做卖空,能够规避股价下跌的风险。股价1 000日元时,以信用交易卖空。如果股价下跌到800日元时,会怎样呢?如果这时进行卖空,投资家卖1股就可得1 000日元。因此,即使持有的股票下跌到800日元,因为能以1 000日元卖,所以1股可以不蒙受200日元的损失。

如此这般,信用交易可以说对于股票的买卖流畅化具有不可或缺的功能。而投资家使用信用交易可以在限期六个月内延长和证券公司的借贷关系的交割,而证券公司在市场上却要即时交割。

这意味着证券公司贷款给投资家的资金或者股票必须从某处筹措。这就是证券金融制度,被称作日证金余额(参见专栏)。

使股票买卖顺利进行的证券金融公司

在报纸的股票栏中可以看到"借贷交易"或"日证金余额"或"借股"等等完全陌生的词汇。这些是有关股票信用交易的借贷关系的事情,即证券公司和证券金融公司(日本证券金融、大阪证券金融、中部证券金融等三家公司)之间的资金和股票的借贷余额。

投资者A在证券公司B进行信用购买时,资金从何处融资呢?如果B有资金能力倒也罢了,但在没有的时候,证券公司B就要从证券金融公司C(日证金等)借资金,和A挂钩。于是C对B的融资余额增加。

另一方面,投资者A在做信用卖出时,有必要将卖出的股票从B处借来。B将这和证券金融公司挂钩,从那里借股票。B对C的借股余额就增加。

因此,只要看这"借贷交易日证金余额"品牌的"借股余股"和"融资余股"的增减,就能判断将来购买其品牌的趋势是强还是弱。

如何决定股价

每天报纸的经济版面的一角登载着股票栏,在那里记录着上市公司(譬如,东证第一部或第二部及门市市场)的活动。

股价是怎样决定的? 如何动作的? 一般而言,股价按股市的需求供给关系而动作、决定。即和普通的商品一样,供需关系决定价格(股价)。

某公司的股票在市场上"卖"(供给)或"买"(需求)相互交替,在"卖"多的时候,股价下跌,相反"买"多的时候,股价上涨。

股价定价的要因是极其复杂的。以前优秀的经济学家或数理学家搞过股价预测,但很少听说成功过。但是,强而言之,股价的定价要因分为下面四种。

(1)经济外的要因:这就是国际形势或国内政治、社会的变化。或者自然条件的变化(地震或气候的剧变等)。战争的爆发或全新的技术发明使股价大幅度变动的也很多。譬如,因艾滋病的流行出现的与艾滋病相关药厂的股票大幅度上涨等情况就是个好例子。

(2)普通的经济要因:这是围绕着公司的经济环境的变化,譬如,GDP增长率或汇兑率或利率水准等景气的运动。或者是政府的经济政策的变化。

(3)收益要因:这是该企业的收益能力或红利、业绩评估、增资计划、研究开发的动向等关于企业自身评价的变化。

(4)市场内部要因:这是股市中投资家的动向或市场人气等。即所谓富余资金或投资信托或信用交易等给予股市的供需关系以影响的要因。

因为股价是在这样复杂的要因下决定的,所以可以说准确的预测是不可能的,只是凭着"直觉"也是不可能的,所以证券业者或股票爱好者之间多用"图表"或"图"做股价预测。

当然图表是不能来预测股价的,而是作为掌握股价动向的一个准绳(参见专栏)。

图表的活用

在股价变动激烈的时候,用"理论"或"直觉"预测其动向是很困难的。

因此,迄今为止一直被认为有些傻的"图分析"又卷土重来了。最近,这也被叫做"图表分析"。这是从过去的股价动态作出几个平均线来预测股价趋势的方法。特别是由于近年汇兑行情的波动很大,汇兑商们已经不依靠"汇兑理论"或"经济学说"了,而是依靠起"图表分析",因此也被称作"图表的复兴"。

作成25日线、90日线或200日线的移动平均线,将这些组合起来分析股价的方法就是图表分析。一般有被称作"黄金交叉"的点,这是90日线从下向上横切200日线的点,被视作是行情上扬的典型化情况。相反的情况叫"死亡交叉",被视作是预告行情下跌。

观看股票指标的方法

股市上,东证第一部有1400家上市公司。所以虽说是股价,但有上涨的股也有下跌的股。

所以,在说今天股价"高"或"低"的时候,以平均股价的上涨或下跌来判断是很方便的。这平均股价就是"日经平均股价",是道琼斯修正平均股价指标。

美国的道琼斯公司从1928年开始算出纽约工业股票30种的修正平均股价,并予以发表。日经平均就是用这股价计算方式算出的。

日经平均股价是从1950年(昭和25年)开始以225种品牌为对象发表的"东证修正股价平均",最近作为日经平均而为人所熟悉(参见专栏)。

日经平均和特皮克斯

昭和24年(1949年)5月24日东京证券交易所再度开张。这时的225种品牌单纯平均为176日元21分。以这平均股价为基准,以后以道琼斯式的修正方法每天算出东证一部的225种品牌的平均股价并予以发表。

从1975年(昭和50年)5月1日开始,日本经济新闻社将道琼斯平均股价以"日经道琼斯平均股价"予以发表,但1985年5月1日将名称改为"日经平均股价"。

另一方面,东京证券交易所从1969年(昭和44年)7月以后,发表以时价总额为基础的东证股价指数(特皮克斯)。这是以1968年1月4日的时价总额为100,将其后的时价总额指数化得出的。

道琼斯股价由于单薄,易受大幅度价值变动的品牌的影响,为此就算出了特皮克斯(TOPIX),但特皮克斯反过来也具有易受上市股票数量巨大的大型股波动的影响。

除了日经平均股价外,作为综合性的股价指数有东证股价指数(简称 TOPIX = 特皮克斯)。这是以 1968 年(昭和 43 年)1 月 4 日为基准时,将上市股票的所有股价时价合计的时价总额指数化而算出来的。

某股票的股价和该公司的收益能力相比,作为判断较高或较低的指标常使用股价收益比率(PER = Price Earning Ratio 的简称)。

对某股票的投资(买进)如何的判断基准一般是收益率。就是说,因买进某股票产生的红利除以购进该股票的钱款而得到的年收益。

收益率(%) = 红利 ÷ 股价(股票购进款) × 100

将这收益率和存款利率或国债收益率相比,投资家可以判断是否购进这种股票。但是,以前投资家买股票时不那么重视收益率。

其理由之一是因为"收益率主义"没有成为现实的基准。许多上市股票(面值 50 日元)的红利率是一成～一成五分,因为时价 1 000 日元或 2 000 日元,所以如果作为收益率,就是年 0.5% 以下的极低收益率,可以说以这收益率为目标做股票投资几乎没有实际收益。但是,在 1990 年代的"失去"的 10 年中,国债收益率等一般的资金运用收益率大幅度低落,为此"股票收益率"相对升高。这意味着"收益率主义"的股票投资有了一些味道。但是,如果有股价再下跌风险的话,"收益率主义"就不会促进股票投资。

这意味着股票投资是以对其公司的收益能力或增长能力的期待感来进行的,所以"收益率主义"归根结底不过是一个方面的尺度而已。如果是这样的话,那么股票投资就必须有不同的基准尺度。

于是,股价收益率就代替收益比率而登场。这是用每一股的收益(年)去除股价的倍率。

股价收益比率(PER) = 股价 ÷ 1 股的收益

譬如,某公司的股价是 500 日元,每股收益如果是 20 日元,那么股价收益比率就是 25 倍。在这里每股收益是用发行完了的股票数量去除年收益。

PER 越小就意味着股价相对于收益能力低。关于所有 PER 是否成为适当的股价水准尚无定论,没有绝对的数值。但是,超过 20(倍)的 PER 能说是"股票升值"。PER 之外,股票有关人士注意的指标有股价净值比(PBR = Price Book - value Ratio 的简称)。这是用 1 股的净资产去除股价,一般也有 1 倍是股价下限的看法。

法人化现象和机构投资家

以图 4-4 为基础,我们来看一下上市公司的股东构成。个人股东所控股份的比率逐年下降,2001 年 3 月降到约 19%。如果看到 1950 年代个人所有股的比率为 60% 左右的话,那么可以说是大幅度减少了。

另一方面,法人(商业法人和金融机构)的股份保有比率反而上升。特别是在 1976-1978 年的"过剩流动性"及 1980 年代后半期的泡沫时期(参见第 5 章),普通商业公司及金融机构等使用丰富的资金购进大量的股票,一举提高了法人所控股的比率。

这种法人所控股比率的上升被称作"股份的法人化现象"。从不同的观点而言,是"股票的互控化"。就是说,这是以交易关系的紧密化为目的的行动,同时也是稳定股东的对策。

图 4-4 所有者别持股比率的推移

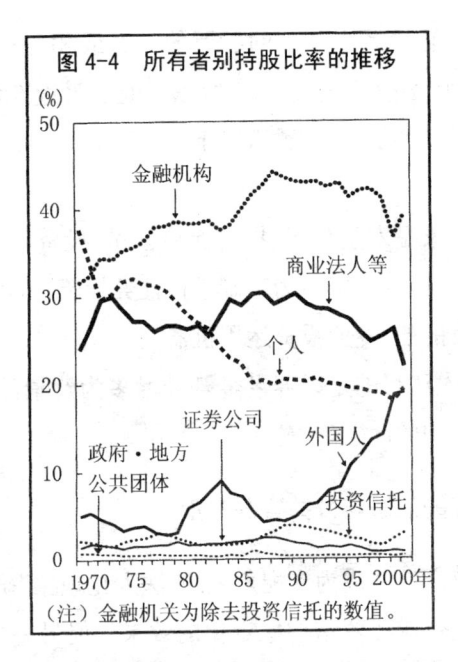

（注）金融机关为除去投资信托的数值。

必须注意到"法人化现象"具有扭曲股市交易的一面。因为企业（包括金融机构）互相控股的结果，在使流通股票减少的同时，妨碍了股价适当地形成。这意味着股市功能的下降。

个人股东所持有的股票比率掉到两成以下，可以说是表现了日本股市是结构性扭曲。这影响到股票的平均收益率大幅度下降，对个人投资家而言股市失去了魅力，结果是股市容易成为以靠上涨来猎取利益为目的的投机性交易场所。

这样一来，股市就成了仅仅是爱好风险的人或者仅仅是以加深交易关系的法人进行股票投资、参加的场所。这意味着被当作大众资本主义象征的股市的"空洞化"。

但"法人化现象"最近也出现了新的变化。"法人化现象"本来是表现为以交易关系为基础的股票的保有或相互持有增多的现象,在这一点上,法人股东是稳定股东。但是最近在法人股东中,所谓机构投资家增加,它们或者以上涨获利为目的,或者追求红利的提高。

机构投资家是寿险公司、损害保险公司、投资信托公司、养老金基金等,它们以巨额资金为基础进行证券投资,可以说是以提高投资收益为目的的"专业投资运用机器"。

今后,引人注目的是以养老金基金增多为背景的大量资金对股市有何种影响的问题。

股份互控的消解与公共容器对策

日本股市产生并成为支配角色的"法人化现象"确实起到了使日本的银行及企业经营结构稳定化的效果。但另一方面,这不仅带来了股市中不能置之不理的扭曲,也逐渐加强了银行或寿险公司等金融机构的经营结构弱化的负面效果。

因为特别是进入 1990 年代后,由于长期的股市低迷化或时价会计原则的引进,支撑日本经济稳定性或坚实性的"股票互控结构"成为使银行、寿险公司及大企业的经营不稳定化的元凶。

在这种状况中"消除互控股"不仅会使股市活性化,而且对日本经济新的发展来说也逐渐成为不可或缺的。如在专栏中所见,根据日本基础研究所的调查,在 2001 年度以 2 668 家公司为对象的互控股的调查中,以金额为基础的上市股票的互控比率从 1987 年度的 18.4%降至 2001 年度的 9.1%和 10%。

"互控股票"的今与昔

保证日本战后企业经营或银行经营以及股市稳定性的强有力原因是银行和企业、企业和企业之间的股票互控。如果银行保有交易企业的股票的话，企业就有了稳定的资金来源，同时也能从银行得到经营方面的劝告。另一方面，对银行而言，如果交易企业保有自己的股票的话，能够防止从外部对经营施加不正当的压力。这种"互控股票"不仅带来稳定的经营，而且通过股票的长期保有，可以帮助股价的稳定。1990年代以后，这"互控股票"反而成了使股价倾向下跌和经营不稳定的元凶。这真让人感到今非昔比。图是显示互控比率下降倾向的。

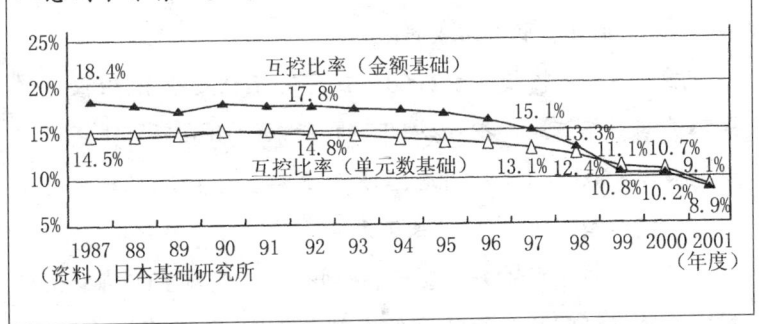

（资料）日本基础研究所

ETF 组成的结构

我们常常在报纸等媒体上面看到 ETF 这一听不惯的略语。正式的名称是"股价指数联动型上市投资信托"，简称"上市投资信托"（ETF = Exchange Traded Funds）。其因两个目标而被大肆宣传,并在2001年7月被政府批准销售。

一个目标是将个人投资者诱入股市。因为是和日经平均股价或东证股价指数联动的投资信托。所以对一般人而言股票投资易做。另一个是其本来的使命,这是因为互控股的消除而银行等保有的股票向市场抛售的压力增大,于是想灵活地运用ETF,使之成为"容器"。第一次 ETF 是野村证券将东京三菱银行的互控股4 000亿日元左右组成 ETF,随后日兴证券集团将与东京海上火灾保险的互控股2 000亿日元左右为基础组成 ETF,ETF 的具体行动就这样逐渐发展起来。

图为 A·东京海上(ETF 出钱的金融机构)、B·日兴证券(ETF 组成证券公司)、C·日兴资产管理(ETF 运用公司)、D·购进 ETF 投资者,它们相关联而组成的结构。

首先,(1)A 将相当于2 000亿日元的互控股给 B,但仅这样是不能组成东证股价指数型 ETF 的,所以(2)B 在股市上买进不足的股票2 500亿日元。用这(3)B 组成相当于4 500亿日元的东证股价指数型 ETF,委托 C 来运用。

而 B 将这 ETF 卖给投资者,但到全部卖完前 ETF 有贬值的风险。所以,(4)B 在期货市场上销售 ETF,取得贬值的对冲。于是(5)B 将 ETF 卖给 D 的个人投资者等,这一系列的交易就终了了。问题是在(4)的期货销售中 ETF 或股价是否受到下降的压力。但是,随着(5)的向 D 的个人投资者等的 ETF 销售的增加,B 手中的 ETF 就减少,所以就不需要贬值的对冲,应该是走向期货购回。期货价格如果上涨,现货价格也会转为上涨。这

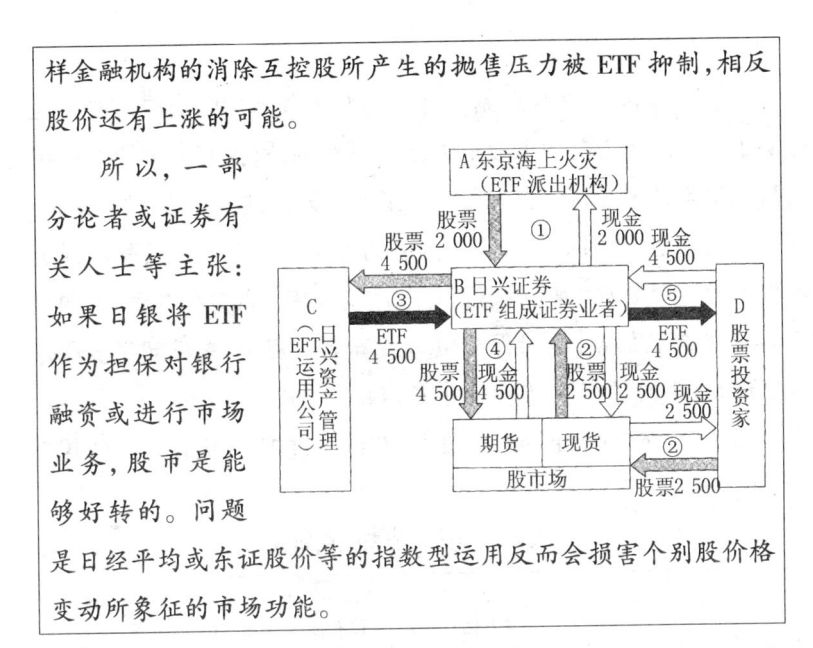

样金融机构的消除互控股所产生的抛售压力被 ETF 抑制,相反股价还有上涨的可能。

所以,一部分论者或证券有关人士等主张:如果日银将 ETF 作为担保对银行融资或进行市场业务,股市是能够好转的。问题是日经平均或东证股价等的指数型运用反而会损害个别股价格变动所象征的市场功能。

股票数量基础(股票数量÷1单元的股票数量)也在2001年度降到8.9%。可以说"互控结构"正在稳步地崩溃。特别是对银行来说,由于引进时价会计、银行股份保有限制法等,消除互控股已走上正轨。但是这是引起股价下落要因之一的问题。

2002年9月,日银决定买断银行保有股的举措(参见第5章、第8章)也是对随着这种银行"互控股的消除"而产生的股价下跌的紧急对应。因为银行因股份保有限制法的限制在2004年9月前股票保有额不得超过自有资本(TierI)。

归根到底,消除互控股今后还要继续下去,从这一点来说,不得不给股市以抛售的压力。但是,如果因此而股票互控结构崩溃的话,日本的股市就有希望促进个人投资家、外国人投资家及真正的机构投资家逐渐参与股市。

但是,问题是在长期紧缩之下的互控股结构的崩溃使股市充满了抛售的压力。如果股价大幅度下跌的话,保有大量股票的银行或寿险公司等将会有大量的非正式损失,而这会诱使股价暴跌。

实际上,起因于 1990 年代消除互控股而引起的股价暴跌或金融不稳定屡屡发生。对股价下跌,政府使用一部分公共资金(如表 4-2 的邮政储蓄、简易保险资金或养老金资金,总额超过 500 万亿日元)多次进行维持股价业务(PKO = Price Keeping Operation)。如表所示,在 2002 年春的时段上,有约超过 15 万亿日元的公共资金的 PKO。

表 4-2 公共股票接受机构

公共机构	资金总额 (万亿日元)	2002 年 3 月末股票 保有额(亿日元)	时价总额 比率(%)
退休金资金运用基金	约 147	68 251	2.2
邮政储蓄	约 240	28 131	0.9
简易保险	约 125	57 063	1.9
取得银行等保有股票机构	—	1 301[注]	0.0
日本银行		0	0.0
合计	约 512	154 945	5.1

(注)2002 年 2 月 15 日—同年 4 月 26 日的业绩。
(出处)《日本经济新闻》(2002 年 10 月 8 日晚刊)。

即使这样,在股价持续下跌的情况下,2002 年 2 月政府终于使取得银行等保有股票机构开张了。但是,如表 4-2 所示,取得机构的方法拙劣,买断的实际业绩没有达到预期的效果。

这是因为银行卖掉该机构保有的股票时,为防止二次损失,必须要挤出销售额的8%,而缺乏运用的优点。

但是,银行依据前述的股票保有限制法,在2004年9月前必须将保有股票压缩到资本核心的自有资本以下。银行就这样卖掉股票,即推进互控股的消除将会怎样呢?

结果是股票加速下跌,发生金融危机。其中,从抑制银行的消除互控股带来的对市场恶劣影响的观点出发,政府在2001年7月承认了销售ETF(上市投资信托)(参见专栏)。

而2002年9月日本央行(日银)发布了被认为是"禁忌"的紧急措施,即央行买断银行保有的股票。

Ⅱ 公债及公司债市场的结构

1 起债市场

什么是公债及公司债

在报纸上常常会看到公债及公司债的术语。公债及公司债当然不是一种东西,而是国家或地方公共团体等公共部门发行的公共债和民间商业公司发行的公司债(民间债券)的总称。

公债及公司债更普通的总称是债券。债券是发行者为广泛筹集资金而发行的有价证券,是发行者约定经过一定时间、支付一定利息的债务证书。

商业公司购进机械设备,或建设工厂必须在长时间中需要大量的资金。这时,公司的筹资方式大体有三种。第一,从银行贷款,第二发行股票或增资,而第三就是债券,即发行公司债。

银行贷款是将银行作为存款而集中的资金通过银行借来。与此相对,股票或公司债的企业直接从市场筹措投资家的资金,这就是股票或债券的发行市场。发行股票或债券的筹资被称作"直接金融",和银行贷款的"间接金融"是相对的。

发行者的企业或政府等公共部门在市场发行债券,卖给投资家。这时站在发行者和投资家之间进行有关债券发行业务(承购、募集、卖出等)的是证券公司(投资银行)。

购进、保有发行的债券的投资家从发行者那里收取利息,同时如果期限到了,返还给他本钱,这叫偿还。

保有债券的投资家如果需要资金的话,也能够在市场上卖掉其保有的债券。这是债券流通市场,这种债券的买卖也是以证券公司为中介进行的。这时投资家得到和保有期间相应的利息。

债券种种

股票面值有50日元或500日元及5万日元等很多差异,而债券没有特定的面值,根据债券或公债及公司债发行者的不同将其分类为图4-5。公共债有国债、地方债及政府机构债(公团、公库债等),民间债有商业债、可转换公司债、金融债等。

民间债是公司债,但多数场合在说民间债时,指的是除了金融债以外的民间债。就是说所谓公司债主要是普通公司债(商业债)。

债券在发行市场广泛发行、卖出是正常的,但其中也有针对特定的投资家卖出的。前者被叫做公募债,后者被称作私募债。私募债因为是卖给和发行者有关的投资家,也被称作关系债。

此外,债券根据偿还期限分为长期债(五年以上)和中期债(二~五年)及短期债(一年以内)。而债券中因担保的有无被分为担保债和无担保债。

通常公共债及金融债是作为无担保债而发行的。商业债一贯是担保债,最近却以无担保债的发行为主。政府机构债没有担保,但很多由政府来保证,这被称作政府保证债或政保债。

债券发行(也叫募集)根据本国或外国分为国内债、国外债。国外债一般叫外债,根据发行的通货,如称作美元债或瑞士法郎债等(关于外债后面将详述)。

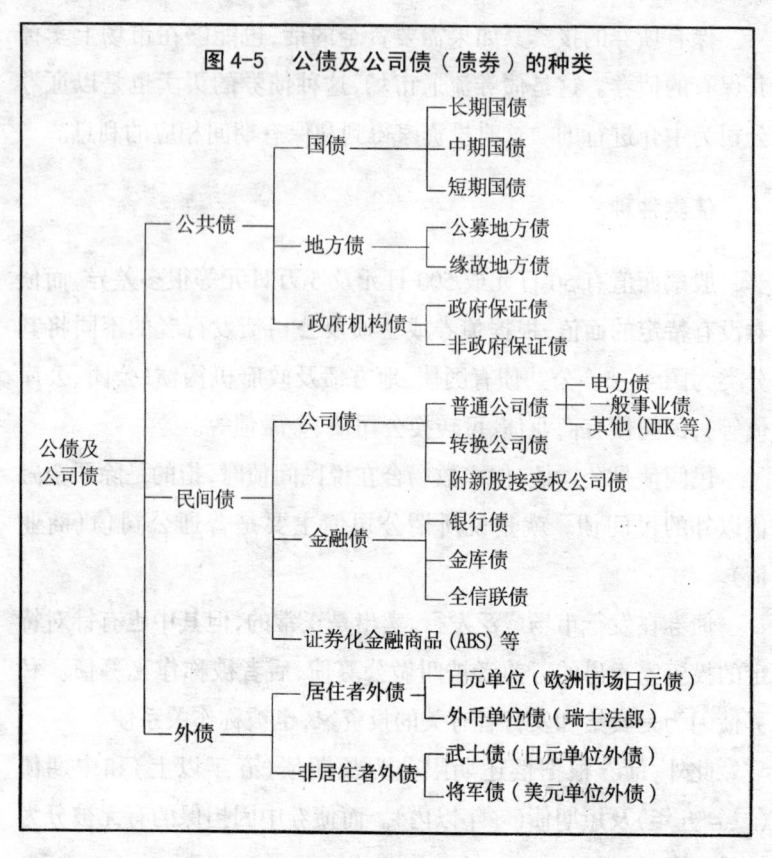

图4-5 公债及公司债(债券)的种类

```
                         ┌─ 长期国债
              ┌─ 国债 ───┼─ 中期国债
              │          └─ 短期国债
              │
              │          ┌─ 公募地方债
    ┌─ 公共债 ─┼─ 地方债 ─┤
    │         │          └─ 缘故地方债
    │         │
    │         │              ┌─ 政府保证债
    │         └─ 政府机构债 ──┤
    │                        └─ 非政府保证债
    │
    │                          ┌─ 电力债
    │                          ┌─ 普通公司债 ─┼─ 一般事业债
    │                          │              └─ 其他(NHK等)
公债及 ─┤         ┌─ 公司债 ──┼─ 转换公司债
公司债 │         │            └─ 附新股接受权公司债
    ├─ 民间债 ──┤
    │          │            ┌─ 银行债
    │          ├─ 金融债 ───┼─ 金库债
    │          │            └─ 全信联债
    │          │
    │          └─ 证券化金融商品(ABS)等
    │
    │          ┌─ 居住者外债 ──┬─ 日元单位(欧洲市场日元债)
    │          │               └─ 外币单位债(瑞士法郎)
    └─ 外债 ──┤
               └─ 非居住者外债 ┬─ 武士债(日元单位外债)
                               └─ 将军债(美元单位外债)
```

此外,以上的公司债被称作普通公司债(SB),但除此之外,也有如图4-5所示的公司债中具有股票性质的特殊公司债,其代表是可转换公司债(CB)和附新股接受权公司债(附新权债券或WB)。这一点后面将详细探讨。

持续累增的国债余额

公债及公司债的中心自然是国债。就是说,是政府发行的债券,如图4-6及图4-7所示,占年公债及公司债发行额压倒比例的是国债。

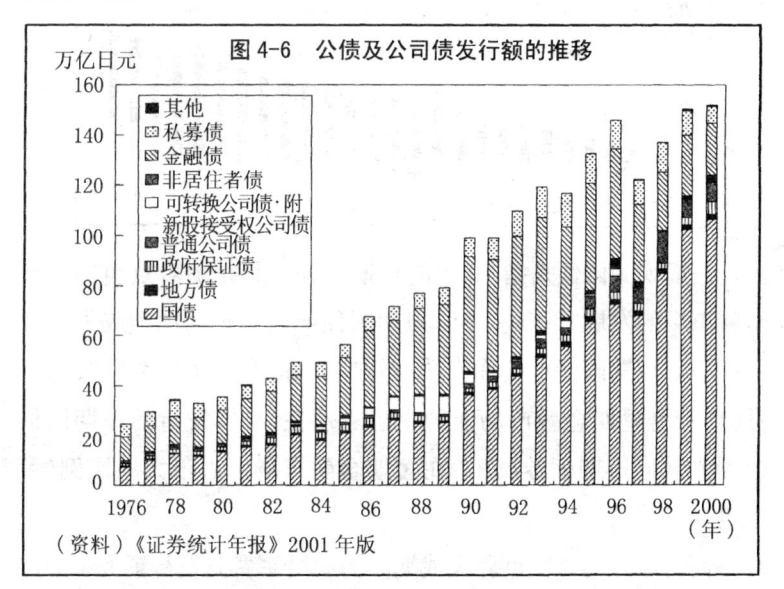

图4-6 公债及公司债发行额的推移

（纵轴：万亿日元；图例：其他、私募债、金融债、非居住者债、可转换公司债·附新股接受权公司债、普通公司债、政府保证债、地方债、国债；横轴：1976、78、80、82、84、86、88、90、92、94、96、98、2000年）

（资料）《证券统计年报》2001年版

现在,日本政府发行的国债有长期国债(偿还期限10年)、中期国债(二年、三年、四年、五年、六年)、短期国债(不满一年)及政府短期证券(不满一年),此外,也发行五年(偿还期限五年)的贴现国债和15年、20年及30年的超长期国债。

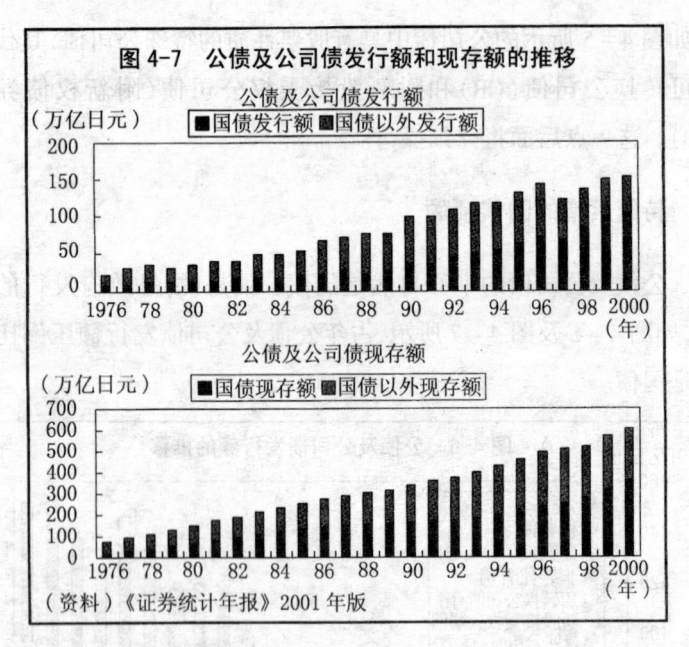

图 4-7 公债及公司债发行额和现存额的推移

公债及公司债发行额
（万亿日元）■国债发行额 ■国债以外发行额

公债及公司债现存额
（万亿日元）■国债现存额 ■国债以外现存额

（资料）《证券统计年报》2001 年版

一般说到国债是指 10 年的长期国债。只是随着自由的短期金融市场的发展,不满一年的短期国债或政府短期国债成了买卖的中心。短期国债也被称作政府短期证券,在美国作为财政部证券(TB),是短期金融市场上的中心。现在,日本发行的短期国债(TB)和政府短期证券(FB),在短期金融市场上占很大的比例(参见第 3 章)。

而日本在第二次世界大战期间为筹措军费而发行了大量的国债,这成为强烈的通货膨胀的原因,为此,战后根据财政法,长期国债的发行被禁止,这是财政法第四条的规定。只是财政法承认限于公共事业等指定事业的国债,这被叫做建设国债。

在 1965 年(昭和 40 年)的萧条时,政府为填补岁收不足而发行了填补岁收国债。这是战后第一次发行赤字国债。

由于1973年秋发生了第一次石油危机,引起经济停滞,使得政府再次遭到大幅度的岁收不足,于是政府在1975年度的补充预算中,决定再发行约3万亿日元的赤字国债,此后,每年度为弥补岁收不足而持续发行赤字国债。

1975年度以后的赤字国债是基于"有关公债发行特例的法律"而发行的,故被称作特例国债。于是,发行大量的国债从1975年度后开始常态化,至2002年6月末,由建设国债、特例国债构成的国债发行余额达452万亿日元。

两种国债发行方式

国债发行以两种方式进行,一是承购国债募集的辛迪加方式,二是公募招标方式。前者的辛迪加承购方式也叫辛方式,应用发行在十年的长期国债和五年的贴现国债上。这是承购国债的银行、人寿保险、损害保险及证券公司等机构组成承购辛迪加,决定发行者(财务省)和发行条件(利率、发行总额等)的方式。而辛迪加的成员对发行总额的60%进行价格竞争的招标。余下的40%由辛迪加成员按竞争招标的平均中标价格以固定的比例接受下来。

另一方面,公募招标方式是在发行贴现短期国债、中期国债及超长期国债时使用的。这是希望购进这些国债的投标参加者(银行、人寿保险、证券公司等)对每次认购价格记载的认购额投标,决定国债的发行额和条件的方式,这种公募招标方式是发行反映市场利率的国债,在这一点上和很难反映市场利率的辛迪加方式形成对照。

辛迪加承购国债及用招标落实的国债一般在证券公司和银行的窗口销售。此外,银行的"窗口销售"是从1983年4月开始的。

公司债是怎样发行的

普通商业公司发行的债券被称作普通公司债(SB),这大体分为电力债和普通商业债。将电力债分为一类,是因为在日本的公司债(商业债)中,电力公司发行的金额最多。

发行公司债的地方被称作起债市场,在那里,公司债的发行者为了顺畅地发行、销售公司债等债券便依靠专门的金融机构(证券公司等)做中介,而没有中介,发行者直接在起债市场发行公司债的也叫做"直接发行"。但是直接发行只是一部分。

证券公司等专门机构做中介的"间接发行"的一般理由是对于发行企业来说,即使支付手续费,也要将债券的募集、销售等委托给专门机构,因为这在发行风险等方面是有利的。就是说,证券公司作为承办者中介于起债,即使公债的募集额低于发行额而产生剩余,但因为承办者会将这剩余的接受下来,所以发行者即便不负债券发行的风险也没关系。

银行等金融机构也可以插手这种承办国债、地方债、政府保证债等的业务。而关于公司债,有证券交易法第65条,即所谓的壁垒条款只承认证券公司。

不论是谁都能发行公司债吗

公司债原则上是任何商业公司都可以自由发行。但是,没有让普通投资者安心购进公募的公司债机制的话,公司债的发行就不能顺利地进行。

以前,在日本实质上决定企业起债是否可能的机制中,起债会及受委托公司起着很大的作用。

这是和迄今为止日本起债市场中有担保公司债被作为原则紧密相联的。这一情况可以追溯到昭和初期的昭和经济危机时的公司债净化运动。本来,日本的公司债是无担保的,但是在昭和经济危机时不断出现不能偿还债务的公司债(参见违约,专栏),因此为了恢复公司债的信用度,就产生了将无担保公司债转换为有担保公司债的有担保原则。所以,为保护投资者不受违约的侵害,专栏里的"起债会"和委托制度战后一直发挥着强有力的作用,有担保公司债的发行条件被置于大藏省(现在的财务省)的严格监督之下。

如今债务不履行是身边的事

债务不履行意味着债券等债务的返还不可能。迄今为止,债务不履行指的是中南美各国发行的国债等由于经济危机或金融危机常常不能返还本利的现象,对日本国民而言曾是遥远的事情。而且虽然有昭和危机时大量的公司债陷入债务不履行的痛苦经验,但战后以土地担保等牢靠保护的公司债发行是很普通的,即使发行公司倒闭,因为有承办银行在额面上买断的结构,没有发生过债务不履行。

但1997年初因八佰伴的倒闭,该公司的可转换公司债持有者蒙受了巨大的损失,其后因马科尔破产,在普通投资者中受到沉重损失的个人投资者大有人在。此外,在日本投资家中有的

> 人最近向海外证券投资,并有增加的倾向,也出现了因墨西哥或阿根廷等国债遭受了债务不履行的例子。如今,对日本个人投资者而言,债务不履行绝不是与己"无缘的事"。

但是,在1979年3月终于发行了无担保普通公司债,开始了"公司债无担保化"的潮流。首先是美国最大的流通业者沃尔玛在东京起债200亿日元。此外在4月份,松下电器发行了500亿日元的无担保可转换公司债。

于是,即使在日本无担保化的动作也是很大的,当局对无担保的普通公司债及转化公司债设定了适当债券基准,此后,这一基准逐渐放宽,在1995年12月终于废除了适当债券基准和分级别基准条款,以至从1996年1月开始日本公司债的起债市场完全自由化了。

"公司债的无担保化"对发行公司债的企业是有利的,但另一方面对投资者来说就有了问题。因为如果没有担保,投资者的风险就要增大。因此,如果对发行企业的债券信用度有客观的尺度,投资者就会放心地购进债券,而且还方便。

在美国无担保公司债是很普通的,而那里有标准普尔公司、穆迪公司等代表性的评级别的机构,其评级具有高度的可靠性。权威和可靠的评级如果一般化了的话,投资者就能放心地进行证券投资。

在"公司债的无担保化"潮流中,在日本先前实质上进行的所谓的"评级"的前述的"起债会"(委托银行和承办债券公司)失去了力量,美国式的评级机构就上场了。其代表是在1998年4月日本公债及公司债研究所和日本因贝斯塔斯服务公司合并诞生的"评级投资信息中心"(简称 R&I)和在 1985 年 4 月开张的日本评级研究所两个机构(参见专栏)。

> **评级 ABC**
>
> 评级是英语的 rating,作为金融术语是指用一定的记号表示国家或企业发行的债券的本利支付的确实性。据说这是在 20 世纪初,从美国的 J.穆迪对铁路公司发行的债券用记号表示投资优劣而开始的。日本直到最近对企业发行的公司债还是以承办银行和证券公司构成的"起债会"来进行僵硬的接近评级,而现在如本文所述,在"公司债的无担保化"之下,像欧美那样,由评级公司评价债券风险正在普及。
>
> 评级一般是从三个 A 到单一的 C 共九级(其中从 AA 到 B 多加上 + 、 -)。将三个 B 负以上称作"投资合格",两个 B + 以下是风险高的,叫做"投机的"。代表性的评级机构是美国的穆迪、标准普尔,欧洲系统是费切·雷丁斯,而日本则是评级投资信息中心(简称 R&I)、日本评级研究所等。

什么是金融债

如果说日本有代表性的债券是什么,首先是国债,其次就是金融债。还有最近替代金融债的一般商业公司的公司债,这在图 4 - 8 中是很显眼的。

但是,金融债在日本公债及公司债市场上分量还是很大的,如图 4 - 8 所示。金融债是金融机构发行的无担保债券(公司债)。

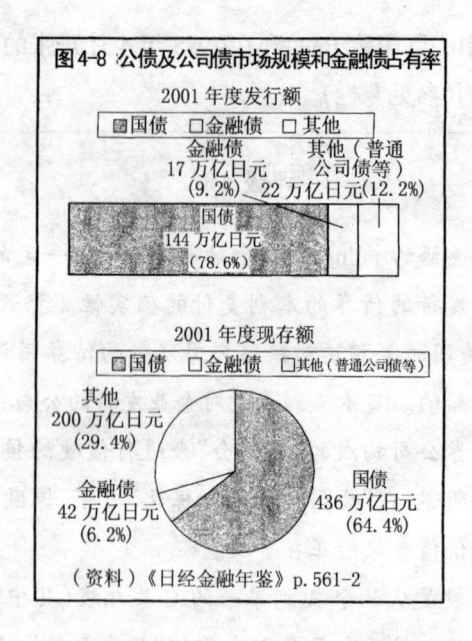

图 4-8 公债及公司债市场规模和金融债占有率

2001 年度发行额
- ■国债 □金融债 □其他
- 金融债 17 万亿日元 (9.2%)
- 其他（普通公司债等）22 万亿日元 (12.2%)
- 国债 144 万亿日元 (78.6%)

2001 年度现存额
- ■国债 □金融债 □其他（普通公司债等）
- 其他 200 万亿日元 (29.4%)
- 金融债 42 万亿日元 (6.2%)
- 国债 436 万亿日元 (64.4%)

（资料）《日经金融年鉴》p.561-2

能够发行金融债的金融机构以前是长期信用银行等三家银行。具体而言是日本兴业银行、日本长期信用银行和日本债券信用银行,但现在长期信用银行变成了新生银行和青空银行两家。只有转换为普通银行而变成瑞穗金融集团的原日本兴业银行被允许暂时地在相当的时期内发行金融债。

除这三家银行,能够发行金融债的机构有四家。一家是外币专门银行的东京银行所加入的东京三菱银行,第二是农业系统金融首领的农林中央金库(简称农中),接近于政府系统的商工组合中央金库(简称商工中金)和信用金库的中央组织的信金中央金库(前全国信用金库联合会)。

这些金融机构主要是进行长期资金的贷款或对特殊领域融资

的机构,并且因为国内分店少,不能像普通银行那样很容易地得到存款,所以被认可是发行金融债的"特例"。

金融债原则上是一年期的贴现金融债和五年期的有利息金融债,这是主要的两种。

金融债可以在发行的各金融机构的窗口购买,但证券公司也大量销售。这也是因为这些金融债发行机构分店少,便委托证券公司销售。

在这里简单地学习一下贴现和有利息。所谓有利息债是在债券面额上有能够取得利息的息票。譬如,面额10万日元有10%利率(这被称作表面利率)的息票,如果拿着这个息票,投资者就会领取1万日元的利息。这个息票的利息是确定的,即是一定的(在这个例子中每年是1万日元),被称作确定有利息。

另一方面,贴现债没有息票,以比券面表示的金额要便宜的价格发行,到期后偿还券面金额。就是说,在贴现债的场合,投资者购进的金额和偿还时取得的金额(券面额)之间的差充当了利息。

譬如,券面10万日元的贴现金融债用9万日元购进,如果一年后偿还时得到10万日元的话,1万日元就成了利息。这时的利率(一年)可以算出为

$10\,000 \div 9\,000 \times 100 + 11.111\cdots\%$

什么叫可转换公司债

在法律上是债券(公司债)但同时作为具有股票性质的债券中有可转换公司债和附新权债券(附新股接受权公司债)。

可转换公司债被略称为 CB(Convertible Bond),是在一定的条

件下具有转换权利的公司债。就是说,CB 首先是作为公司债发行的。但是一经转换,公司债就没有了,变成了股份。

购进可转换公司债的投资者原封不动地持有这一债券,也可以得到公司债的利息,转换成股份就可以得到股东的红利。此外,等到股价上涨时也能得到卖出的利益。在这一点上,可以说 CB 是同时具有公司债的安全性(确定利息)和股票的收益性(上涨)的投资对象。对于起债 CB 的企业来说,CB 和股票增资相比,在能够防止红利负担一下就增加这一点上是有好处的,此外,CB 的筹资成本低,这也是很有益处的。

因为可转换公司债向股票转换和按时价发行的增资是一样的,所以,发行公司实质上的筹资成本极其低廉。就是说,发行公司的成本变成了对时价的红利。

在 CB 转换成股份时,成为其基准的价格被称作转换价格。通常在发行 CB 时,以超过发行前一定期间的平均股价的 5%~10% 的水准来定价。譬如,平均股价为 100 日元,转换价格的上涨率为 10% 的话,就是 110 日元。

购进 CB 的投资者决定是否将 CB 转换为股份的基准是被称作比价的价格理论。以上述为例,如果股价在 110 日元以上的话,投资者将 CB 转换为股份,因为如果卖掉的话,就能够得到卖出收益。

$$比价 + \frac{股价(时价)}{转换价格} \times 100$$

如果比价超过 100 日元,那么就进行 CB 的股份转化。譬如,转换价格是 110 日元,而时价是 130 日元时,比价是 118 日元,超过

100日元18%。

什么是附新权公司债

一般的公司债被称作普通公司债,但特殊公司债的代表是前述的可转换公司债和附新权公司债(WB)。

附新权公司债是附新股接受权公司债,是作为企业强有力的筹资手段的主要债券。企业不向普通公司债而是向CB或附新权公司债倾斜的理由各种各样,其中之一是普通公司债对投资者缺乏魅力,作为企业难以发行。

因此,企业给公司债加上调料,想让人们买进有魅力的公司债,这就是CB和附新权公司债。把这作为公司债的调味品。

附新权公司债是1981年修改商法后被承认的。公司债的购进者对于公司债发行公司在一定的条件下具有买进新股的权利,即具有新股接受权。因此,实质上可以说附新权公司债和可转换公司债是同类的东西。

但是,在CB的场合,和股份转换后,其公司债就没有了,与此相对,附新权公司债的场合是公司债和接受权并存,公司债在偿还前不消灭,在这一点上两者不同。

对于购进附新权公司债的投资者的益处之一是作为公司债权人可以得到确定的利息,另一个是行使接受新股权,可以得到或者取得股份或者将其卖出的资本收益。

附新权债券有分离型和非分离型,我国直到1985年末只发行非分离型,从1987年12月东急百货公司发行附新权债券开始,分离型也相继登场。

分离型是公司债部分和新股接受权部分相分离而进行买卖的,分离型对投资者来说是新的投机性很强的金融产品。因为,譬如时价 300 日元的股票变成 350 日元的话,那么,增值幅度为 50 日元,上涨率为 16.6%。如果股价是 300 日元时,以 50 日元买卖附新权债券(分离的新股接受权)的话,那么,在股价成为 350 日元时,附新权债券理论上的价格就成了 100 日元。就是说,以前以 50 日元可以将一股 300 日元买进,但现在一股成了 350 日元,所以 50 日元就被附加在以前的附新权债券价格 50 日元上。这时,增值率为两倍。

这种附新权债券从发行公司看益处也是很大的。第一,可以以比普通公司债收益率低的利率筹资。这是因为和 CB 或时价发行增资相同,发行公司可以享受股价上涨的益处。第二,和 CB 同样,而如果推行新股发行,自有资本就会不断充实,和增资不同,红利负担不会一下子增多。第三,和 CB 不同,因为公司债存在,可以确保长期资金,而且可以重新进行接受权行使部分的增资这一筹资。

附新权债券的上市和普及可以说成为给予金融市场上新动向的契机。因为,在这里看到的新股接受权是兴盛的金融产品"期权"之一种。就是说,"期权"的引进促进了金融手段的多样化,并且使其精致化,扩大了金融革新的潮流(参见第 3 章)。

2 流通市场

巨额公司债买卖

迄今为止主要是以发行或起债为考虑对象来对公债及公司债（债券）进行探讨的。这被称作公债及公司债一级市场（primary market）或者起债市场，其主要角色是进行筹资的公债及公司债发行者（政府、公共团体、企业等）和公债及公司债应募者（购进者或投资者），两者之间的中介是证券公司和银行等金融机构。

对此，公债及公司债，譬如不论是国债还是公司债都要一度在一级市场上起债，如果应募的话，其债券就成为已发行债券。一般叫在外债券。

买卖已发债券的市场是二级市场（secondary market）。请想一想已经讲过的股票市场。每天在兜町或北滨①买卖股价的结果都登载在报纸的股票栏里。这表示股票流通市场的动向。

与此相同，关于公债及公司债或者债券每天也在进行交易。和股票的流通市场同样，公债及公司债也有交易所。有东京、大阪和名古屋的证券交易所。公债及公司债在这三家证券交易所中上市，证券公司买卖着投资者们委托交易的债券。

但是，在这证券交易所的公债及公司债买卖中除了可转换公司债外，其余的进行得并不活跃。在这一点上和股票原则上在交

---

① 大阪证券交易所所在地。——译者

易所买卖大相径庭。

公债及公司债流通市场的中心是门市交易。已发债券买卖的超过九成是门市买卖,但是其和上市股票不同,因为债券的品种极多,并且买卖的单位又大,所以不能融进交易所的买卖中。

就是说,公债及公司债流通市场以证券公司和银行为中心,人寿保险、损害保险等机构投资者或商业公司等相对地进行着数量庞大的债券买卖。譬如,有富余资金的人寿保险公司如果要买进国债或公司债,证券公司就向它们卖出手头的公债及公司债,相反人寿保险需要资金,如果它要卖出公债及公司债的话,证券公司就会转过来买,就像这样,证券公司按自己测算来卖出或买进公债及公司债。这被称作即期交易,即交易商业务。

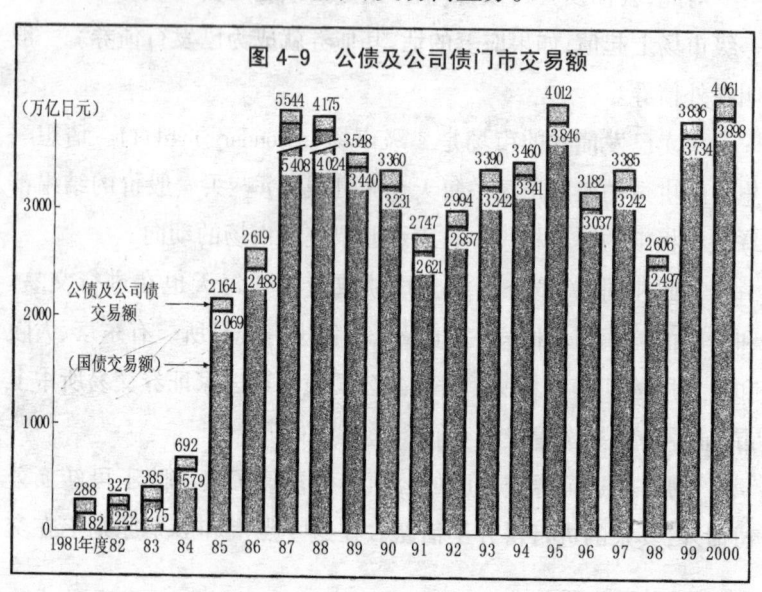

图 4-9 公债及公司债门市交易额

年度	公债及公司债交易额	国债交易额
1981	288	182
82	327	222
83	385	275
84	692	579
85	2164	2069
86	2619	2483
87	5544	5408
88	4175	4024
89	3548	3440
90	3360	3231
91	2747	2621
92	2994	2857
93	3390	3242
94	3460	3341
95	4012	3846
96	3182	3037
97	3385	3242
98	2606	2497
99	3836	3734
2000	4061	3898

(万亿日元)

1984年6月,从银行承认了公共债即期交易以来,公债及公司债买卖额显示出飞跃式增长(参见图4-9)。其买卖的中心依然是国债。如图所示,其占买卖总额的国债比率超过八成。

债券价格上涨,利息就下降

巨大化了的债券市场现在可以定位于日本金融市场的中心,以至于它也给利率的波动带来巨大的影响。

在报纸中常常可以看到这样的报道:"购买债券增多,债券价格上涨,结果是利率下降。"但许多人理解不了债券价格上涨(下跌)和利率下跌(上涨)之间的关系。

在这里我们初步地学习一下债券的价格、收益率内容。基本道理很简单。因为对投资者来说,只要知道投资的金额(A)一年后有多少收益(B),即收益率(r%)就可以了。所谓收益率叫做利息,也可以叫做利率。其关系用以下的公式表示。

$r(\%) = B \div A \times 100$

譬如,某投资者一年保有价格九五的债券。债券的面值利息率如果是10%的话,那么这个投资者以多少的收益率来运用资金(本钱)呢?

必须理解面值利息率的术语。这是对面值100的年利息率。因此,这张债券如果在一年中持有的话,这位投资者就会收取 $100 \times 0.10 = 10$ 的利息。

因此,只要想起前述的 $r = B \div A \times 100$ 就可以了。这位投资者投入九五(A)一年后可以得到10(B)的利息,所以收益率是 $r = 10 \div 95 \times 100$,即10.5%。

如果这个债券的价格从九五上涨到九八的话,那么对于投资者的收益率来说又会怎样呢?这时一年户的利息(B)还是 10,但 A 因为到了九八,所以收益率为 r = 10 ÷ 98 × 100,即 10.2%。

结果是,如果债券价格从九五上涨到九八的话,收益率(利息)就从 10.5% 跌到 10.2%。

这样,债券价格和利息之间的关系就成了下面这样。

$$利息(收益率) = \frac{面值 \times 面值利息率}{债券价格}$$

而一般是在债券发行时面值利息率就先被决定了。通常对面值 100 的以 6% 或 7% 表示。但是,现实中的市场比率是变动的,所以很难以这种面值利息率发行债券。

譬如,面值利息率为 6% 时,市场利息率如果上涨到 6.5% 的话,以 6% 的面值利息率就很难发行。因为市场利率是 6.5% 时,就没有人会购进 6% 收益率的债券。

因此,发行者在市场利率超出面值利率时,就发行价格比面值价格要低的债券。因为如果降低发行价格,实质上的收益率是可以和市场利息率相等的。

而低于面值价格发行的债券在偿还时,其面值价格和发行价格的差会回到投资者那里,这就是偿还差益。因此,对投资者投入本钱的年收益就是年利息(面值金额乘以面值利率),再加上一年的偿还差益部分(用偿还年数除偿还差益)。

这个算式如下:将收益率作为 r,将面值利率作为 i,发行价格为 x,偿还年数为 n。

$$r = \frac{100 \times i + \frac{1}{n}(100 - x)}{x}$$

这个算式在已发债券的买卖中也适用。但偿还年数 n 成为到期前的剩余年数,发行价格 x 变成流通市场的债券价格。因此,将流通收益率作为 r',剩余年数为 n',债券的流通价格为 x'的话,流通市场的算式如下。

$$r' = \frac{100 \times i + \frac{1}{n'}(100 - x')}{x'}$$

从这个算式上看,市场利息率上涨的话,r'也不得不上涨,x'的结果是不得不下降。市场利息率(r')如果下降,债券价格(x')就不得不上涨。

相反,在流通市场中如果购进的债券增多,债券价格(x')就上涨,结果市场利息率(r')就下跌。特别是债券流通市场的规模巨大化了,如果其占领了金融市场的核心,那么债券市场的买卖就会给市场利率水平以巨大的冲击。

什么是外债

迄今为止学习的债券或公债及公司债都是国内债。就是说,是在日本国内发行、流通的债券。但是日本企业发行的债券并不只限于国内债,此外,也有外国企业在日本发行的债券。

或者日本企业在外国发行,或者外国企业在日本发行的债券一般叫外债。在外国发行的公债及公司债或外国企业发行的公债及公司债被简称为外债。

外债大体上有三种类型。第一种是日本企业(或者政府有关部门或公共团体等)在外国发行的债券。第二种是外国的企业或政府在日本发行的债券。其中有外国人以日元为单位发行的武士债(以日元为单位的外债)和以美元为单位的将军债(以美元为单位的外债)。

第三种类型是外国政府或企业在外国发行的债券。譬如,美国政府在纽约市场上发行的美国债或美国的通用公司在伦敦市场上发行的公司债(欧洲市场债)等被统称为外债。日本人寿保险公司或信托银行等机构投资家在美国运用资金,而其对外证券投资的核心多数是以购进美国债来进行外债投资。

这样,虽说是外债,但有三种类型,其内容相当不同。图4-10是对外债的归纳。

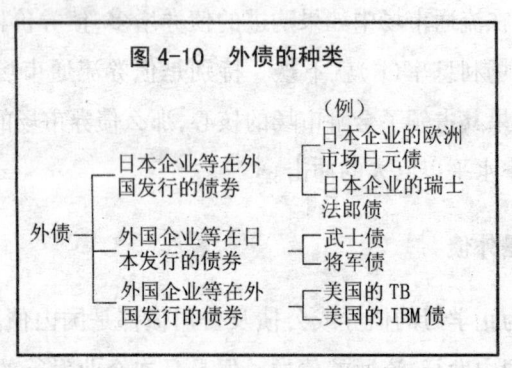

图4-10 外债的种类

```
              ┌ 日本企业等在外   ┌ (例)
              │ 国发行的债券    ┤ 日本企业的欧洲
              │                │ 市场日元债
              │                └ 日本企业的瑞士
              │                  法郎债
  外债 ───────┤ 外国企业等在日   ┌ 武士债
              │ 本发行的债券    └ 将军债
              │ 外国企业等在外   ┌ 美国的TB
              └ 国发行的债券    └ 美国的IBM债
```

在这三种外债中,成为日本企业筹资手段的不言而喻是第一种类型的外债,第二和第三种外债是外国政府或企业的筹资手段。

第一种类型的外债大体上分为以外币为单位的外债和以日元

为单位的外债。前者是譬如用美元或瑞士法郎表示的起债。后者是用日元表示的起债,这被称作欧洲市场日元债。

Ⅲ 新层次的证券市场

1 投资信托革命开始了

什么是投资信托

我们通过证券公司买的或者卖的不仅是股票和债券(公债及公司债)。证券公司还经营除股票和证券以外的各种金融产品。

即使对于我们个人来说,实际上如果将股票或债券作为资产运用对象的话,也是稍有困难的。股票的变动剧烈,光是这风险就够大的了。即便是债券也有价格变动,外行是很难出手的。

在这种情况下,在后进资本主义的日本,个人所有的金融资产如表4-3所示,风险小的存款占一半以上。这和先进资本主义的美国个人金融资产的配置相比有十分大的不同。就是说,在个人金融资产储蓄低的日本,个人(家计)的资产运用比风险比较大的股票或债券等更倾斜于风险小的存款。

但是,日本经济在1985年左右已经成功地追上了欧美先进经济水平。人均GDP成为世界第一。而日本的个人(家计)已经自豪地和美国并列,拥有世界第一的金融资产。

表4-3 家计金融资产余额的国际比较(1999年末)

(单位:亿日元、()内构成比%)

		日本		美国		英国		德国	
金融资产余额		14 378 412	(100.0)	41 704 858	(100.0)	4 811 204	(100.0)	3 701 511	(100.0)
	现金存款	7 763 012	(54.0)	3 994 536	(9.6)	995 409	(20.7)	1 302 671	(35.2)
	贷放	75 801	(0.5)	504 096	(1.2)	10 878	(0.2)	—	
	保险·退休金准备金	3 794 985	(26.4)	12 724 294	(30.5)	2 509 694	(52.2)	975,706	(26.4)
	股票·出资金	1 160 998	(8.1)	15 559 480	(37.3)	85 882	(17.7)	620 042	(16.8)
	股票	919 816	(6.4)	10 080 150	(24.2)	449 155	(9.3)	471 322	(12.7)
	股票以外的证券	1 100 560	(7.7)	8 522 432	(20.4)	320 830	(6.7)	760 795	(20.6)
	其他	483 056	(3.4)	399 902	(1.0)	122 508	(2.5)	42 290	(1.1)
每人的日元换算比较(千日元)	金融资产余额(A)	11 365		15 269		8 190		4 509	
	金融负债余额(B)	3 284		2 956		1 915		1 823	
	纯金融资产余额(A−B)	8 080		12 312		6 275		2 685	

资料:日本银行《金融经济统计月报》《国际比较统计》、内阁府《国民经济计算》。

这样一来,日本的个人金融资产今后将面向高回报·高风险的金融产品,这是确定无疑的。倾向性强的运用方向是什么呢?股票或债券的可能性也很高,但更可能的是对风险的感觉还迟钝的日本的个人将对定位于存款和股票、债券中间的金融产品抱有强烈的关心。

这中间风险带的金融产品的代表是所谓的证券投资信托。一般简称为投信,但正式的名称是证券投资信托。

实际上投资信托,即投信是为一般人能够立刻购进而制作的一揽子化金融产品。这首先是购进投信所需要的资金可以相当少。譬如,要投资(购进)面值50日元的股票时,当时价是500日元时,购进单位一般是1 000股,所以即使最低投资金额也需要准备50万日元(500×1 000)。所以,要是直接投资股票等金融产品,需要相当完整的资金。

因此,人们就想出来了一般的人不论是谁都能够投资债券的机制,这就是英国19世纪构想出来的投资信托机制,从不特定的若干投资者那里收集小额资金,把这作为基金由专家来管理和运用,获取利益后再分配给投资者。

所以,投信第一特长是小额资金,其次是委托投资专家来运用资金,因此,每个投资者即使没有特别的专门知识,也可以放心地投资,这是其优点。

主要的是投信是专家将从普通人那里收集的小额资金分散投资在各种股票或债券等几种证券类的一揽子金融产品中,投信购进者获得收益的分配。

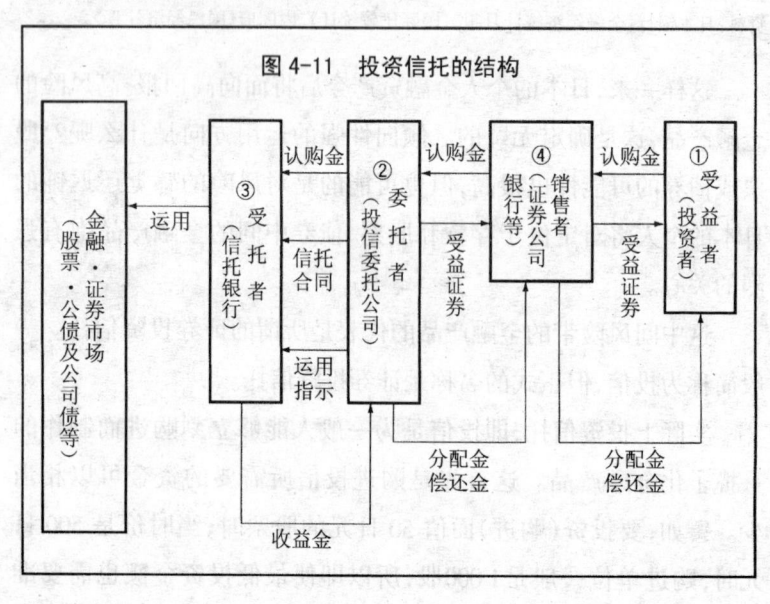

图4-11 投资信托的结构

日本根据1951年的证券投资信托法而开始了投信。这一机制如图示的图4-11。(1)受益者(投资者)，(2)委托者(投信委托公司)，(3)受托者(信托银行)——由这三者构成，如图所示，(4)作为销售者中介的有证券公司、银行、人寿保险公司、损害保险公司等机构。

(1)受益者是投资自己的资金，得到其运用利益分配的投资者，(2)委托者是以专业知识运用从投资者处收集来的资金(基金)的投资专家集团(投信委托公司)。投资信托委托公司在法律上和证券公司等金融机构不是一个公司，但几乎都是大型金融机构的子公司或系统公司，实际上可以将其和母公司视为一体。

(3)受托者是从前述的(2)的投信委托公司受托资金，按照其指示担当资金管理的信托银行。(4)销售者对投资家销售(2)的投信委托公司发行的证券(受益证券)。具体的是证券公司、银行、人寿保险公司、损害保险公司。

投资者在一定时期收取受益证券的分配额。

此外，投资信托一般一户单位为1万日元，没有本钱的保证，收益的分配率也不确定。收益分配款一年一次或两次，运用期间也是各种各样。

投资信托的六个区分

投资信托大体上有三种类型：合同型和公司型、股票投信和公债及公司债投信、单位型和开放型。

首先是合同型和公司型。前者的合同型因为是采用了信托形式，所以也叫信托型。后者的公司型采用了受益证券出资的形式也可以叫股票型。以前,日本的所有投信都是合同型。这就像图4-11所示,投信基本上是由投信委托者、受托者、受益者三者构成。另一方面,公司型的投信结构是成立投资目的的股份公司,投资者(受益者)以所持的这家公司的股票来接受由运用得到收益分配。欧美的投信是以这种公司型为主的,而日本在1998年1月,作为后述的投信革命或金融大爆炸的一环,也对公司型投信解禁了。

投资信托根据运用对象大体上分为两种。运用对象中有股票,但为了确保收益的稳定性,只是在一定限度内运用股票,而将公债及公司债组合进去,这是股票投信。与此相对,不要股票而运用公债及公司债或 CP 等金融产品,这是公债及公司债投信。

此外,在是否追加投资者的资金中,分为单位型和开放型(追加型)。公债及公司债投信中的开放型较多,我们熟悉的后述的中期国债基金或 MMF 等就在这个分类中。

即使在银行也可以购买投信

投资信托在个人金融资产积累的经济内,成为增长性金融产品的代表。因为投信是小额的,风险较小,对于个人投资者来说是容易接近的运用对象。如图4-12所示,即使在日本投信余额直到1989年左右也是顺利增长的。但是,1990年代在日本经济及股市长期停滞的背景下,投信市场也不得不陷入低迷状态。

在此期间,金融界中要给无出路的金融市场吹进新鲜风的气氛也高涨起来。最大的要因有两个。一个是个人的金融资产余额进入1990年代后积累得更多了。另一个是金融自由化大大地进

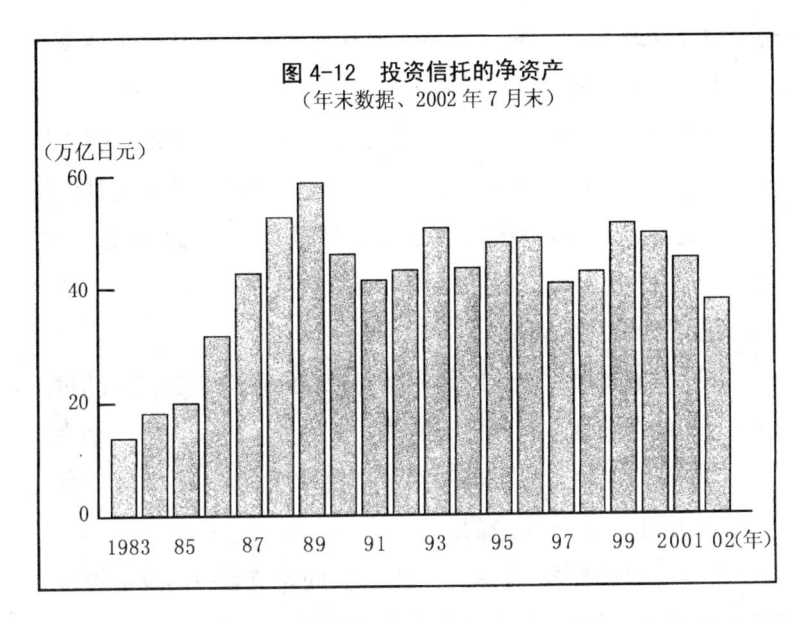

图 4-12 投资信托的净资产
（年末数据、2002 年 7 月末）

展了,金融机构方面也出现了积极地开发新金融产品的强烈动向,将投信置于产品设计核心是最理想的认识也扩展开来。

于是,也可以说以 1995 年前后为界,日本开始放宽对投信自由化的限制。

这大体分为投信销售的自由化和投信产品的自由化。对于以投信为核心的多种金融产品稍后再述,在这里说一下放宽投信销售的限制。

投信信托以前一直是仅仅承认证券公司的窗口销售,但 1997 年 12 月,一部分银行窗口以"店铺借贷"的方式也可以销售投信了。而根据 1998 年 11 月的修改的投资信托法,投信的银行窗口销售解禁,人寿保险公司、损害保险公司都可以在窗口销售投信。

而且,这种投信销售渠道的扩大是以前金融自由化的滔滔巨流中的证券改革的一环,必须将其理解为在1990年代后半期突然成为大潮流的金融大爆炸具体展开的一个领域。

现在,普通投资者不仅在证券公司的窗口而且在银行等机构的窗口也可以轻松地购进投信,在这一意义上可以说投信时代正在成为现实。进入1990年代的投信余额呈一高一低的状态,一时间是空前的高,但像图4-12所示,其后由于低收益率,人们敬而远之,遂成为低迷状态。

在这里必须再次确认的是围绕着投信的风险,在选择投信时,必须充分地考虑到风险和回报的关系。

就是说,在投信时代,再一次于自我责任之下,评价这一商品的风险和回报是必不可少的。

销售投信的金融机构一般是必须要向投资者说明投信的风险和回报。回报(收益)大的风险就大,就是这种关系。另一方面,风险小回报也小。每个投资者都要在记住这一点的同时,慎重地选择投信,这是很重要的。

而且,投资者在购进投信时,为了理解其基金的商品性,在申请之前,必须读一下评估书,要事先理解其内容。

2 多样化的证券版金融产品

热门投信三种

作为和银行存款的对抗产品,证券业界销售的最大也是最初的热门金融产品是1980年1月野村证券开发的短期运用的公债及公司债投信的中期国债基金。这是被称作"中国基金"的追加型投信，以10万日元以上，1万日元为单位开始销售。现在以一日元以上一日元为单位就可以购进。这是以期限2～4年的中期国债为中心在金融债或短期拆放·票据贴现市场等领域运用的基金。如果经过一个月，可以无手续费解约，预测分配率在门市提示。收益率一般比银行的普通存款的利率要高，并且因为其有变现性，所以成为银行·证券战争的象征。

中国基金得势了，证券公司下一个开发的引人注目的投信是1982年的利息基金。这是存储国债等公共债的利息来运用的投信，顾客不用特意在证券公司的门市来取利息（公共债的利息），而能够用投信来有利地使之运用，这一时成为话题。

第三个热门投信应该说是MMF（货币经营基金）。这是进行公债及公司债或CD、CP等短期金融运用的追加型短期公债及公司债投信，1992年5月开始销售。MMF本来是1971年在美国以钱、市场、基金的名称开发的，是第一个成为金融革命契机的金融自由化商品。

这是因为MMF如本书第2章所述，在金融自由化的潮流中成为在收益率方面凌驾于限制利率的银行存款的金融产品。这种美国型的MMF得到欢迎，1980年1月野村证券开发的就是前述的中国基金。1992年2月开始销售的日本版的MMF和中国基金不同，这是根据当日的运用实绩来分配收益的实绩分配型投信，不提示预测收益率。其靠着投信公司的运用技巧而在收益率上出现差别。

MMF在短期金融产品中，在以比较高的收益率并可以自由进出之点上接近于银行存款,现在是投信中的代表。目前,以 MMF 为中心的公债及公司债投信约占投信余额的六成。

而且,市场上也销售购进后任何时候都可以变现的外币单位的 MMF。

多样化的投信型金融产品

在1990年代中,投信革命产生的基本背景如前所述。其核心是投信在金融自由化时代,以最能反映市场实际情况(市场机制)的形式而很容易设计金融产品。

所以,当局也以1994年末为界向投信产品的自由化出动,进行了放宽运用限制、充实信息公示、评价运用成果、重新看待投信公司的许可基准,即转轨为登记制等改革。而且在1997年6月的证券交易审议会(现在的金融审议会)上归纳了以"证券市场的综合性改革"为题的报告书,明确地打出朝着包括投信自由化的证券大爆炸的方向前进的旗号。

在这种证券自由化的潮流中,证券公司掌握金融市场的动向,开始开发和销售考虑到风险和回报的多样的投信产品。

这些多样化的投信以商品性来强制划分的话,可以归纳为以下四种。(1)金融衍生产品活用型,(2)国际分散投资型,(3)投资理论型和(4)追求方便型。

(1)金融衍生产品活用型投信

1994年末的投信改革的目标之一是放宽运用限制。据此,在涉及投信时,扩大了股价指数期货或期权等金融衍生产品的活用。其结果是不论是在股票投信还是公债及公司债投信上,日本都能够开发强力型或弱型的投信产品。

譬如,预测日本股票今后要转为上涨的投资者购进强力型股票投信。因为这一投信是作为买下股票指数期货,使其具有超过现货指数的升值收益的产品来设计的。

或者如果预测今后日本的长期利率上升,可以购进弱型债券基金。这是为卖掉债券期货,弥补现货的贬值而产生收益的产品设计。

(2)国际分散投资型投信

迄今为止的投资对象的限制(地域或国家)被完全废除了,能够自由地在全世界各个国家或地区投资。特别是在增长能力高的新兴市场上开始销售重点投资的全球化基金。只是必须注意到其风险很大。

(3)投资理论型投信

在变动激烈的运用环境下,应用为风险最小化的最新投资理论的投信也上市了。其代表性的基金有两个,一是上市投信,另一个是 TAA 型投信,都是开放型的股票投信。而且 TAA 也可以分类为金融衍生产品型投信。

前者是指数基金,是和平均股价联动的追加型股票投信,1995年5月,作为"日经300股价指数联动型上市投资信托"在日本首次销售。而这一指数型投信在证券交易所上市,在和股票同样买卖这一点上,与欧美的公司型投信相似。即受益证券像股票一样流通。而且2001年7月作为以投信市场活力化为目标的产品,也是作为在本章的专栏中论述的消除互控股的对策,ETF(交易型开放式指数基金,Exchange Traded Fund)也被认可上市。但是其运用是机械的,所以没有专家的运用之妙,因此在股市低迷中就会出现满足不了上市基准的事例。这是个问题。

后者的 TAA 是使用了战略性资产分配模式的投信,股票、债券、短期金融产品的三个搭配比率按运用环境的变化来机动地变更,以灵活运用期货来提高商品性。

(4)追求方便型投信

这基本上是前述的 MMF 的潮流中的投信,是为提高顾客方便性的金融产品。具体而言,这是被称作 MRF(货币准备基金)的证券综合账户用的基金,其作为 1997 年 10 月的金融大爆炸的一环而被解禁。

MRF 因为是银行的综合活期存款的对抗产品,所以将重点主要倾注于确保流动性和安全性上。因此,运用对象被严格限制,除了有高评级的公债及公司债外,被限定于 CD、CP 等短期金融产品上。

用 MRF 能够运用股票或公债及公司债的利息、分配金、卖出收益,也可以使用于支付有价证券的购进。在可以用于工资进账或支付公共收费方面,对顾客来说,其投信设计具有很高的方便性。

3　证券化的力学

证券化开拓"金融未来"

证券化,正如在第 2 章里所说的那样,具有剧烈改变不仅是日本而且是世界金融界的力量。在这里,我们将焦点放在 ABS(资产担保证券)及基金型金融媒介机构(资产运用公司)上来探讨证券化所具有的对今后金融结构的潜在冲击力。

在接触 ABS 和基金型机构前,我们先对金融的证券化进行概念上的梳理。

一般说金融的证券化被理解为金融交易从像贷款·存款市场那样的相对交易向以市场交易为基础的证券市场转轨。更一般地来说,是比重从间接金融向直接金融转移,而就像马上要看到的那样,这样将证券化特定为直接金融是不正确的。

这是因为金融证券化具有两个侧面,进而言之是三个侧面,从间接金融向直接金融转化不过是一个侧面而已。所谓的金融证券化:(1)企业筹资的交易在发行股票、公司债、CP 等的证券市场上扩大,同时和投资者的资产运用相关的市场型金融产品多样化,及(2)这意味着企业将保有的借贷·信用债权、寄售债权等资产的一部分证券化,卖给投资者进行筹资。

从企业筹资的侧面来说,前者的(1)是资金平衡表上的负债(借债)方面的证券化,而后者的(2)是资产方面的证券化。这样(2)的资产方面的证券化,因为(1)的借债筹资的资产融资化,所以和以前的间接融资转化为直接金融的层次是不一样的。

将这个问题更明确表达的是表 4-4 的矩阵。这是以图式将企业金融基于企业整体的信用基础上的金融和基于资产自身的信用基础的金融相区分,将企业的筹资方式区分、特定为是相对基础的间接金融抑或是市场基础的直接金融。如表的箭头(→)所示,箭头(1)意味着(1)的借债筹资化(直接金融化)。箭头(2)意味着

(2)的资产融资化(资产证券化)。

表4-4 金融证券化·2个定义

信用基础	间接金融 (相对基础)	直接金融 (市场基础)
企业整体的信用力	银行借入 ——→	股票 ①公司债 CP等
资产具有的信用力	项目·金融	② 证券化产品 (ABS)

此外,在这里再看一下另一个即(3)的第三个证券化。这是和上述的(2)的资产证券化相类似的,以和投资家的相对交易来转移贷款债权等资产,是一般的试图将资产流动化的手段。正确地说是"不用证券化的资产流动化"。

以上的金融证券化的潮流如果在筹资上综合地掌握,吸收时代的方向性的话,就会成为以下的样子。

银行借贷→借债筹资(负债证券化=股票、公司债、CP等)→资产流动化(债权转让等"不用证券化的资产流动化")→资产融资(资产证券化"证券化的流动化"=ABS等)

在金融自由化已常态化的今天,企业金融,特别是筹资手段超越了传统意义上的直接金融化(负债的证券化)的层次,可以看到其正朝着资产证券化,即 ABS 化大幅度移动。

这一倾向和不论是企业还是个人在资产运用方面的结构变化并非没有关系。金融自由化的根本在于一国经济的高资本积累(个人、企业的金融资产余额的高储蓄化),所以负债的证券化及资产的流动化、证券化是扎根在资产运用的多样化、高度化上的。

更具体地说，拥有富余资金的金融机构、机构投资家、个人投资者一边考虑着风险和回报，一边变成了精明的投资者，因此这意味着他们期待着有魅力的新金融产品的出现。

这一点就是超越存款或股票及公司债等传统的金融产品，作为新的有魅力的金融产品的各种新型投信或 ABS 等出现的基本背景，同时，也许可以发现以最适当地运用金融资金为目标的基金型金融媒介机构跃进的可能性。

ABS 市场的胎动

ABS(Asset-Backed Securities)是被译为资产担保证券的有价证券，是将贷款债权或寄售债权等金融资产证券化的金融产品。

资产证券化的结构有多种。代表性的如图 4-13 那样，四者是相关联的。(a)原资产(贷款债权等)的保有企业(创始者)，(b)债务人(对 a 的债务人)，(c)特别目的的机构(一般是 SPC = Special Purpose Company[专项公司])，(d)投资者(购买 SPC 销售的 ABS 者)，这些是 ABS 的有关者。

首先，(a)的创始者在对(c)的 SPC 转让特定的证券时，必须要充实对抗条件。对抗条件是在(a)的创始者破产等的场合，要排除 D(d)的投资者蒙受的风险，同时通知或在法律上担保转变的实行，即债权人转变为(b)的债务人(从 a 向 c)，这是为了排除(b)的债务人的两重负担。

接着就是债权转让容器的(c)的发行 SPC 来筹措购进 A(a)的创始者债券的钱款。这时，SPC 将转让的债权的货币流从(a)的创始者的其他保有资产的整体中分离，限定ABS风险。因此，ABS

图 4-13 ABS 的结构

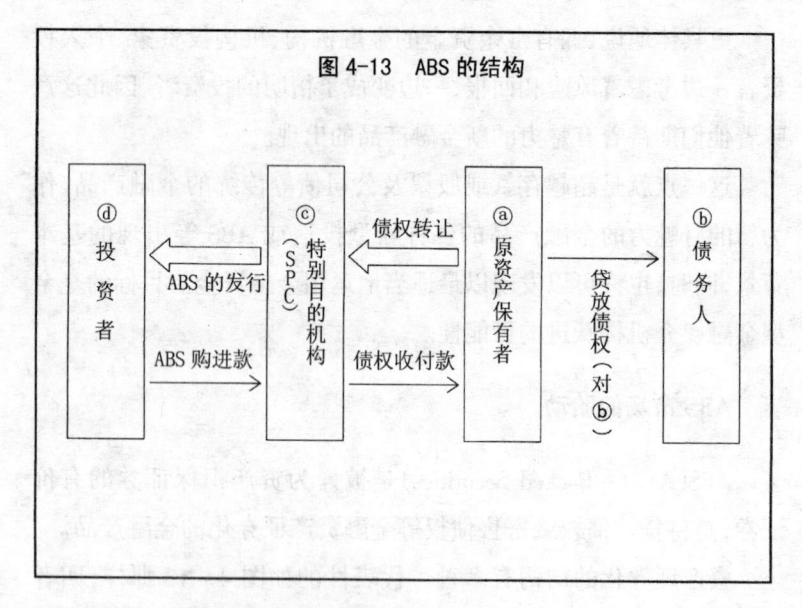

```
ⓓ投资者 ← ABS的发行 ── ⓒ特别目的机构(SPC) ← 债权转让 ── ⓐ原资产保有者 ── 贷放债权(对ⓑ) → ⓑ债务人
ABS购进款 → 债权收付款 →
```

对于(d)投资者来说是容易购进和销售的。

以这销售钱款(c)的 SPC 支付给(a)创始者债权转让钱款,这一证券化完毕。

从这个 ABS 的资产证券化中,(a)企业(创始者)及(d)的投资者可以得到以下的好处。

(a)的企业的好处

ⅰ 降低筹资成本

只有成为 ABS 证明的特定资产风险决定成本,为此即使低等级的企业也能以低成本筹资。

ⅱ 筹资手段的多样化

ⅲ 资产的未计入资产负债表化

以资产的未计入资产负债表化可能改善自有资本比率(特别

是银行)或 ROE 及负债比率等的该企业的财务比率。

ⅳ 减轻投资风险

保有资产的证券化可以使资产流动化,所以企业的投资分配的效率化就成为易事。

(d)投资者的好处

ⅰ 运用资金对象的扩大

对于个人或机构投资家来说,运用资金对象增多。

ⅱ 证券组合的改善

风险特定化的多样的 ABS 可以帮助投资者的证券组合最适当化。

如上所述,ABS 代表的资产证券化不管对于试图筹资的企业,还是对运用资产的投资者来说,具有着今后成为更有魅力的金融手段或金融产品的潜在能力。在以上的意义上,ABS 象征的资产证券化(或者流动化)可以说会促进今后日本金融体制整体的高度化或多样化,它承担着"金融未来"的领航人的任务。

而仅在现时点上,将来性高的 ABS 市场还是刚刚开始,离像在美国那样的发展还差得很远。不管怎么说,ABS 的第一号如后揭表 4-5 所示,是 1996 年 7 月,东方公司租借债权的证券化。并且,ABS 等的资产证券化在日本于 1990 年代急剧引人注目的直接原因说起来是在于"向后的证券化"的需求。就是说,起到了作为处理不良债权计划的作用。

因此,在寻找日本资产证券化滞后或问题点时,需要简单地回顾以下历史的经纬。虽然还没有到达资产证券化(ABS 化),但资产流动化在日本开始时是抵押证券。这个抵押证券是很早的,是根据1932年的抵押证券法,有抵押权的贷款债权的流动化引人注目的是在进入1980年代以后。

抵押证券在不动产(住宅或土地等)上设定抵押权时,表示为法务局发行的证券。这是小额的、分割销售的,一般被称作"抵押证券"。而抵押证券公司销售的这种小额化的抵押证券也有节税的好处,因此1980年代后半期大受欢迎。抵押债券的销售是交付保证支付本钱的存单来进行的。但是,这不是证券交易法上的有价证券,是"承诺有价证券",在法律上没有本钱保证,受害者在进入1990年代以后增多,一瞬间热潮就消退了。

而1973年开始住宅分期付款债权,1974年开始了住宅抵押证券的流动化。这可以说是我国最初的资产证券化。但是,两者的销售对象都是限制在金融机构上,或者不能转卖,因而没有普及。

这样,资产流动化还有证券化好不容易正式开始是在进入1990年代以后,因为这如前述的ABS第一号上市那样是在1996年夏以后。

1990年3月,住宅分期付款债权或面向地方公共团体的借贷债权以外的借贷债权也可以流动化了。这是因为金融机构保有的普通借贷债权的流动化从银行自我资本比率限制的观点出发,在政策上是必要的。1993年6月,制定了"限制关于特定债权等事业的有关法律"(特债法),借贷债权或信用债权的流动化因此成为可能,但还没有到达实体性出现ABS的阶段。但是在1996年4月,日本讨论了包括经济协议的ABS化的实现性,按照其结果修订了特债法,ABS(资产担保证券)终于解禁,同年7月就出现了ABS第一号。

而政府试图将ABS更一般化,1998年实施了"关于特别目的公司特定资产流动化的法律"。在法律的框架内明确规定SPC作为资产证券化的"容器机构"(特别目的公司),从这一点上说,这是将证券化的潮流稳固化的划时代的法律。但是,当局也强烈地意识到金融机构的不良债权,因而对证券化对象的资产限制程度较大,一般不易利用。

而资产证券化的本质是将和稳定的、特定的债权相关的现金流分离,发行、销售以此为基础的证券,因此而产生出的稳定的现金流资产成为"优质资产"。因此,现行证券化的法制是以处理眼前的"不良债权"手段为前提,这就使真正的ABS市场很难完善。

在这一意义上,对日本将来金融体制的稳定化及活性化来说,不良债权的及早处理是燃眉之急的政策性课题。

金融混业化和21世纪型金融机构

投资信托、人寿保险、损害保险、养老金基金等拥有巨额基金的金融机构积极参与股票或公司债的买卖,对证券市场具有强大影响力的这种状况被称作本章也讲过的机构化现象(institutionalization)。特别是这种现象在美国表现得很强。

就是说,这些机构投资者的存在在代替个人而作为证券市场的运用主体占有很大的比重。这种机构化现象中也包括传统的银行或有富余资金的商业法人等的证券投资活动的活跃化。

在日本被称作的机构化现象已经论述过了,不过应该将其称作银行或商业公司的互控股票等的法人化现象更为恰当。因为和美国不同,在日本证券市场上占有较大比重的是"互控股"的金融机构或商业法人。在这一点上,日本的机构化现象应该说是"变形的机构化现象"。

但是,归根结底(不论是美国还是日本)很难否认在机构化现象的倾向或机构投资者及银行等的传统行动模式中的变化是很触目的。当然这种变化是金融的最终客户的企业及个人(家计)的金融行动结构正在发生变化的结果。

创造了这种预示"金融未来"基本向量的"变革主体"就是证券化。换言之,不仅是日本,21世纪新的金融世界正开始遭受远远超过机构化现象或机构投资者或投信革命的金融市场变动的变革大浪的冲洗。其变革的引擎应该理解为证券化。

在这里对于这新金融世界(新的金融未来)的基本向量,我想将其集约地表现为"金融混业化"这一关键词。

第2章中讲到的以1990年代末的日本金融大爆炸为基轴的一系列金融大改革实际上不论是在试行错误还是大胆地确定方向中都内含着日本金融世界底流中正在产生的"金融混业化"的主要倾向。

不过,就像多次指出的那样,对于这历史的企图别说是当局,就是金融界也没有明确地意识到,加上还有巨大的不良债权等过去的负面遗产的重压压在金融体制上,所以对新向量的挑战现在还停留在未实行的阶段上。

但是随着不良债权的重压今后不断消除,21世纪的日本"金融未来"一定会以"金融混业化"为杠杆开拓出新的前途。

那么,"金融混业化"在所有的必要条件下将怎样使金融界变质呢?

首先，是1990年代发生的金融结构或基础的变质。这可以说是"后金融自由化"的金融环境上的变化。可以大体归纳为在三个层次上的变化。

第一是作为最终出资金者的个人、家计部门及最终接受资金者的企业部门的行动变化。就是说资金的最终客户行动方式的变化。

第二是以银行为中心的金融机构及证券公司等金融商务（=金融媒介机构。此外，间接金融功能的银行=存款处理机构一般叫做"金融中介机构"，再加上证券公司、投信公司等就是"金融媒介机构"）的行动方式的变化。

而最具决定性的是第三个变化，这就是支撑着以金融大爆炸为中心的金融活动的一系列法制方面的各种改革或各种修订。如马上就要讲到的金融法制的各种修订仅从其经过来看，是由每个具体的方针政策积累起来的，回顾1990年代，这一个个的措施如同被"看不见的手"引导着一样，收敛在"金融混业化"的向量上。

先看第一个变化。日本的个人、家计部门的资金运用余额事实上和美国并列，大体上是世界第一的水平，但尽管如此，其内容却经常被指出是极其扭曲的、异质的。如表4-3所示，其中5~6成是以现金、存款运用的。

确实，日本的家计迄今为止对风险是极其谨慎的，这也不难理解。但是进入21世纪这种存款中心运用主义如果还是原封不动的话，那是难以想像的。可以说，1990年代出现了长期的证券市场的低迷及有魅力的容易接近的可能的金融产品较少或金融机构方面面向个人提供的产品动向难以正规化等情况（不良债权的重压或法的限制的存在),这也是难以否定的。

但是,家计的资产运用虽然不能说是快速进行,但将会有巨大的变化,这是几乎可以肯定的。因为毫无疑问,结束了战后高速增长的日本家计眼下是在成熟化,面向资产运用的多样化、高度化,对风险和回报必然会更加敏感。此外,和第三个法律修订相关联,2005年4月开始的债务清偿全面解禁压迫着以前的家计储蓄态度,使之发生决定性的变化是确定无疑的。

另一方面,最终资金接受者的企业的行动也在围绕着筹资渠道不断变化。众所周知以前过度地依靠银行借贷正在转轨为股票、公司债、CP等直接金融,但21世纪正在兴起的企业金融的变质——也有下面要讲的银行行动方式的变化——正在达到质的变化。

这是因为对风险或现金流的经营敏感度高,所以就朝着企业试图将寄售债权现金化的资产流动化及证券化的方向发展,这就是已经讲过的资产融资,具体而言就是灵活运用ABS或不动产型信托(MBS、CMBS、REIT等)。在这里,MBS是把住宅等的有担保债权证券化。CMBS是商用不动产担保债权的证券化。而REIT是不动产投信,是将不动产所有部分小额化的公司型投信,将这些包含在广义的资产证券化(ABS)中也是可能的。

如上所述,家计或企业这些最终客户不管是资产运用还是筹资,将会受到今后的证券化洗礼。

第二,也可以说长期以来间接金融产物的互控股结构的崩溃,如本章1所述好不容易成为现实化,它象征着股市的流动化现象。这不仅消除了银行、人寿保险、相关企业之间的互控股,而且也意味着银行自身注意到了靠着保有股票维持和企业间长期交易的以前的经营方法在风险、回报及财务体质方面已经不仅不是好的策略,而且具有着致命的缺陷。

保有股份对银行来说,眼下不仅在收益方面(回报)是负数,而且以互控股为基础来维持对该企业的贷款是有风险的,银行的经营难免不稳定。

因此,对加强今后银行经营的稳定化来说,提高 ROE 或 ROA 成为银行最大目标的认识已经迅速扩张开来。解开这一命题的钥匙是掌握证券力量的本质和潜在性,以便在新的证券化商务中存留下来。在 21 世纪的"金融未来"中能生存下来的基本战略从以上的意义说,不是靠着证券化来试图使资产流动化及将充满风险的贷款业务作为收益源泉的核心,而是将经营力量投入在手续费商务中。

这意味着银行以存贷业务为轴心的金融中介功能在面向"金融未来"的生存中已经很困难了。银行经营现正在被迫变质。

这必然给已有的证券公司经营以强烈的冲击。因为银行也大力地参与进证券化业务中来。而从这一点来说,意味着已有的证券公司也不能靠以前的"证券能力"来应对新的证券化潮流了。

从以前金融世界的规矩或习惯来看,这就变成银行对证券的攻防战层次的事情了。但是这种层次的问题因长期的银·证战争的壁垒问题在日美(还包括欧洲)都超越了这两个业界的隔阂或对立而冰消瓦解了。日本在 1980 年初的国债窗口销售问题或中期国债基金问题,1990 年代初的金融制度改革法问题,美国长达 20 多年的金融制度改革讨论(参见第 2 章),经过这一历程,银·证壁垒问题已经是过去的话题了。

在21世纪的"金融未来"中包括保险业、银行界、证券界等金融世界,如果不能面向以新的证券化为轴心的融合化进行转向就只有漂泊一途了。

这是必须不能拘泥在银行、证券、保险的老框架中来进行挑战的"金融混业化"的向量。本来这种"金融混业化"就不是仅仅靠家计、企业及金融机构的意识变化或行动方式转换就能具体化的。

于是就有了第三个,即法制面的改革、修订的问题。如第2章所述,日本的金融自由化经过极其日本式的渐进主义过程,达到了利率自由化和业务自由化。

利率自由化是从1979年5月引进可转让性存款(CD)开始,1985年3月创立了市场利率联动型存款(MMC),而1994年10月完成了所有的存款利率的自由化。这花费了15年的岁月。另一方面银行和证券壁垒废除等的业务自由化虽然不充分,但以1993年4月金融制度改革法的实施而大体上达到目标。就是说,银·证的相互参入正式开始。

因此,日本的金融自由化在1990年代前半期几乎完成了。但是,这一自由化措施不仅是半途而废,而且不能从正面应对1990年代在世界层次上发生的主要倾向(=GDS)的全球化、放宽管制(限制)、证券化。

换言之,1990年代前半期的日本金融自由化没有超出按照传统的金融范例的放宽管制的领域。

新的金融世界的大潮流是:全球化靠着信息通信技术(IT)的发展引起超出想像的世界性资金移动,随之而来的主要倾向是如果以以前层次上的放宽管制,则各个金融机构不能应对其广度和深度。

这不仅将第1章所述的"金融三角形"卷进变动的漩涡中,使金融机构面对着这风险之海,而且企业或家计还有政策当局也常常要直面这一风险。不论是出资金的最终客户的家计,还是收取资金的最终客户的企业,必须常常意识到去计算风险和回报,这样的世界已经展开了。

这使得用已有的金融范例来将资金中介作为专业的金融中介机构(银行)意识到风险管理的至难,同时证券公司等机构的金融媒介业务也暴露在风险下面。

在"金融三角形"中,汇兑行情、利息及股价增加了价格的极度波动性,金融机构在历史上第一次不得不面对控制风险的困难。

如果不可能控制风险的话,那么以前金融体制中的核心——银行将遭到经营危机的袭击,这会使金融体制不稳定,同时股市也会陷入停滞。何况在1990年代的"失去的十年"的日本,不良债权的重负压在金融体制上,所以,这使得银行、人寿保险公司及证券公司的经营持续不稳定化和脆弱化。

表4-5 证券化关联的动向(1992~2002.4)

年次	事项	金融商品	法律措施	备考
1992	金融机构的一般贷款债权(信托方式)的流动化(92.12)	短期公债及公司债基金(92.4)(MMF(92.5)		
1993			金融制度改革法施行(93.4) 特债法的施行(93.6)	废除银·证壁垒 ABS解禁的突破口

续表

1994	投资信托改革(94.12)			
1995	公司型投信(95.1) 私募型投信	金融衍生产品型投信 国际分散型投信(95.1)	不动产共同事业法施行(95.4)	不动产型投信的道路
1996	日美一揽子经济协议而ABS解禁(96.4)	ABS第1号(96.7)		
1997	银行贷款债权的信托受益权被指定为有价证券(97.6)	综合证券账户(MRF) 拉普账户(97.10)	金融控股解禁(97.12)	
1998	银行投信窗口销售(98.12) 投信公司移行为登记制(98.12) 证券公司移行为登记制(98.12)		SPC法施行(98.9) 债权转让法施行(98.10) 金融体系改革法施行(98.7)	对资产流动化、证券化,登记制度的对抗要件 金融大爆炸有关措施,证券改革全面展开
1999	废除有价证券交易税(99.4) 股票手续费自由化(99.12)			
2000		不动产型投信(RE-IT)的销售(00.11)		
2001	确定筹资型退休金(日本版401k)(01.10)	MBS(住宅金融公库发行)的销售(01.2) ETF销售(01.7)		
2002	清偿债务部分解禁(02.4)			

家计部门不能冒资产运用的风险,资金集中在存款上。企业也在过重债务的不良债权处理中艰难度日。而且企业从不冒风险的银行的贷款压缩中开始感到筹资困难。

在股市的长期低迷下,为了一边推进不良债权的处理,一边维持自有资本的比例,银行必须积极地进行风险转换。证券公司必须开发吸引家计部门的能确定的资产运用的风险和回报的新金融产品。

于是,以银行和证券公司为中心的日本金融媒介机构在1990年代前半期的金融自由化完成后,开始陷入没有想到的"金融困境"中。在"后金融自由化"中,传统的金融部门被迫陷入惊愕于几乎没有看出经营突破之路状况的现实,并感到了强烈的不安。

突破这种"金融困境"的关键是证券化。因为这可以使风险转移成为可能,能够作出风险和回报的估算。

于是,从1995年前后,如表4-5所示,开始了各种以促进证券化为主的法律或法的修改。当然,在"后金融自由化"中,决定性的是第2章讲到的金融大爆炸。而另一个就是金融控股公司的解禁。表4-5列举了支撑包括银行、证券在内的金融媒介机构在证券化的潮流中,积极地面向"金融混业化"行动的主要改革措施。问题是这些措施是相当临时性的,且改革内容是渐进的。

但是,尽管以前所述的金融大爆炸和金融控股公司的解禁而"金融混业化"的基础框架是一般性的,但大体上创建出来了。剩下的最大问题是如何尽早地断然实施不良债权的最终处理。

表4-5的法律完善中的SPC法等法律是在意识到1990年代初美国的RTC"整顿信托公司"的不良债权处理手段的基础上制定的,并强烈地期待着日本的RCC(整顿回收机构)能起作用,但这是本来证券化基础就已经完善的美国成功的事例,而作为在本来就没有证券化基础的日本的"恶性不良债权"的处理手段是否能收

效,并非没有疑问。

而且,表4-5的措施将金融媒介机构朝向"金融混业化"的向量,具有使之活性化且再生化的可能性。在上述之点上,开拓21世纪的"金融未来"的效果今后将会渐渐显现出来,这是可以期待的。

5 战后金融史故事

围绕着山一证券问题的会议很难得出结论。这时田中角荣藏相来了。他突然冲着我这边说:"银行无担保地出 200 亿日元"。藏相也知道这种事是不可能的。(中略)出席会议的某银行家刚说:"让交易所停上两三天。"藏相就大怒:"什么?你这家伙!"一时举座大惊。后来才知道阿角不是针对这个银行家的,是对事态至此却还不进行特别融资的央行感到焦躁。(中略)特别是在那个时候,我感到了田中藏相的气魄和政治性决断。一般而言在金融常识中即使无担保也不能无限制。这就是角荣的方式。他是想以此起到镇静不安心理的效果。我很吃惊同时也很钦佩。——中山素平(原日本兴业银行行长)

久保田晃、桐村英一郎:《昭和经济 60 年》

(1987,朝日新闻)

Ⅰ 从混乱到自立

1 战败的混乱和不安

用军用卡车拉日本银行券

"当时,日本的院子里满是涂着海军或陆军标志的军用卡车,装着成捆的百元票子的箱子堆积如山。我看着开走的军用卡车,考虑着:'难道不能研究一个不用军用卡车,银行券就能出去的方法?'"

这是 1952 年(昭和 27 年)10 月 6 日,年轻的吉野俊彦先生(原日银理事)在全国地方银行协会上进行的演讲中的一部分。

吉野说的"当时"是 1945 年(昭和 20 年)8 月刚结束战争时。战后让人感到意外的是和军队有关的支付比战争中要多,日本银行券每天像山一样堆积在军用卡车上,从日银的院子拉往市区。这是为什么呢? 一个原因是为了让旧日本军队军人的复员工作能够顺利进行,而支付的临时军费达到巨额数字,另一个原因是军需工厂停止生产,对此要支付很多补偿费。

在结束战争当日的 1945 年 8 月 15 日,日银券的发行余额为

302亿日元,而12月末为554亿日元,1946年12月末为922亿日元,而1947年12月末则为2191亿日元,增加发行的数量直线攀升。

这是战后的超级通货膨胀。就是说,战争结束日的302亿日元的日银券发行余额到翌年的2月16日增加了两倍,为614亿日元。期间零售物价涨了三倍,黑市价格为公定价格的30～40倍。

看看当时的城市家计,以金额为基础的购进额中的7～8成不得不依靠黑市,所谓变卖所有财产凑和着活的"剥笋衣生活"[1]已经一般化了。

这一恶化的超级通胀螺旋式上升,不管怎样都迫使政府得大刀阔斧地削减过剩的货币购买力。

吉野这样写道:

"不仅用迄今为止发行的现金疯狂购物,而且以前储蓄的银行存款或邮政存款也被大量提出,更加使物价腾贵。加之当时传言说为抑制通胀政府要征收财产税,或者实施通货措施,以前发行的通货、积累的银行存款或邮政存款也要全部封存。为此,人们就不会干持有政府容易看到的现金和存款那样的傻事,通货和物价的恶性循环第三次激化,如果置之不理,通胀会到什么程度为止,当时根本估计不到。"(《我的战后经济史》至诚堂)

更换新日元,助长了地下经济

1945年(昭和20年)10月17日,东大教授大内兵卫先生在

---

[1] 即靠变卖家产度日,这是日本战后的一个专用名词。——译者

NHK 的广播中,对当时的涩泽敬三大藏大臣发出以下的强烈抗议。

"用蛮勇将国民从战争责任者制造的借款下解放出来。"

政府终于在 1946 年 2 月 16 日发表了"经济危机紧急对策"。这一措施主要是两个命令,即强制性地将以前发行的日本银行券全部存入银行或邮政局的"日本银行券存入令"及强制性封存以前储蓄存款的资金,只准许支付一定金额的"金融紧急措施令"。这是一般被称作"存款封存和兑换新日元"的非常措施。

具体的措施是从 1946 年 3 月开始对封存的存款:限户主 300 日元,家庭成员 100 日元以新日元取款,月薪在 500 日元以内用新日元支付,余下的被强制性地作为封存存款。

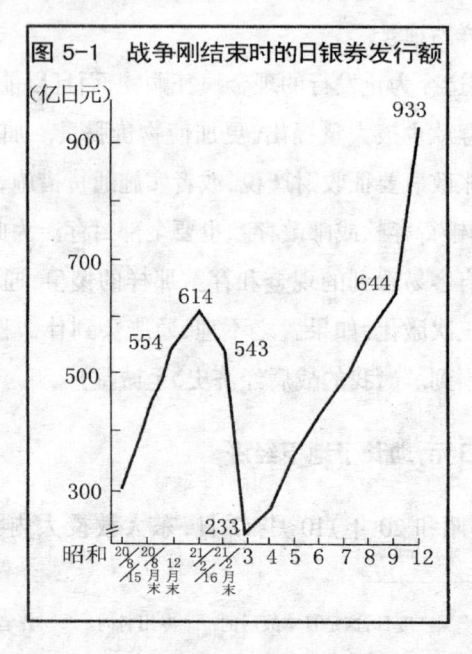

图 5-1 战争刚结束时的日银券发行额

为兑换旧日元而印刷的新日元赶不上趟，就用如照片所示的贴着证明纸的旧日元流通，因此产生了混乱。

如图5-1所示，由于这"金融紧急措施令"，日银券发行余额从1946年2月16日起减少了，同年3月末为233亿日元，4月末为281亿日元，但是从5月份又开始了增长，9月末为644亿日元，超过封存日2月16日的余额，1946年12月末增加为933亿日元。

为什么兑换新日元没能抑制住日银券的发行额呢？这是因为采取了各种例外措施，如承认支付医疗费等付款可提取新日元，除了增加通货外，用封存存款的支票支付纳税，而财政支出用的是新日元，所以不得不增加发行新日元。

新日元兑换不能顺畅进行的另一个原因是这个措施助长、促进了黑色经济，即地下经济。

因为和新日元的交易并行，当局认可以封存存款为基础的支票交易，所以，产生了"新日元经济"和"封存存款经济"的二重经济，后者和前者相比，是用高价进行交易。结果，新日元作为珍贵的支付手段而被囤积起来，这就促进了地下经济。

新日元兑换因促进了这种地下经济的扩大而终告失败，战后通胀的终结只好等待1949年3月美国公使道奇采取的严厉的稳定恐慌政策的道奇路线了。

围绕新10日元票子的"辱国图案"

对1946年（昭和21年）2月的兑换新日元出台的新10日元的设计，当时出现了许多流言。这些可以说正是反映出当时日本人的不稳定心理状态。

照片上的新 10 日元票子的凸版印刷是以画家相泽光朗的设计为基础的,围绕着这一设计在 1952 年 7 月的国会上引发了"辱国图案"的争论。

关于新 10 日元票子的说法有下面六点。

(1)新 10 日元正面的两个图案,左侧的可以读作"米"①,右侧的可以读作"国",这岂不是美国吗?

上方贴着证明纸的 10 日元

(2)正面的国会议事堂的画的下方,仿佛可以看到战舰大和号着火时的情景。

(3)在国会议事堂画的左侧的有 13 个窗户的十字架表现为被绞首的人。

(4)正面右侧左下方像是带着钢盔的 MP(美国占领军)在监视着菊花的徽章。

(5)正面的菊花徽章连着锁。

(6)新 10 日元背面网眼的 48 条细线表示着美国 48 州的星的数量。

当时人们确实是这样认为以上六点的。当时作为小学生的笔者也记得曾相信这新 10 日元票子的传闻。这是我特别后悔的一件事,但在日本被美国占领的当时感到的却是悲伤。

但是,新 10 日元的这些流言完全是无稽之谈,担任设计的相

---

① 日语汉字将美国的"美"写作"米",故有此说。——译者

泽光朗自己就明确地这样说过。这明摆着是从当时日本国民扭曲的感情中产生的牵强附会。

而这新10日元的票子在1953年1月因新的10日元硬币的上市而逐渐消失了,现在新10日元的设计已经被埋葬在遥远的过去了。

10日元的正面

三菱变千代田银行、住友变大阪银行

GHQ(盟军驻日占领军最高统帅总司令部)的日本占领政策事实上是在1945年(昭和20年)8月30日,D.麦克阿瑟五星上将衔着玉米秆烟斗,从厚木机场降落时开始的。

GHQ大胆地强制性地实行日本经济、社会的非军事化、民主化,其主要支柱之一就是解散财阀。

美国政府在1945年9月22日展示的"投降后美国初期的对日政策"中明确地提出"促进解散大部分商工业产业和金融的大联合体"。

于是,三井、三菱、住友、安田等四大财阀在GHQ的解散财阀的方针下,被解散和整顿。而1947年末制定了过度经济力量集中排除法,1948年1月制定了财阀同族支配力量排除法,财阀系统的大银行的股份分散化朝着不可避免的状况前进,特别是五大银行(帝国、三菱、住友、安田、三和)在分割的不安中颤抖着。

但是,从 1948 年开始,GHQ 对日政策开始了大幅度的转变。由于美苏冷战的激化,对日政策从"非军事化、民主化"转为"经济稳定化"。

于是是否将金融机构适用于排除法,GHQ 和政府反复折冲,1948 年 7 月最终决定金融机构不在适用范围内。

这一期间,在 1946 年 10 月实施了以 1947 年 9 月末为期限的"金融机构再建完善法",一切战时补偿等事项被中止,金融机构推进着其自身的再建和完善。

于是,1948 年 10 月,我国的银行在变更银行名称等举措中开始新的起步。

因 GHQ 的指令必须从银行名称中排除财阀色彩,于是三菱更名为千代田银行,住友为大阪银行,安田为富士银行,野村改为大和银行。

战时三井银行和第一银行合并而诞生的帝国银行,此时又回到了过去,改名为第一银行和新帝国银行。

但是,昭和 20 年代后半期,千代田变为三菱银行,大阪改为住友银行,新帝国改名为三井银行,又回到了往年的财阀名称。

因这财阀系统银行的改名而诞生了富士银行和大和银行。当初富士银行内部决定改名为"国民银行",但 GHQ 认为城市银行叫"人民银行"很古怪,就反对这一名称,最后就成了"富士"(富士银行从 2002 年 4 月加入了瑞穗集团)。

就这样,开始时喧嚣一时的解散财阀到头来也因银行被放在适用范围以外而半途而废了。在昭和20年代后半期,银行的名称也大体回到以前,以这些财阀系统银行为基础的财阀系统试图东山再起。

2 巩固基础走向自立

决定1美元=360日元之怪

1949年(昭和24年)4月23日,GHQ对日本政府提交了名为"建立对日元正式汇率"的备忘录,指令日本政府从同年4月25日凌晨零时起为实施1美元=360日元而采取必要的措施。

因为这360日元的单一汇率的决定是日本政府及日本银行完全没有预想到的,所以当时大藏省的渡边武官房长和宫泽喜一大臣秘书官也是从当天早上的(定期发行的)通讯简报中得知的,这个决定对日本正像晴天霹雳一般。

1949年2月1日,作为GHQ最高财政顾问到日本来的约瑟夫·M.道奇公使(底特律银行行长)编制了迅速终止寄生在日本经济中的顽固通胀的超均衡预算。

这就是所谓的道奇路线的稳定危机政策,而单一汇率的设定被定位于道奇路线中的一环。从GHQ的工作或日本方面的工作来看,是秘密决定了单一汇率的1美元=330日元。

约瑟夫·道奇

对于这330日元的汇率,麦克阿瑟司令和道奇公使也在私下里同意了。但华盛顿方面强烈要求1美元=360日元,并以排斥道奇主张的形式,强制设定了360日元。

为什么华盛顿无视道奇公使的想法而非要固执于360日元呢?现在这还是个谜。

归根结底,对日本来说和预想的330日元相比,设定了日元便宜的汇率,所以对360日元汇率是一片欢迎之声。一万田尚登日本银行总裁发表谈话说:"产业界早就为1美元=330日元的汇率市场的目标而努力着,但比预想的日元还要低,这对振兴出口太合适了。"

但是,当时日本经济还在通胀的淫威下苦苦挣扎。特别是1美元=360日元的汇率对日本经济来说,是负荷相当重的日元高值的汇率设定。

1948年的批发物价指数上升了2.26倍,这是按公共定价算出的物价指数,从实际状况来看,应该说相当大的物价上涨幅度依然持续着。

因此,1美元=360日元的汇率从当时日本经济的实力来看,是相当高值的日元汇率设定。对人们认为1美元=400日元或500日元才是妥当的意见也可以首肯。

但结果是日本经济能耐受住1美元=360日元的高汇率是由于1950年6月爆发的朝鲜战争而产生的特需。

总之,1美元=360日元的汇率设定不明之处太多,这也是能产生因为日元的"圆"[①]是360度的圆形才决定为360日元的这种

---

① 日本在战后文字改革前,表示日元的元用的是"圓"(圆)字,故有此推测。——译者

奇谈怪论的缘故。

兜町的再度开张

1949年(昭和24年)5月14日,在战后的混乱状态下的兜町复苏了。这一天,东京、大阪及名古屋的证券交易所再度开张。

前一年的1948年4月制定了证券交易法(所谓证交法),明确了证券交易的民主化及证券行政基本方向的具体化。

特别是证交法的65条规定了证券业和银行业的区分,这成为昭和50年代开始的银行对证券的壁垒战争的基本背景。

GHQ在东京证券市场再度开张之时,不是以纽约的而是以旧金山的证券交易所为蓝本。一个原因是纽约证券交易所和东京交易所相比规模相差太远,而旧金山交易所才能够为东京提供借鉴。

还有另一个理由。这是因为GHQ负责证券的官员,一个名叫亚当斯的人曾经是旧金山证券交易所的会员。当时人们都知道麦克阿瑟司令讨厌股票,对东京证券市场的再度开张极其消极,但亚当斯为这出了大力。

在1949年5月的证券市场再度开张前,即战争刚结束时,股票的门市交易就开始自然发生了,1946年5月非正式地开始了集团交易。

集团交易是将证券买卖在特定的场所和时间带,按一定的交易形式集中进行,这在当时为GHQ所禁止。

但是,股票通亚当斯默认了自然发生并发展起来的战后不久的集团交易。而从战后的废墟中盛行股票的集团买卖是有其本身理由的。

其中一个最大的理由是在购进股票时可以使用前述的封存存款。如前所述，为抑制刚结束战争时的超级通胀，政府在1946年2月发表了金融紧急措施，这时适逢兑换新日元，原则上所有的旧日元都作为封存存款，禁止使用。

但是，作为特例允许用封存存款可以支付增资或购进股票。譬如，将购进股票的证据文件和封存存款账簿一起提交给银行的话，银行就会以封存存款为基础开出支票。将这支票拿到证券公司，可以兑换成股票券。

而且，卖掉股票券就可以得到新日元的货款。人们立刻就明白了：这一途径实际上成为封存存款的一个"漏洞"，并使抑制通胀的政策归于失败。

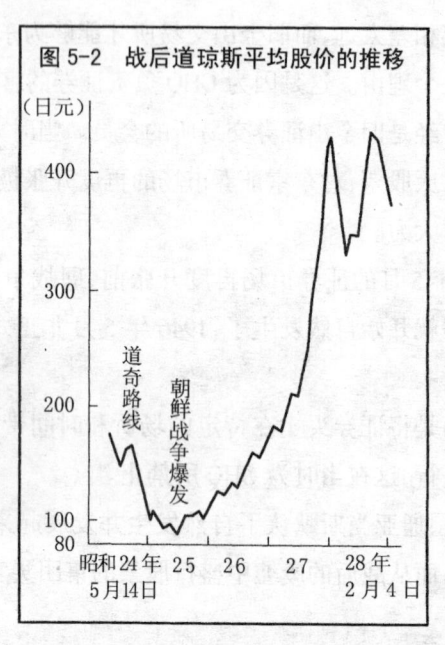

图5-2 战后道琼斯平均股价的推移

总之，在兜町再度开张以前，日本的股市就呈现出活跃的状态。而1949年5月14日交易所再度正式开张。

但是，在证交所再度开张时，正是道奇紧缩的开始。为此，从1949年末到1950年，股市呈现出危机的行情。

这就是所谓稳定危机的发展，是战后通胀的终止过程。但是，股市的低迷状态并没有持续多长时间。因为1950年6月25日的朝鲜战争爆发而出现了特需，日本经济进入大繁荣的浪潮之中，股市也一路攀升。

东证道琼斯平均股价在动乱刚结束后的7月7日贬值到最低价格的85日元25分，而1953年2月4日上涨到474日元43分，在近两年半的时间内上涨了五六倍（参见图5-2）。

一万田教皇时代和杂草丛生

从战争结束后的废墟中，日本经济总算是加强了自立基础，这是在1953年（昭和28年）～1955年（昭和30年）。就是说，那时日本经济大体上超过了战前基准时的水平，可以说完全走出了战败后的低谷。

几乎是经过了日本战后的经济复兴整个过程而给日本经济确定了方向的主导者是一万田尚登日本银行总裁。一万田总裁从1946年到1954年12月为止，当了长达八年半的日银总裁。

战后因开除公职而有力量的经济人退出第一线，在战争结束的政治混乱中内阁或大藏大

一万田尚登

臣频繁更迭,而麦克阿瑟的 GHQ 对日本传统的官僚机构抱有不信任感,但却对日银有好意并予以支持,所以一万田总裁可以以绝对的权势君临战后的日本经济。

此外,也要看到战后的紧急状况也凸现了日本银行的作用。因为刚结束战争后的最大问题应该说是抑制超级通胀,这是日银的通货政策所必须应对的。另一方面,大藏省为抑制财政支出,实现黑字财政而忙得不可开交,没有时间去观察整体的日本经济。

一万田尚登总裁到了能被称作教皇那样发挥权势的程度是和他本人有压倒别人的个性和风度有关。日后,一万田总裁在接受电视采访时,记者提问道:"(您)怎么得到教皇的外号的?"他是这样回答的:

"可以说战前日本的经济是靠财阀运作的。三井、三菱、住友、安田,还有其他小财阀。他们被 GHQ 全部解散了,就是说经济的中心力量消失了。而资本也全泡汤了。虽然这是有些失礼的说法,但因此大家伙儿这下在资金上必须要接受日本银行的关照了,就是这么一种情况。并且,虽说是 GHQ 也不能解散中央银行,但重要的人才被开除了。日本银行的总裁自然要忙于本职工作以外的社会性工作……。作为中央银行的总裁也许会被批评脱离本职工作,但当时确实没有办法。可是从结果来看,感觉到这么干还是好。"(昭和42年3月31日,东京频道播放《证言·我的昭和史》)

总之,一万田总裁率领的日本银行的力量在昭和20年代是绝对的。在由于战败而生产设备几乎完全毁坏的情况下,为增强生产力的民间需求爆发性地高涨。但是民间完全没有资金,只有依靠日银提供资金。

于是就诞生了日本银行强大有力的权力。对一万田总裁也有一些逸闻。其中之一就是有名的"杂草丛生发言"。这是在道奇路线下的1950年8月,他对川崎制铁公司发布的建设千叶炼钢厂的计划而讲的。一万田总裁听到川崎的这个建设计划,生气地说:"如果是做战后初期的高炉建设,按顺序也应该是八幡或者富士,像川铁那样的小公司就想先干?"并且发出豪言壮语:"如果强行要干的话,我让它杂草丛生"。

这个小故事不知道是真是假,但作为雄辩地说明一万田总裁的"教皇"权力的这些故事至今仍然被人提起。

围绕着日银政策委员会的攻防战

一万田教皇时代为战后日本的金融体制建立了基础,但其中不光是一万田总裁本人,就是大藏省官僚们也为之很生气的事件是有关设置日银政策委员会的问题。

在1948年(昭和23年)8月,GHQ将题名为"制定新法律的金融机构的全面改编"的非正式备忘录交给大藏省、经济安定本部及日银,提议设置独立于大藏省及日银的委员会,而为此必须重新制定金融业法。设置独立于大藏省及日银的没有政治色彩的"委员会"的构想给日本方面一次重大的打击。这被称为"银行委员会构想"。

因为这个"银行委员会构想"是以独立于大藏省的形态制定金融政策的机构,所以这必然会破坏财政和金融的紧密关系。大藏省认为这不是合适的机构而猛烈反对。日银也认为这个"委员会"是日银头上的另一个中央银行,是屋上架屋而强烈反对。

这样，GHQ 和日本方面围绕着金融制度的改革而持续着激烈的对立，1948年末，抑制面临的通胀成为紧急课题，GHQ 及日本政府被迫实施"经济稳定九原则"，将金融制度改革问题搁置起来。

直至第二年的 1949 年 2 月道奇公使来日时，情况发生了变化。这也是因为道奇认为日本经济的稳定化是第一要务，而反对胡乱强行地将日本金融界置于危险境地的"银行委员会构想"。

道奇公使支持设立代替"银行委员会"的"政策·控制·委员会"，并和日本方面开始进行协商。这个"政策·控制·委员会"是设置在日本银行内部的机构，是策划确定金融政策的最高决策部门。

一万田总裁和道奇进行了耗费精力的反复协商。遂修改了一部分日本银行法，以在日银内部设立作为政策委员会的金融政策的最高决策机构而使日美之间达成了妥协。

这是因为一万田总裁看出继续拒绝设立"政策·控制·委员会"已经是不可能的了。结果，这个"政策委员会"在日银政策委员会的名称下成立了。不过，一万田总裁强烈主张政策委员会的议长由日银总裁兼任。但是，道奇及 GHQ 认为这样一来政策委员会就会成为日银的下属机构而坚决不让步。

1949 年 6 月 18 日，日银政策委员会成立。结果，以委员会的互选选出了一万田日银总裁为议长。一万田总裁形式上接受了 GHQ 的主张，但实际上还是成功地将政策委员会置于日银的控制之下。

但是，在法律上日银政策委员会议长到底还是要由委员们互选出来，那就不一定是日银总裁。但是，政策委员会议长自一万田议长以来，日银总裁兼职已经成为惯例。

这实际上也可以认为是一万田总裁作为"教皇"的强大影响力所致。因为当初日清纺织的总经理宫岛清次郎曾经被提名为第一届政策委员会议长，但一万田总裁强制性地破坏了这一人事工作，没有让宫岛做议长。

宫岛清次郎的苦衷

日清纺织公司的名经理宫岛清次郎先生（当时是该公司社友）在日银政策委员会开始之际，和静冈县银行总经理中山均、日本兴业银行总裁岸喜二雄、农林中央金库委员长荷见安前一道被任命为委员。

GHQ内部想让他当政策委员会议长，正如本文所述，却是一万田总裁就任了委员长。在政策委员会开始后一周召开的日银分行长会议上，宫岛先生代表政策委员会作了讲话。

特别是在这次会议上，对日银的一个分行行长说的人们对于政策委员会有一些不安的发言，宫岛先生是这样说的（根据《日本银行百年史》）。"如今都说你们是考虑国家的利益而工作的，但实业家也是为国家干活，所以不是为自己工作。作为我，如果也是为了自己的话，就是不工作，躺着也能吃，但是为了国家就得拼着一把老骨头来干。……日银既有好处也有缺点。不是全都好。"

Ⅱ 从增长到激荡的年代

1 增长时代的光明和挤出效应

"银行再见,证券你好"

进入昭和30年代,日本经济开始走上自立的增长轨道。1955年(昭和30年)是"数量景气",昭和31～33年是"神武景气",而昭和34～36年又接着是"岩户景气"。

反映出这样的经济增长的是股价连续攀升,道琼斯平均股价(原东证)在1956年6月突破500日元大关后,1960年2月超过1 000日元大关,1961年7月18日为1 829.74日元,刷新了以前的最高值(参见图5-3)。

这种股价上升带来了投资信托的急剧增长。因为股价上涨股票投信的基准价额也要上升,这就容易做投信的募集工作了。

股票投资信托从1951年开始起步。到1955年末其残余的本钱约为600亿日元,而1957年末超过了1 000亿日元大关。1951年末股票投信的残余本钱超过了1万亿日元,就是这么令人吃惊。

在资本市场尚未发展下,这种也可以说是投资的异常肥大化

图 5-3　高度增长期的股价

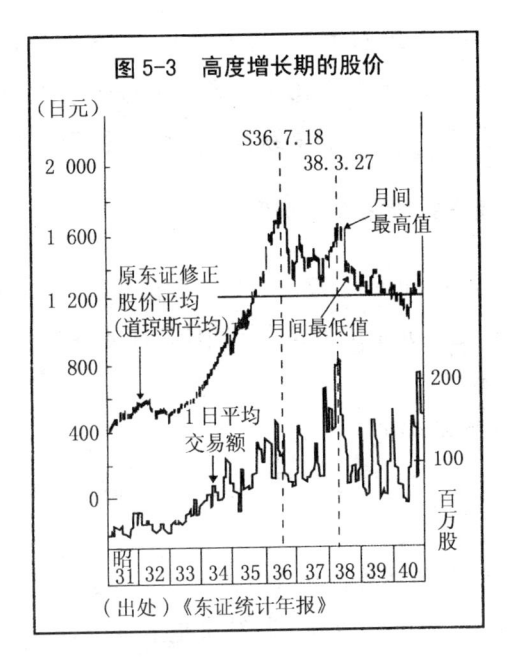

（出处）《东证统计年报》

被比喻成"池塘中的鲸鱼"。而记录了股价最高值的 1961 年公债及公司债投信也起步了，赢得了爆炸般的人气。

1960 年（昭和 35 年）10 月，日兴证券首先发表了具体的公债及公司债投信的构想。而 1961 年 1 月四大证券公司一起开始募集公债及公司债投信，远远超过预想的大量合约连续不断。

当时，在日兴证券静冈支店工作的某证券人（后来成为西银座百货公司总经理，已故）说的"银行再见，证券你好"的名句一时成为流行语。

这样煞有介事地议论"银行斜阳论"，说明公债及公司债投信热已经过热了。但是，1961 年 4 月以后这种异常的人气开始跌落，以 1961 年 7 月 22 日的官方贴现率上调为契机，股价进入暴跌阶段,1962年10月29日道琼斯平均股价跌落到1 216日元。而股价持续下降到1965年7月10日的将近1 000日元。这种昭和30年代后半期扩展开来的股价暴跌剧正是对异常投信热的反动。

证券恐慌下的"战栗的七天"

因1951年(昭和36年)7月开始的股价暴跌,证券业界不是没有受到伤害。这不光是由于股价长期低迷而使各证券公司收益恶化。

1965年(昭和40年)5月21日,没有加入报道协定的《西日本新闻》独家报道了山一证券经营失败,证券恐慌的不安立刻弥漫了全国。

1961年1月,以爆炸性人气开始的公债及公司债投信在同年4月就难以上升了,解约增多。其结果是证券公司的资金流出增加,逐渐地逼迫证券公司的流动资金恶化。当时不仅是山一证券,证券各公司均使用所谓的以运用保管制度所保有的有价证券来支撑流动资金。

这个运用保管制度是证券公司保管的卖给顾客的金融债券,以此为担保从银行借贷的机制。证券公司不得不将运用保管制度得到的资金逐渐地用于还贷。

这是因为股价低迷增加了证券公司卖剩的股票,又增加了损失,所以借贷余额急剧增加。

山一证券的经营失败被独家报道的5月21日以后,顾客奔向山一证券的门市,解除投信合约和要求返还运用保管债券。如果政府对此置之不顾的话,就会变为和挤兑一样的恐慌。这也是因为山一证券应对解约的支付金不足,如果运用保管证券解约的话,山一证券必须有大量的以此为基础的返还贷款的资金。

面临着这一紧急事态,政府遂决定使用"日银特融"。这是1965年(昭和40年)5月28日的事。身为中央银行的日银向民间企业的山一证券直接融资是异例中的异例,但是如果因山一经营失败引发的信用不安扩展到全国的话,就可能出现金融恐慌,为此日本银行根据日本银行法第25条开始了行动。

靠着"日银特融",日本避免了金融恐慌,同年7月末股价转为恢复,进入了长期上涨阶段。这是从1965年末开始的5年长期持续的"伊奘诺景气"的先兆。

但是,从1965年5月21日的独家报道到决定"日银特融"的28日的一周间,对金融当局来说完全是"战栗的七天"。当时,和"日银特融"有直接关系的现场负责人、原日银理事镰田正美这样说(参见本章开头的中山素平的发言)。

"在长期的日银生活中,特别难以忘怀的是昭和40年的对山一证券的日银特融。我在昭和37年当上了营业局局长,39年作为营业担当理事而被卷进了这一漩涡。入行以来,从前辈口中多次听到过金融恐慌的教训,而当时正是在这种情况下。证券公司用顾客的运用保管证券做流动资金,如果一旦投资信托的解约来临,也会波及交易银行,并和信用不安连接在一起。对山一的特融如果迟两到三天,就会发生和昭和初期同样的金融恐慌,现在我也确信这是我们一触即发的反应,适时的起动。但是在国会我和宇佐见总裁一道被叫了出来,说给一家企业无担保融资简直是岂有此理而被议会追究。但这个举措本质上是中央银行必须做的信用

救济。"(《周刊东洋经济》临时增刊·1982年9月29日)

1971年夏的"突发事件"

脱离了1965年(昭和40年)证券危机的日本经济再次进入以年增长率超过10%的高增长时代。这就是"伊奘诺景气",约5年时间景气上升。

实际上"伊奘诺景气"不单纯是高增长阶段,而且是完成了日本经济结构变化的变质过程。就是说在这一期间日本的国际收支黑字化了。

这在一方面是美国的国际收支赤字化所致,所以日美贸易关系或者日美经济关系战后第一次出现摩擦现象(参见图5-4),换言之,美国从1960年代后半期开始意识到日本经济的巨大化。实

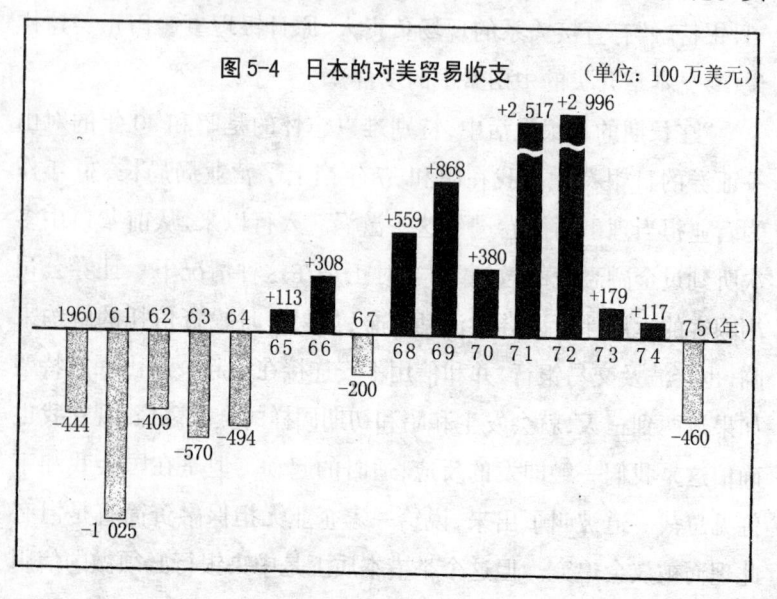

图5-4 日本的对美贸易收支　　(单位:100万美元)

年	金额
1960	-444
61	-1 025
62	-409
63	-570
64	-494
65	+113
66	+308
67	-200
68	+559
69	+868
70	+380
71	+2 517
72	+2 996
73	+179
74	+117
75	-460

际上1968年日本的GNP超过西德,成为自由世界的第二位。

美国对对外收支的赤字和与其相伴随的黄金保有量的减少逐渐焦躁起来。特别是如图5-4所示,日美贸易以1965年为界,日本的黑字化不断进展,美国就将这一焦躁转化为让日本升值日元的要求。

但是,日本这时还没有觉悟到自身的经济力量已经巨大化了。日本是在美国的庇护下对付生活的小国,这一认识不用说国民就是政府当局也深信不疑。

所以美国的日元升值要求,日本仅仅是当作单纯的让人生气的事情而理解的。政府当局确实认为"平价就是陛下"①。1美元=360日元的平价是不可侵犯的圣域。这就是"360日元平价圣域论"。

美国的尼克松总统认为日本的这一态度是"自我中心式的",并开始感到气愤。1971年(昭和46年)8月16日(华盛顿时间15日晚9点)尼克松总统在电视和广播上突然发表了美国设定划一的10%的进口税(美元的实际贬值)和停止美元兑换黄金方针的声明。这就是"尼克松冲击"。

"尼克松冲击"是战后国际通货史上给予全世界最大的冲击,因为这确实是"突发事件",就连当时的联合国国际货币基金组织的专务理事施瓦茨也说是在"星期天早上被叫起来才知道的"。

那天是日本的星期一上午10点。从早上起就是大晴天,盛夏的太阳发射着光芒。东京的商业街因为盂兰盆会回家的人还没有

---

① 日语的平价和陛下是同音。——译者

全部回来而显得冷清。

当时大藏省的国际金融的总头目柏木雄介顾问决定从那天起休假,和家里人一起去旅行。但是,当天早上9点半,柏木顾问接到当时美国的财政部副部长博卡关于尼克松声明的联系电话。这是正式发表前的30分钟。

被扔进历史废纸篓的阿尔法作战

在"美元冲击"的1971年(昭和46年)夏天的"突发事件"发生前,几乎没有关于日元应该升值的议论。

在"360日元平价圣域论"中,除了一部分评论家外,唯一的日元升值论是在1971年10月,近代经济学者小组(36人)提出的外汇平价小幅度调整方式的日元汇率的微小调整升值的提案。外汇平价小幅度调整就是为了使汇率在均衡水平上顺利地调整,进行小幅度的、像爬行一样的汇率改变,这是当时国际经济学中流行的想法。就是说这种方式的目的是将在固定行情制下的僵硬的汇率确定为符合市场的实际情况而使之弹性化。

但是近代经济学者小组的提案虽然在媒体上受到盛大的欢迎,但在实施政策上却被无视。因为作为结果这一提案是在"尼克松冲击"前的只有一个月才提出的,有些太晚了,失去了时机。另外也是因为在以当时的固定行情制为基础的战后国际货币基金组织体制下的通货调整首先使日元汇率升值是现实的方法。就是说外汇平价小幅度调整是理论性提案,在这一点上,政策当局只能以非现实的东西来接受。

但是,政府内部不是完全没有进行探讨日元升值工作的。在极其保密的情况下,大藏省内部进行过被称作阿尔法作战的日元升值作战。不过,这个阿尔法作战,在这个小组的领导人当时的大藏省大臣官房的林大造审议官(后来是国际金融局次长、局长)于1974年夏告诉金融财政的专业杂志之前,大藏省以外的人是什么都不知道的(1974年6月24日,7月1日的《金融财政事情》)。

日元升值的阿尔法作战是在从1969年11月到12月约一个月时间内由大藏省大臣官房的四名工作人员集中进行的。

但是,在将360日元作为圣域的情况下,对于日元升值的探讨工作在大藏省内也完全被无视,言及这件事是被视为禁忌的。

而经过1971年夏的"尼克松冲击",日本结果被迫在同年12月将日元升值。阿尔法作战的首领林大造在和笔者面谈时说:"这时他们是非常后悔的"。但是对那些以前绝对反对日元升值的人在这么短的时间里就突然改变,将日元升值视为当然,林对他们这种佯做不知的不负责任的态度感到有些恼火。

并且林的遗憾似乎更加增大了。因为没有人说到曾经进行过阿尔法作战,更何况对很早就提出日元升值必要性的先见之明做出评价。

林大造1977年初在《金融财政事情》上发表了题为"从阿尔法作战的挫折到浮动"的手记,倾诉了他很早就主张日元升值但被无视的"孤独的遗憾"。

但是,日本政策当局者认为这种"暴露内幕的手记"是"光想使自己正当化",态度很是冷淡,结果阿尔法作战本身被扔进了历史的废纸篓里。

林大造当然在失意和遗憾中辞世。而被无视、被埋葬的阿尔法作战使我们想起以赛亚·本特桑说的"空气"的话。就是说"360日元圣域论"既然是当时"时代的空气",那么反潮流不要说是在野的人物或学者,就是作为决策机构内部的人也是干不了的禁忌。换言之,逆"空气"者被"空气"隔断,这是日本社会的规则,是规矩。

外汇市场的"两周间的笨拙"

确实1971年(昭和46年)夏天,"突发事件"极大地震动了日本。上午10点,尼克松声明的内容通过美国之音播送接收,这个新闻马上传遍了产业界、金融界,日本列岛在这个冲击下惊慌失措。

东京股市开始抛售,产生了贬值为210日元50分的历史上最大的暴跌纪录,东京外汇市场也陷入抛售美元的巨大混乱中,日银为了将1美元=360日元的平价保卫到底,大量购买美元,仅这一天就买进了6亿美元。

这天午后6点,大藏省和日银的干部们纷纷赶到大藏省,讨论一直持续到深夜。出席者有大藏省方面的鸠山威一郎事务次官、柏木雄介顾问、细见卓财务官、稻村光一国际金融局局长、林大造国际金融局次长,日银方面有井上四郎理事和藤本岩三外国局局长。

这次会议首先决定在第二天的8月17日,外汇市场是关还是开?

前述的林大造关于这一点在手记中是这样写的。

"以现行的汇率坚决地继续开放市场的主张是长年做有关外汇工作方面的专家(=柏木雄介)的立场。这是360日元汇率圣域说的脉络。360日元汇率是绝对不应改变的。日本的外汇管理是极其强大的,所以坚持以360日元的汇率开放市场没有关系。一旦关闭市场,以360日元再开放市场是不可能的,所以就主张不管怎样尽可能长地以360日元的汇率继续开放市场"。

日银的井上四郎理事也主张360日元汇率的圣域说。井上理事在和笔者面谈中这样说。

"不管怎么说,绝对不会改变1美元=360日元的汇率,大家都相信政府的控制。都是在这一大前提下做生意的。我们不能让相信我们的民间的人们受到巨大损失。当时就是这样认为的。"

不论是柏木顾问还是井上理事,这些国际金融的专家里手都被360日元的汇率这根"金绳"所束缚。唯一没有被这根"金绳"束缚的是外行。

鸠山次官很客气地插话说:"我对国际通货的事不太懂……"这是在会议的"空气"达到了"坚持360日元汇率而尽可能将市场开放下去"的结论的时候。

"简单地想一想,和黄金停止兑换的美元将要贬值。以便宜的美元开放市场就会不断地买进美元,不就成为国家的损失了吗?这是极其简单的常识。如果欧洲市场关闭的话,日本市场关闭不也是妥当的吗?"

鸠山次官的这一发言没有超出常识的范围,但是在刺穿内行们做的空气袋形式却有着其本身的说服力。但是,国际金融内行们的信念最终压倒了外行们的常识论。

8月17日,欧洲市场一起关闭,只有东京一家开放。在东京市场上美元被大量抛售,但是大藏省和日银在8月27日前,即在两周时间里继续开放市场,在这一期间买进了大约40亿美元。按当时的汇率,日银为买进美元花费了约14 000亿日元的巨额资金。

在欧美的外汇市场继续关闭中,为什么东京市场必须要进行两周的和美元的"孤独的战斗"呢?是所谓的日本特质吗?这异质的单独行动,会被世界当作奇异的东西来接受的。

无论如何,1971年夏的"突发事件"在给人以"两周间的笨拙"的印象后,8月27日终止了。

日银的失败

1971年(昭和46年)夏的"两周间的笨拙"也是无可奈何的事。因为"尼克松冲击"是战后国际通货史上最大的冲击,不习惯于国际金融世界的日本当局手足无措,脱离常规也在情理之中。

但问题是政策当局者的失败并没有仅仅停止在这里。特别是日银在"两周间的笨拙"中摇摆不定,其后金融政策方向失误,允许过剩流动性的发生,给大通胀以基础。这可以说是日银明显的大失败。

1971年12月17日,在史密索尼安会议①上进行了多元的通货调整,日元汇率被迫进入1美元=308日元的汇率。

全日本惧怕日元升值引起景气下降。日本立刻将官方贴现率降了0.5%。日银自1970年10月以来,已经四次降低了官方贴现率,所以这是日元升值后的第五次下调,为此放松金融更前进了一

---

① 史密索尼安是华盛顿一博物馆的名称,1971年12月,10个经济发达国家在那里举行会议,决定国际通货体制,被称作史密索尼安体制。——译者

步。而日银在 1972 年 6 月又追加了官方贴现率下调。由于日银的这种金融放松政策，城市中的银行积极地放贷，于是开始发生了过剩流动性。

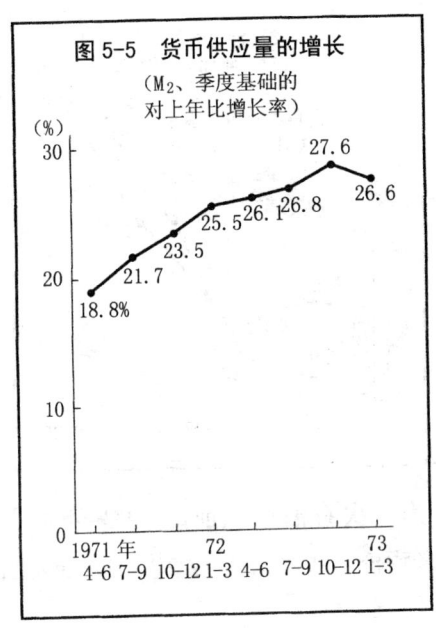

图 5-5　货币供应量的增长
（M_2、季度基础的对上年比增长率）

时期	增长率(%)
1971年 4-6	18.8
7-9	21.7
10-12	23.5
72 1-3	25.5
4-6	26.1
7-9	26.8
10-12	27.6
73 1-3	26.6

因以前的"两周间的笨拙"日银已经买进了约 40 亿的大量美元，已经实施了货币超量供给，但又加以更大的通货供给，货币供应（M_2）在 1972 年 4～6 月为上年比的 26.1%，同年 7～9 月份为 26.8%，表现出异常的增长。

这种过剩流动性的增大使企业积极地对股票或土地及商品进行投机活动。1972 年 7 月田中内阁成立，1973 年 1 月决定了超大型预算案。

在1971年批发价格的上年比为负 0.8%，而在1972年上涨到

图 5-6 消费者物价·批发物价上涨率

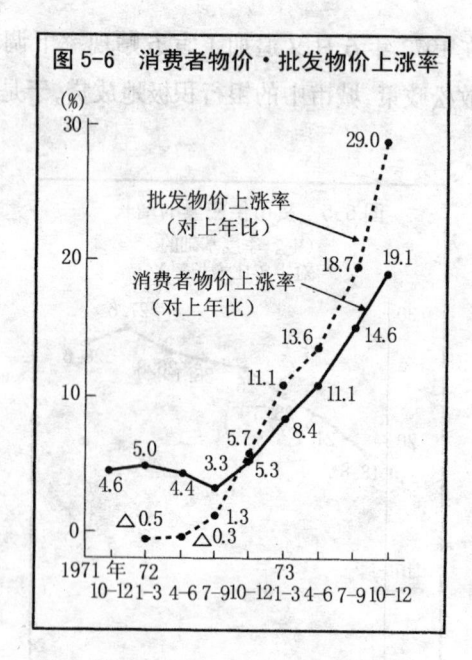

0.8%,在进入第一次石油危机前的 1973 年 9 月,猛然上涨到 18.7%。消费者物价上涨率也从 1972 年的 4.5% 上涨到 1973 年 9 月的 14.6%。

日银在这一期间做了什么呢?如前所述,日银在要规避"日元升值的不况"的史密索尼安会议之后,在 1971 年 12 月(第五次)、1972 年 6 月(第六次)降低了官方贴现率。

但是从 1972 年春开始,物价方面出现了强烈上涨的压力。同年 7 月田中内阁一成立,在扩张主义的首相面前,日银难以发动紧缩金融的政策。

日银的原理事中川幸次(当时的日银总务部长)这样写道:

"批发价格在昭和 47 年 9 月上涨 0.8%,10 月 0.6%,11 月

1.6%而开始急速上涨(中略)。现在想起来,即使晚了,但在那个时候应该下决心提高官方贴现率和准备金率,进行真正的金融紧缩。但是田中内阁的列岛改造论甚嚣尘上,向紧缩转换简直是不可能的。"(《体验的金融政策论》日本经济新闻社)

于是日银实际上决定提高官方贴现率是在1973年4月以后。日银在1972年6月第六次进行降低官方贴现率,而本来这时是应该提高的。

日银失去了金融紧缩的时机,对过剩流动性置之不理。加上"日本列岛改造论"和1973年10月的"第一次石油危机",燃起了"狂乱通胀"的火焰。1973年11月,批发物价上年比上涨22.3%,而且在1974年2月加速到37.0%。另一方面,这一期间消费者物价上涨率也从15.9%加速到26.3%。

田中角荣 　　佐佐木直

想来以1971年8月的"尼克松冲击"为起始点,以1973年10月的"石油危机"为终点,其间有"列岛改造论",大约两年时间,不论谁都能看出日银的政策运营很拙劣。

对于"日银的失败"常常以当时日银总裁佐佐木直的责任为问题。关于这一点,原理事中川幸次在前揭书上这样指出。

"田中内阁成立后,8月和10月通过了大型的补充预算。因为在这种情况下,所以佐佐木总裁的发言是极其有节制的,即使这样也引起自民党方面的强烈反拨。当时我甚至听到了更迭总裁的说法。听到这种传言,我们想不要伤害总裁。而其后日银转换为紧缩的提法十分缺乏力度。但是这是非常大的错误。不如我向总裁进言说,就是豁出总裁一职也要紧缩。"

2 通货战争

顶级银行 DKB 的诞生

在1964年(昭和39年)1月的全国银行协会联合会的新年会上,田中角荣藏相高唱"准备开放经济体制,欢迎银行合并等方式的重组"。

以这个田中发言为契机,银行界重组的气势猛然高涨。1964年第一银行和朝日银行,1965年住友银行和河内银行,1968年三井银行和东都银行等城市银行和地方银行等好几个银行进行了合并。

谁都可以预料到下面就是城市银行之间的大型合并,金融重组即将成为大潮流。1969年(昭和44年)元旦,《读卖新闻》的一个版面刊登了三菱银行和第一银行的大型合并。

当时按存款量排位,三菱银行是第三位,第一银行是第六位,所以靠着这一合并轻易地就超过了第一位的富士银行而排名第一。

但是这一大型合并的构想在独家报道后的仅仅不到两周就成

为泡影了。

三菱银行和第一银行的合并构想是将双方行长的谈话归纳而成的,但第一银行方面对这一合并的抵抗感是根深蒂固的。

第一银行在战争中曾和三菱银行合并成为帝国银行,但是在这一合并银行内,在任何事情上都是财阀系统的三菱银行优先,所以进行得很不顺利,战争结束后不久这个合并就完蛋了。因此,对于第一银行方面来说,和三菱的这一对等合并也是财阀系统的三菱掌握主导权,就对这一结果强烈警惕起来。

于是,三菱银行和第一银行的大型合并构想在1969年1月13日又回到了原来,第一银行的长谷川行长辞职,井上薰董事长重新走马上任当行长。

这一合并本来是从第一银行的长谷川重三郎行长和三菱银行的田实涉行长的个人关系出发的。长谷川行长的长子裕氏从庆应大学毕业,进了三菱银行,在结婚时是由田实涉夫妻充当介绍人,长谷川家和田实家是通家关系。

所以,第一和三菱的合并几乎仅仅是两个行长推进的,第一银行实权派董事长井上薰或前任行长酒井杏之助顾问被完全抛在一边。

回到第一银行行长职务的井上薰等待事态平息后,便开始摸索新的大型合并。新合并构想是由接受了井上行长意向的涩泽仓库的八十岛亲义总经理(前第一银行常务)推进的。

因为第一银行本来就强烈地认识到为了在新的开放经济下生存下去并维持现状的话,自身的力量是不够的,不可避免地要做些大型合并。

八十岛和当时日本劝业银行的横田郁行长是庆应大学的前辈和后辈关系,而且八十岛的弟弟和横田行长是从幼儿园以来的庆应时代的同期生,他们是老关系了。

八十岛将日本劝业银行的横田行长介绍给第一银行的井上薰行长,合并迅速进行。对于井上行长来说,和三菱不同,劝业银行的存款额是第八位,和第一银行的第六位差不多,也不是财阀系统的银行,确实是"对等合并"的对象,这是他求之不得的。

于是,1971年3月初,在八十岛的参与下,井上行长和横田行长的合并共识书出台了。并决定在1971年3月18日的大安吉日发表合并的事。

但是,日本经济新闻记者通告银行说,将在3月11日的日报上发出独家新闻,报道这一合并构想完成,所以两行就匆忙地在1971年3月11日上午10点于帝国饭店发布了合并。由于这一合并,存款额为日本第一、世界第七的大型银行第一劝业银行(DKB)开张了。

围绕着窗口销售的银行对证券的战争

1970年代后半期(昭和50年代),金融世界掀起的最大的结构性变化是国债的大量发行。国债发行额在1975年度(昭和50年度)是5.7万亿日元,1976年度是7.5万亿日元,1977年度9.8万亿日元,而1978年度为11.3万亿日元,突破了10万亿日元大关,其后发行额一度减少(但是,如第4章所述,进入1990年代大幅度增加发行在持续着)。

这种大量国债是由以银行、证券公司等为中心的金融机构构成的承包国债的辛迪加承购的,但银行承购的国债不在银行窗口向民间销售,窗口销售只限于证券公司。

而进入1970年代后半期恒常性地承购大量国债的银行方面声称银行也要像证券公司一样在窗口销售国债。从1979年开始,银行方面根据规定银行的公共债处理的证券交易法第65条,开始主张银行也要进行窗口销售,通称窗贩,此外也可以进行国债的交易。

证券方面的日本证券业协会的北里喜一郎会长(当时是野村证券的董事长)站在前头强烈反对,认为"以前没有做过窗口销售的银行现在要让他们做,不可思议,银行加入证券业务是破坏了壁垒。"

于是围绕着国债的窗口,银行对证券的战争开火了。无论怎么说,战后金融体制是银行独家垄断。在资本市场尚未完善、资本积累尚不充分的情况下,不得不限制证券公司的活动。

证券领域呈现出活跃状态也经常是偶尔的、一时的。前述的昭和30年代的"再见银行,你好证券"就是很好的例子。

所以,银行也没有把证券公司当作竞争者,常把其作为弱者定为于下方,但是昭和50年代证券业界开始吹起了顺风,一部分大城市银行开始注意它们了。

进入1970年代后半期,以资本积累提高为背景,有了富余资金的大企业开始增加了,这些企业将富余资金用于自由利率的债券回购市场(参见第4章)。

证券公司介入债券回购市场,使银行有了危机感。于是在1979年5月,银行为了对抗债券回购市场创设了短期自由利率产品 CD。

CD 之后,银行方面的对证券公司的战略就是注意到了国债窗口销售、参与交易的问题。

围绕着窗口销售的银行对证券的壁垒战争从 1980 年秋到 1981 年春达到了顶点。特别是证券业界和银行业界将政治家或政党卷了进来,展开了攻防战。特别是不允许银行侵入证券业界城池的证券业界的防守战是拼死的战争。

结果是在 1981 年 4 月的银行法修订中,以法律文字明确了银行的公共债证券业务,银行取得了胜利,但是由于这一窗口销售问题,可以很清楚地看出证券公司具有能够和银行相抗衡的巨大力量。

大银行家的自由化积极论

不管是城市银行抑或地方银行,还有信用金库和信用组合,到昭和 50 年代前半期为止,都充分沐浴了战后的"护航舰队体制"(参见第 3 章)温暖的水。所以当时金融自由化从语言上来说是禁忌,被人厌恶。

以昭和 54~55 年为分水岭,要从正面搞金融自由化的言论在日本银行界突然抬头。但应该说展开自由化积极论的只是一小部分大城市银行的银行家们。

其代表性的银行家是当时富士银行的行长松泽卓二和住友银行的行长矶田一郎。

特别是富士银行的松泽卓二早就以金融界的理论家闻名,他是个主张城市银行自由化战略的人物。松泽在 1967 年(昭和 42

年)12月,他当常务的时代就组织了12家城市银行的常务(或专务)俱乐部的代表,建立了"都市银行恳话会"(通称都恳银)。这个组织以后在关于金融问题上作为城市银行间的意志统一的场所以及对外发言的场所起到了重要的作用。

譬如,1968年12月都恳银以干事松泽卓二的名义提出创立CD,CD便在1979年5月成立了。在创立CD时,松泽卓二作为全国银行协会会长付出了特别大的努力。

松泽卓二在CD创立前后的下一个金融自由化战略,就是开始前述的国债窗口销售。无论如何,东部的横纲[①]——富士银行的松泽行长和西部的横纲——住友银行的矶田一郎行长,从1980年前后都积极地进行金融自由化的工作。

这一环节是国债窗口销售,而其他很多城市银行或地方银行还有相银、信用金库等并不明白富士、住友等一部分大城市银行为什么对国债窗口销售表现出强烈的愿望,并要扩展和证券的壁垒战争。

实际上富士、住友对国债窗口销售的热情是非常高和急迫的。这是因为一部分大银行的银行家们这时已经敏锐地感觉到日本金融自由化是不可避免的。而为了准备即将来临的金融自由化应尽可能早地加强自由化战略,参与证券业务是必须的。

看出金融自由化必然性的只是一小撮银行家。其代表人物就是松泽卓二和矶田一郎。

---

① 日本相扑选手的最高级别,分为西部横纲和东部横纲,这是作者比喻这两家银行的实力。——译者

从昭和 50 年度开始,在每年大量发行的国债中期限为 10 年的占大部分,所以在昭和 60 年前后将迎来大量的偿还。就是说,昭和 60 年前后在市场(国债流通市场)上将会出现大量的期近国债(偿还时间就要到了的国债)。

这些期近国债的流通收益率是自由利率。因此偿还一年前的期近债的利率能和一年定期存款的利率(固定的限制利率)相比较。由于自由利率一般较高,因此对投资者来说,期近债(一年)比一年定期存款有利的可能性较大。

这样,人们就会取出定期存款去证券公司购买期近国债。就会发生从银行向证券公司的资金流出。这就是日本型的脱媒。

对于这种大量的资金流出,银行不得不用两个方法来应对。一个是银行根据证券交易法第 65 条开始进行国债窗口销售及交易。另一个是银行将存款利率自由化。

于是,一部分大银行家先看出了"大量偿还国债的威力",预先感到通货战争的必然性。这就是一部分大城市银行从昭和 50 年代中期开始展开积极的自由化战略的基本原因。

日美同舟共济的歌舞伎表演[①]

通货战争战火燃起,加速金融自由化潮流的重要原因是"外压"。

大藏省在 1984 年(昭和 59 年)5 月末归纳出了"关于金融的自

---

① 原文为日美劝进帐,劝进帐为日本歌舞伎的代表剧目,写一个封建领主的家臣如何机智救主的事。在这里有日本为美国效犬马之劳,共渡难关之意。——译者

由化及日元国际化的现状和展望"(即"金融自由化·国际化宣言")。表示要在内外推进金融自由化。与此同时,发表了日美日元美元委员会报告书。

实际上大藏省归纳"金融自由化宣言"的契机是日美日元美元委员会的成立。

矶田一郎 　　松泽卓二

1983年(昭和58年)11月,在里根总统访日之际,当时的里根财政部长和竹下登藏相之间决定设置为协商日元美元问题的日美财政当局合作的特别委员会。

于是以这种"外压"的形式来探讨日本金融自由化的内容和进程,1984年5月末归纳成报告。

在这"金融自由化宣言"或"日美日元美元委员会报告书"发表前,还经历了一些曲折,其中,美国财政部长里根访日,在进行记者招待会上,其"歌舞伎表演"成为一时的话题。

其时,里根财政部长用拳头狠狠地捶着桌子,斥责日本方面进行金融自由化的方式不认真,在记者招待会上坐成一排的内外记者对里根部长的发怒大为震惊。

当然,日本的大藏省官僚也有了这样的观念,即"日本暧昧的应对已经不可能解决这个问题了"。但是这并不是真实的,里根财政部长的狂怒是从"歌舞伎表演"中得到了启示。

就是说,包括里根在内的美国方面,注意到想让日本方面认真地应对金融自由化,用绅士的方式是行不通的,必须要用强制手段来威胁,里根财政部长在记者面前像歌舞伎演员一样大大地表演了一番发怒的样子。但里根部长的发火有些太不自然,太过火了,确实有着表演"歌舞伎"的疑点。

但是,在这个"歌舞伎表演"的说法中据说还有一个圈套。是什么呢?据说是日本大藏省让里根财政部长表演这场"歌舞伎"的。就是说,里根部长不过是个演员,而大藏省官僚是演出公司,在背地里表演着"歌舞伎"。

为什么大藏省官僚非要这样做不可呢?聪明的大藏省官僚和前述的大银行一样,在昭和50年代中期就已经意识到金融自由化是不可避免的。但是,此前大藏省和日本的银行,特别是中小金融机构就约定好了不进行自由化,给他们以安全感。

因此,他们对日本的银行不能说:"不,金融自由化的必然趋势已经不可避免了。"如果这样做的话,大藏省官僚会被批判为不负责任。

但是,必须尽早进行金融自由化的准备工作。因为不这样的话,在自由化的大潮下,会有很多牺牲者的。因此,他们就想利用"外压"。因为如果有了外压,日本银行就会明白事理了。

于是,大藏省就向美国说了这事,凡事重视结果的美国人,只要日本能进行金融自由化,用什么手段都没关系。于是,演出:大藏省,主演:里根财政部长,观众:记者。一场"日美劝进帐的歌舞伎表演"就这样上演了。

Ⅲ 泡沫的陶醉和后遗症

1 傲慢的日本通货

购买美国的灵魂

1985年9月对日本经济来说是划时代的年头。因为以1985年9月22日的"广场共识"为契机，日元一路攀升。如果从表面上来看是日元升值时代到来的话，那么这就是基于美国对日发动的汇率战略，但实质上是因为日本代替美国成为了世界第一的债权国。

日本的对外净资产余额在1980年代中期就加强了增大的势头，这是因为贸易收支黑字的巨大增长。而这黑字供给了全世界。

供给的中心是被称作"生保"的日本人寿保险的大量对外证券投资。当时，达尼耶尔·帕斯泰因的畅销书《YEN》是这样描写日元的抬头的。

"日本的个人和企业每一个劳动日可以产生10亿美元以上的储蓄。这庞大的现金流向国内的银行账户或股票、保险金、不动产投机等，但这些地方实在是吸收不了了。就像水往低处流一样，这巨额资金只有流向国外。1981年,日本人购买了总额为150亿美元的外国证券。1986年这个数字变为26 000亿日元,5年增长率为175倍。最近在日本经常听到的话正好表明了这一状况:'英国成为世界第一的有钱国家花了100年,美国费了50年,日本就用了5年'"。

实际上在1980年代后半期美国的财政赤字的三成是依靠从日本来的资金(日本的外债投资),1987年东京证券交易所的股票时价总额超过了纽约证券交易所上市的时价总额。

图 5-7 世界银行势力的变化

1966年顺序	存款额(10亿美元)	银行名	1988年顺序	银行名	存款额(10亿美元)
① 美	16.4	美洲银行	①	第一劝业	312.4 日
② 美	13.8	大通曼哈顿	②	住　友	296.0 日
③ 美	12.7	第一国民银行	③	富　士	283.5 日
④ 美	6.8	汉华实业银行	④	三　菱	269.4 日
⑤ 英	6.6	巴克莱	⑤	三　和	269.0 日
⑥ 美	6.5	摩根	⑥	日本兴业	215.3 日
⑦ 美	6.1	汉华	⑦	农林中金	210.7 日
⑧ 英	6.0	米兰德	⑧	三菱信托	185.9 日
⑨ 法	6.0	巴黎国民银行	⑨	住友信托	177.9 日
⑩ 加	5.8	皇家	⑩	东海银行	175.6 日

(资料)U.S新闻及华尔街报告等。

图 5-7 如实地表示了日本通货的庞大。因为世界十大银行(存款余额)均为日本势力垄断。此外,在1980年代后半期,日本不断地购买美国的超优良不动产而为世界所瞩目。纽约的蒂梵尼

大楼、茂贝尔、埃克森、ABC大楼,第五大街的六六六,加利福尼亚的阿尔克广场、拉·科斯塔超市·疗养地等。另外在夏威夷20个宾馆中75%为日本所有。

日本通货当初停留在上面那样的外债或海外不动产投资上,但逐渐地变为面向厂家的直接投资或收购外国企业。使美国开始感到厂商型的日本通货威胁的嚆矢是1987年富士通收购高科技企业法查路德事件。五角大楼认为由于这次收购会让日本人掌握国家安全保障不可或缺的高技术,就没有认可这次收购。

图5-8 每周新闻封面上的日本企业购并美国企业(1989年10月9日号)

而让美国国民吃惊的是1989年索尼收购美国有名的电影制片厂哥伦比亚电影公司(46亿美元)。如图5-8所示。美国的《新闻周刊》在封面故事上,耸人听闻地说这个收购是"日本人打算购买美国的灵魂吗?"

住银的平相合并和银行家的疯狂

1980年代后半期日本确实像个金融大国一样辉煌。外部有日本通货的跃进,内部银行的贷款增加,特别是面向不动产和个人贷款骤增。如图5-9是1980年代后半期城市银行的贷放和上年比及面向不动产和个人的贷款示意图,可以看出这些面向不动产、个人的贷款数令人触目地增加。

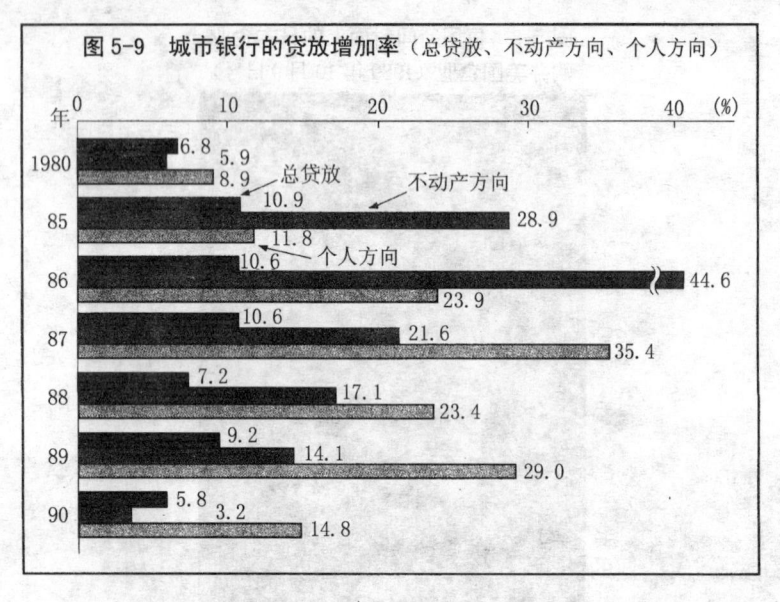

图5-9 城市银行的贷放增加率(总贷放、不动产方向、个人方向)

年	总贷放	个人方向	不动产方向
1980	6.8	5.9	8.9
85	10.9	11.8	28.9
86	10.6	23.9	44.6
87	10.6	21.6	35.4
88	7.2	17.1	23.4
89	9.2	14.1	29.0
90	5.8	3.2	14.8

就是说,1980年代后半期日本经济被卷入泡沫的主要原因之一是银行的做法,也就是城市银行等大银行以面向个人为轴心的积极的贷款战略。

而大银行中,特别值得一提的是住友银行。住银从前就以合理的效率经营而闻名,在 1970 年代就已经在收益能力上跃居首位了,但它有对经济型住宅贷款的不良债权,1977 年(昭和 52 年)不得不偿还 1 132 亿日元的巨额债务。

但是,"把 1 000 亿日元扔进了下水沟"(当时的行长矶田的话)后,住银又开始向收益能力首位挑战了。在 1980 年代住银看出日本的金融自由化不可避免,便开始构筑自由化战略并发起了行动。

其支柱之一是基层银行的扩张。住友认为企业金融在直接金融化下,今后银行的经营基础不得不强烈地依赖零售部门或非制造业部门,便决定吸收兼并平和相互银行,1986 年(昭和 61 年)10 月 1 日正式合并。

平和相互银行在首都圈内有 101 家分行,所以对将首都圈作为基层战略基础的住银来说,和平相的合并是再好不过的机会。所以,听到住银和平相合并(1986 年 2 月 7 日公布)的消息,各大银行受到的冲击是掩饰不住的。说起来这比前述的 1971 年的第一银行和日本劝业银行的大型合并冲击更大。

在以 1984 年 5 月的"金融自由化·国际化宣言"为契机开始启动的金融自由化潮流中,住银积极地打出了吸收平相的牌。其具体的行动是向个人部门和不动产部门发动猛烈的贷款攻势。

在首都圈受到住银打击的其他城市银行也都为了能生存下去,转向猛烈的反击。这便成为以首都圈或关西圈为舞台的炽热的泡沫膨胀的温床。

这还是在进入 1990 年代银行丑闻不断的基本原因。住银吸收平相是 1980 年代后半期银行家疯狂行动的契机之一。

偏袒泡沫的 MOF 国际派

在1980年代后半期,在卷入泡沫的日本经济中,官僚或金融当局没少参与。因为可以说当时他们显然在适当的控制通货上失败了。

在大藏省官僚们及日银当局中,大藏官僚在两点上犯了允许泡沫发生和膨胀的愚蠢错误。这首先是大藏省的国际派的失败。

当然,泡沫只要没有日银散漫的通货供给管理,是不会发生的,所以对泡沫产生的政策性谬误首先有责任的是日银,而在日银的超金融缓和政策的背后,事实上行使力量的是大藏官僚。

利率变更等金融政策的决定权在大藏大臣,即在实体上是属于大藏官僚权力范围的。当然,在日银法(旧法)的表面上,金融政策的运营是日银的专管事项。但是,实际上在旧日银法下,日银排除大藏省的反对来决定并变更利率是不可能的。

就是说,因为现实中日银变更官方贴现率,特别是在提高时,和大藏省的密切协议是不可或缺的。只要没有大藏省干部的承诺,日银绝不能决定变更利率。这一点和在法律上保证"独立性"的德国的德意志联邦银行是迥然不同的。

尽管这样,但日银和大藏省在频繁地变更利率上意见不是不同的。10年就变更一次,所以通常没有什么为难之处,而在因两者见解不同而日银让步时,多数是给日本经济带来严重的烦恼。

譬如,在前述的1972年田中角荣内阁时,日银的让步和妥协造成了恶性通货膨胀的基础。这就是战后经济史上有名的"日银的失败"的过剩流动事件。

这个例子表现的是日银和政治家之间的对立,但日银对大藏省则未必能这样说,而1980年代后半期的泡沫和日银与大藏省的争端是有关系的。1987年2月,日银将官方贴现率降低到历史上空前低的年2.5%的水平。

也有这种超金融缓和的原因,所以景气纳入了扩大的轨道。以同年10月美国的黑色星期一为契机,日本的股价也暴跌,但其后转为上涨的行情,股价和地价都涨得没有了边。真正发生了"资产通胀"。

日银内部也出现了"资产通胀论",认为"资产通胀不是通胀"的主张是很强大的,日银也很难估算提高利率的时机。

这时,国际金融局或以财务官为中心的大藏国际派毋宁说是积极地打出了"反对提高利率论",来牵制日银的提高利率论。这就是"低利率廉价论"。

以1987年10月的黑色星期一起因于西德强制性地提高利率为"教训"。发达国家七国为了防止再次发生世界同时的股票下跌,认为特别是资本输出国的日本贯彻维持低利率是不可或缺的。

为必须阻止美国股票再次下跌,日本被强烈地要求实行对美协调的低利率政策。当时,竹下内阁以引进消费税为最大的政治课题,在绝对好的景气进展下,将金融政策交给了公认的国际金融专家大藏省的国际金融局的干部们(特别是财务官)。

被人敬畏的通货黑手党般的国际金融领域专家的思考方式本来就是对美协调的一根筋,但此外,耽误了提高利率时机的要因还有他们对国内经济机制不太了解,于是,从对消费税的议论白热化的1988年(昭和63年)以后,日本金融政策的决定权实际上掌握在 MOF 国际派手中。

而对日本经济来说,不幸的是他们这些国际领域的专家对于"资产通胀"没有明确的认识。于是,1987年2月变为低水平的官方贴现率直到因引进消费税而满身创伤的竹下首相辞职后的1985年5月,日银最终没有提高利率。

于是,金融紧缩失之于太晚,这点燃了平成巨大泡沫的导火索。

上演泡沫的国家财政技术

日本经济、金融司令部的大藏官僚和泡沫产生的另一个联系是愚蠢地上市了NTT股票。中曾根行政改革的目标是国铁及日本电电公社的民营化。

特别是人们以强烈的期待感来迎接巨大的信息通信产业的新生·NTT股票上市。这样,1986年10月及11月NTT股的第一次上市就引起巨大的反响。这时的上市价格是1 197 000日元(面值为5万日元)。

结果,国库进账约22 000亿日元,相当于大藏省估计的4 000亿日元的六倍。对于苦于慢性财政收入不足的大藏省来说,NTT股票的投入是想也没想到的侥幸,再打第二次、第三次如意算盘也不是不可思议的。

第二年的1987年(昭和62年)2月9日,NTT股在证券交易所上市。初期价值超出第一次上市价格的34%,为160万日元。这时日银的官方贴现率下调到历史最低点的2.5%,所以乘着超金融放松的潮流,NTT股一路上涨,4月22日达到318万日元。

但是,其后就转为疲软。第二次上市前的同年10月18日,黑色星期一爆发了,希望高价上市的大藏省大为慌张,不顾体面地为"NTT股价对策"四处奔走。

他们也许没有白费力气,11月第二次上市价格大大超过第一次价格(1 197 000千日元),为255万日元。

1988年(昭和63年)10月第三次上市也是在大藏省强有力的"NTT股价对策"下实施的。这样大藏省因三次NTT股的上市而进账约10万亿日元。

10万亿日元的巨额资金从无产生,这真是"国家炼金术"这一国家财政技术的奥妙。由于大藏省,股市成为国家管理市场,国家本身追逐泡沫浮利是有问题的。

这种人为的股价操作或早或晚会原形毕露。事实上NTT股后来的遭遇是很惨的。

约10万亿日元的国家财政技术的结果扭曲了东京股市,成为后来证券市场长期低迷的巨大原因。追求浮利,陶醉在泡沫之中,被泡沫拉住后腿的不只是大银行或证券公司。金融总司令部的大藏官僚是最大的加害者同时也是受害者。

无穷无尽的"资金源泉"和泡沫破绽

1980年代,政府、企业、普通国民都陶醉于泡沫,做着泡沫梦,让泡沫折腾着。银行人暴走,"人寿保险"变成纽约或伦敦的"池中的鲸鱼"。

做钱的"四大"(野村证券、日兴证券、大和证券和山一证券等四大证券公司)在国内外的市场上发挥着巨大的影响力。1981年以每股250日元交易的野村证券的股价在1987年达到5 990日元。从海外看,1980年代的日本金融市场似乎有着无穷无尽的"资金源泉"。

美国的经济报刊《华尔街日报》用"无穷无尽的资金源泉"来表现东京股市。因为如第四章的权益融资所说,日本的企业自由自在地使用可转换公司债、附新权债券,使庞大的资金宛如炼金术士炼金一样,便宜地进入自己的腰包。

这是日本通货的源泉,按美国的国际政治学者的话来说,仿佛是关东军的侵略一样。因为这就像在太平洋战争开始前,在中国大陆关东军无视日本司令部的指示随意进攻大陆一样,让人感到不寒而栗[①]。

但是,欧美的日本观察家们渐渐地明白了不断扩张的"日本通货的秘密"。认为这就是东京股市"异常上涨"的原因。

即,国内外市场上的日本企业的巨额权益融资完全在于上涨的股价。如果股价乘上上升的气流,对于该企业来说,低成本的权益融资是极其容易的。

这里存在着关东军式的日本通货的进攻要因。华盛顿是这样理解的。股价在1989年(平成元年)的年终交易会上改写为38 915日元(日经平均),为市场最高值。

但是,以这为顶点,股价闯进了长期低迷的隧道之中。在第二年的1990年的首次开盘会上,股价暴跌。而1990、1991、1992、

---

① 这种说法不确,关东军的侵略并不是所谓独断专行,其实和日本统治阶层,特别是军部是相互勾结的。——译者

1993、1994年东京股市在"长长的隧道"中徘徊。

日本股市到底发生了什么？就是说泡沫破灭为什么会突然在1990年的开盘会上发生呢？这里面有美国司令部对日战略转换的因素。

1990年1月2日，欧美的外汇市场突然开始抛售日元。这是因为美国的高官（布雷迪财政部长等）扬言"日元汇率更便宜是当然的"，这话传到了市场。

由于在平成绝好景气下的日元贬值的进展，东京市场上强烈地担心通货膨胀。机构投资家将手中的债券一下子抛售掉。因为他们担心通货膨胀，这样一来如果利率上升，债券行情就会下跌，难免出现减计价值。

于是，日元贬值就引起债券行情暴跌。结果，长期利率转为暴涨，然后疲软感就弥漫了股市。因为看到长期利率的暴涨，股市觉察到异常的股价高值。

这是1990年初突然开始的泡沫破灭的炮声。华盛顿的导弹直接击中了"日本通货秘密"的股价。

2 泡沫后遗症的苦恼

堕落的金融三大家

从1990年的新年开盘后，股价一路走跌。这使得战后40多年的"股票神话"一下子就崩溃了。

在"股票神话"崩溃稍后，"土地神话"就开始崩溃了。特别是东京圈或关西圈的商业用地的地价下降到顶峰时期的一半以下。

"股票神话"及"土地神话"的崩溃直接打击的是金融机构。具体的就是股票额外利益的骤减及不动产担保贷款的不良债权化,而由于泡沫的破灭,在1980年代异常膨胀的交易中的各种丑闻都不断地暴露出来。

这是超乎想像的和泡沫纠缠在一起的丑闻。就连日本经济象征的威风凛凛的金融帝国的中枢部分也被泡沫所污染而腐败,这使得现实中的人们不禁为之愕然。

被认为是"三大家"的、具有金融帝国元戎地位的住友银行、日本兴业银行及野村证券的堕落是其象征。和经营混乱的伊特曼有着深切关联的住银和对大阪料亭①女主人的巨额融资相关联的兴银、被证券丑闻直接击中的野村完全成了"堕落的偶像"。

这些泡沫丑闻和日本地下经济的脉络相关联,那里活跃着众多的"黑暗绅士"。到1990年代中期泡沫爆裂为止,以金融三大家为中心的日本证券界及银行界到底发生了什么呢?下面具体地回顾一下。

证券丑闻始末

从1985年(昭和60年)12月到1989年(平成元年)12月的四年间,战后的两个神话,即"股票神话"和"土地神话"展现了最后的辉煌。日经平均股价上涨了2.9倍,地价(六大城市的商业用地)

---

① 一种日本式饭馆,大多是会员制,政治家和企业或官僚常常在里面做幕后交易。——译者

上涨3.2倍。特别是绝对景气的股价是在野村证券主导的"剧本行情"下上演着繁荣的剧目。"债权国行情"、"水线行情"、"额外资产股行情"等剧目纷纷上场,因此膨胀的通货为股市所吸收,更加速了股价的上扬。

此外,股价的上涨促进了企业的权益融资,也加速了"资产通胀"。而彻底膨胀的股票泡沫像已经说过的那样,在1990年的开盘会上爆裂了,股价陷入了长期低迷的状态。

在股价暴跌,持续低迷的1991年6月20日,发生了后来使证券界卷入战后最大危机的证券丑闻。当天的"读卖新闻"发表了独家新闻,题为"野村证券以营业特金补偿大顾客在运用股票时受到损失的160亿日元"。以这报道为契机,日兴证券、大和证券、山一证券都接连被发现补贴损失,证券业界骚动不安起来。

损失补贴是证券公司对特定的客户在其证券投资发生损失后予以补贴的做法,这是对证券投资事先进行"红利保证"或"收益保证",是被证券交易法所严禁的。

但实际上大量交易的优良客户,譬如对大量的证券投资对方(流通市场上的经纪人业务的客户)或债券的发行对象(发行市场上的承销业务的客户),证券公司事后的"损失补贴"或事前的"红利保证"在相当的程度上已经成为习惯了。

对这种"习惯"大藏省也不是默认的。1989年2月当时的角谷正彦证券局局长发出通告,要求整顿损失贴补温床的营业特金。这是因为1988年11月大和证券补贴100亿日元损失的问题被发现,大藏省证券局不能默认这一事态。

但是,在证券公司想改正"习惯"时,却发生了股价暴跌,不得不对特定客户一点点地进行损失补贴。就是说,进入1990年的损失补贴由于股价暴跌,证券公司不得不答应特定客户的"补贴要求"。而大藏省恐怕是虽然发现了这件事,但也不得不"默认"。

所以,损失补贴问题被曝光后的1991年6月27日,在高轮研修中心举办的野村证券股东大会上,田渊义久总经理做了损失补贴问题"已经获得了大藏省承认"的主旨发言。

这个发言激怒了当时的大藏大臣桥本龙太郎。于是野村证券的已经从总经理退下来的田渊义久副董事长(人称小田渊)和田渊节也董事长(人称大田渊)不得不退到顾问职务上去。

损失补贴问题并没有这样停止,而是更加朝着证券丑闻发展。这是因为在野村证券损失补贴问题被报道一个多月后,1991年7月29日《日本经济新闻》日刊登出了四大证券公司补贴损失的客户名单。

这天,《日本经济新闻》整个一版上涌出了日本代表性企业日立、松下、日产等。达187家公司次,暴露出日本企业社会整体被补贴损失所污染的实际情况,因此,包括大藏省,证券业界陷入了大混乱。

被揭发出来的四大公司的补贴损失从1988年9月到1991年3月达1 748亿日元。

而且,君临日本证券界,具有世界最强大的证券能力的野村证券接着又出现了丑闻。一个是和暴力团(稻川会)的牵连。日兴证券也参与了为囤积东急电铁的股票而融巨额资金的问题。

此外,野村证券对东急电铁的股票使用推荐奖励、集中购买、操作股价等欺骗手段而被人们所议论。于是,以野村证券为轴心的日本证券业界在股票泡沫破灭中,暴露出许多丑闻。

整个业界的不透明交易习惯和合谋的现实被暴露在光天化日之下。当局为防止丑闻的再发生而设立了监督机构。

这就是1992年7月成立的证券交易等监督委员会。这是由国会承认的行政委员会,委员们对股价操作、幕后交易、损失补贴等手段进行监督,或告发违法行为,或能够对大藏省进行劝告。

只是该委员会因为没有完全的独立性,被作为大藏省外部机构来对待,实际上属于大藏省(后来的金融厅),而和美国的SEC(证券交易委员会)相比,功能或权限都远远不及。

走向浮利的银行家们

泡沫破灭的残火纷纷,受到煎熬之苦的并非仅是证券业界。自明治以后,君临产业界的、骄傲的银行家们也在进入1990年代以后露出了丑态。

这不仅是在泡沫时期缺乏自制或者丧失了平衡感的结果,还因为是违反通常的企业道德的不正当行为而使社会震惊。仅因此,对日本的银行家来说,泡沫后遗症也意味着他们走进了从未经验过的荆棘之路。

和泡沫破灭相连,银行陷入丑闻的嚆矢是在1990年(平成2年)10月15日,东京地方检察机关逮捕住友银行青叶台分店店长。这是在小谷光浩法人代表率领的仕手集团的"光进"等公司的请求下,住友银行的这个分店长对巨额融资做了不正当的中介。

从这次逮捕开始,住友银行在其后进入了超过4年多的"漫长的荆棘隧道"。常被作为君临日本金融帝国的住友银行人确实体验了"从天国到地狱"。

这一情况象征性地集中体现在代表日本顶级银行的矶田一郎（当时是住友的董事长）的"光荣和凋谢"的人生中。1993年12月，矶田在失意中告别了人世。1990年10月5日在青叶台分店长被逮捕的两天后的10月7日，矶田迅速地辞退了董事长，从此开始了矶田悲惨人生的最后历程。

这一突然的辞职是为了防止酝酿中的另一个和住友银行有关事件的波及而先行一步。但是事态背叛了矶田的想法而在悄悄地进行着。这就是其后将住友银行推入谷底的伊特曼事件。

中坚贸易公司伊特曼（原来的公司名叫伊藤万，1990年更名）由于1973年秋的第一次石油危机陷入经济危机中，主银行住友银行全面支援。住友为伊特曼的再建，打出了一张王牌：派当时住友干练的常务河村良彦去伊特曼。

由于河村总经理独自一人的经营，伊特曼走上了扩大为综合贸易公司的路线。在这里，"黑暗世界"和伊特曼深深地连接在了一起，相信心腹部下河村的矶田没有想到这会和住友受到重创的结果相联系。

伊特曼不知厌足地扩大业务，以泡沫时代的来临为时机而全面开花。其扩展的中心是推进开发高尔夫球场、高级公寓等不动产业务和扩大绘画交易。有两个人物介入其中。

他们是应当时的河村总经理的请求而成为伊特曼常务的土地专家伊藤寿永及《关西新闻》的社长在日韩国人实业家许永中。

以这两人为轴心，伊特曼集团在借进的庞大贷款支持下，实行着扩大路线。当然不能忽略1980年代后半期其主银行的住友银行设计的速利银行业务的背景。

但是，进入1990年代，泡沫破灭，地价下跌及绘画行情下落，一味扩大的伊特曼经营受阻。最终和住友银行发生决定性对立的河村总经理在1991年1月的董事会上被解职，同年4月因经营混乱，大阪地方检察院强制搜查了伊特曼，接着在7月河村、伊藤、许等三人作为伊特曼事件的中心人物被逮捕。

在《伊特曼、住友银行事件》（日本经济新闻社编）里是这样写的。

"在日本以千亿日元为单位的钱消失在黑暗世界中的这一事件，可以说这次伊特曼事件是嚆矢。……黑社会中的活跃人物以职员身份进入东证一部的上市企业，这种事是任谁也想不到的。而这匪夷所思的事情却发生在和住友银行有紧密联系的伊特曼公司身上。这是因为巨大的黑社会势力侵蚀着公开的企业社会。"

生活在漫长传统中的住友本来就有"不追逐浮利"的家训。但伊特曼事件使得"追求浮利"的顶级银行的丑态暴露在光天化日之下。1977年夏矶田一郎就任行长后，住友银行向着扩大前进，这一路线使得有传统的住友卷入了丑闻之中。可以说这是一个很大的原因。而矶田一郎正是体现了"泡沫的10年"的"从天国到地狱"的人物。

但是，陶醉于1980年代后半期的泡沫中，丧失了企业道德的不只是一个住友。1980年代后半期日本的银行人都为追求"浮利"而奔忙着。

司法当局的手伸向了伊特曼·住友事件，整个社会目瞪口呆，在这一形势下，代表日本大银行的城市银行的不正当交易暴露出来了。

大阪地方检察院对伊特曼的关联者进行逮捕的两天后的1991年7月25日,富士银行赤坂分店的虚构存款事件被发现。其中的机制大体是这样的。

将从非金融机构接受融资的客户的资金作为存款存入银行,银行开出承认以此作担保的"抵押权设定承诺书"。以这承诺书为基础,这家客户还可以从非金融机构再贷出款来。富士银行分店被发现的虚构存款事件是伪造了"抵押权设定承诺书",而向客户提供了虚构的融资担保。

令人惊奇的是这种虚构存款事件不仅是在富士银行,埼玉银行(当时)、东海银行(当时)等也有这些事。最后,富士银行的端田董事、东海银行的新井副董事长(都是当时的)等辞职。

这一连串的银行丑闻被报纸、电视连日报道,这时另一个虚构存款事件也暴露出来。这就是1991年8月被发现的大阪东洋信用金库事件。

东洋信金伪造了超过其存款量的3 500亿日元的虚构存单。而受到世人瞩目的是涉案人的大阪料亭女主人尾上缝个人和与这位女主人有着深切关系的名门银行日本兴业银行(当时)。

当然兴银不是加害者或不正当交易的当事人,因为是被害者,所以和前述的大银行的例子相提并论未必适当。但是,一是因为兴银集团做的虽然大部分是担保金融债,但全集团短期内便向个人融资2 400亿日元,二是因为虽然是兴银,但在泡沫时代却失去了审查手段,玷污了银行的高贵,所以我们也还是应将这个事件作为"追逐浮利的例子",以为今后的教训。

平成的鬼平·三重野日银总裁

1990年代初以来，日本金融界在泡沫破灭下，陷入了空前的金融危机和经营恶化，步入荆棘之路。巨额的不良债权在21世纪初的时间段，依然重重地压在日本金融体系上。

想来从1985年(昭和60年)9月的广场协议开始的10年间的日本经济在泡沫中苏醒，又在泡沫中沉寂。对这个泡沫的"曲折的10年"比任何人都更直接、更以沉痛的目光凝视着的人物是第26代日银总裁三重野康。

就是说，三重野总裁完全是"泡沫活着的见证人"。泡沫诞生是在1980年代后半期，而这个时期三重野康是副总裁，跟着当时的澄田日银总裁工作。所以，对1989年12月就任日银总裁的三重野来说，"没能阻挡住泡沫的诞生"，他内心中的羞愧感比任何人都强。

三重野康

他于1989年12月就任，还没过多久(12月25日)，三重野就上调了官方贴现率的0.75%。因为已经在同年5月、10月日银两次提高汇率，所以时日尚浅就进行第三次提高，还是表明了三重野总裁类似于"焦躁"的想整治泡沫的决心。

对1989年12月提高利率的决断，当时的大藏大臣桥本龙太郎叫停了。不知是不是有失体面，也许桥本藏相对三重野总裁的"强制性"有某种近似于恐惧的感觉。因为，整治泡沫的总裁的斗志非同一般。加上他不将泡沫熄灭就绝不退后的顽固想法。

因此，被称作"平成的鬼平"的三重野总裁的外号是有来由的。

鬼平这个绰号是从池波正太郎描写的防火防盗纠察长官被称为"鬼平"的长谷川平藏而来的。"鬼平犯科帐"①中写的鬼平对盗贼或恶势力的取缔和追查极其严厉，三重野鬼平毅然决然地全力以赴地整治泡沫的意志也不次于他。

股价、地价下跌严重时，社会上要求放松金融的呼声高涨起来，但"平成的鬼平"不光不听，而且即使在从1989年12月开始的平成不况已经明显地延伸到了1991年7月（一年半左右），他也没有放松缰绳。

不动产业界和证券业界"憎恨三重野"的怨嗟之声和称他为瘟神的批判强烈起来，但他还是倔强地贯彻着整治泡沫的决心。

三重野总裁在退职前的1994年10月末，在日银总部作了题为"金融体制的稳定和日本银行的作用"的演讲。其中，总裁对金融机构破产的可能性作了比以前稍微深入的发言，这个演讲于是便成了人们议论的大话题。

"金融机构既然是私人企业，有时便可能陷入经营破产的状态，虽说如此，但能拯救所有的金融机构破产的不是中央银行的工作。从每个该破产的就破产来培育并支撑着竞争机制的健全金融体制来看，应该说（破产）是必要的。但是，这种破产在会动摇整个金融体系时，就必须阻止它。"

三重野的发言在明确地否认战后的"银行不倒的神话"上可以说是划时代的。对此，仅在三重野退职前对已经暴露的日银出资的东京共同银行设立的经营混乱的两家信用组合（东京协和信用

---

① 犯科帐即犯罪记录之意。——译者

组合、安全信用组合)启动日银法25条(旧法)而予以处理的异常措施上,我们就可以对三重野发言的真实旨意进行一番研究。对三重野总裁来说,这是给松下康雄新任总裁的一笔重重的"礼物"。

和丑闻相关联的东京共同银行

1994年12月9日,大藏省、日银、东京都为拯救陷入经营困难的东京协和信用组合(高桥治则理事长)及安全信用组合(铃木绅介理事长),日银、民间金融机构共同出资成立了特别银行,并发表了宣言。

这家特别银行在翌年1995年3月20日作为"东京共同银行"开始营业,但救济东京这两家信用组合的问题变成了和政治家、大藏省官僚及大银行有牵连的一大丑闻。

这两家信用组合和开发疗养地的"伊·阿伊·伊·集团"(音译)(高桥治则)深深关联,一进入泡沫破灭的1990年代,它们便抱有大量的不良债权。而1993年7月"伊·阿伊·伊·集团"的主银行日本长期信用银行对其中断了支持,这两家信用组合陷入即将破产的境地。

日银在实施对这两家信用组合破产以1 000万日元为限度的"存款支付"时,发生了其他金融机构的存款者挤兑的连锁反应,日本金融秩序的混乱看起来是不可避免的。于是,当局就启动日银法25条,给特别银行出资200亿日元。

因为对于信用组合的直接监督权是由大藏省的机构委任而由都道府县掌握,所以东京都对东京协和、安全两家信用组合都负有直接监督责任。因此,在这两家信用组合的"救济宣言"中,东京都也承受了相应的负担。

具体而言,就是东京都为处理不良债权,将向新成立的"债权回收机构"以低利息融资300亿日元。

于是,这个宣言就成了将引进日银资金及东京都资金这些公共资金作为起动机来仰仗民间金融机构提供资金的机制。确实,如果对金融机构的破产置之不理,就有发生信用秩序混乱的风险。所以,当初人们将这个"救济宣言"评价为相当不错,也是对的。

但是,随着两家信用组合的经营混乱情况和前理事长与一部分政治家、大藏省官僚等人的亲密关系,还有主银行长银的责任、大藏省、日银、东京都的监督责任等不透明的问题暴露出来后,"为什么为救济这样经营混乱的信用组合非要动用公共资金不可呢?"这种质朴的批评舆论高涨起来。

在这里,我们可以评论一下前述的1994年10月末的三重野总裁的"银行即使破产也是当然的"的发言的真意。的确,战后金融机构的破产或停止支付是从来没有过的,所以,如果使这两家信用组合破产,并停止支付的话,那么,就像三重野总裁在国会上强调的那样,"由于连锁反应,其他的金融机构也很危险。"存款者的挤兑会像火焰般燃烧起来。

在这一点上,日银引进资金在那个时间点上也许是不可或缺的。但是,即使这样,从平民百姓的角度来看,也很难理解为什么要用公共资金来拯救这种经营混乱的信用组合呢?

此外,如果不明确对迄今为止对两家信用组合的经营混乱置之不管的当局的监督责任的话,那么从国民感情来说,是很难理解的。

再说,"共同银行方式"果真是最佳的救济手段吗?这是有问题的。因为除"救济合并方式"(住友银行的平和相互银行的救济合并)、"解体、转让方式"(东洋信用金库的解体及转让给三和银行)、"子公司方式"(三菱银行的日本信托银行的子公司化)等"停止支付"以外的处理方式多种多样。

东京共同银行问题在国会上,也有有关人士做了重要证言或意见陈述,但不能说以此就消除了不透明感。

特别是东京共同银行问题是日本金融界战后第一次面临着"银行不倒的神话"的破灭。包括行政责任、经营责任的这个问题没有被搞清,于是这就成了1990年代中期笨拙地处理住专及其后长期的金融行政迷失方向的元凶。

Ⅳ "10年通货紧缩"的漫长挤出效应

1 金融失政的黑暗深渊

住专处理变为金融激震的震源地

以东京协和和安全两家信用组合的经营破产为契机,伴随着泡沫破灭的日本不良债权处理问题表面化了,并成为经济运营的中心。

但是,政府、金融界及媒体等对此也是持乐观态度的,因为这个事件用设立前述的1995年3月的东京共同银行而大体上得到解决,并逐渐平静下来。因为这两家信用组合事件说来是"处理小鱼"的问题,所以人们根本没有考虑到这是预兆着可以摇撼日本金融体制根本的金融激震的"地声"。

但是,在两家信用组合问题暴露前,即从1990年代初到1990年代后半期以后的令人喷饭的金融失政在水面下扩张开来。这就是在1993年2月表面化了的"日本住宅金融再建问题"。

日本住宅金融(简称日住金)作为住宅金融专门公司的第一号而在1971年6月建立。日住金的母体银行是三和、樱花、拓银、大和、三井信托、东洋信托、横滨、千叶等八家银行，第一任总经理是在大藏省工作过的，有名的评论家庭山爱一郎(1971年6月~1992年8月)。

其后，建立了住宅按揭服务(母体银行是第一劝业、富士、三菱、朝日、住友、樱花、东海等七家银行)住总(七家信托银行)、综合住金(第二地方银行等65家银行)、第一住宅金融(长银、野村证券)、地方银行、人寿保险住宅按揭(64家地方银行、25家人寿保险公司)及日本住房建筑按揭(兴银、债银、大和证券、日兴证券、山一证券)，包括日住金，住专大型公司有七家。

这七家住专都是在1971~1975年成立的，大藏省出身的总经理占了一大半，而且就是职员也大多是从政府部门下来的。1973年5月，以大藏省的告示将住专归大藏省直辖，监督其经营的实际状况。

而住专最大的公司日住金的经营破产问题在1993年2月一下就表面化了，这是因为对住专的不动产相关业者的贷款由于泡沫破灭(1991年秋以后的地价下降)而明显地成为呆账。

并且，住专的经营破产不是仅停留在日住金一家公司上，其他的住专也是同样，呆账贷款甚至上升到七家住专公司的总贷款额的15万亿日元的一半以上。

所以，以1993年2月的日住金问题为契机而表面化了的住专问题的核心可以归纳为以下三点。

(1)为什么住专的贷款有了这样巨额的呆账？

(2)为什么住专的经营失败和日本整体的金融体制的危机直接相联系？

(3)为什么住专的处理那么暧昧,并成为以后金融失政的元凶?

首先是第一点,住专像已经说过的那样,1970年代,在大藏省的操持下,对民间金融机构进行总动员而相继建立了个人住宅按揭的专门公司。但是,1980年代对企业融资陷入困难的住专的母体银行(母公司)等民间银行侵蚀进个人住宅金融领域。

如果个人住宅按揭的融资方被夺走的话,住专公司为了生存下去就有很大的必要去开拓、深耕新的贷款方。因此,住专各公司注意并进行巨额融资的是不动产相关领域。即与土地相关的融资。

在1980年代后半期的泡沫生成过程中(参照第1章),地价暴涨,1990年前后,资产通胀的猛烈势头已不能允许了。1990年3月,大藏省向银行局局长发出"与土地相关融资的总量限制等"的通告,走出了抑制地价的一步,这是试图通过对面向民间银行的非金融机构融资的限制(总量限制)来抑制与土地相关的融资。

不断对住专融资

但是,在大藏省的总量限制中有"空子"。这就是面向住专的融资是在面向非金融机构融资对象之外的。如果限制面向住专的融资的话,住专就筹措不到资金,经营难免会走向绝路。这就是金融当局的考虑。

再说,住专处于大藏省的管辖之下,不仅大量的职员是从政府机关来的,而且大多数经营人员也是在大藏省工作过的。于是,虽然有总量限制,但金融机构面向住专的融资持续增加,其结果就是住专对不动产业者的贷款不仅没有减少而且还在增加。但因泡沫破灭地价开始下跌,住专和土地相关的贷款开始成为呆账,其规模已经不容忽视。这如同被形容为冰山的一角那样。1993年2月日住金的经营破产问题表面化了。

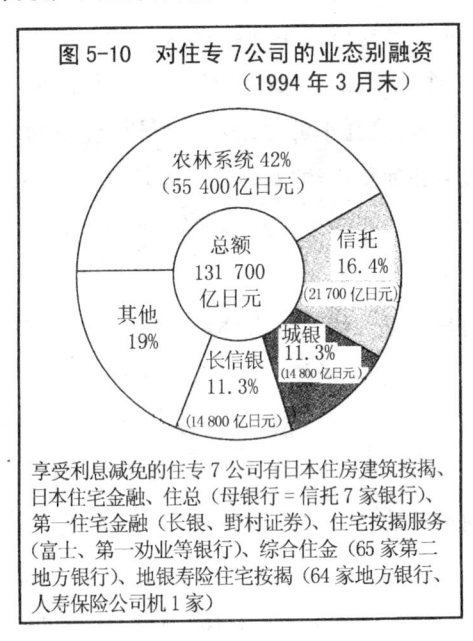

图5-10 对住专7公司的业态别融资
(1994年3月末)

- 农林系统 42%(55 400亿日元)
- 信托 16.4%(21 700亿日元)
- 城银 11.3%(14 800亿日元)
- 长信银 11.3%(14 800亿日元)
- 其他 19%
- 总额 131 700亿日元

享受利息减免的住专7公司有日本住房建筑按揭、日本住宅金融、住总(母银行=信托7家银行)、第一住宅金融(长银、野村证券)、住宅按揭服务(富士、第一劝业等银行)、综合住金(65家第二地方银行)、地银寿险住宅按揭(64家地方银行、人寿保险公司机1家)

第二点,是住专问题和金融体制的关系。住专问题的严重性不仅仅是住专的不良债权(不能返还的债权)的规模大,而且和日本金融体制的核心深深相连。而且,不仅如此,还形成了和虽说是日本金融体制的外围但却十分庞大的农业系统金融机构的异常关系。

如上所述,七家住专公司的资本及资本基础是依附于城市银行、长期信用银行、信托银行等大银行,并包括地方银行、第二地方银行、人寿保险公司等日本大部分的民间金融机构,所以,如果陷入经营破产,那么,肯定会殃及这些母体银行的。

1994年3月末的金融机构业态别的面向七家住专公司的融资结构如图5-10所示。总额约达13万亿日元。而且,在这个图中引人注目的是农林系统占了约四成以上的融资比率。

无论怎样,达13万亿日元的资金从民间金融机构及农林系统金融机构贷往住专,这几乎都是呆账。所以,住专问题和引进200亿日元等措施来处理总额约1 000余亿日元(对东京共同银行的资本金或资金援助)的"两家信用组合问题"相比,在数量上对整个金融体制的影响相当大。

而住专问题对于日本的金融体制来说,决定性的重大程度不单是量的问题,还有在质的层面上的"不透明性"或者说"欺瞒性"。正是这一点和下面的第三点相联系成为日本金融体制危机及其后的金融失政的元凶。

住专问题意外地暴露出来的病根是在战后的护航舰队体制下被毫无疑问地接受的"裁量的金融行政手法"。这是外交式的专断。当然如果没有公共资金(税金)的引进,住专问题就不会成为引发国民舆论的大事件,以相关人士之间的协商可以在保密的情况下圆滑地将事情处理了。

但是,关于住专问题的金融村的协商破裂,没能收场,结果是不得不以引进税金来最终结束问题,所以,大藏省当局的护航舰队型金融行政手法的缺陷便暴露在光天化日之下了。

这是第三个论点。1990年3月,大藏省发出了以控制土地相关融资为目标的"总量限制"的通告,对面向住专的融资设置了"逃跑通道"。人们认为这是大藏省担心其管辖下的住专经营破产。虽然如此,当局在"非金融机构限制"的招牌下,自然也不能像以前那样默认母体银行的民间金融机构进一步面向住专的融资。

因此,虽然只有状况证据,但这难道不是大藏省要用农水省(农林水产省)主管的农林系统金融机构代替民间银行来转换面向住专的融资机构吗?因为"总量限制"后显示出农林系统的面向住专的融资近乎急剧增加。

大藏、农水省的惊人密约

实际上,确实存在着大藏省和农水省的"密约",这大概是因为某些原因。"密约"是前述的比1993年2月26日的日住金问题表面化稍早一些缔结的1993年2月3日的"备忘录"。备忘录是在当时的寺村信行大藏省银行局局长和真锅武纪农林水产省经济局局长之间交换的,内容有以下三点。

1. 在住专再建时,母体银行有责任去应对。
2. 关于面向住专的贷款利息减免,以母体银行为零,一般金融机构为2.5%为前提,农林系统为4.5%。
3. 鉴于农林系统的利息减免的形势严峻,考虑从日本银行向农林中央金库输入必要的资金。

令人吃惊的是"备忘录"是在密室中产生的。人们围绕着这个"备忘录"的有效性、正当性,展开了复杂的论证和交涉。这是母体银行和农林系统之间的利害冲突,但结果却是由谁来负担住专的呆账债权的损失。

最终在1995年12月作成政府案,投入了6 850亿日元的公共资金，彻底处理住专。这意味着战后第一次对金融机构的破产处理投入国民的税金。

周而复始的无责任金融行政

住专处理成为其后金融行政长期迷失的罪魁祸首并非是不得不为金融机构(包括农林系统)的笨拙而投入税金造成的。

问题的核心是其后的"备忘录"所象征的密室行政领导的不透明处理手法，对此当局没有负起明确的行政责任。住专处理不光是提出了行政责任。而且因为住专处理问题的过程也一直是暧昧且不透明的，对其后金融失败或金融危机来说，这成为分析不透彻和反反复复补漏洞来对付的金融失政的温床。

确实，在"灾难铺天盖地而来"的状况下，对于金融当局来说，精神上也没有倾力于构筑通达透明的金融行政的余地和时间。

如上所述，不光是东京协和和安全这"两家信用组合问题"，而且在1995年9月大和银行纽约分行的隐瞒巨额损失事件被发觉后，大藏省对外处于极其困难的立场。而且，对1995年8月考斯茅信用组合、木津信用组合、兵库银行相继破产等起因于不良债权的金融崩溃，大藏省也不得不左右应付。

但是，在这种金融动乱之中，我们不能忽视金融当局犯了决定性的失误。这就是他们仍然轻视1990年代初发生的泡沫破灭，对事态的发展过于乐观，继续延误着采取根本性解决方法。

如果这是将最初应对的责任弄模糊了的话，那么对于第二个问题也就不得不采取"温和的应对"了。所以，第三和第四也就在最初判断的延长线上继续着乐观的判断和应对。

在以上的意义上，1990年代中期的住专问题及其处理（1996年6月和住专相关处理法公布）的笨拙成为后来金融行政长期陷入黑暗迷途的元凶。

桥本首相的金融大爆炸宣言

俗话说："好事多磨"。按照横沟正史①的说法也可以说是："恶魔来临，笛声响起"。

1996年6月，展开过白热化讨论的住专处理问题好不容易有了着落。这时，公布了投入6850亿日元税金的住专处理法，金融当局因此认为不良债权问题越过了坎坷，所以判断为"完结了"。

实际上在股市上，日经平均股价在6月26日升到了泡沫破灭后的最高值的2666日元，而景气也回到了恢复的轨道。所以，住专处理总算是过去了，桥本龙太郎首相开始认为政府好不容易从不良债权问题及景气问题中解脱出来而获得了自由，这一想法也并不奇怪。

在当时的桥本内阁之下，只有梶山静六官方长官从天生的直觉出发，认为："不过是投入了不足一万亿日元的税金（指为住专处理投入的6850亿日元的公共资金），不会解决不良债权问题的。"但由于景气和股价恢复势头正健，他的话被视为是"杞人忧天"，没有人理睬。

于是，固执己见的桥本首相以住专问题的解决为转机，将以前

---

① 横沟正史（1902~1981年）是日本著名推理小说作家，恶魔来临，笛声响起意指在坏事到来之前，会有好的表象。——译者

的政权运营从防御转向了攻势。

转入攻势的桥本首相根本没想到这是"恶魔来临,笛声响起"的现象,他最开始发射的以 21 世纪为目标的箭是"金融大爆炸宣言",即金融大改革。这是在 1996 年 11 月 11 日突然从桥本首相的嘴里说出来的。

第 2 章说过,政府试图以"自由、公平、全球化"为关键词构筑的 21 世纪型金融体制的设想曾在日本金融界引起了激震。

这是因为既然不良债权的重压以住专问题的解决而消失的话,那么政府就一定要进行意气风发的金融大改革,以创造出追上欧美、超过欧美的自由、透明的世界性金融市场。

其后,日本版的金融大爆炸被定位于"桥本六大改革"之一,其他五个是经济结构改革、财政结构改革、社会保障改革、教育改革、行政改革。确实由于以 1990 年初的泡沫破灭为契机的经济停滞,日本经济大大落后于欧美,曾经的光荣业已消失。所以,桥本大改革的狼烟可以评价为是开拓日本经济社会向 21 世纪展望的起爆剂。

适得其反的金融大爆炸构想

但是,桥本的领导权是在误诊了日本经济病灶的不良债权下而行使的,所以结果反而对日本经济起了反作用。

桥本首相真正接受了政策当局诊断的因住专处理而不良债权被解决的说法,于是,便对财政面及金融面的两大改革的具体展开发出了号令。前述的桥本六大改革中的一方面是财政结构改革,另一方面则是金融大爆炸构想。

桥本首相从1997年度采取了提高消费税(3%→5%)、废除特别所得税减税、提高诊疗费的患者负担(一成→五成)等财政压缩措施(总额为9万亿日元)并削减了公共投资,试图向财政重建转换。这是在被称为"桥本失政"的错误的经济病历基础上的经济失政。经济在1997年夏以后,进入了下降的局面。

但是,1997年7月的政府"经济白皮书"是这样写的:

"国内经济开始进入以个人消费或设备投资为主导的自律性恢复轨道,对不良债权等泡沫破灭后的清算给景气带来的负面影响已经大体上越过了山顶。"

但是,进入1997年11月,占有城市银行一角的北海道拓殖银行(拓银)破产,接着四大证券公司一角的山一证券破产,金融危机大面积地扩散开来。

桥本的紧缩财政措施适得其反。不,仅仅以一万亿日元以下(6850亿日元)的住专处理是不会彻底清算1990年代巨大的泡沫破灭的。1990年代中期,日本经济所站立的地面还不坚固。

由于误诊,压缩财政使个人消费萎缩,景气挫折,日本经济病灶的不良债权露出了表面,引发了金融危机。

并且,另一方面的金融大爆炸在和金融危机的不同层次上进入日程并具体化起来,所以作为金融机构在金融危机的风暴中必须以险峻的山顶为目标奋力前进。

于是,包括金融界在内的日本经济陷入了"没有道路的行军"中。从1997年秋的金融危机开始到1998年末的日本长期信用银行(长银)的国有化及1999年3月向大型银行注入公共资本,这是战后金融史上不可忽略的金融失政的黑暗过程。

金融危机的波动化

"是我们不好,但职工们并不坏,请让职工们能再就业吧。"

这是在1997年11月24日(星期一)上午11点,山一证券在拉开百年大幕时,野泽正平总经理在东京证券交易所的记者招待会上,心情苦涩,抽泣着说的话。许多人从电视中无意识地看到这一金融危机的缩影。

"桥本失政"的景气挫折直击日本经济最脆弱的部分或是结构性病灶,这便是1997年11月相继发生的金融破产。

首先,1997年11月3日,中坚证券公司三洋证券破产,申请公司再生法。而同月17日城市银行中最先破产的是北海道拓殖银行,这是1990年代中期前后的第一次金融危机(包括两家信用组合、住专、考斯茅·木津、兵库银行等的破产),接着第二次金融危机便扩散开来。

11月24日,前述的"流泪的总经理记者会见"的山一证券自主废业,同月26日德阳城市银行破产。

于是,不仅是日本的国民或经济界对1997年秋发生波动的金融危机而惊愕,美国政府也大吃一惊。因为日本政府对美国说,由于进行了1996年夏的住专处理,经济危机已经解决了。因为1995年9月的大和银行纽约分行的巨额损失隐瞒事件,使得美国当局对日本抱有强烈的不信任感,于是对其后的日本金融行政便特别关心。

1996年6月公布了住专处理法,日本当局对美国解释说"我们用这个,正在解决不良债权问题"。所以,美国看到1997年秋的第二次金融危机就十分吃惊。日本政府解释说:"这将会把日本金融体制中的不良债权的瑕疵一扫而光,今后不会再有问题了。"

后面将会讲到,金融当局在进入1998年为使金融体制稳定化而进行了包括资金面在内的新的政策应对。但是,1998年6月初,月刊杂志《月刊现代》(1998年7月号,讲谈社)披露了日本长期信用银行经营恶化问题,以此为契机,长银经营不稳定在市场上的影响扩大起来。与此同时,对早就有经营危机问题的同业态(长期信用银行)的日本债券信用银行(日债银)的经营不稳定的说法也强烈起来。图5-11是长银和日债银的股价推移。

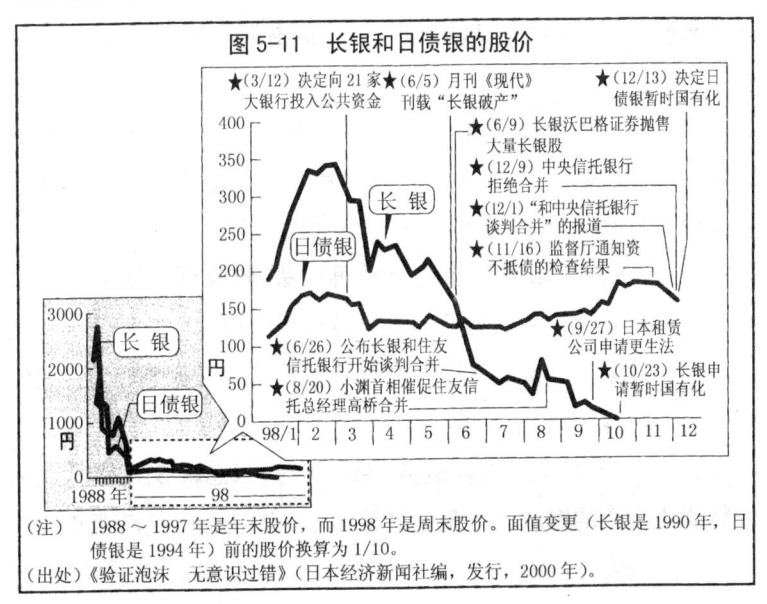

图5-11 长银和日债银的股价

★(3/12)决定向21家大银行投入公共资金
★(6/5)月刊《现代》刊载"长银破产"
★(12/13)决定日债银暂时国有化
★(6/9)长银沃巴格证券抛售大量长银股
★(12/9)中央信托银行拒绝合并
★(12/1)"和中央信托银行谈判合并"的报道
★(11/16)监督厅通知资不抵债的检查结果
★(6/26)公布长银和住友信托银行开始谈判合并
★(8/20)小渊首相催促住友信托总经理高桥合并
★(9/27)日本租赁公司申请更生法
★(10/23)长银申请暂时国有化

(注) 1988~1997年是年末股价,而1998年是周末股价。面值变更(长银是1990年,日债银是1994年)前的股价换算为1/10。
(出处)《验证泡沫 无意识过错》(日本经济新闻社编,发行,2000年)。

1998年,日本经济落入战后第二次负增长,所以很容易和第三次金融危机联系起来。

美国相信日本政策当局说的因 1997 年秋拓银、山一证券的解体而金融危机的火种已经消失了的说法，所以，当 1998 年夏知道了长银危机后与其说是吃惊，毋宁说是震怒。

短暂的小阳春

当时支配性的看法是认为金融危机、负增长都是因为"桥本失政"，所以以 1998 年夏的参议院选举中的自民党大败亏输为契机，桥本内阁下台，小渊惠三内阁成立。

小渊政权以景气转为正增长的经济重建和一扫金融不稳定的金融重建为口号，全力以赴地修复因"桥本失政"而破碎的日本经济及金融体制。

为金融重建创立了 60 万亿日元公共资金为框架的金融重建计划，这是以在野党的民主党方案为基础的，并且为景气复苏而大量地增加财政支出，这就是小渊政权的两大政策。

根据 1998 年 10 月公布的金融再生法，政府可以将陷入经营破产的日本长期信用银行及日本债券信用银行放在特别公共管理（国有化）之下。1998 年 12 月，政府将这两家银行相继变为特别管理（国有化），试图再建经营。

另一方面，日本经济在进入 1999 年时，以总额 9 万亿日元的大减税为中心的财政大干预使其从负增长的道路开始转为正增长的轨道。确实，经济重建已经开始行动了。1998 年 12 月初，堺屋太一经济企划厅长官满面堆笑地说："开始有变化是确实的。"这其实是政府的"景气恢复宣言"。

另一方面，1998 年 12 月，成立了金融再生委员会（柳泽伯夫委员长），开始了金融再生的行动。该委员会在1999年3月断然将75 000亿日元的公共资金注入15家大银行的资本中。柳泽伯夫委员长挺起胸膛说："金融再生没事了。"

这样，1999年夏天，经济重建和金融重建被看作是确定不移的了。但是这个"已经解决"是由于一时的财政大干预起的强心剂作用，不过是和住专处理表面相似的金融稳定化措施而已。就是说，这不过是小阳春，是短暂的"释放期间"。

2 迷失在"通货紧缩的森林"中

柳泽金融担当相的软着陆

1990年代的金融大重组有如第1章里说到的那样。但是在2002年9月末的小泉改造内阁成立时，柳泽金融担当大臣被更换，结果以致柳泽金融行政打下了失败的烙印。

小泉内阁诞生是在2001年4月末。这时，小泉内阁断然实行在同年初成立的布什政权强烈要求的根治不良债权的行动，决定让1999年3月向大银行投入公共资金而显示了处理不良债权"实效"的柳泽·金融厅继续投入。

这样，2001年6月小泉内阁策定了作为经济运营基本方针的"大体方针"，因此而高声宣称将这作为结构改造的前提，在2～3年的集中调整期断然实行不良债权的最后处理。

当然，不良债权处理的最高负责人是柳泽伯夫金融担当大臣。然而，同年8月柳泽大臣在去国际货币基金组织等处说明日本的不良债权问题时,在经济财政咨询会议上说:"三年后不良债权以现在的水准推移,七年后的 2006 年将减低一半。"

这在社会上被称之为"柳泽剧本",这是使小泉首相及经济界均大为震惊的发言。在小泉首相的说服下,"柳泽剧本"被立即撤回,但是其余绪的残存是不可否定的。

其后怎样了呢? 2002 年 4 月,对定期存款的债务清偿解禁,而当包括流动性存款在内的债务清偿全面解禁时,人们的不安感依旧很强,地方金融机构等呼吁的延期论公然抬头。此外,金融厅发表的同年 3 月的不良债权总额(以全部金融机构为基础)和 2001 年 3 月相比,增加了 9.5 万亿日元,成为 52 万亿日元。大银行的不良债权比率也从上年度末上升了 3.1%,成为 8.4%。

所以,人们看到了股市的不良债权处理迟迟不见进展的状况,以银行股为中心的抛售压力间歇性地提高了,股票的最低值不断被刷新。但是柳泽大臣还是坚持"不良债权的处理正在扎实地进展着,当然要实行债务清偿的全面解禁"。

于是,2002 年 9 月,小泉首相在改造内阁之际,对以前内阁中在不良债权处理问题上发生强烈对立的柳泽软着陆派和竹中硬着陆派进行了干预,柳泽大臣被更迭,同时让竹中大臣兼任金融担当。

这里面有让人费解的事。不管是 2001 年夏的"柳泽剧本"还是其后的柳泽·金融厅的软着陆路线,柳泽伯夫为什么继续主张:"不良债权的处理进行顺利,没有必要投入公共资金"呢?

我们可以这样解释:一是他在 1999 年 3 月向大银行投入公共资金时,明确表示:"这就可以解决不良债权,银行经营已健全化了。"也许他是拘泥于这种看法。

二是他是大藏省出身的精英,即所谓他们身上具有没有谬误的性质而不想承认失败。

但是,柳泽已经是个老练的政治家了,所以应该没有必要拘泥于过去的失败。如果是这样的话,那么他执拗地坚持"不需要公共资金投入论"的缘由大概还是因为"柳泽剧本"有幕后作者。

"柳泽剧本"是金融厅写的

如果是这样的话,真正的作者是谁呢?就是金融厅。在"财税分离"下,金融行政从大藏省分离、独立。所以,从行政管辖来看,金融行政现在由已经从财务省独立出来的金融厅来决定、实施。但是,实际上金融厅的决策部门是大藏省官僚,即为财政官僚所支配。

如果是这样的话,那么"柳泽剧本"的作者被认为是财务省也不足为怪了。而日本的中央官僚在中央机关改革中真的进行意识改革了吗?回答是否定的。虽然从大藏省的名称改为财务省,但其作为中央官僚的"骄傲"或"精英意识"完全没有改变。

包括财务省在内的中央官僚是公认的精英,是常说的是"国士性很高的国家意识"的承担者。特别是对国政基础的财政,他们继续保持着极强的规范力量。如果将国家财政委托给政治家到底会怎样呢?国民或企业的欲望对财政垂涎三尺,这是洞若观火的。这样一来,日本国家到底会怎样呢?如果丧失了财政规范,日本国的衰退是不可避免的,这种意识不管好坏却是很多财政官僚所具有的。

如果有这样的前提,柳泽的金融行政的真实意思不是很明显吗? 如果全国银行的 43 万亿日元,大银行的 28 万亿日元的不良债权在三年间做最终处理,结果会发生什么呢?

冷静的财务官僚进行了"经济计算"。仅是这不良债权的早期处理,就必然对整个经济产生强大的通货紧缩压力。恐怕实质 GDP 会负增长 2%~3%,这将成为战后最大的负增长,日本经济滑坡的风险是很大的。

他们绝不避讳公共资金的投入。真正的问题是经济失速的危险。这是因为财政大干预是不可或缺的,而财政重建也难免失败。这就意味着国家财政的崩溃,于是他们便发表了"柳泽剧本"。

所以,不良债权的早期处理对财政官僚来说是应当避讳的"禁止的剧本"。这样的话,小泉首相在 2002 年 9 月断然实行的柳泽更迭就是作出了"禁止的选择"。所以,财政官僚的内心应该是强烈意识到了危险和畏惧感或不安感。

"赌一把"的日银和柳泽更迭

如前所述,在柳泽·金融厅继续处于不良债权处理的"迷失方向"中,股市还在哀鸣着。像决算期或中间决算期那样,股市处于抛售的压力中。

2002 年 9 月决算前的同年 9 月,日经平均指数加快了下跌的步伐,跌落到 9 000 日元以下是不可避免的了。表 5-1 是从 1991 年 11 月宫泽内阁时期开始到 2002 年 10 月初小泉内阁时的各届内阁的股票时价总额的增减额,而森内阁及小泉内阁(至 2002 年 10 月 3 日期间)时的时价总额分别为 77 万亿日元和 131 万亿日元,大幅度减少。

表5-1 内阁的股票时价总额的增减额

在任期间	内阁	股票时价总额增减额
2001年4月~	小泉内阁	-131万4895亿日元
2000年4月~2001年4月	森内阁	-77万1922亿日元
1998年7月~2000年4月	小渊内阁	160万5168亿日元
1996年1月~1998年7月	桥本内阁	-59万4986亿日元
1994年4月~1996年1月	村山内阁	-4万7850亿日元
1994年4月~1994年6月	羽田内阁	13万6702亿日元
1993年8月~1994年4月	细川内阁	-8万5380亿日元
1991年11月~1993年8月	宫泽内阁	-42万7923亿日元

(注)内阁成立时和辞职时的比较。小泉内阁是10月3日终值的比较。
2002年10月4日《日本经济新闻》朝刊。

小泉内阁在道路公团改革和邮政民营化等所谓的结构改革上表现出积极的态势,但到2002年夏,对走出通货紧缩的经济政策却几乎什么政策都没出台。并且,如前所述的2001年6月制定的"大体方针"的最优先课题的不良债权处理却继续被"敬而远之"。

在这种政策的困境下,2002年9月,日经平均继续更新着以前的最低值。这时,日本银行发表了出人意表的异常决断。

2002年9月18日,日银发表了买断银行保有股票的紧急措施,中央银行直接购买股票是空前未有的,这可谓是异常的"禁忌"手段。对于媒体的记者来说,是晴天霹雳般的决定,他们甚至说这是"日银制造独家新闻"。日银冲击立刻传播到整个世界。

日银在1999年2月实行了零利率,其后从2001年3月开始断然实行了异常的量的缓和的超金融政策。但这些措施对日本走出通货紧缩几乎没有效果(参见第 7 章、第 8 章)。

在此期间,股价继续更新最低值,所以日银抱有强烈的危机感。如果这样静观事态变化下去的话,那么股价继续下跌是不可避免的。这样一来,大量保有股票的人寿保险公司的经营破产就会变为现实,难免会波及和他们有关系的大银行。于是就会发生将大人寿保险公司、银行卷进去的第四次金融危机。这正意味着日本经济的坠落。

于是,一向对异常的日银干预持慎重态度的正统的速水日银总裁做出了苦涩的决断。不,应该说是苦涩的赌博,是日本银行创建 120 年以来的第一次"日银赌博"。

结果,这"日银赌博"成了小泉首相改造内阁时在人事上更换柳泽及加速处理不良债权的竹中冲击的导火索。

加速处理不良债权的冲击

在小泉改造内阁中兼任金融担当的竹中平藏经济财政担当大臣在小泉首相的强烈指示下,直接制定了不良债权加速处理的政策。在竹中金融担当大臣下,金融厅设立了为根治不良债权的特别项目组(简称 PT),竹中大臣一明确了金融正常化的三原则的基本方针,担心通货紧缩严重化的东京股市就急剧下跌。2002 年 10 月 4 日的《金融时报》的一个版面登载了"竹中冲击",瑞穗控股、三井住友银行、UFJ 控股、大荣的股票骤跌。

对竹中小组硬着陆路线,大银行自不待言,也引起了执政党的猛烈反拨。结果,2002 年 10 月 30 日,政府在将这一方案和执政党商量调整后,以稍稍软化的形式,发布了"对通货紧缩的综合对策"。

归根结底,这是小泉内阁成立后约一年半时间后,好不容易向内外表明了实行以走出通货紧缩为目标的经济政策的姿态,但今后日本经济能否走出"通货紧缩的森林"是难以预测的。因为虽然将"竹中剧本"暧昧化或软化了,但小泉内阁明确表示要基本遵守加速处理不良债权的政策。小泉首相本身也将大银行的反拨看作是"抵抗势力",明确表明了坚定地支持"竹中剧本"的姿态。

实际上,在竹中大臣和大银行首脑之间数度激烈的交涉中,竹中对批判政府的行长们拿出了"小泉印",凡是不服从的银行被烙上了"反对小泉首相者的"印记,其强硬姿态一点儿也没改变。

和"竹中剧本"相关联的美国的强大影响

为什么竹中如此强硬呢?一般来说竹中是个温和的人,看不出他能表示出这种强硬并强制的态度。这是因为"竹中剧本"里有幕后演出者。当然,小泉首相是最强大的影子,是实际上的主角,这是毫无疑问的。但是,"竹中剧本"后面还有个异常的支持者,那就是美国政府的有关人士。首先美国总统经济顾问委员会的G.哈伯特委员长送来了热烈的助威声,泰勒财政部副部长也前来访日,对媒体发表了支持"竹中剧本"的发言。

"给使经济活性化、重建银行部门的小泉首相的做法以勇气。这一对策中有日本再次高速增长和实现生产率的可能性。"

美国对"竹中剧本"的异常支持,使社会上流传着如果加速处理不良债权,那么可以供给美国资本(所谓秃鹰基金)以甜美的不良债权。但是,这不过是表面的看法。诚然,如果不良债权处理进展的话,将其买进、重建再有卖掉能力的外资会在日本市场上嗅到新的商机。但是这对日本企业再生未必只是坏事,反之,因这种外资的流入,在日本资本中将出现使企业再生基金活跃起来的可能性。所以这种见解在全球化的时代是个时代错误,是过于国粹的狭隘想法。

毋宁说,在布什政权的世界战略下,我们不得不刮目相看对日本经济再生政策定位的事实,也许有些冒失,但我们可以在和朝鲜的日朝正常化交涉的关联上定位"竹中剧本"。

2002年9月17日,小泉纯一郎首相和金正日总书记在平壤进行了历史性的日朝首脑会谈,而此前的同年8月美国正在寻找"邪恶轴心朝鲜"继续进行核开发的事实。所以,在这一时间上的日朝交涉的再度开始,何况还是在平壤的首脑会谈,简直是"疯狂的行动"。因为在日朝正常化的会商中,日本如果和朝鲜进行经济合作的话,其资金难免会被用于推进核开发,美国对此抱有强烈的警惕。

但是,小泉首相认为这是解决绑架问题的绝好机会,因此决定进行日朝首脑会谈。所以,日本是"摸了老虎(美国)屁股"。小泉首相"欠"了美国的。

为了还这"欠账",当然今后在核问题上日本要和美国采取完全的共同步调,而且必须及早恢复、再建日本经济,起到支持世界经济的国际性作用。因此,2001年初布什政权要求日本最终解决不良债权,日本便和美国约定了将要实施的政策。

正是有这小泉首相对布什政权的"公约",才有了"竹中剧本",小泉首相本人也和美国政府方面一起给予竹中大臣强有力的支持。

"小泉通货紧缩"和"井上通货紧缩"的类似性

既然"竹中剧本"是和美国的国际公约,在政策实行上即使有软化的或缓和激变的速度调整,在现实上也会转到实行上去。如果是这样的话,日本经济将不得不承受相当的,换言之可以说是战后第一次的中期的通货紧缩压力,实际经济增长率可能会陷入战后最大的负增长中。实际增长率将会是负1%~3%。这样的通货紧缩是战前昭和通货紧缩以来的第一次。1970年前的昭和通货紧缩是以1930年(昭和5年)井上藏相的"金解禁"为契机的,那时日本经济大幅度地跌落为负增长,但当时,应该注意到在井上藏相的金解禁这一硬着陆路线里含有国民当中期待着将"时代的困境"一扫而光的心情。

井上藏相对金解禁是这样说的:"金解禁是打开今天不景气的唯一道路。其痛楚不过是一时的苦恼而已。"

毋宁说,金解禁(日元平价的提高)被看作是通过产业合理化来提高日本经济生产率、加强国际竞争能力的政策。

而现代的平成通货紧缩又是如何呢?作为1990年代的"10年通货紧缩"的结果来看,年平均实际增长率不足1%,作为通货紧缩(物价下跌的倾向)可以说是缓慢的。其中原因之一是因为除了"桥本失政"外,财政金融政策的干预和"井上通货紧缩"有着天壤之别。

但是,从2003年度开始的通货紧缩状况有着和1990年代的"10年通货紧缩"相异的可能性。这也是因为以加速处理不良债权的政策为主轴的"竹中剧本"虽然多少有些改变,但基本上得到实施的公算较强。

加速处理不良债权的政策和"金解禁"同样是伴随着通货紧缩压力的。这是因为其伴随着产业的整顿、重组。如果是这样的话,那么应该说它和"井上通货紧缩"不同,但发生"小泉通货紧缩"的可能性也是不可否定的。并且,世界经济渐渐走向同时的通货紧缩。这也和"井上通货紧缩"背景相类似。

当然,和那时不同,外汇制度不是固定行情。但是,世界经济和国际金融的联动性和那时不同,共振性较强。财政干预已经是有限的了。并且小泉经济政策对财政是"禁欲性"的。

这样考虑的话,那么虽然和历史的情况有很大不同,但和"井上通货紧缩"具有类似性的"小泉通货紧缩"不一定不会成为现实。历史告诉我们,只要"时代的困境"还在持续,就必然要实行"一点突破的政策"或"刷新的改革"。其是凶是吉取决于是否具有采取大胆且整合想法或手段的政治上的勇敢决断和睿智。

6　学习金融理论的基础

　　第一次世界大战结束时,凡尔赛条约的起草人之一、当时的法国总理乔治·克雷孟梭写道:"战争是相当重大的问题,不是像任凭军队处理那样的问题。"借用他的话,我顺便提这么一句,货币是相当重大的问题,是不能全部都交给中央银行的。

　　货币在经济中是决定性的重要要素,但那几乎是眼睛看不到的货币。通货制度的细微变化也会产生预期不到的深远影响。仅仅是在法律中取消一行,譬如像1873年的货币铸造法,就使一个国家的政治和经济发生了几十年的混乱,实际上可以摧毁国家本身。

M.弗里德曼著,斋藤精一郎译:《货币的祸害》

(三田出版会,1993年)

I 什么是货币

1 货币的定义

看看货币本质论

要解开金融理论,首先我们会看到很艰涩的关于"什么是货币"的讨论。货币是最贴近我们生活的最重要的东西。但是,当我们一旦被问到"什么是货币",却难以骤答。平日里,我们完全没有考虑过货币的本质。因此,在金融理论中仔细地考察货币的本质不是完全无益的,但是,任何事情过于追究本质论或普遍论的话,反而看不清事物的真实了。因此,在这里,我就不太深究货币的本质论了。虽然如此,但完全无视这一问题,对今后展开讨论也是不利的,所以,我们就要考察一下最小限度的必要的货币论。

过去关于货币本质的讨论中有"金属主义"和"名义主义"两种看法。

"金属主义"是认为货币具有其材料价值(譬如,具体说是黄金)才成为货币。就是说,货币能起到货币的作用,其货币自身必须是有价值的。换言之,货币的额面价值必须等同于其材料价值。

与此相对,"名义主义"认为货币的价值即使是纸的或是铝的,但如果其作为货币流通的话,它就是货币。在以上的意义上,"金属主义"说的货币是其额面价值必须等同于其材料价值(譬如相当于1万日元的黄金),不兑换纸币(额面金额不能和相等的黄金进行交换的纸币)等不是货币,但如果站在"名义主义"的立场上,不管是不兑换纸币还是支票,均和其材料价值完全无关,如果在社会上通用的话,它就是优良的货币。

从这古典的货币本质论推论的话,现代的我们显然是站在"名义主义"的货币本质立场上的。就是说,不管货币的材料是什么,如果作为货币通用的话,它就是货币。因此,我们再深入探讨这种货币本质论的话,是不会有结果的。毋宁将讨论集中在货币的社会功能上来加以考虑才具有生产性。

而在展开议论之前,我在这里顺便说一下货币和通货的区别。货币在英语里是money,通货是currency,但这二者很少在严密的区别下使用。一般而言通货比货币具有更广泛的意义。而货币大多作为稍微有学问的术语来使用,意义有些晦涩。

在金融理论中,"流通的货币",即"名义主义"所说的货币多被称之为"通货"。此外在金融理论中,将"金属论"说的货币称之为"本来的货币"。如果我们拘泥于"流通的货币"和"本来的货币"的区分上,讨论是很难进展的,所以本书对货币和通货不做严密的区分,但主要使用货币这一术语。此外,日本银行一般使用的术语是通货,而不是货币。

货币有三种基本功能

货币的基本功能是什么？在"金融理论"中，作为货币的功能必定要举出以下三点。第一是一般的价值尺度（计算单位），第二是交换、支付的手段，第三是价值的储藏手段。

在这三个基本功能中最重要的功能不言而喻是第二个的交换、支付的手段。货币不曾存在的时候，人们是如何将自己想要的东西拿到手呢？渔夫将自己捕到的鱼和猎人获得的鹿肉交换。就是说，那是物物交换的世界。

但是，渔夫想要鹿肉，但猎人想要米的话，渔夫和猎人的交换就不能顺利进行。不存在货币的物物交换的世界是非常不方便的。因此在经济活动不能顺利进行的基础上，经济发展也是靠不住的。

如果渔夫有货币的话，就可以用它得到自己想要的鹿肉，猎人也可以得到米。货币所具有的最大作用就是这普通的交换或者支付手段的功能。货币正是经济的血液。

其次的货币功能是保存或储藏手段。货币是普通的交换（支付）手段意味着货币是把价值拿到手的手段。因为这就是说，不将货币作为交换、支付的手段而将货币放在手里的话，就保存了其价值。

如果像这样而将货币作为价值的储藏手段来使用的话，那么人们不管在什么时候都可以从储藏货币的仓库里取出来它来作为交换手段使用，这样就会得到价值（财物、服务）。

如果将货币作为一般交换手段的功能视为"作为流动的货币"

的话,那么其作为储藏手段的功能就可以说是"作为储蓄的货币"。储蓄货币是保存一般的购买力,是储藏价值。

在货币的基本功能中除了一般的交换、支付手段和价值保存手段外,还有另一个重要的功能。那就是价值尺度,即计算单位。

一个萝卜和一条鱼能交换吗?人们也许会认为一条鱼可以等于10个萝卜。因为当货币作为一般的交换手段来使用时,是用货币来表示萝卜和鱼的。譬如,在这个例子中,一条鱼用1 000日元的金额来表示,萝卜就用100日元来表示。如果不这样用金额来表示所有的财物、服务的话,那么货币的一般交换手段及作为价值储藏手段的基本功能就不能发挥了。

从这个意义上来看,在货币的基本功能中,其价值尺度可以说是最本质的货币功能。由于货币的存在,所有的财物、服务都有了价格(相当于财物、服务的单价的金额),由于货币作为一般交换手段的功能,财物、服务就可以在市场上顺利地买卖了。

具有强制通用力量的现金

货币的基本功能有如上述,接着的问题是在我们实际的经济活动或经济生活中,货币具体地是指什么?即1万日元的纸币或100日元的硬币,还有支票为何物的问题。

如前所述,为了发挥货币作为一般的交换、支付手段的功能,货币在所有的财物、服务交换之际,必须具有被接受的一般接受性。譬如,卖方将1 000日元的鱼换算成1 000日元的纸币卖给买方时,如果卖方不相信这纸币有1 000日元的价值,他是绝对不会接受这纸币的。

如果以"金属主义"的论点,纸币"是本来的货币",具有和1 000日元的黄金交换的特性的话,那么这纸币是明显地具有接受性的。但是,现在已经不发行这种可兑换纸币了,所以1 000日元纸币不保证其1 000日元的价值。因此,卖方有可能拒绝接受这1 000日元纸币。

因此,政府以法律赋予纸币及金属货币(铸造货币)强制通用力。就是说,人们不得拒绝接受。这种具有强制通用力的货币叫法币,具体而言,这是现金通货或现金。

如果没有现金或现金通货的话,那么,在我们的日常生活或商业交易中,财物、服务的买卖事实上是不可能的。在这一意义上,现金可以说是货币中的货币。

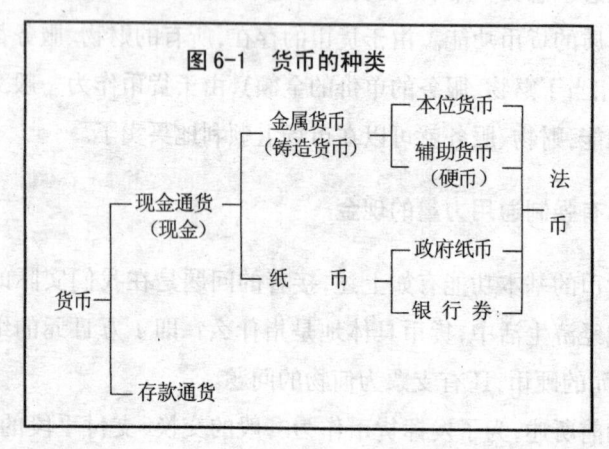

图6-1 货币的种类

```
              ┌─金属货币──┬─本位货币
              │ (铸造货币) ├─辅助货币──┐
     ┌─现金通货─┤         (硬币)     │
     │ (现金)  │                    ├─法币
货币─┤        └─纸  币──┬─政府纸币 │
     │                  └─银行券 ──┘
     └─存款通货
```

现金通货如图6-1所示,大体上分为金属货币(铸造货币)和纸币。而金属货币分为本位货币和辅助货币,所谓本位货币是代表着额面价值和其材料价值相等的金币,日本现在不发行。辅助货币也叫辅币,是被称为硬币的钱,为了方便小额交易,由政府来发行。此外,时常发行的纪念币(天皇在位60周年纪念币等)也是辅币。

辅币的材料价值比额面价值要低得多,现在发行并流通1日元、5日元、10日元、50日元、100日元、500日元等六种。法律赋予这些辅币到额面的20倍为止的法币强制通用力。

和金属货币并行的另一个现金通货是纸币。说到现金,人们首先想到的是纸币,就是说在纸上印刷的日本银行券。

实际上,在纸币中除了日本银行发行的银行券之外,还有政府发行的政府纸币,现在日本不发行。

纸币具体而言是日本银行券得到法律赋予的无限制强制力,卖方不能拒绝接受。这一点和到20倍为止——譬如说100日元的硬币只有到2 000日元的强制通用力(在支付租税时没有限制)——的辅币是不同的。

于是,法律给予现在流通的现金通货以法币的强制通用力,赋予了其作为货币的一般接受性。现在流通的纸币(日本银行券)如专栏所示,但从2004年春开始决定发行新币。此外,现在的民间非银行部门流通的现金通货余额为720 965亿日元,其中94%是纸币(日银券678 763亿日元),剩下的6%是辅币(硬币,42 202亿日元)。(到2002年3月底为止)

存款是通货

作为一般交换、支付手段来使用的货币不仅是现金通货。诚然我们日常生活中的财物、服务的购进大部分都是用纸币和硬币进行的,所以,说到货币光想到现金也是正常的。

但是，让我们将目光离开个人购物的日常生活的经济交易，去看看一般的经济交易吧。譬如，某家汽车公司 A 从钢铁公司 B 购进车体用的薄板(100 亿日元)时，买方的 A 是把 100 亿日元的纸币放进皮包里，作为货款支付给卖方 B 吗？

回答是否。100 亿日元或者 1 000 亿日元这样的商业交易结算，是极少用纸币或是现金支付的。这不光是安全方面的原因，也是因为数钱、搬运是很麻烦的。

因此，在大额结算的资金运动司空见惯的商业交易的世界中，作为一般支付手段几乎不用现金。那么商业的支付手段又是什么呢？

这就是存款。因为存款完全可以像通货那样使用，所以作为一般支付手段的存款被称为存款通货。一般而言，很少人会把存款看作"通货"。许多人一定认为存款是作为储蓄而不消费的份额被存起来的。

但是，存款有结算功能或支付功能，它起着通货的作用。回到刚才说的汽车公司 A 和钢铁公司 B 的例子上来，那么，从 B 购进薄板的 A 将支付给 B 记有 100 亿日元的支票，货款支付就此终了。

时隔 20 年的新币

2002 年 8 月 1 日，政府、日银将一千日元、五千日元、一万日元的纸币(日本银行券)都换成新的版面，并决定从 2004 年度开始流通。纸币换新版是从 1984 年以来的第一次，已经经过 20 年了。新币一千日元的人物肖像由野口英世替换了夏目漱石，

五千日元由樋口一叶换下了新渡户稻造，一万日元还是福泽谕吉。新五千日元的樋口一叶是日本纸币上的第一位女性。关于福泽谕吉为什么继续做一万日元的肖像，社会上流传说，这是因为决定换新币的小泉纯一郎首相、盐川正十郎财务相都是庆应义塾大学毕业的。①

换成新币的最大理由是防止伪造。因为最近利用彩色复印机等高技术犯罪在增加。

再对此事稍加一下说明。汽车公司 A 在交易银行甲有存款（活期存款），钢铁公司 B 在交易银行乙有活期存款。从 B 购进薄板的 A 在甲银行发行的支票上写上 100 亿日元的金额，取款人（A）按上印章给 B（关于支票请参考专栏）。

关于支票和票据

做买卖或商务的人们为进行大额支付，通常在交易银行都有活期存款。他们几乎没有从活期存款中提取资金，用现金通货来做生意的，而大部分是用开支票的方式进行。如果从本文的例子来说，汽车公司 A 为向钢铁公司 B 支付 100 亿日元就是开出支票。

---

① 福泽谕吉是庆应义塾大学的创始人，故有此说。——译者

> 支票如图所示,在开票人栏里盖有汽车公司 A 名称的印章。支票的接受方是 A 有活期存款的甲银行。记上日期和金额(100 亿日元)给了 B 就可以了。
>
> 和支票有类似功能的是票据。这也是为支付使用的,但票据是约定三个月后支付的,所以和支票不同,和现金不是一回事。

接受了 A 开出的支票的 B 就拿着这张支票去交易银行。银行乙向银行甲出示这张支票。于是,银行甲从 A 的活期存款中取出 100 亿日元,转到银行乙的 B 的账户上,所有的交易就此完成。

存款在商业交易中是最一般的结算方式。而我们普通消费者在日常生活中也已经使用存款作为结算方式了。

譬如,每月我们都从普通存款中取出电费或电话费等,转账给电力公司或 NTT(日本电话电报公社)。而且,对于很多薪金收入者来说,现在用自动转账业已普及。这是从其工作的公司存款中自动地转账到工作者的银行账户上来的结构。就是说,提供一个月的劳动代价的薪金不是现金通货,而是用存款通货来支付。

但是,所有的存款并不是都作为这样的支付手段或结算手段来使用的。存款作为存款通货来使用的是活期存款、普通存款及通知存款(存放 7 天后,在两天前提前通知提出的存款)等,这些存款被称作"即期存款"。

这些即期存款是原则上具有任何时候都能和现金一样作为一般支付手段来使用的货币。而且,这个存款通货不是法币,没有和现金一样的强制通用力。但是,交易者同样将其作为货币来使用。

如果没有存款通货的话，顺利地进行大宗的经济交易是绝不可能的。

定期存款是通货吗

在现金及即期存款作为一般的支付手段来使用这一点上，一般将其定义为货币或通货。

那么，定期存款是不是货币呢？这个疑问自然就要产生了。诚然，定期存款或定期公积金等如果没有期限，是不能作为支付手段使用的。因此，以前不认为定期存款是具有结算手段的货币，只将其视为具有价值储藏的功能。

但是，定期存款在期限前解约的话，也可以作为支付手段。因此，不能认为定期存款是和具有结算性的通货没有关系。

并且，像最近这样，因综合账户的普及，定期存款在作为担保的限度内，借入也自然是可能的，将定期存款从通货（一般的支付手段）的范畴中挤出去是越来越难了。

现在，人们将定期存款理解为准通货（quasi money），认为其具有接近结算手段的功能。因此，如果将现金和即期存款作为"狭义的货币"的话，那么，再加上定期存款，就是广义的货币了。

什么是货币供应量

看报纸等出版物时，经常会出现货币供应这个术语。货币供应量（money supply）是被翻译为通货供给量或货币供应量的重要的经济概念。

说到货币供应量时，首先必须要知道这是从钱币是有结算性的货币(通货)的视点上来理解货币的。在这个意义上,货币供应量是由现金和即期存款构成的狭义的货币。

货币供应量这一概念是除了金融机构外的国内民间部门(一般商业法人、个人、地方公共团体)保有的具有结算性的货币总量。以现金通货及存款通货构成的"狭义的货币"的概念来理解的货币供应量被称作 M_1。但是,如前所述,定期存款也具有接近通货性(结算性)的功能。

因此,现在货币供应量的定义很多是在 M_1 上再加上准通货的定期存款。这被称作 M_2。但大额可转让定期存单 CD 是否被包含在 M_2 中了呢?CD 显然是准通货。但是,和通常的定期存款相比,CD 可能产生伴随着转让带来的贬值损失,为此,人们便设定了和 M_2 不同的 M_2 加 CD 形式来定义货币供应量。日本银行在发表货币供应量的指标中,代表性的就是这 M_2 + CD。

日本银行作为货币供应量发表 M_1、M_2、M_2 + CD、M_3、M_3 + CD 等项目。在这里,M_3 是 M_2 加邮政储蓄、农协、渔协存款、信用组合、劳金的存款、信托本金等的最广义的货币供应量的定义(参见表 6-1)。此外,图 6-2 是说明表 6-1 的内容的。

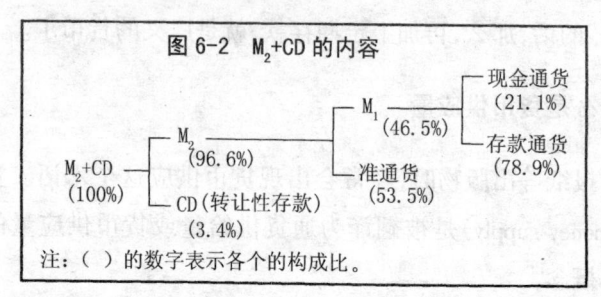

图 6-2 M_2+CD 的内容

```
                                    ┌ M₁      ┌ 现金通货 (21.1%)
                    ┌ M₂            │ (46.5%) └ 存款通货 (78.9%)
M₂+CD ──┤  (96.6%)  │
(100%)  │           └ 准通货 (53.5%)
        └ CD(转让性存款)
          (3.4%)
```

注:( ) 的数字表示各个的构成比。

6 学习金融理论的基础 455

表6-1 货币供应量的概要和种类

指标名	通货的范围	对象金融机构	每月公布时间	特色
M_1（平均余额）298.2	现金通货＋存款通货 (62.9) (235.3)	日本银行 全国银行（银行结账）信用金库 农中 商中	翌月10日前后	○流动性最高的货币供应指标（所谓狭义的货币供应量）。○对定期性存款若暂时移动便具有不能充分把握货币供应量动向的缺陷。
M_2（平均余额）640.6	M_1＋准通货(定期性存款) 342.4		同上	○最具代表性的货币供应量指标。○现在日本银行重视 M_2＋CD。○因为包括个人储蓄资产，所以有上升的倾向。
M_2＋CD（平均余额）663.1	〃＋CD (22.5)			
M_3（平均余额）	M_2＋邮政局、农·渔协、信组、劳金的存款＋全国银行的信托本金	M_2对象金融机关 邮政局 农·渔协 信用组合、劳动金库、全国银行（信托结账）	同上	○包括各种金融资产的货币供应量指标。○因为个人储蓄资产权重大而上升的倾向强。○确实报告迟缓是其难点。
M_3＋CD（平均余额）	〃＋CD			

1. 通货的范围

- 现金通货……为从银行券发行额和辅币流通额中除去合计对象的金融机构的保有现金后的。
- 存款通货……从合计对象的金融机构的普通、公共资金存款中的即期存款中扣除合计对象的金融机构的支票、票据等。不包括政府的金融机构存款。
- 准通货……为从合计对象的金融机构的普通、公共资金存款及分期付款中除去即期存款后的。不包括政府、金融机构存款，包括非居住者的日元存款、外币存款。
- 转让性存款……在合计对象的金融机构的转让性存款中，除去因发行时的存款人区分而金融机构的保有部分后的。
- 农·渔协·信组·劳金的存款……从总存款中扣除现金结账（支票、票据＋现金）及金融机构的存款后的。
- 信托本金……从金钱本金、贷款信托本金中扣除金融机构设定部分及信托结账中的现金结账（票据、支票＋现金）后的。
- 邮政储蓄……确实报告是地方邮政储蓄局的邮政储蓄计数。速报是每日报告。

2.通货保有者的范围
- ●政府……除中央政府外。
- ●金融机构……除对象金融机构外,非对象金融机构(外银、信农联、信渔联、全信联、全信组联、劳金联、保险公司、政府金融机构)也除外
- ●非居住者……包括非居住者(M_2以上,但除政府、金融机构外)

出处:日本银行资料。
注:表中数字的单位万亿日元。为2002年3月末的现在。

2 金融资产和货币流

金融资产和金融负债

我们多少都有些财产。这也被称作资产。资产大体可分为实物资产和金融资产。实物资产是土地、建筑物、汽车或机械设备等,而与此相对,金融资产则是指现金、存款、债券或股票等等。

货币(现金)或通货是金融资产的一部分,但其他的金融资产是具有货币请求权的证书或有价证券,资金剩余者向资金不足者转移货币,即进行资金的运用。

因此,资金不足者为筹措货币而发行债务证书,这个债务证书从保有一方来看,就是金融资产,但从银行来看就是金融负债。譬如,消费者存到银行的存款从消费者来看,是金融资产,而从银行来看,则是金融负债。同理,国债从持有者来看是金融资产,而从发行者的政府来看则是金融负债。

所谓金融产品也是从保有者来看是金融资产,但从发行者来看就是金融负债。譬如信托银行的满期收益型融券信托或银行的定期存款等就是代表性的金融产品,但这些从消费者来看是金融

资产,而在发行者来看则是金融负债。

表6-2 个人金融资产余额 （单位：万亿日元）

	1991年度		1996年度		2001年度	
		构成比		构成比		构成比
现金	18.4	1.7%	24.2	1.9%	38.1	2.7%
存款	499.0	47.0%	634.1	49.1%	727.5	51.8%
股票·出资金	126.8	11.9%	119.8	9.3%	105.8	7.5%
股票以外的证券[1]	115.4	10.9%	112.7	8.7%	79.0	5.6%
（公共债）	8.6	(0.8%)	9.7	(0.8%)	14.0	(1.0%)
（投资信托受益证券）	28.2	(2.7%)	28.2	(2.2%)	30.4	(2.2%)
（信托受益权）	61.6	(5.8%)	55.2	(4.3%)	21.8	(1.6%)
保险·退休金准备金	236.9	22.3%	350.5	27.1%	402.0	28.6%
其他[2]	65.2	6.1%	50.4	3.9%	52.6	3.7%
合计	1 062.0	100.0%	1 292.0	100.0%	1 405.2	100.0%

（资料） 日本银行
（注1） "股票以外证券"包括国债、财融债、地方债、政府关系机构债、金融债、事业债、投资信托受益证券、信托受益权、抵押证券。
（注2） "其他"包括金融衍生产品、存款、对外证券投资等。

经济发展,资本积累增多,不管是个人还是企业,就会保有很多的金融资产。表6-2是日本个人金融资产余额的推移。2002年3月末,达到1 400万亿多日元。而个人在金融资产的保有结构上也越来越多样化了。

譬如,在储蓄水准不十分充分时,人们的金融资产几乎都是作为存款来保有的,而储蓄水准提高了,人们的金融资产就不仅是存款,而是向国债、投资信托、公司债、股票等金融资产投资,分散开来。

这样,在资本积累进展的经济中,就产生各种各样的金融资产

(金融产品)。因此,虽说都是金融资产,但其特性是不同的,保有的动机也千差万别。

在这里,我们可以按几个尺度对这些多种多样的金融资产进行一下分类。譬如,其中一个尺度是流动性,换言之,即变现性。流动性最大的说什么也是现金,其次是即期存款。相当于货币供应量的 M_1。再次是准通货的定期存款,再下面就是国债、金融债、公司债等等。

另一个尺度就是风险·回报性。如一般说的高风险、高回报那样,风险高的金融资产,譬如股票等的投资就有着高回报(高收益性)。另一方面,存款是几乎没有风险的,其回报也就低。

或者说,金融交易有相对性或市场性的尺度。譬如,存款在存款者和银行的相对性交易关系中形成,但国债或者 CD 则具有可以在市场上自由转卖或获得的市场性。

这样,金融资产和金融负债意味着联系着货币不足部门和短缺部门的金融交易关系的表和里两面。换言之,是显示了货币的运用和筹措的状态。而金融资产(或金融负债)是货币被加以各种条件而变成货币请求权或债务证书。

什么是货币流

金融资产(或金融负债)是作为资金剩余部门和资金短缺部门之间的货币(通货)融通而发生的。换言之,金融资产的增加是通货作为货币请求权流向资金短缺部门,换个立场来看,这相当于金融负债的增加。

在全国的层次上来理解这样的货币流,就形成了被称作货币流表或资金循环表。就是说,这是把握由于经济主体资金过剩、短缺而产生了怎样的货币流的金融交易表。

首先,为了理解货币流的概念,先简单地假定一国的经济是由家计部门、企业部门和金融部门三部分组成的。

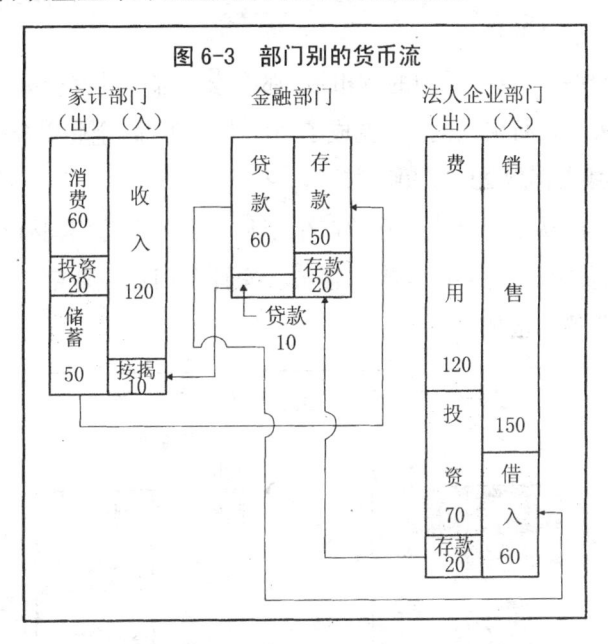

```
图 6-3  部门别的货币流
```

家计部门（出）（入）：消费 60｜收入 120｜投资 20｜储蓄 50｜按揭 10

金融部门：贷款 60｜存款 50｜存款 20｜贷款 10

法人企业部门（出）（入）：费用 120｜销售 150｜投资 70｜借入 60｜存款 20

从图6-3的家计部门来看,收入(工薪、红利等)有120,从中消费支出为60,为购进住宅投资20,储蓄为50。但银行的按揭是10。

另一方面,企业部门的销售为150,支付(人工费等)为120。利润为30,但设备投资为70,存款为10。从银行借贷短缺资金为60。

那么,金融部门又如何呢? 金融部门具有将上述的家计部门的金融交易(储蓄和按揭)和企业部门的金融交易(贷款和储蓄)结合起来的中介功能。家计部门存进金融部门 50 的存款,同时,企业部门也存进 20 的存款,合计就有了 70 的货币流进来。另一方面,这 70 中的 60 贷款给企业部门,再加上贷款给家计部门的 10。合计就是 70 的贷款。

梳理一下这一系列的货币流,那么家计部门的资金剩余储蓄 50,减去从银行借入的 10,就成了 40。另一方面,企业资金短缺借入 60,减去存款 20,为 40。

这样,从全国整体来看就产生了从资金剩余部门向资金短缺部门的货币流。图 6-4 将这理解为家计部门和企业部门的金融资产、负债的增加。

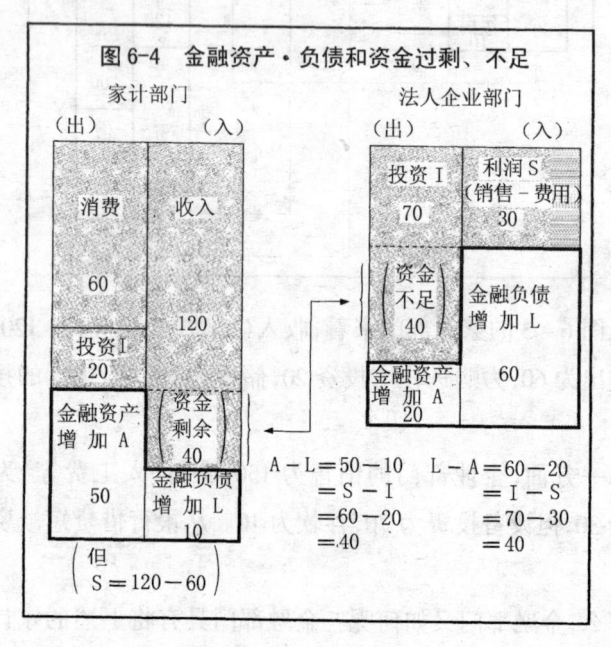

图 6-4 金融资产・负债和资金过剩、不足

家计部门
(出) (入)
消费 60 / 收入 120
投资 I 20
金融资产增加 A 50 / 资金剩余 40
金融负债增加 L 10
$\left(\text{但}\ S = 120 - 60\right)$

法人企业部门
(出) (入)
投资 I 70 / 利润 S (销售 − 费用) 30
资金不足 40 / 金融负债增加 L 60
金融资产增加 A 20

$A - L = 50 - 10$
$\quad\quad = S - I$
$\quad\quad = 60 - 20$
$\quad\quad = 40$

$L - A = 60 - 20$
$\quad\quad = I - S$
$\quad\quad = 70 - 30$
$\quad\quad = 40$

在家计部门,金融资产增加了50(存款),但其金融负债是银行的贷款(按揭),增加了10。因此,50减10,即资金剩余为40(纯金融资产增加)。

企业部门的金融负债由于从银行贷款,增加到60,但金融资产的存款增加20,因此,60减20,即资金短缺40(纯金融负债)。

观察货币流的方法

上面是将货币流或资金循环最单纯化后的观察方法,而现实中除家计部门、法人企业部门及金融部门之外,还有公共部门、海外部门。

如上所述,货币流表对于各部门的资金剩余、短缺,理解为投资超出或储蓄超出。譬如,在家计部门的场合,如图6-3及图6-4所显示的那样,收入120和消费60的差为储蓄60。但如果将家计部门的投资作为20的话,家计部门的储蓄超出额就成了(60-20=40)。

另一方面,家计部门增加了金融资产。如图6-3及图6-4所示,存款增加到50。此外,将按揭(住宅)的贷款作为10,增加了这么多金融负债。结果,家计部门的金融资产的总增加为(50-10=40)。就是说,家计部门的储蓄超出额等于金融交易方面的纯金融资产增加(资金剩余)。

现在,将储蓄作为S,投资为I,金融资产增加为A,金融负债增加为L,如图6-4所示的关系在资金剩余部门(储蓄超出部门)成立。在这里,A-L=S-I,便成了在先前的家计部门例子中的50-10=60-20=40。

同样,在像法人企业那样的资金短缺部门(投资超出部门)中就成了图6-4。因此,L-A=I-S,如以图6-3及图6-4的法人企业部门为例的话,那么,S=30(利润部分),I=70,A=20,L=60,所以60(L)-20(A)=70(I)-30(S)=40。

货币流表或资金循环表除了家计部门、法人企业部门之外,还有公共部门和海外部门,再加上金融部门。

公共部门一般而言是资金短缺部门,因为中央政府及地方公共团体和公社公团的财政收支有着相当大的赤字。因此,公共部门货币流的模式和资金短缺部门的法人企业部门是一样的。

其次,就是海外部门。我国的经常收支结果(出口、服务支付减去进口、服务支付)相当于这一部门的资金过剩和短缺。但必须注意到我国的对外黑字(经常收支黑字)使海外部门资金短缺增多。

这是因为海外部门是从海外来看待对日经常收支结果的。就是说,日本对外黑字的增多,从海外各国来看,意味着对日进口超过了对日出口而变为赤字,因此,作为海外部门,日本的经常黑字就表现为资金短缺。因此,最近日本经济的黑字增加从货币流表上来看就成了海外部门资金短缺增加。

如上所述,家计部门、法人企业部门、公共部门及海外部门产生资金剩余、短缺,这用金融交易的金融资产的增减及金融负债的增减来予以调整。

资金短缺部门发行债务证书(公司债或股票等)来筹资,而与此相反,资金过剩部门购进这种债务证书来运用资金。譬如,某个人直接在证券公司的窗口购进东京电力债券。

从这种资产剩余部门流向资金短缺部门的货币流一般被称作

"直接金融"。而这时发行的叫做"直接证券"或"原始证券",在最终的借方与最终的贷方之间发行。但是,许多资金短缺者是不能在市场上发行股票或债券来筹措资金的,资金剩余者也没有在市场上直接运用资金的力量。因此作为有效地调整大部分资金过剩、短缺的专门机构的金融机构就凸现出来了。

这就是货币流表上的金融部门。金融部门主要以存款的形式从资金剩余者手中筹资,以贷给或购进有价证券的形式运用资金,以此调整资金的过剩和短缺。这是"间接金融"。这时发行的是"间接证券"(存款等)。

解读货币流的结构和变化

图6-5表示的是资金循环表或货币流表的部门别资金的过

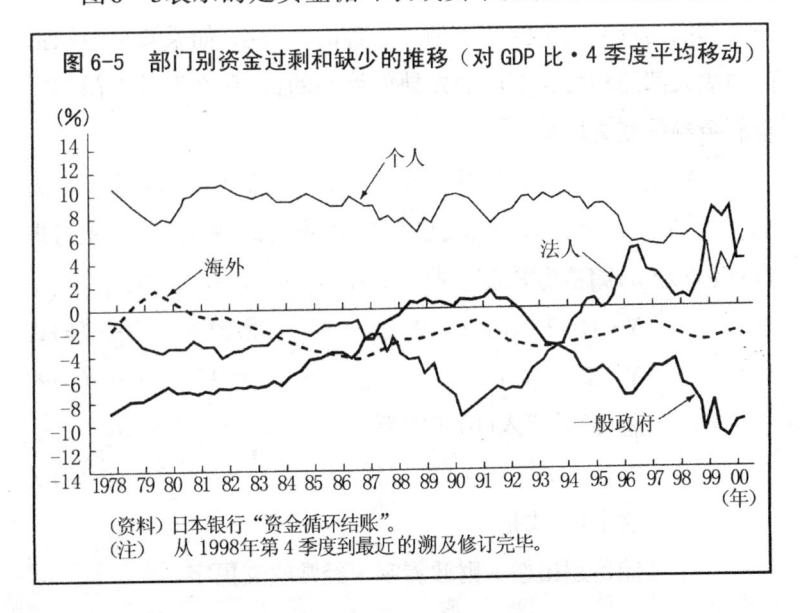

图6-5 部门别资金过剩和缺少的推移(对GDP比·4季度平均移动)

(资料)日本银行"资金循环结账"。
(注) 从1998年第4季度到最近的溯及修订完毕。

剩和短缺(对名义GDP比率)的推移。如图所示,个人部门一贯是资金剩余。其中原因之一是预计老龄化社会来临而个人储蓄率持续保持高水平。

投资超出,即资金短缺部门的法人企业部门摆脱了从1960年代后半期开始的大幅度资金短缺状态,1970年代后半期变化为小幅度的资金短缺。但是,1980年代后半期又陷入大幅度的资金短缺。其后,进入1990年代,由于长期萧条而资金短缺大幅度缩小,1990年代后半期,转为资金剩余。另一方面,整个1970年代后半期,巨额资金短缺的是公共部门。本来在财政再建下,公共部门的资金短缺从1980年代后半期转为缩小。但是,如图6-5所示,进入1990年代资金短缺出现了扩大的倾向。

在资金循环表中,资金短缺部门的资金短缺的合计额和资金剩余部门的资金剩余的合计额是相等的。所以,如果资金短缺部门的法人部门和公共部门的短缺额缩小的话,那么海外部门的资金剩余额就变为增加。

宏观经济学的等式关系是事后成立。现在将国民总生产设为Y,消费为C,投资为I,政府支出为G,接受出口·服务为X,支付进口·服务为M,储蓄为S,租税收入为T。

$$Y = C + I + G + X - M \quad\quad \text{……(a)式}$$
$$Y - T = C + S \quad\quad \text{……(b)式}$$

将(a)式代入(b)式则为:

$$S - I = (G - T) + (X - M) \quad\quad \text{……(c)式}$$

这个(c)式是:

储蓄超出额 = 财政赤字 + 经常收支黑字

因此,如果家计部门是大幅度储蓄超出(资金剩余),并且法人企业部门的投资超出(资金短缺)是小幅度的,(c)式左边的储蓄超出额就变成大幅的。而且,(c)式右边的第一项的财政赤字意味着公共部门的资金短缺状态。如果缩小公共部门的资金短缺的话,(c)式右边的第二项的经常收支黑字($X-M$)不得不因恒等式关系而增多。这是事后看到的海外部门资金短缺的大幅度增加。就是说,只是在事后来看,日本的储蓄超出型经济意味着海外部门大幅度的资金短缺,即给日本带来了大幅度的经常收支的黑字。

归根结底,如图6-5所示,日本经济的货币流结构,换言之,其金融结构以第一次石油危机后的1973~1974年为界,可以说是大幅度地转换了。因为以这时为契机,公共部门的资金短缺超过了法人企业的资金短缺。

1980年代中期以后,海外部门的基调转为资金短缺。这意味着日本经常收支的黑字结构化了。而且,进入1990年代,公共部门的资金短缺再度超过法人部门的短缺,这是值得注意的。我们看看货币流的推移,就可以从金融面描画出宏观经济结构的变化。

Ⅱ 货币的需求和供给

1 货币需求是如何确定的

凯恩斯的货币保有动机

在货币的基本功能中有价值支付手段和储藏手段,而人们保有货币的动机也和这货币的基本功能有着很强的关联。

活跃在20世纪上半叶的、给经济学带来革命性转变的是英国的J.M.凯恩斯,而凯恩斯在货币理论上也留下了杰出的业绩。关于货币的保有动机,凯恩斯的假说在金融理论中作为标准的学说而确立下来。

凯恩斯关于人们为什么持有货币提出三个动机(参见图6-6)。第一是所说的交易动机。交易动机分为收入动机和营业动机。所谓收入动机是指家计持有的货币(支付手段)金额依靠其收入水准。譬如,月薪20万日元的人和50万日元的人,其手头持有的现金或普通存款的金额是不同的。因为50万日元的人比20万日元的人必须有更多的现金或存款。

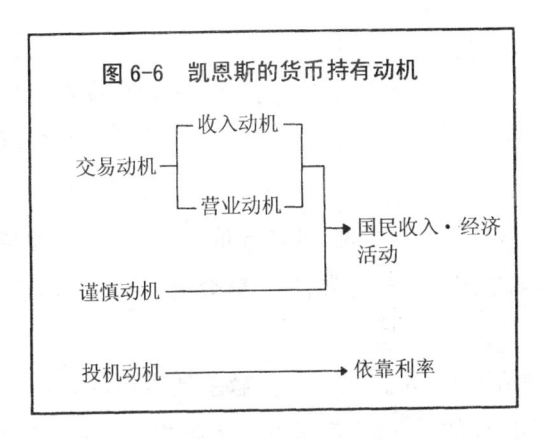

```
┌─────────────────────────────────────────┐
│      图6-6  凯恩斯的货币持有动机          │
│                                         │
│              ┌─收入动机─┐                │
│        交易动机              │           │
│              └─营业动机─┘    │           │
│                         ├──→ 国民收入·经济 │
│                         │      活动       │
│        谨慎动机──────────┘               │
│                                         │
│        投机动机 ──────────→ 依靠利率      │
└─────────────────────────────────────────┘

营业动机是指企业为了营业上的支付（支付工资、购进原材料等），手头必须要有现金或即期存款，而其保有量是和营业上的交易额相对应而被确定的。

这样，根据凯恩斯的学说，货币持有动机之一的交易动机是依存于经济活动水平的国民收入的。

其次的货币持有动机被称作谨慎动机。这是为不确定的将来准备的，是要持有任何时候都能够支付的现金或即期存款。

关于为了一时性支付而准备的谨慎动机，凯恩斯认为这依存于国民收入水平。在现在的金融理论中，谨慎动机不是作为独立的项，一般都分解、融合于交易动机及投机动机中。因为，不管是在交易动机抑或后述的投机动机中，都有着不确定要素，谨慎动机是包含在其中的。

凯恩斯的第三个货币的持有动机是投机动机，人们一般容易将投机动机想像成是有些赌博性质的东西，但在经济学中，投机是和所谓的赌博不同，应该认为这是基于对价格变动的预想而产生
```

的行动。

凯恩斯说的投机动机是注目于货币的价值储藏手段的假说,这意味着,譬如,证券价格在证券价格腾贵,收益率极其低下的场合,意味着货币持有的增多。如果收益率极其低下,那么人们对将来的看法是收益率必然上涨,即证券价格的下跌。就是说,人们会预测:这时如果照样持有证券,那么就会由于价格下跌而发生资本亏损。

在这种情况下,人们就会采取撒手证券而持有货币的行动。因为如果不这样的话,就会有蒙受巨大损失的危险。这是基于投机动机的货币持有动机。这种投机动机产生的货币需求不是依存于国民收入水平的,而是依存于利息率(收益率)。

利息率越是低,基于投机动机的货币需求就越是增多,另一方面,利息率越高,相反地人们越会撒手货币,需要证券。

马歇尔的 k 和交易动机

凯恩斯的货币需求理论的骨架是以投机动机为主轴的流动性偏好假说。结果是,在凯恩斯的货币需求理论中,交易的动机是相当低的。

但是不能否定货币需求的一个巨大支柱是基于交易动机的。另一方面,在凯恩斯以前的经济学中,说到货币需求就一味地强调交易动机。因为在后述的古典派的金融理论中,货币数量说有着绝对的力量,从这一假说出发,货币需求只是依存于交易量(国民收入)。

货币数量说的所有论述是从 $MV = PT$ 的交换方程式引发出来

的。在这里,M是货币余额,V是一个单位的货币在一定期间交易的平均次数,是货币的流通速度。而P等于物价,而T则为交易总量。因此,我们就改写为 MV = PT。

$$M = \frac{1}{V}PT \qquad \cdots\cdots(a)式$$

在这里,将 1/V 作为 k。此外,因为 PT 是名义 GNP,所以把它作为 Y。

$$M = kY \qquad \cdots\cdots(b)式$$

(b)式意味着货币需求是依存于 k 和 Y 而决定的。在这里,k 是"马歇尔的 k",是显示人们在名义 GNP 中有多少是作为货币持有的系数。

马歇尔的 k 是根据金融的繁忙或清闲而变动的,具有长期性的上升倾向,而将货币作为 M_1,算出马歇尔的 k 是比较稳定的。

这显示了货币需求基本上是依存于国民收入(Y)。以以上的货币数量说为基础考虑货币的交易需求,就形成这样的图:纵轴为国民收入(Y),横轴为货币需求量(M),需求曲线为向右上方的直线(参见图6-7)。在这里,这一货币需求曲线的倾斜 Y/M 是马歇尔的 k 的倒数。

图6-7的货币需求曲线是相应于国民收入或交易量而显示货币需求变化的,但现在在这种货币的交易动机中有影响的不光是国民收入水平,一般认为还有利息率。

譬如,因为如果市场的利息率高,那么就会着力压缩相应于企业或家计交易需求的手头现金和存款水平。特别是在利息偏好较高的现代,必须考虑货币的交易需求是利息率减少的函数。就是说，利息高的话，就具有基于交易动机的货币需求减少的关系。

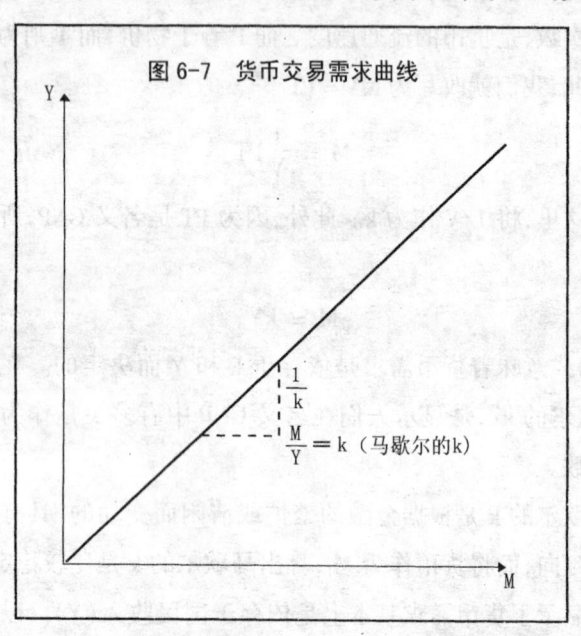

图 6-7 货币交易需求曲线

$$\frac{M}{Y} = k \text{（马歇尔的k）}$$

斜率为 $\frac{1}{k}$

凯恩斯流动性偏好说

货币的持有是当然的，但不单是停留在交易需求上。货币除了支付手段外，也具有着价值储藏手段的基本功能，所以，可以说将货币作为资产来持有的动机也是很强的。凯恩斯将和这种交易动机以外的与资产保有有关的货币持有动机称作投机动机（也可以再加上谨慎动机）。因此，在这里可以将投机动机改称为资产动机。

就是说，人们是以现金或即期存款的流动性形式持有货币呢？抑或是以将货币变换成定期存款或有价证券形式来保存呢？这要从风险和回报的组合来进行选择。

譬如,利率超低位时,人们不购入证券,而是一起奔向现金或即期存款的流动性需求。这是担心资本损失的撤退或者避难性行为。但是这种流动性需求有无限持续的情景。凯恩斯将这叫做"流动性陷阱"(Liquiditytrap)。

现在,设想有每年支付3日元固定利息的超长期国债。市场的利率是3%时,这超长期国债的价格是100日元,但如果利息率上涨到4%,价格就一下子降到75日元。就是说,会产生25日元的资本损失。而利息率越是低水平,根据利息率的变化(上涨)的资本损失额就越大。关于这一点请参见专栏。

低利率使市场"熊化"

用一个简单的事例看看利率在低水平时,利息率上涨提高了给投资者带来更大的资本损失的风险,市场变得疲软,即熊市。此外,市场坚挺被称作牛市,疲软称作熊市。

三日元的确定利息的超长期债券的价格 X_0,市场利率为3%时将是多少呢?

$$\frac{3}{X_0} = \frac{3}{100}$$

因此 $X_0 = 100$ 日元

现在,市场利率上涨到4%,国债价格为 X_1

$$\frac{3}{X_1} = \frac{4}{100}$$

因此,$X_1 = 75$ 日元

当市场利率上涨到5%时,国债价格 X_2 就是

$$\frac{3}{X_2} = \frac{5}{100}$$

因此,$X_2 = 60$ 日元

利率水平低到3%时,1%的利率上涨带来的资本损失是25日元。但是,从4%上涨到5%,资本损失就变成小幅度的15日元。

另一方面,利率水平极高的情况下又会怎样呢? 一到这一阶段,证券价格由于利率下跌而会被人们预想到上涨。就是说,人们会认为得到资本收益的可能性大,从持有货币转为持有证券的人

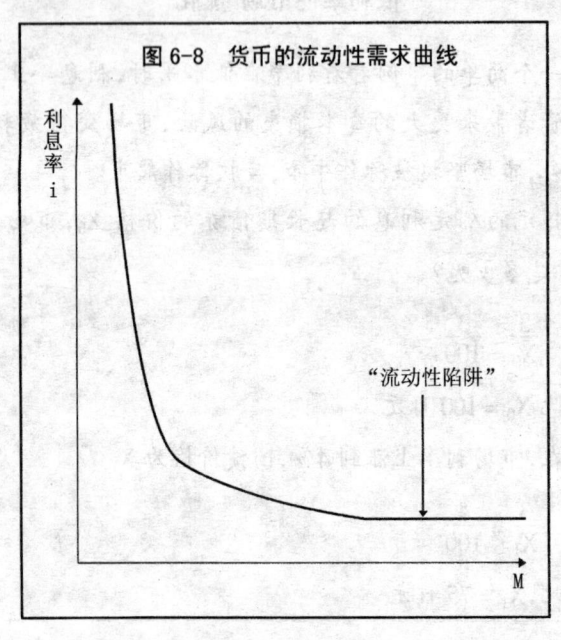

图 6-8 货币的流动性需求曲线

就增多了。于是,当利率越是上涨,即在最近的将来利率下降的预测越强货币需求就越会减少。

这样一来,在凯恩斯的流动性偏好假说中,货币的资产(投机性的)需求就成为利率减少的函数。若用图绘出货币的流动性需求曲线,就是纵轴是利息率,横轴是货币需求,如图6-8。特别应该注意的是在低利息率的场合,货币需求会成为无限的。这就是"流动性陷阱"。

如上所述,归纳一下和货币需求相关的交易需求和流动性需求就会作成以下的式子。

货币需求 $L = kY + L(i) = L(y, i)$

在这里,i是利息率,k是马歇尔的k,Y是名义GNP。

2 货币是如何供给的

日本银行券发行的结构

货币被定义为狭义的现金通货和存款通货(即期存款)。即货币供应量的M_1。

货币是如何供应的呢?简单地考虑一下的话,因现金通货的大部分是日本银行券(现金通货的90%以上是日本银行券,剩下的不到10%是政府辅币的硬币),所以,所谓货币供应就是日本银行委托造币局印刷货币。

但是,日本银行即使随意印刷纸币,纸币也不一定能立刻在市场上供给。因为家计或企业如果获得了需求以上的纸币的话,就会作为存款直接回流到普通银行,结果,普通银行又返回给日本银行多余的纸币。

因此,在考虑货币供应时,有必要将现金通货和存款通货分开来。首先是现金通货,即日本银行券,这是大体上通过三个渠道来增发的。

一个是财政收支结果为负,就是财政出超。这是因为国库款的收入和支付都集中在日本银行,所以当财政收入不如财政支出多时,即在出超时,日本银行向政府提供信用。政府将日本银行的信用以在日本银行开设的政府存款的形式来接受,然后再提取这个政府存款,充当对民间的支付。因此,在这个渠道上增发日本银行券。

第二个渠道是通过集中国际收支支付的外汇会计。现在日本的国际收支如是黑字,外汇会计的外币收取就增加,与此对应,日元(银行券)就在市场上支付。因为外汇会计没有日元,就卖给日本银行外币,从日本银行筹措日元。就是说,最终是日本银行收取外币,作为返还供给日元。

对财政出超及外汇增加的日本银行券增发,日本银行肯定是完全被动地对应。因为日本银行不能拒绝对财政提供信用或收取外汇。

在这一点上,第三个银行券增发渠道和前两个不同。这是通过普通银行的渠道。日本银行和普通银行是以资金交易关系结合起来的,而这时普通银行在日本银行开设"托管账户"(从日本银行来看是"被托管的款")。这"日银托管款"是日本银行和普通银行结合起来的重要渠道。

设想某普通银行向企业贷放过多,手头现金少了。银行不知何时人们会将存款变成现金来提取,便担心起手头原有的现金。因此,普通银行就向日本银行要求借贷。而日本银行就贷放给普通银行。这贷款打进普通银行的"日银托管款"中。普通银行提取"日银托管款",为了换成银行券而取出并储存在银行的金库中。就是说,日本银行对普通银行增加信用是银行券增发的第三个渠道。但这个渠道和第一个的财政出超或第二个的外汇增加的渠道不同,日本银行不完全是被动的。

因为日本银行对普通银行可以改变对贷放或日银信用的态度,如果日本银行考虑要压缩现金通货增加,而对普通银行的贷放姿态严厉的话,普通银行就不得不慎重地对待对企业的贷放,结果就可以抑制日本银行对普通银行的信用增加。

而且,当普通银行贷放过多,或贷放回收晚,陷入到未曾料到的手头现金短缺时,银行就会奔忙着要求日本银行贷放,这时,日本银行不能拒绝。因为如果日本银行拒绝的话,就可能引发信用危机(关于这一点,请参见第5章、第8章的日银特融)。

从这个意义上来说,即使在第三个渠道上,日本银行也是被动的。但是,如果除了紧急时期或短期外,日本银行对普通银行的信用提供是可以靠转变贷放态度等手段来操作的,所以,可以认为它能够控制现金通货的增发。

以上的现金通货的增发渠道可以整理为下式。

日本银行券增发＝一般财政出超＋外汇增加＋对普通银行的信用增加

普通银行是货币的供给者

另一个货币的存款通货又是怎样供给的呢？如图 6-2 所示，在货币供应量的 M_1 中，存款通货的比重约为 79%（现金通货约为 21%），存款通货对经济活动来说，比现金通货更具有影响力。

因为这存款通货是银行的活期存款或普通存款，所以存款通货的供应和银行的行动有密切关联。而在现代，银行是货币供应的大角色。

但是，实际上银行创造出存款通货来供应是难以想像的。譬如某企业将 100 万日元的即期存款存入银行。这家银行不过是从企业接受了 100 万日元的即期存款，而不是随意地创造出 100 万日元的即期存款。而银行将存进来的 100 万日元作为现金保管在金库里，能够在任何时候应对提取。这就是健全的银行。

在这个限度内，银行安全地保管现金，仅仅是个根据情况不同以这存款为基础提供开支票的方便的机构。而银行在自有资金的范围内，进行借贷挣到利息，同时只消从存款者那里收取现金保管手续费或开支票手续费等就可以了。

但是，银行在随着得到社会信用的同时，存款者增加，银行的现金余额增多起来，这样一来，为防备每天的现金提取，银行家们都知道有现金余额的一部分就足以应付了。

于是，银行懂得将一部分现金作为手头的准备留下来，剩下的则去贷放，如果投资有价证券的话，就会挣到利息或分红。就是说，银行节约现金，用节约下来的现金开始贷放给企业。这给整个经济带来了巨大的变化。

譬如，像前面的例子那样，某企业将100万日元的即期存款放进普通银行，其本身就成了100万日元的存款通货。仅此对整个经济的货币量是没有变化的。因为这仅是100万日元的现金通货变换为100万日元的存款通货。

但是，普通银行将这100万日元的一部分，譬如10万日元留在手里，剩下的90万日元贷给其他企业，那么这家企业就收取了新的90万日元货币。

结果，在经济整体上货币量从以前的100万日元增加到190万日元。普通银行确实以收取即期存款的存款通货创造出储蓄以上的货币，并能够予以供应。

在这一点上，普通银行和其他金融机构，譬如证券公司或人寿保险公司是迥然不同的。如果证券公司购进100万日元的投资信托的受益证券，那么因为其受益证券不是即期存款，所以不是货币。

人寿保险公司也是同样，因为这些机构发行的间接证券不是支付手段，所以不能成为货币的供应机构。

不可思议的信用创造机制

普通银行不单是存款的接受者，也是货币的供给者，这一点是足不为怪的。因为如果想到创造出存款通货的所有的普通银行的话，那么结果就是整个银行体系创造着庞大的存款通货。

这就是在金融理论中必定让人不可思议的存款创造机制。

普通银行的信用创造是怎样的呢？现在我们设想普通银行的信用创造的原始存款有100万日元。原始存款就是存款者存入现金或支票的存款。

首先,存款者要将现金100万日元存进A银行,是活期存款。一般而言,如果银行作为手头现金准备的剩余比率(法定存款准备金率)为10%的话,A银行就在这100万日元中留下10万日元,其余的90万日元贷给企业。

其次,接受了90万日元贷款的企业a在交易银行B存进90万日元。B银行就有了派生存款90万日元。B银行也同样留下10%的准备金,剩余的81万日元贷给企业b。

进而,企业b将这81万日元存到C银行。C银行将10%的8.1万日元作为准备金,贷放剩下的72.9万日元。

这样一来,贷款和存款的连锁就无限地延续下去。这就是存款创造,被称为信用创造的波及机制。

其结果就是从其原始存款的100万日元开始不断地创造出派生的存款,最后创造出了1 000万日元的存款。这正是存款的乘数扩张。

$$存款总额 = 100 + 90 + 81 + 72.9\cdots\cdots$$
$$= 100\left[1 + \frac{9}{10} + \left(\frac{9}{10}\right)^2 + \left(\frac{9}{10}\right)^3 + \cdots\right]$$
$$= 100 \times \frac{1}{1 - \frac{9}{10}} = 1\,000$$

因此,如果将这存款创造的进程定式化的话就成为下式。

$$存款总额 = 原始的存款 \times \frac{1}{1 - 存款实得率}$$
$$= 原始的存款 \times \frac{1}{法定存款准备金率}$$

就是说，如果准备金率为α，那么就创造出最初的原始存款的1/α倍的存款，存款创造的乘数就是1/α。

货币供应能控制吗

迄今为止我们探讨了现金通货及存款通货是以什么样的结构来供应的。现金通货通过日本银行的对普通银行信用增减的渠道，基本上是有可能控制的。

问题是另一个货币的存款通货。因为如前所述，存款通货从银行体系的整体来看，是乘数性的信用扩张。

但是，存款通货的扩张并不是无限的。如果存款通货不断地派生增加，随之而来的是提取存款的增加。因此，普通银行准备金的规模限制了存款的乘数性扩张。

换言之，存款通货的供应基本上依存于现金通货。更正确地说，存款通货的供应被普通银行的成为存款创造基础的银行准备金额所限制。

日本银行发行的现金通货在统计上是以市场上（民间非金融机构）保有的流通银行券和银行手头保有的准备金所构成。这二者合计便是现金。

然而，在考虑普通银行的存款通货供应时，不要漏掉"隐蔽现金"的存在。这就是普通银行的"日银托管款"。

这是将日本银行和普通银行联结起来的银行券流出、流入的渠道。日本银行供给普通银行现金时，不管这是贷放还是买进（参见第8章），必定要向"日银托管款"（日银活期存款，通称日银活期）转入现金。

因此，从普通银行来看，存款通货的供给，即在信用扩张之际，基础的手头准备金是银行手头的现金余额加上在日本银行所有的"日银托管款"（日银活期）的金额。

将以上的三种现金（市场的流通现金、银行所有的现金、日银活期）合计，就是"高能货币"或"基础货币"或者叫"货币基础"。就是说，"高能货币"是包括存款货币在内的货币供应量的基础货币中的货币，是"终极的货币"。

日本银行根据这一"高能货币"中的普通银行手头准备金及"日银活期"的总量增减对普通银行的信用来进行操作，由此最终控制存款货币的供应或整体货币供应量（$M_2 + CD$）。

上面说的货币供应量（M）、高能货币（H）、民间部门的存款（D）、流通现金（C）、银行部门的准备金（R）的关系如图6-9所示。此外，R_1是银行部门的手头准备金，R_2是银行部门的对日银活期的存款。

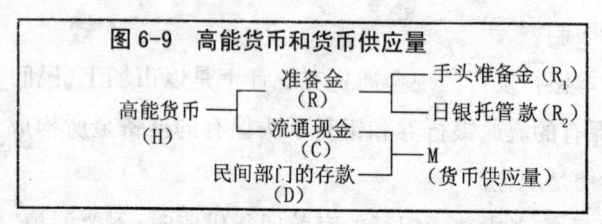

图6-9　高能货币和货币供应量

高能货币（H）── 准备金（R）── 手头准备金（R_1）
　　　　　　　　　　　　　　└ 日银托管款（R_2）
　　　　　　　├ 流通现金（C）
　　　　　　　└ 民间部门的存款（D）── M（货币供应量）

从这个意义来看，虽然短期很困难，但日本银行通过对准备金（R）（日本银行托管款·R_2及普通银行的手头准备金·R_1）的管理基本上是能够控制货币供应量的（参见专栏）。

弗里德曼的货币乘数（信用乘数）

高能货币(H)大体上分为民间非银行部门保有的现金 C(流通现金)和银行部门保有的准备金 R(手头准备金及日银托管款)两个。就是说

$$H = C + R \quad \cdots\cdots(1)$$

而如将货币供应量为 M，民间部门(非银行)的存款为 D 的话

$$M = C + D \quad \cdots\cdots(2)$$

美国的 M.弗里德曼根据(1)、(2)导出了(3)式，即用(1)式除(2)式

$$\frac{M}{H} = \frac{C + D}{C + R}$$

两边乘以 H，且右边的分子、分母用 D 除

$$M = \frac{\frac{C}{D} + 1}{\frac{C}{D} + \frac{R}{D}} \cdot H \quad \cdots\cdots(3)$$

将 C/D 认为是一定的民间部门的现金通货和存款通货的比率。R/D 是银行的法定存款准备金率。因此，根据高能货币 H 的一单位的变化，货币供应量仅仅是乘数 $\left(\dfrac{\frac{C}{D}+1}{\frac{C}{D}+\frac{B}{D}}\right)$ 变动。这被叫做弗里德曼乘数。

7 货币经济学

欧文·费雪的最大贡献是加深了我们对货币的理解。他用一个简单的公式显示了是什么决定价值。不管是如何不擅长数学的人,都没有必要害怕这个公式。

$$P = \frac{MV + M_1V_1}{T}$$

P 是价格。M 是流通的平常货币或现金的量。M_1 也是货币,但其大部分是由银行存款构成的。V 和 V_1 是使用两种货币的速度,即流通速度。从多少个世纪前,价格和货币供应之间的相关关系就被认识到了。由此说明在发行大陆纸币或绿色银行券的同时,物价上涨的理由。费雪的公式将这个关系清楚而简单地表述出来。

J.K.加尔布雷思著,斋藤精一郎译:《不确定的年代》

(讲谈社文库,1983 年出版)

Ⅰ 货币数量说

1 什么是货币数量说

第7章对货币(钱)和整体经济活动有何种关联进行了若干经济学上的探讨。在这里,我想使用数字公式或图进行稍上一级的说明,但只要有中学及高中初级程度的人都可以理解,所以请诸位慢慢地读。重要的是诸位要多少习惯于图和公式的经济学说明方法。

货币供应使物价上涨

前面涉及了一些货币数量说,但在这里要稍许考虑一下古典的学说。因为,在考虑货币对一个国家的经济活动整体会产生什么样的影响时,以这货币数量说为基础开始探讨是易懂且方便的。

首先,看一下图7-1,这是张1915年以来的美国消费者物价和货币供应量(M_1及M_2)的长期变动图。从这张图中可以明白物价的长期上涨和货币供应量的长期增加是成比例的。这个统计关系是使认为货币量(M)的增加带来了物价(P)上涨的古典货币数量说登上舞台的基本背景。

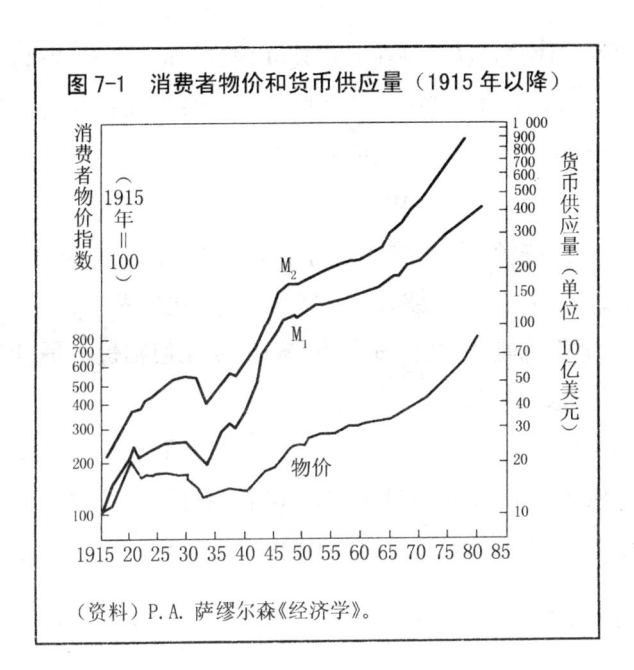

图 7-1 消费者物价和货币供应量（1915年以降）

（资料）P.A. 萨缪尔森《经济学》。

古典货币数量说大多指的是，以活跃在19世纪到20世纪的美国经济学家欧文·费雪(耶鲁大学教授)的定式化的交换方程式为基础,将货币量和物价水平作为一义的比例关系的学说。

这个交换方程式为

$$MV = PT \cdots\cdots(1)$$

即

（货币量）×（货币的流通速度）=（物价水平）×（总交易量）

这个费雪的交换方程式本来是定义货币的流通速度(V)的。流通速度是指货币在一定期间(譬如一年)从人到人流通的次数，费雪本身作为V的决定性要素考虑了商业习惯、支付制度、输送速度、人口密度等社会、技术上的事项。

此外,总交易量(T)是在一定期间内(譬如一年)的财物·服务的生产物的交易量,和实际国民收入(GDP)相同。因此,将实际 GDP 作为 y 的话,那么(1)式可换写为

$$MV = Py \cdots\cdots (1)'$$

在(1)式或者(1)′式的交换方程式中,如果假定货币的流通速度(V)及总交易量(T),或者实质 GDP(y)的决定和货币量没有关系的话,那么就能够导出"货币量(M)的变化使物价水平(P)按比例地变化"这一关系。

特别是,初期的货币数量学派主张,在货币量和物价水平之间具有单纯的关系,譬如 M 如果增加 10 倍,物价也上涨 10 倍。这就是被称作"朴素的货币数量说"的缘由。

货币供应和 GDP 没有关系

费雪的交换方程式本来不过是定义货币的流通速度(V)的恒等式,不是说明货币量(M)的变化给予物价(P)以影响机制的关系式。

因此,有必要将古典的货币数量说作为货币需求系数来重新把握。英国伟大的经济学家艾尔弗雷德·马歇尔、庇古等剑桥学派的人们的现金余额数量说就是这种尝试,今天,这作为说明货币数量说的想法,被经济教科书频繁地引用。剑桥学派的想法是将恒等式 MV = PT(= Py)的(1)式换成下面的

$$M = kPT = kY \cdots\cdots (2)$$

在这个(2)式中 k = 1/V,所以 k 就成为货币流通速度的倒数。这个 k 被称作马歇尔的 k,从(2)式中我们可以明白在名义 GDP

(Y)中意味着人们想保有的货币量(M)的比率。一般认为这个 k 是一定的或稳定的。这样,货币数量说的交换方程式就被变为下面的决定对货币需求的关系式

(对货币需求) = (马歇尔的 k) × (名义 GDP)

= (马歇尔的 k) × (名义总交易量)

上述的(2)式用于实际 GDP 上的话,就是

$$M = kPy \cdots\cdots(2)'$$

这(2)式或(2)′式成为对货币的需求系数(决定货币需求的关系式),而这可以说是对古典货币数量说的重新解读。

现在,将货币作为补充供应(M_0)。这时,"多余的货币"(M_0)的供应给物价水平(P)及实际 GDP(y)带来了怎样的变化呢?对货币的需求(M)是(2)′式给的,所以仅货币的补充供给量(M_0)为货币的多余部分,即

$$M + M_0 > kPy$$

如果假定 k 为一定的话,这"多余的货币"(M_0)就必须被物价(P)的上涨或实际 GDP(y)的增加所吸收。因为如其不然,$M + M_0 > kPy$ 的不等号(>)就成不了等号(=)。然而,关于这一点,古典经济学的结论是当产生"多余的货币供应"时,全然不会给实际 GDP 的增长以影响,只会带来物价上涨。

古典派的基本图式

即使增加货币供应,只是使物价上涨,在实际 GDP,即实际生产额上全然没有变化的古典派的结论是耸人听闻的。

但是,实际上这反映了著名的"货币的伪装"或"古典派的二分

法",就是说,其出自于货币世界和实物的财物世界完全是两回事的想法。换言之,在货币的世界中决定的和财物的世界是完全没有关联的。于是,古典派认为货币不过是和财物的生产活动没有关系的伪装而已。

那么,为什么古典派认为实际 GDP(实际生产量)是完全独立于货币的世界而被决定的呢?这个问题与其说是金融理论,毋宁说应该在经济学原理理论中来进行探讨,本书为了进行其后的论述,在必要的范围内介绍一下经济学原理理论。

在古典派的理论中,实际生产量或者实际国民收入(y)靠着就业量(N)来决定。

$$y = f(N) \cdots\cdots (3)$$

当然,实际生产量(y)也是依存于使用资本量(K)的,但在这里将资本量(K)以及技术水平设想为一定的。

这(3)式是表述增加就业量(N)的话,生产量(y)就增加的关系式,在经济学中称作生产系数。

而我们来探讨一下,以这生产系数为基础,实际生产量(y)是怎样被决定的。从这(3)式可以明了:实际生产量(y)是由劳动就业量(N)决定的。因此,下面就是这就业量(N)为什么能决定实际生产量的问题了。

譬如,某企业为了利润极大化,补充一劳动单位所增加的生产量(经济学将这称之为边际生产力,要之,是一劳动单位增加的实际生产量)等同于实际工资,由此决定就业量。就是说,如果劳动边际生产力比实际工资大的话,企业就更要雇佣劳动者,增加生产量。这是因为,即使扣除对补充劳动的支付,也能够增加对整体的利益。相反，如果边际生产力比实际工资要小的话，企业就减少雇佣，以此消除损失，这也能够增加整体的利益。

这意味着对企业的劳动力(就业)需求依存于实际工资(W/P)。实际工资(W/P)越低劳动需求就越增加。就是说，企业直到实际工资等于边际生产力为止都需求劳动。

于是，劳动需求的系数如下

$$N = f^D\left(\frac{W}{P}\right)\cdots\cdots(4)$$

P是物价水平，W是名义工资(货币工资)。这多少有些太专业，但劳动的边际生产力是以就业量(N)微分(3)式得出的$f'(N)$。因此，利润极大的劳动需求条件如下

$$f'(N) = \frac{W}{P}\cdots\cdots(4)'$$

这是以边际生产力 = 实际工资而表述(4)式的劳动需求的均衡条件。

另一方面，劳动的供给又如何呢？经济必定要有需求和供给才能成立，所以仅仅是劳动需求并不能决定就业量。

古典派认为劳动力的供给是依赖于实际工资 W/P 的。就是说，实际工资 W/P 越高，劳动者就会更多地提供劳动力。

因此，劳动力供给的系数如下

$$N = f^S\left(\frac{W}{P}\right)\cdots\cdots(5)$$

因此，根据(4)式及这个(5)式来勾画出的劳动力需求及供给系数的就是图 7-2。

图 7-2 劳动需求曲线和供给曲线

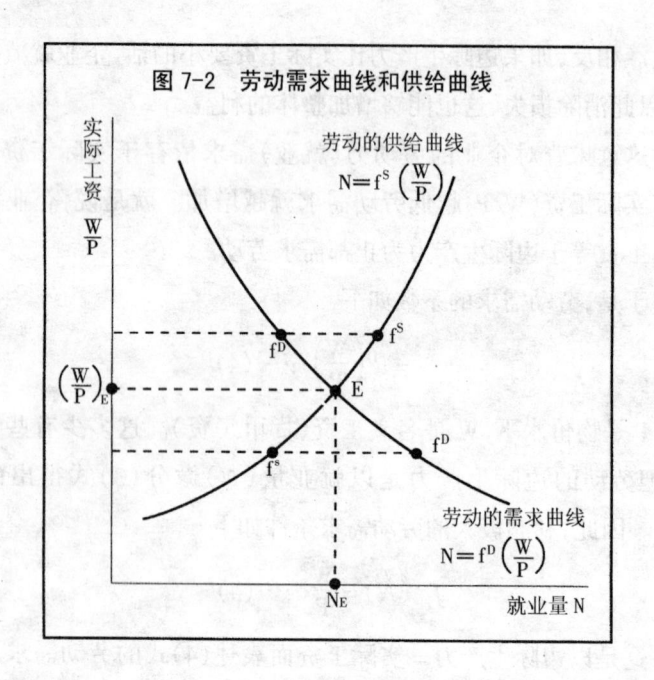

货币数量说的世界

如图 7-2 所示,在劳动力的需求曲线和供给曲线的交点 E 上,决定就业量 N_E 及实际工资 $(W/P)_E$。这是古典学派的就业量决定图式。

在这张图式上,如果实际工资上涨的话,将会怎样呢?如图所示产生了 $f^S f^D$ 的超额劳动。劳动的需求关系缓和了,所以名义工资下降,实际工资也降到了原来的 $(W/P)_E$ 点。结果劳动超额供给减少、消失。相反,如果实际工资下降,就产生如图所示的 $f^s f^D$ 的超额劳动需求。因此,这回是名义工资上涨。最终的结果是实际工资上升到原来的 $(W/P)_E$ 点,超额需求消失。

这样,古典学派认为在劳动市场上实际工资(W/P)$_E$是经常成立的。这个 E 点是所有想在这种实际工资下工作的劳动者都就业,所以这意味着充分就业水平。

就是说,即使有超过充分就业水平的劳动的超额供给,名义工资(货币工资 W)也要下降,结果均衡就业量回到 E 点的充分就业水平。相反,实际工资下降,产生劳动的超额需求,货币工资就从劳动需求的逼迫下上涨,实际工资 W/P 就被拉上来。其结果是劳动的超额需求减少,最终,均衡就业量回到 E 点的充分就业水平上。

于是,在古典学派的理论中,根据劳动的需求关系,货币工资 W 是自由地伸缩着。即名义工资自由地上下变动。因此,实际工资经常对应着实现充分就业点(交点 E)而被决定。

在这种古典学派或者货币数量说的世界中,就业量和货币的需求是完全独立地被决定的。如前所述,古典学派认为实际 GDP(实际生产量)是与货币世界对立地被决定的。

将上面的古典学派的货币数量说的世界归纳一下,就是下面的这个公式。

(1) 对于货币的需求均衡式

$$M = kPy$$

(2) 生产系数

$$y = f(N)$$

(3) 对于劳动的需求决定式

$$f'(N) = \frac{df(N)}{dN} = \frac{W}{P}$$

(4) 劳动的供给系数

$$N = f^S\left(\frac{W}{P}\right)$$

这(1)~(4)式进行着货币数量说中的宏观经济变数的决定。

首先,从(3)及(4)式的劳动需求式决定充分就业水平的就业量 N_E 和实际工资(W/P)。如将这就业量 N_E 代入(2)式的生产系数,就决定实际生产量(实际 GDP)y_E。

现在将货币供应量作为 M_E,(1)式决定物价水平 P_E。因为在(1)式中,k 能够假定为一定,y_E 可以由(3)、(4)及(2)式自动地决定。这样,P_E 一旦决定,货币工资 W_E 也就被决定了。这是货币数量说世界的逻辑。

因此,让我们仅仅增加货币供应的 M_0。问题是这"多余的货币"给物价水平、就业量及生产量以何种影响。加上补充供给的"多余的货币"M_0,总货币供应量就变成了 $M_E + M_0$。因此,(1)式就成了下面的不等式。

$$M_E + M_0 > kP_E y_E$$

在这里,y_E 是独立于生产系数及劳动需求关系式而被决定的,所以,为了使这个不等式成为等式,M_0 就转向购进所有的新的财物,物价水平必须从 P_E 上升到 P_F。因为短期的财物供给不能立即增加,所以对对应 M_E 产生的财物的补充需求就会拉升财物的市场价格,即物价水平。

如果物价水平上涨到 P_F 而货币工资 W_E 不变的话,实际工资(W_E/P_F)将下降。结果就产生了对劳动的超额需求。因此,下面就是将货币工资 W_E 上升到 W_F,结果实际工资变成了 W_F/P_F,回到

了 W_E/P_E 的水平。

这样,货币的补充供给仅仅是使物价水平和货币工资按比例地上升而已,对就业量 N_E 及实际生产额 y_E 完全没有影响。这是古典的货币数量说的逻辑。

2 货币数量说的扩张

古典货币数量世界的修正

上面我们讲述了朴素的或者古典的货币数量说,以像这样明快的"古典二分法"为基础,这一学说主张货币对财物市场没有一点影响。

但是,现实的世界不是像货币数量说的世界那样运动。现实和货币数量说的最大差异点是实际工资是否伸缩。在古典的货币数量说的世界里,在劳动市场上一旦产生劳动的超额供给,货币工资首先下降,与此相对应实际工资也降低。所以劳动需求增加,恢复均衡。相反,如果有劳动的超额需求的话,货币工资就上涨,然后实际工资也上涨,为此,劳动供给增加,恢复均衡。

于是,在货币数量说的世界里,因为货币工资是完全伸缩的,所以保证充分就业水平的就业量是常常可以实现的。但是,在现实世界中,即使劳动市场上产生了劳动的超额供给,由于工会或劳资双方的工资协定,一般货币工资不下降。

另一方面,在劳动的超额需求时,货币工资上涨的倾向很强。因此,现实中货币工资是向上伸缩,应该认为其具有向下刚性。

这样,以货币工资的向下刚性为前提,现代的货币数量说对古典的进行了修正。具体而言,是代替上述的(4)式的劳动供给系数 $N = f^s(W/P)$ 导入(4)′式。

$$W = W_0 (一定) \cdots\cdots (4)'$$

那么,现将货币工资 W_0、物价水平 P_F 当作如图7-3那样,在实际工资 W_0/P_F 时,有超额供给。以图7-3来说,存在着FT的超额供给。但是,货币工资 W_0 如(4)′是向下刚性的,所以不下降,就业量不是充分就业量 N_E,而变成像 N_F 那样的不充分就业量。

在这里,如果有货币的补充供给 M_0 又会怎样呢? 要是用上述的(1)式,就是 $M_F = M_0 > kP_F y_F$,所以"多余的货币"M_0 指向购进财物,物价水平从 P_F 上升到 P'_F。结果实际工资如图7-3所示,从 W_0/P_F 下降到 W_0/P'_F。用(3)式的劳动需求公式的话,那么直到这实际工资等同于劳动的边际生产力为止,实际工资的下降起着可使就业量增加的作用。

以图7-3而言,新的就业量从 N_F 增加到 N'_F。这时可以看到实际工资从 W_0/P_F 向 W_0/P'_F 下滑。于是,超额供给(非自发性失业)从 FT 向 F′T′ 减少。此外,新的就业量 N'_F 在充分就业量 N_E 以下。

于是,如果做货币工资的向下刚性($W = W_0$)的现实的假定,那么就得出和古典的货币数量说不同的结论。在货币数量的世界。货币的补充供给 M_0 仅使物价水平上升,而完全不影响实际生产量。但是,以货币工资的向下刚性为前提,货币的补充供给 M_0 就使就业量增加,所以,通过(2)式的生产系数使实际生产量增加。

图 7-3 修正的劳动需求

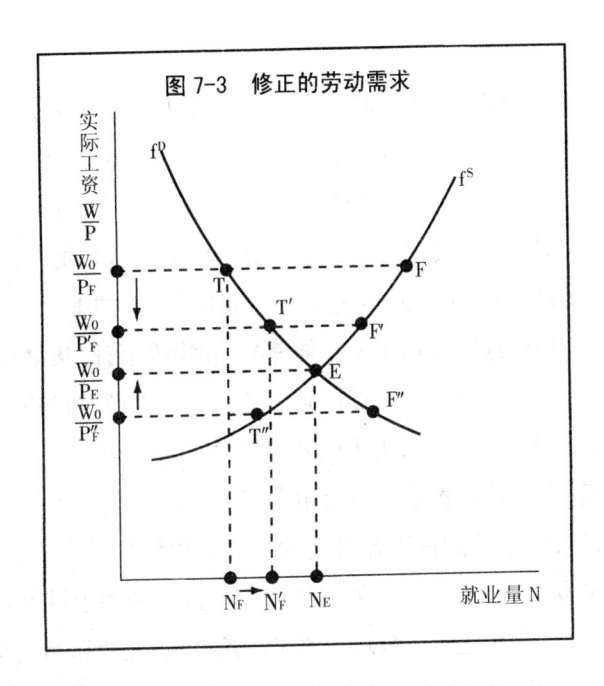

修正数量说的有效性

在存在非自发性失业的非充分就业水平上,货币供应量一旦增加,货币工资在一定数量下,物价水平将上涨。同时,对应这物价水平的上涨,实际工资下降,所以就业量增加。

这样的就业量增加通过生产系数增加实际生产量。就是说,在非充分就业下,由于补充货币量的增加,物价水平上涨,与此同时,实际生产量也增加。

而在就业水平到达充分就业量时,再接着进行货币的补充供给又会怎么样呢?在达到充分就业的阶段,不增加超过的就业量,实际生产量也不增加。补充的"多余的货币"都变成物价水平的上涨。

由于物价水平的上涨,实际工资低于充分就业水平。以图7-3来说,实际工资从充分就业水平的W_0/P_E下降到W_0/P''_F。

但是,实际工资并没有停留在这一水平。因为货币工资向下是刚性的,但对上方却是伸缩的。因此,货币工资降到充分就业水平W_0/P_E以下,成为W_0/P''_F,这就产生了图7-3的$F''T''$的劳动超额需求。但是,这时货币工资是伸缩的,和物价上升(从P_E到P''_F)成比例地上升,所以实际工资回到了充分就业水平。就是说,在达到充分就业水平的阶段,货币的补充供给已经不增加就业量或实际生产量,只是使物价水平及货币工资上升。

这是古典学派的货币数量说的世界。我们这样来想,在充分就业水平以下,货币的补充供给增加了物价水平的上涨及实际生产量的增加,但在达到充分就业水平的阶段,补充货币量的增加只是使物价水平(及货币工资)上涨。

这一结论一般称之为"修正的货币数量说"。就是说,以导入货币工资向下刚性为前提,现实地修正古典的货币数量说。根据这一修正数量说,缺乏现实适用性的机械论式的古典学派货币数量说获得了有效性。

而且,在非充分就业水平下,货币的补充供给不仅使物价上涨,而且使实际生产量,即实际收入增加的修正数量说的结论,以导入利率变数而将以前的古典学派的理论或货币数量说的基础更加扩张了,这一点是值得予以评价的。

因为修正数量说显示了货币供应增加实际生产量的可能性,由此就像下面看到的那样,货币供应使利率水平下降的经过很明了。

古典学派关于投资(I)和储蓄(S)是这样考虑的。另外 i 是利率。

$$I(i) = S(i, y) \cdots\cdots(5)$$

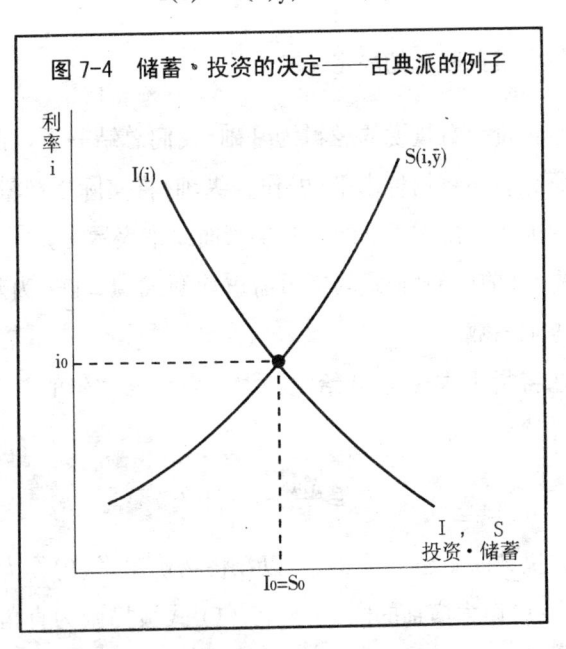

图 7-4 储蓄·投资的决定——古典派的例子

于是,在古典派的世界里,实际储蓄是由利率和实际收入决定的,但同时实际投资依赖于利率。如前所述,古典派的实际收入(实际生产量)和货币需求全然没有关系,是被财物市场的充分就业水平决定的。

而在对应实际收入的储蓄—利率曲线和投资—利率曲线交叉之点上,利率是单纯地被决定的(参见图 7-4)。因此,利率就是独立于货币需求而被决定的。

但是,在修正数量说中,货币供应的变化使实际收入(实际生产量)变动,所以在这里利率通过货币量、实际生产量的变化而波动,这被认为是决定储蓄、投资的波及通道。

物价和国民收入的决定

以修正货币数量说的逻辑为基础,我们总结一下以前的古典学派的研究。在将物价水平(P)作为纵轴,将实际生产量(y)作为横轴的图上描画出需求曲线和总供给曲线来表示。

首先,以前面的(1)式的货币需求均衡式 $M = kPy$ 为基础考虑一下总需求系数。

现在将货币供应量 M 给定为 Ma,而且马歇尔的 k 为一定的话,(1)式就是下面这样。

$$Py = \frac{Ma}{k} \cdots\cdots(1)'$$

在这里,Ma/k 是一定的,所以在将物价水平(P)作为纵轴,将实际收入(y)作为横轴的图 7-5 上,(1)′式被描画为直角双曲线。这被称作是和物价及实际生产量相关的总需求系数。货币供应量从 Ma 增加到 M_b 的话,总需求曲线就向右移动。

然后是总供给曲线。图 7-5,在充分就业水平的实际收入 y_f 以下就是如前所述向右上方扬起的曲线。就是说,如修正数量说的世界所显示的那样,在充分就业水平以下的阶段,假定货币工资为一定的话,随着物价水平上涨,实际工资就下降,所以就业量增多,实际收入也增加。

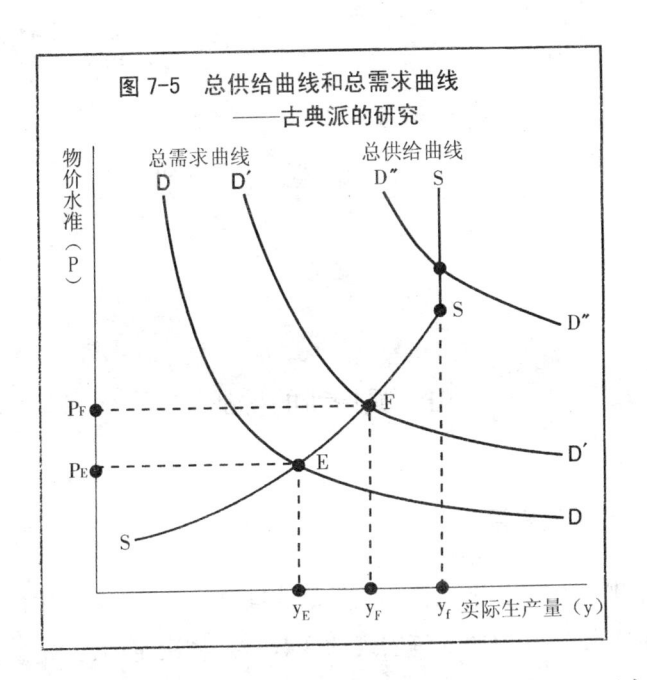

图 7-5 总供给曲线和总需求曲线
——古典派的研究

只是这总供给曲线一旦达到充分就业水平,实际收入(实际生产量)业已不增加。因此,以上的总需求曲线 DD 和总供给曲线 SSS 如图 7-5 所描绘的那样,在交点 E 决定物价水平 P_E 和实际收入 y_E。如果货币供应增加的话会怎样呢?

总需求曲线从 DD 向上方移动到 D′D′ 的位置,成为新的交点 F。因此,物价水平成为 P_F,实际收入成为 y_F。在达到充分就业水平的阶段,总需求曲线移向 D″D″,这样实际收入没有增加,只是物价水平上升。

此外,总供给曲线根据技术革新或资本增加向右移动。

Ⅱ 凯恩斯学派的想法

1 凯恩斯的挑战

流动性偏好需求

我们学习了以前在古典的货币数量说及修正数量说中的货币量、物价水平、国民收入等宏观的变数是怎样决定的,又是怎样相关的。

这种经济学的考虑方法是汲取了传统的古典派的源流。活跃在20世纪前半叶的英国经济学家J.M.凯恩斯从正面向这一传统的经济学发出了挑战,建立起了"新经济学"。这被称作"凯恩斯革命"。以至凯恩斯派经济学,即凯恩斯的理论形成了经济学的巨大潮流。

像在前一章的货币需求中涉及的那样,凯恩斯将对货币的需求大体上划分为两个部分,即依赖于收入的交易需求和依赖于利率的流动性需求。凯恩斯的货币需求系数(L)是这样的。

$$L + L_1(y) + L_2(i) = kPy + P \cdot L(i) = P \cdot L(i, y) \cdots\cdots(6)$$

这就是凯恩斯说的流动性偏好系数。

如果这(6)式的货币需求 L 和货币供应相等的话,货币需求的均衡式就是:

$$\frac{M}{P} = L(i, y) \cdots\cdots (6)'$$

这(6)′式意味着实际货币需求(M/P)是利率(i)和实际生产量(y)的系数。此外,在(6)式中 $L_1(y)$ 意味着货币的交易需求系数,货币需求依赖于实际生产量(y)。另外,$L_2(i)$ 是货币的流动性需求系数,货币需求依赖于利率(i)。

在货币数量说中,仅将(6)式的 kPy(交易需求)考虑为货币需求。与此相对,凯恩斯学派认为货币需求不仅依赖于交易量(实际生产量)及物价水平,也强烈地依赖于利率水平。

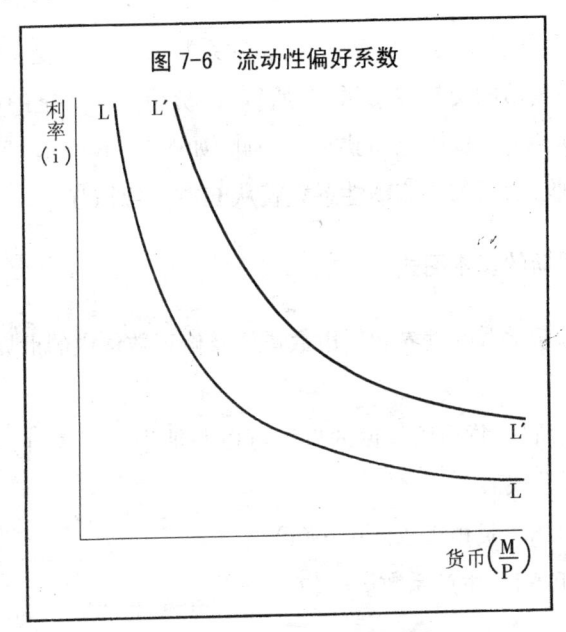

图 7-6 流动性偏好系数

如果将实际生产量(y)的关系作为一定的话,那么货币实际需求(M/P)和利率(i)就如图 7-6 所示。在利率水平极高时,证券价格低。而这时许多人就强烈地期待着不远的将来,利率会下降,证券价格要上升。在这种"强烈"的期待下,人们购进证券,想挣到资本收益。于是人们就抛出货币,增加证券的购进。因此,如图 7-6 所示,利率越高货币的需求就越少。

相反,在利率十分低时又会怎样呢?许多人就"心虚"起来,认为在最近的将来利率的上升是不可避免的。就是说,预料到证券价格下降,人们就撒手证券,保有货币。结果,利率越低货币的需要就越是增加。凯恩斯的流动性偏好系数如图 7-6 所示,被描画成 L。

而实际生产量(y)一增加,流动性系数又是如何变化的呢?y 的增加使货币的交易需求增加,所以,以货币量为一定的话,对货币的流动性需求就因此而狭小。因此,如图 7-6 所示,实际生产量(实际收入)增加。流动性系数就从 LL 右移到 L'L'。

凯恩斯的基本图式

凯恩斯学派的世界和货币数量说及修正数量说的世界有何区别呢?

如前所述,货币数量说的世界可以归纳为以下的(1)~(4)的四个数字公式。

$M = kPy$ 货币需求式……(1)

$Y = f(N)$ 生产系数……(2)

$$\frac{df(N)}{dN} = \frac{W}{P} \quad 劳动需求 \cdots\cdots(3)$$

$$N = f'\left(\frac{W}{P}\right) \quad 劳动供给 \cdots\cdots(4)$$

其次,修正数量说的世界又会是怎样的呢?到货币数量说的(1)~(3)式为止,二者是相同的,(4)式是假定货币工资的向下刚性而予以置换。因此,下面的四个数学公式就表现了修正数量说的世界。

$$M = kPy \cdots\cdots(1)$$

$$y = f(N) \cdots\cdots(2)$$

$$\frac{df(N)}{dN} = \frac{W}{P} \cdots\cdots(3)$$

$W = W_0 \cdots\cdots(4)'$ 货币工资为一定

那么,在和这两个世界的对比中,凯恩斯学派的世界又用什么样的数学公式来表现呢?

凯恩斯学派作为货币需求的均衡式而考虑流动性偏好系数。这就是前述的(6)′式,让我们把这作为(6)式。

$$\frac{M}{P} = L(i, y) \cdots\cdots(6)$$

和货币数量说及修正数量说的货币需求均衡式不同,在这里关联着利率(i)。

凯恩斯经济学和古典派或货币数量说最大的不同点正是在这里。就是说,凯恩斯学派在宏观变量(生产量或就业量或物价水平等)的决定上,是重视利率作用的。

如学习以凯恩斯经济学为基础的宏观经济学(国民收入分析)

的人立刻就会懂得的那样,凯恩斯学派认为国民收入是在投资和储蓄均等的水平上被决定的。而这时决定投资水平的是利率。

因此,和货币数量说或古典派不同,在凯恩斯学派的世界里,投资、储蓄的均衡式是极其重要的。

这以下式来表示。

$I(i) = S(y)$ ……(7)

而且,如前所述古典派认为投资和储蓄的关系满足这样的均衡式。

$I(i) = S(i,y)$ ……(5)

这个(5)式乍一看和凯恩斯学派的(7)式挺相像。但古典派的投资、储蓄均等式(5)在明确表示储蓄依赖于利率上,和凯恩斯学派的储蓄系数的想法有着根本的不同。

因为凯恩斯学派认为储蓄依赖于收入。还有,如古典派的(5)式所示,储蓄不光是利率,而且也依赖于收入(实际生产量)。只是这古典派设想的收入(y)是由生产系数及劳动需求关系决定的充分就业国民收入。

因此,古典派认为利率是在对应投资系数和充分就业收入的储蓄交点上被决定的。就是说,古典派认为利率由财物市场决定,而和货币市场无关。在这个意义上,可以认为古典派的(5)式和前面的古典派体系的(1)~(4)式是完全不同的,很多情况都没有明确地组织进古典派的基本图式中去。

只是在修正数量说中,$S(i,y)$的实际收入(y)因为在货币的向下刚性下变动,利率也就变动。但是,即使在这种情况下,和凯恩斯学派的体系还是区分得很清楚的。

在凯恩斯学派的世界里,投资是在"资本的边际效率"和利率相等之处被决定的。在这里,"资本的边际效率"是由企业在增加一个单位的投资时期待的收益率。

就是说,可称作补充投资的期待收益率。对企业来说,只要这预期收益率比贷款资金的成本利率(利息率)高,就继续补充投资。因为,靠着补充投资可以预见收益增加。

因此,对企业来说,边际效率是一定的话,投资是利率越低就越要增加,利率越是上涨就越要减少。假如将纵轴作为利率,横轴作为投资量,在这个图式中描画投资需求系数就成为图7-7。

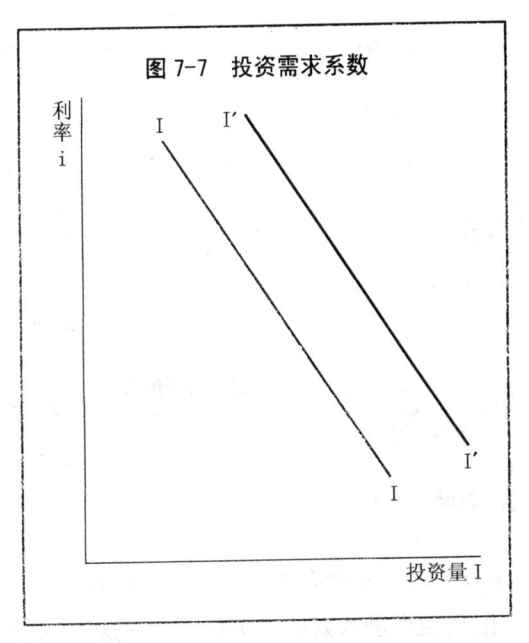

图7-7 投资需求系数

此外,根据既定的投资需求系数,利率越低投资就越增加,而如果有企业家预计的好转或技术革新的话,那么正如图7-7所示,投资系数由ⅠⅠ向右上方移动到Ⅰ′Ⅰ′。

在凯恩斯体系中,投资量一经决定,所谓的乘数效果就动作起来,决定了国民收入(y)。这一决定的收入规定储蓄。因为储蓄依赖于收入。在凯恩斯的世界里,是在投资和储蓄相等的地方决定国民收入的。

为了让论述前进,在这里对于凯恩斯学派的基本图式作一结论。如下所示,凯恩斯体系可用(6)~(10)五个数学公式来表述,其中,(8)式、(9)式及(10)式是和货币数量说及修正数量说是相同的。

$$\frac{M}{P} = L(i, y) \cdots\cdots (6)$$

$$I(i) = S(y) \cdots\cdots (7)$$

$$y = f(N) \cdots\cdots (8)$$

$$\frac{d f(N)}{dN} = \frac{W}{P} \cdots\cdots (9)$$

$$W = W_0 \cdots\cdots (10)$$

2 什么是 LM·IS 分析

关于 LM 曲线

读经济学教科书一定会在图式中碰到 LM·IS 分析的想法。它好像很简单,但却很难进入人们的头脑中。在这里,作为对以前的货币理论的总结而尽量简单地解释一下 LM·IS 分析。因为这 LM·IS 分析也是从前述的凯恩斯体系的逻辑中导出来的想法,是巧妙地表现了凯恩斯世界的方法。

LM 曲线的 L 是凯恩斯学派的流动性偏好系数 L, M 是货币供应量 M。因此, LM 是表示在货币市场上的货币需求处于均衡状态的利率(i)和实际国民收入(y)的组合。

另一方面, IS 曲线是在凯恩斯经济学中为人所熟悉的投资 I 和储蓄 S 均等化的财物市场上的利率(i)和实际国民收入(y)的组合。

因此, 在 LM 曲线和 IS 曲线交会点上的利率(i_E)和实际国民收入(y_E)成为使货币市场及财物市场同时均衡的水准。上面便是经济学教科书上的 LM·IS 图式的说明, 但仅此却很难懂这一分析方法要说明什么。

因此, 我们稍稍简单地来思考一下 LM·IS 图式。另外, LM·IS 图式是美国的初期凯恩斯学派的代表人物 A.汉森(哈佛大学教授)和英国杰出的经济学家 J.R.希克斯(牛津大学教授)想出来的。

首先, 从 LM 分析或 LM 曲线来考虑一下。根据图 7-8 的 A、B、C 的图作出 LM 曲线的 D 图。

A 象限是纵轴为货币交易需求量(M_T), 横轴是实际收入(y), 在这里对货币的交易需求作为直线 $M_T = M_T(y)$。对货币的交易需求如前所述是根据实际收入的增加而增加的。货币交易需求(M_T)只是实际收入(y)的增加系数。

其次的 B 象限纵轴是货币交易需求量(M_T), 横轴是流动性需求量(M_L)。在这张图上有一定的货币供应量。如果将一定的货币供应量作为 $\bar{M}$ 的话, 这就等于总货币需求量(交易需求量加流动性需求), 所以 $\bar{M} = M_T + M_L$。

图 7-8 LM 曲线的导出

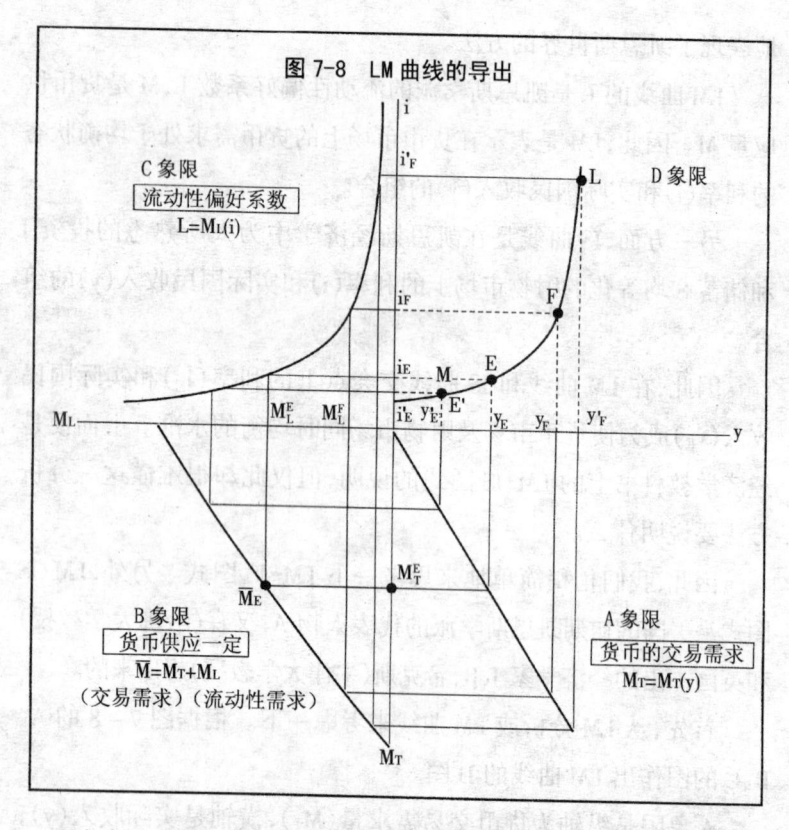

C 象限
流动性偏好系数
$L = M_L(i)$

D 象限

B 象限
货币供应一定
$\overline{M} = M_T + M_L$
（交易需求）（流动性需求）

A 象限
货币的交易需求
$M_T = M_T(y)$

这个 B 象限是很方便的图式。因为基于纵轴的交易需求的货币量 M_T 一旦决定,如果货币供应量 $\overline{M}$ 是一定的话,那么流动性需求的 M_L 是一义地作为 $(\overline{M} - M_T)$ 被决定,因为这是在横轴上来表示的。在图 7-8 中,由 B 象限的纵轴的 $M_T^E \rightarrow \overline{M}_E \rightarrow$ 横轴的 M_L^E 来表示。

关于第三个 C 象限。这是已经熟悉的流动性偏好系数 L。纵轴表示利率 (i),横轴表示对货币的流动性需求量 (M_L)。在这里,如果向债券市场供给更多的货币的话,利率就会降低。反之,货币因交易需求中而被更多地需求,对债券市场的供给就小,利率就上涨。而从流动性偏好系数的一般性质出发,在利率极高的情况中,预计利率下跌的债券价格上涨"强烈"增加,所以就有撒手货币的强烈倾向。就是说,对货币的流动性需求减少。反之,在利率极低的情况下,债券市场的"心虚"增加,所以对货币的流动性需求就骤增。

如上所述,描画 A、B、C,导出 LM 曲线的结构就完整了。我们现在到了在 D 象限上描画出 LM 曲线的阶段。

首先必须明确为导出 LM 曲线的两个前提条件。一个是将物价水平设为一定的。另一个是权且将货币供应量 $\bar{M}$ 也作为一定的。

现在实际收入为 y_E。这个 y_E 在 A 象限的横轴上作成黑点。如果实际收入是 y_E 的话,对货币的交易需求量 M_T 在 A 纵轴上为作成黑点的 M_T^E。再看看 B 象限。B 纵轴上 M_T^E 为黑点,所以如果货币供应量 $\bar{M}$ 为一定的话,B 纵轴上流动性需求量 M_T^E 为黑点。

这样就成为在 C 象限上的流动性偏好系数。在横轴上,流动性需求量 M_T^E 如果被决定,利率就成为纵轴的 i_E。

关系着 A、B 和 C 的一系列作业的结果,我们就将会在 D 象限上描画出 LM 曲线。就是说,因为在 A 横轴上有实际收入 y_E,在纵轴上决定了利息水平 I_E。这样 D 象限上的 E 点就成为黑点。

根据在图 7-8 的 D 象限的 E 点和 F 点结合就导出了 LM 曲线。

此外,如图 7-8 所示,实际收入提升到 y'_F 的高水平,LM 曲线就和横轴垂直。另一方面,如果相反,实际收入向 y'_E 的低水平靠近,LM 曲线就和横轴成为水平。这是因为流动性偏好系数的形状被设想为图 7-8 的 C 象限。

LM 曲线在收入水平高时成为垂直,另一方面,在收入水平低时就成为水平,这在经济学上是有意义的。譬如,收入水平极高的情况。这时将货币供应量作为一定,由于对货币的交易需求增多,在债券市场上供给的货币量被极端地限制起来。结果,在债券市场上就利息暴涨。就是说,在收入水平极高的阶段,即使收入水平略为上升,利息也会大幅度上涨。因此,在这时 LM 曲线和横轴垂直,相反的情况则成为水平。

将以上讲的 LM 曲线用公式来表达的话,那么凯恩斯体系将从下面的货币需求均衡式(6)中导出。

$$\frac{\overline{M}}{P} = L(i, y) \cdots\cdots (6)$$

在这里 P 和 $\overline{M}$ 是一定的。

就是说,$\overline{M}/P$ 是一定,所以利息(i)和实际收入(y)的关系就可以导出。如迄今为止说明的那样,实际收入增加,则货币的交易量就增多,因此,只要货币供应是一定的,那么流动性需求就不得不减少。这意味着债券市场中利率水平上升。因此,实际收入(y)增加,利率(i)就上升,LM 曲线就向右上方上扬。

关于 IS 曲线

下面看看和 LM 曲线为一对关系的 IS 曲线的导出,根据图7-9 的 A′、B′、C′,IS 曲线在 D′做出。

图 7-9 IS 曲线的导出

C′象限
（资本的边际效率表）
$I=I(i)$

D′象限

B′象限
（储蓄＝投资）
$S=I$

A′象限
（储蓄系数）
$S=S(y)$

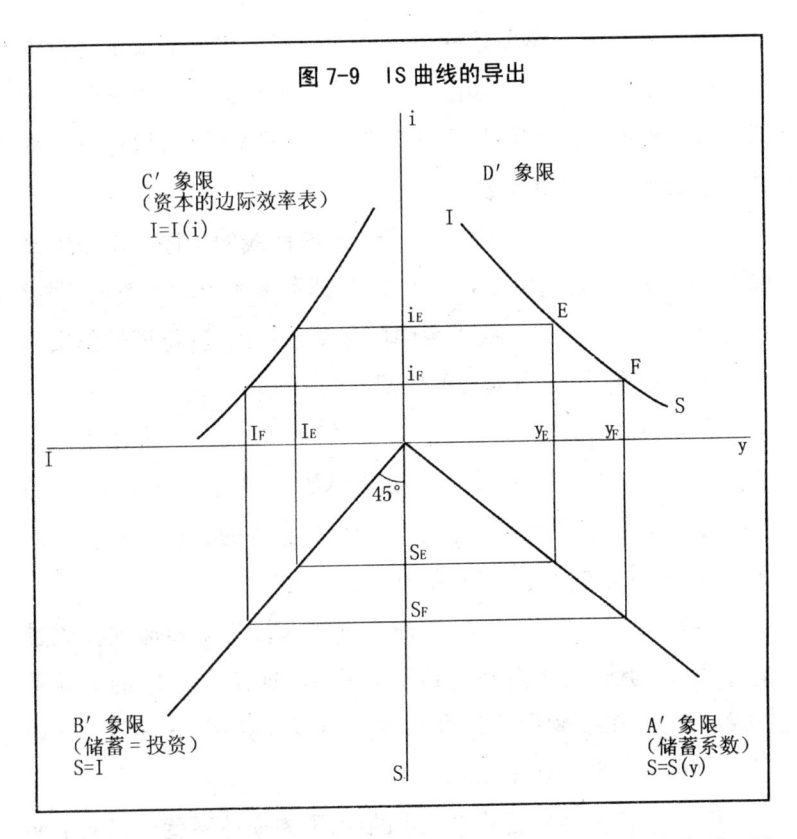

A′象限是横轴为实际收入(y)，纵轴为储蓄(S)，在这个平面上描画出储蓄系数 $S=S(y)$。如果收入(y)增加的话，储蓄也增加，所以这一储蓄系数如图示是收入的增加系数。

其次是 B′象限。在这里纵轴是储蓄(S)，而横轴是投资(I)。凯恩斯经济学的本质是以投资(I)和储蓄(S)相等而决定国民收入(y)。在这 B′象限中如图示，是45度线。这是投资＝储蓄，即满足 $I=S$ 直线。

第三个 C′象限是前述的凯恩斯的投资决定式。横轴是投资量(I),纵轴是利率(i)。如图中左下的曲线是资本的边际效率表或投资需求系数。就是说,利率越低,资本投资就大,以这种利率减少系数来表示投资系数。

在以上的 A′、B′、C′中具备了导出 IS 曲线的程序。D′象限描画了 IS 曲线,但在这里要有一个前提,即资本的边际效率表,即投资需求系数是一定的。从 A′象限的储蓄系数出发,将横轴的实际收入作为 y_E 的话,和其对应的储蓄就成为纵轴的 S_E。

因此,通过和以上的 A′、B′、C′关联的机制就在 D′象限上导出 IS 曲线。就是说,是将投资等于储蓄时的实际收入(y)和利息(i)的组合。如果 A′象限的实际收入 y_E 和 C′象限的利息 i_E 被决定的话,那么 D′象限的 E 就能够成为黑点。

再次,是实际收入从 y_E 增加到 y_F 的话,又会如何呢? 通过 A′、B′及 C′的连环,决定新的利率水平 i_F。这样 D′象限的 F 就是黑点。于是,在 D′象限中若将 E_F 相结合,就能导出 IS 曲线。这如图所示是向右下方倾斜的曲线。

而将这 IS 曲线用公式来表示的话,凯恩斯体系就可以从下面的投资、储蓄的均等式(7)中导出。

$$I(i) = S(y) \cdots\cdots (7)$$

从这(7)式来看,投资和储蓄就成了被均等的利息(i)和实际收入(y)的组合所决定的。譬如实际收入增加的话,会如何呢? 储蓄应该增多。因此,必须实现和这增加的储蓄相应的投资。

为了让投资增加,只要以资本的边际效率表为前提,利率必须比以前要低。就是说,实际收入一增加,和其相应的利率就下降。

因此，变成更高的收入和更低的利率的组合，所以 IS 曲线向右下方倾斜。

货币供应和收入、利率

上面描画出 LM 曲线及 IS 曲线在平面上勾画出实际收入—利率。这 LM 曲线和 IS 曲线在交点上一义地决定国民收入均衡和利率水平均衡。因为在这交点上实现了货币需求的均衡和投资、储蓄的均衡。

因此，我们就使用这 LM·IS 分析来进行本节的基本课题的货币供应的变化给国民收入以何种影响的理论探讨。就是说，在凯恩斯学派的世界中，这是用图式来分析货币供应对收入水平的决定能够起到什么作用。

在 LM 曲线的导出之际，设定一下前面的两个前提。一个是将物价水平作为一定。而另一个是将货币供应作为一定。

在这里，先撇开后者的将货币供应作为一定的前提。因为在这里，我们是在进行使用 LM·IS 图式来厘清货币供应的变化给国民经济带来的冲击。

因此，根据货币供应的增减，LM 曲线会发生怎样的变化呢？我们首先对此进行探讨。

此外，在这里，可以认为表示财物市场均衡的 IS 曲线的决定独立于货币供应。因此，对 IS 曲线不做移动。

撇开将货币供应作为一定的前提时，关于 LM 曲线做何种变化，我们还是用和前面的图 7–8 相同的手法来进行探讨。现在，在图 7–10 中货币供应只增加 M_0，货币供应量就成了 $\bar{M} + M_0$。

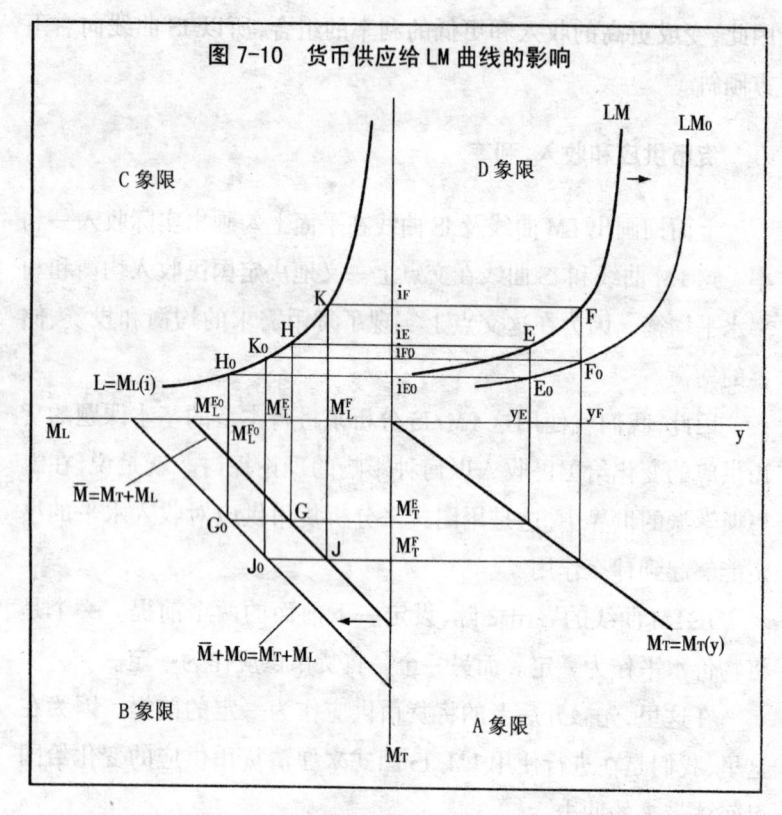

图 7-10 货币供应给 LM 曲线的影响

这一货币供应量的增加使在图 7-10 的 B 象限的关系式移动。就是说,从 $\bar{M} = M_T + M_L$ 变为 $\bar{M} + M_0 = M_T + M_L$,仅仅 M_0 是移动的。

为了导出货币供应 M_0 增加了的场合的 LM 曲线的变化,只要注意这 B 象限的移动就可以了。现在权且将货币市场上的均衡点作为 E。这时实际收入是 y_E,利息是 i_E。

在这里如果"多余的货币" M_0 增加的话会怎样呢?对应 y_E 的

B 象限的交点从 G 向 G₀ 运动。因此,对货币的流动性需求从 M_L^E 增加为 $M_{L_0}^E$。

以被给定的 C 象限的流动性偏好系数 L 为前提,C 象限的交点就从 H 向 H₀ 移动。其结果,利息水平也从 i_E 向 i_{E_0} 下降。因此,D 象限的实际收入和利息组合是从 E 点向 E₀ 点移动。就是说,y_E 和 i_E 的组合是向着 y_E 和 i_{E_0} 变化。

还有,可以认为实际收入对于 y_F 时也是同样的程序。如果补充货币供应为 M_0 的话,B 象限的交点从 J 向 J₀ 变化,而 C 象限的交点从 K 向 K₀ 变化。其结果,利息从 i_E 向 i_{F_0} 下降,新的组合由 (y_F, i_F) 变为 (y_F, i_{F_0})。

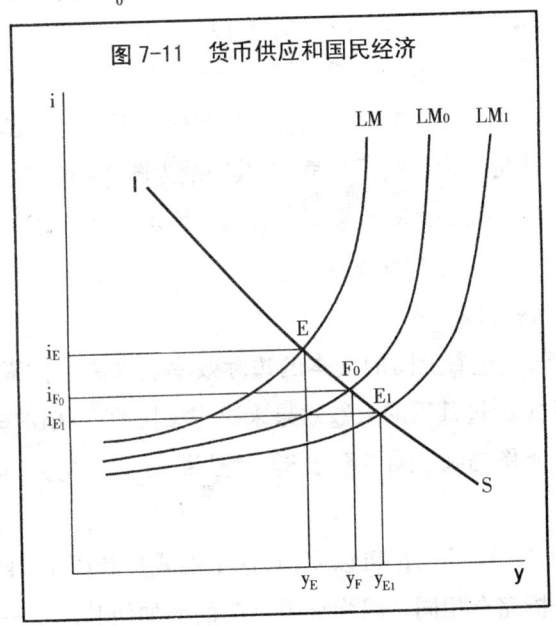

图 7-11 货币供应和国民经济

因此,货币供应 M_0 增加时,连接均衡点 E、F 的 LM 曲线向右方的连接 E_0、F_0 的 LM_0 移动。

这样,货币供应增加的 LM 曲线的移动是很清楚了。因此,在图 7-11 中将 LM 曲线描画为 LM、LM_0、LM_1,它和 IS 曲线重叠,交点就变为 E、F_0 及 E_1。

因此,增加货币供应,利率水平就下降,实际收入(实际国民收入)就增加。在图中,因 M_0 的补充货币供应,均衡点从 E 向 F_0 移行,利率从 i_E 降低到 i_{F_0},而实际收入从 y_E 增加到 y_F。

相反,如果货币供应量从 $\bar{M}+M_1$ 向 $\bar{M}+M_0$ 减少,那么 LM 曲线就从 LM_1 左上方移动到 LM_0,均衡点就从 E_1 移向 F_0。结果利率上升($i_{E_1} \to i_{F_0}$),实际收入减少($y_{E_1} \to y_F$)。

这就是凯恩斯世界中货币供应和国民经济的宏观联系。

货币供应的变化给宏观经济以影响即使不用这种 LM·IS 曲线也能够弄清楚。为了便于参考,将其归纳为图 7-12。

这是美国代表性的凯恩斯主义者萨缪尔森(MIT 教授)使用的图式。根据图 7-12,首先根据左上的流动性偏好系数 L 和货币供应 M 来决定利率水平 i。

这个 i 通过右上图的资本的边际效率表来决定投资 I。而这投资的决定通过其后的乘数效果来决定国民收入(GDP = GNP)的水平。右下图描画了储蓄系数 S。就是说,在这里投资 I 等于储蓄 S。

从图 7-12 的结论可以明白,这个图式是和图 7-11 表示的 LM·IS 分析完全相同。因为货币供应的增加使利率水平下降,同时也使实际收入(GDP)增加。

图 7-12 萨缪尔森的图

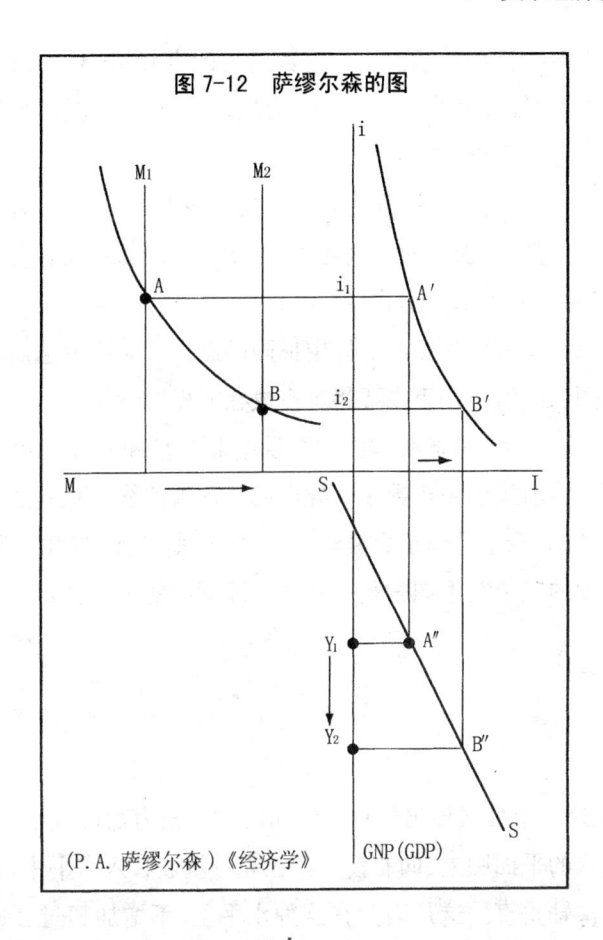

(P. A. 萨缪尔森)《经济学》

物价水平和国民收入

在迄今为止的 LM·IS 分析中,是将物价水平作为一定来展开讨论的。但是,假定物价水平不变是不现实的。那么,物价水平如何决定？我们以凯恩斯主义的基本图式为基础来考虑一下这个问题。

518 现代金融导论

在古典的货币数量说或修正数量说的世界里,对于如何处理决定物价水平的问题在上一节中已经做了介绍。它是根据导出总供给曲线及总需求曲线来阐明的。

在纵轴是物价水平,横轴是实际收入的平面图上,描画了总供给曲线和总需求曲线,而这些曲线是从修正数量说(或者古典的货币数量说)的四个基本图式(1)~(4)式中导出的。

这和在凯恩斯学派的世界中描画的总供给曲线及总需求曲线也是相同的。但在这里主要将重点放在凯恩斯学派的总需求曲线的导出上。因为,凯恩斯学派的总供给曲线是和从以货币工资的向下刚性为前提的修正数量说导出的总供给曲线是相同的。

就是说,不论是修正数量说,抑或凯恩斯学派,导出总需求曲线的基础的三个基本图式是一样的。即下面的三个公式。

$$y = f(N)$$

$$\frac{W}{P} = \frac{df(N)}{dN}$$

$$W = W_0$$

从这三个公式导出的总供给曲线在纵轴为物价水平,横轴为实际收入的平面图上,向右扬。而在充分就业收入水平中,总供给曲线和横轴垂直。这是因为在这种水平上,不增加超过在此之上的实际生产量,只有物价水平上涨。因此凯恩斯学派的世界也和修正数量说、古典货币数量说的世界是相同的。

其次是导出在凯恩斯学派世界中的总需求曲线。这是从凯恩斯体系的下面两个公式中导出的。

$$\frac{\overline{M}}{P} = L(i, y) \cdots\cdots(6)$$

$$I(i) = S(y) \cdots\cdots(7)$$

这两个公式不言而喻是货币需求的均衡式及投资、储蓄的均等式,是导出 LM·IS 图式基础的公式。因此,凯恩斯学派的总需求曲线是从 LM·IS 分析中描画出来的。

首先,在(6)式中,假定物价水平 P 下降。这时,如果货币供应量 $\bar{M}$ 是一定的,那么实际货币供应量 $\bar{M}/P$ 就增加。因此,这意味着在货币供应量一定时物价水平下降和在物价水平一定时增加货币供应是同样的。

这样,将货币供应量 $\bar{M}$ 作为一定,使物价水平 P 下降,LM 曲线就向右上方移动。这物价水平的下降不使 IS 曲线变化,所以在新的 LM 曲线和 IS 曲线的交点上,利率 i 就降低,实际收入 y 就增加。

将这一系列的动向做成平面图,以物价水平 P 为纵轴,实际收入 y 为横轴,就得到了图 7–13 那样的向右下方倾斜的曲线。这是总需求曲线 DD。

我们看看图 7–13 的第 I 象限,在最初的 E 点上,实际收入和物价水平的组合是 (y_E, P_E)。在这里,物价水平从 P_E 向 $P_{E'}$ 下降,如果货币供应量是一定的,那么在 E 点就有新的组合 $(y_{E'}, P_{E'})$。

于是,第 I 象限的 E 点和 E′ 点结合就成了向右下方倾斜的总需求曲线。因为这是很重要的,必须重复。

首先,在第 I 象限中,物价水平从 P_E 向 $P_{E'}$ 下降,在第 II 象限中,实际货币供应量从 $\bar{M}/P_E$ 向 $\bar{M}/P_{E'}$ 增加。这实际货币供应量的增加通过第 III 象限的流动性偏好系数使利率从 i_E 向 $i_{E'}$ 下降。同时这一新的利率水平 $i_{E'}$ 在第 IV 象限上,和新的 LM′ 曲线和 IS 曲线

图 7-13 总需求曲线的移动

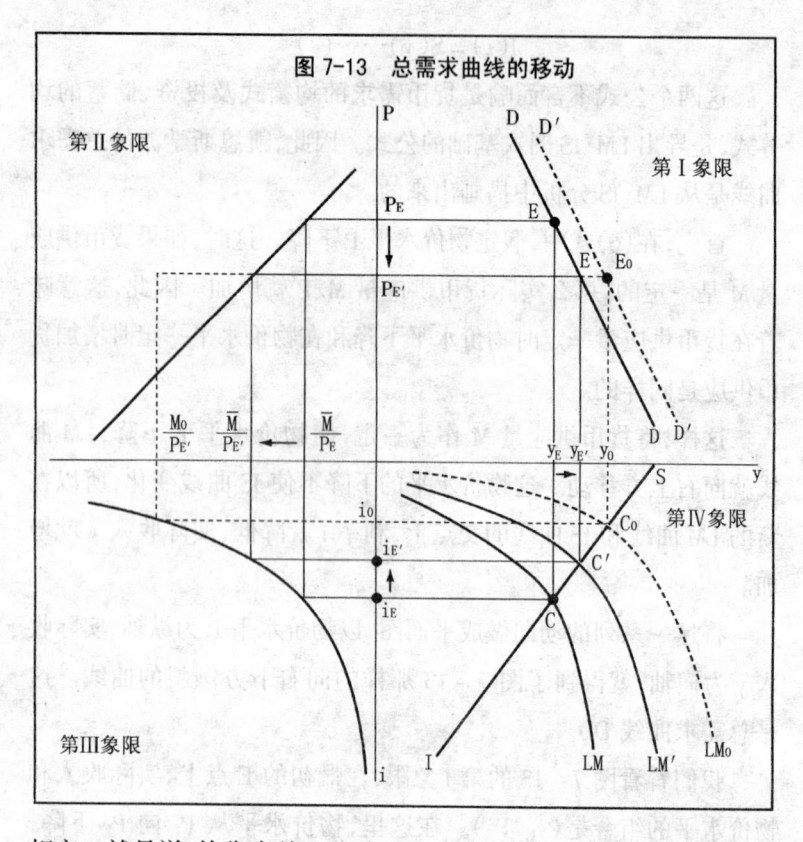

相交。就是说，均衡点从 C 变为 C'。这时实际收入从 y_E 增加到 $y_{E'}$。

以上的结果是在第 I 象限上，均衡点从 E 点向 E' 点移动，即从 (y_E, P_E) 到 $(y_{E'}, P_{E'})$。这 E 点和 E' 结合就是向右下方倾斜的总需求曲线 DD。

再次，如果增加了货币供应量，这一总需求曲线 DD 又会如何呢？以图 7-13 为基础来探讨一下吧。现在，物价水平固定在 $P_{E'}$ 上，将货币供应量从 $\bar{M}$ 增加到 M_0。因为物价水平是一定的，所以实际货币供应量就增加。就是图 7-13 的 $M_0/P_{E'}$。其结果是 LS 曲线向右移动,从 LM' 变为 LM_0。这 LM_0 曲线和 LS 曲线的交点 C_0 成为货币市场和财物市场的均衡点,在这里,利率是 i_0,实际收入是 y_0。

将以上的动向集约在图 7-13 的第 I 象限上,就得出新的组合 E_0 点。这时物价水平没有变成 $P_{E'}$,但实际收入从 $y_{E'}$ 增加到 y_0。从这个结果类推,就可以得出这样的结论:货币供应量增加,总需求曲线 DD 就向用点线表示的 D'D' 移动。就是说,货币供应量增加,在物价水平一定的基础上,总需求曲线向右方移动。

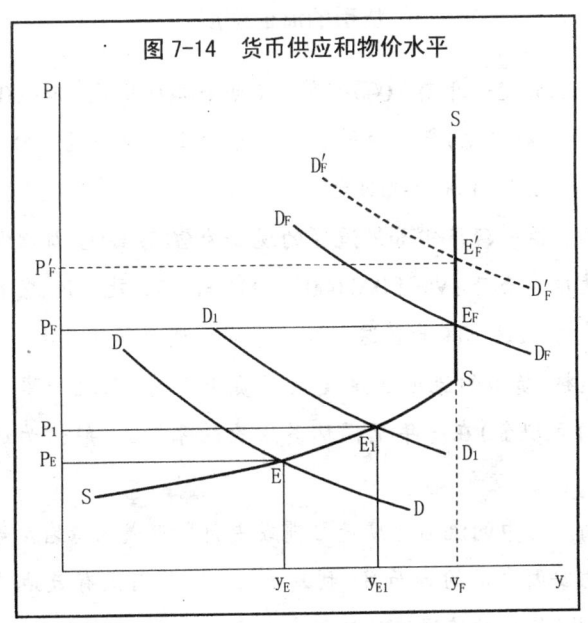

图 7-14 货币供应和物价水平

在这里,如果将总需求曲线和总供给曲线一起描画的话,就是图 7-14。在这张图里,在总供给曲线 SS 和总需求曲线 DD 的交点 E 上,决定实际收入 y_E,同时决定物价水平 P_E。现在金融当局要增加货币供应量,这样一来,就像刚才说的那样,总需求曲线从 DD 向 D'D' 右移。

新的均衡点变成 E_1,实际所得增加为 y_{E_1},另一方面物价水平也向 P_1 上升。还有,总需求曲线右移,一旦变为 $D_F D_F$ 的话,总供给曲线的垂直部分就和交点 E_F 相交。在这个阶段,实际收入实现了充分就业水平,所以即使总需求曲线再向右移,也只是物价水平上升,实际收入不增加。

货币的流通速度

现在假定一年有2 000个苹果(每个400日元)和1 000个橘子(每个200日元)交易的经济。一年的交易总额为 $400 \times 2\,000 + 200 \times 1\,000 = 1\,000\,000$ 日元。

而在这一经济中如果流通的现金为20万日元,那么货币的流通速度 V 如下:$V = 1\,000\,000 \div 200\,000 = 5$。就是说,货币的流通速度为5,这意味着在这一经济中同一现金循环5次。

这样,货币的流通速度是表示货币储存(在这一事例中是20万日元现金)在一年里循环多少次的系数,一般认为这不太变化。

因为货币的流通速度是习惯或支付制度或人口密度等货币以外的要因决定的。而且,利息率上涨,人们就有效地使用现金,为此,货币的流通速度从另一个角度来看,可以换称为"货币的收入速度"。

Ⅲ 货币主义者的革命

1 何为通货膨胀

通货膨胀就是持续的物价上涨

现在主要的经济问题之一就是通货膨胀。我们所说的通货膨胀或者一般的物价上涨可以说是现代经济的疾病。关于通货膨胀，P.A.萨缪尔森是这样定义的。

"所谓通货膨胀是指对财物、货币或生产要素，物价一般是上涨的时期，即面包或汽车的价格、理发钱、工资、地租等上升的时期。通货紧缩则相反，是大部分物价下跌的时期。"

对于通货膨胀，世间是有误解的。通货膨胀归根到底是一般的或整个的物价水平上涨，不是个别的商品或服务的价格上涨。但是，譬如，萝卜的价格或石油的价格上涨，或者巴黎的运费上涨，仅如此人们就认为是通货膨胀。但是，所谓通货膨胀是在社会整体上的综合物价水平上涨。这就被前面的萨缪尔森定义为"对财物、货币或生产要素，物价一般是上涨的时期"。

迄今为止，本章没有使用通货膨胀这一词语。只是作为物价水平上涨而论述。因为一时的物价水平上涨不能说是通货膨胀。

因此,只要物价持续上涨,就成了通货膨胀。萨缪尔森说的"物价一般是上涨的时期"就指的是这种持续的上涨。

需求通货膨胀的发生

关于总供给曲线和总需求曲线,本章在修正数量说及凯恩斯学派的基本图式的基础上导出。这个图式不仅是一时的物价上

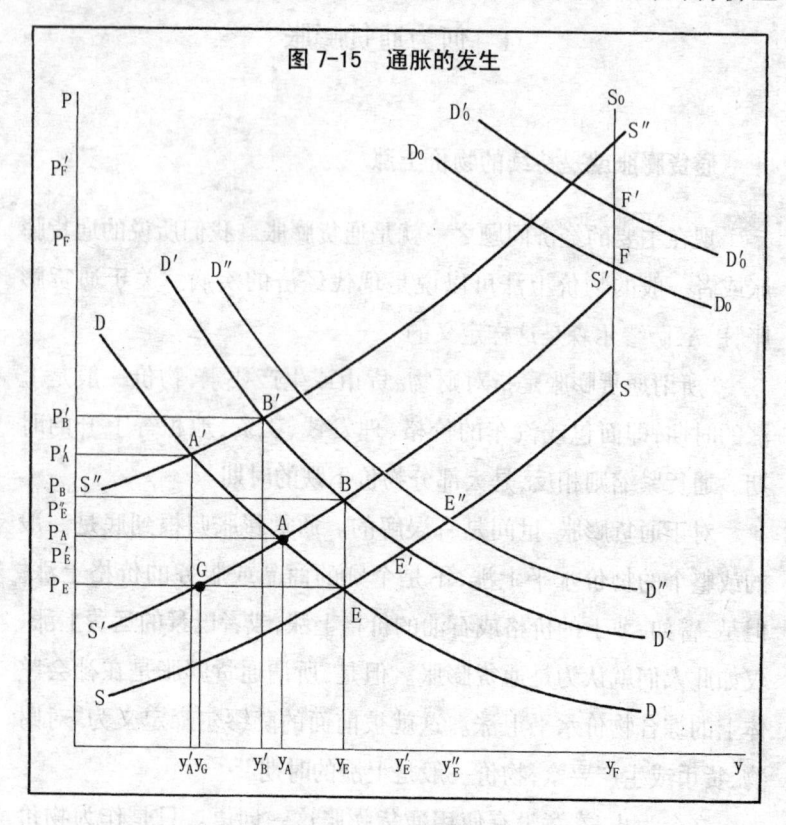

图 7-15 通胀的发生

涨,如果将其认为是持续的物价上涨,即通货膨胀时,是很方便的图式。因此,在纵轴为物价水平,横轴为实际收入的平面图上描画总供给曲线和总需求曲线,就成为图7-15。在这图7-15上,总供给曲线SS右扬,在充分就业水平的收入y_F上和横轴垂直。对于这一总供给曲线的形状,修正数量说和凯恩斯学派是相同的。

另一方面,总需求曲线DD是右下降的。但是,在修正数量说中,以古典的货币数量说为基础描画了右下降的总需求曲线(数学公式是直角双曲线),但在凯恩斯学派的场合,如前所述,是从总需求曲线的LM·IS分析中导出右下降的。

在图7-15中,总供给曲线SS和总需求曲线DD在E点相交。这时。实际收入成为y_E,物价水平成了P_E。因此,现在将总需求曲线DD向右上方的D'D'移动。新的交点就是E'。物价水平从P_E上升到P'_E。

而且,如果将总需求曲线向右上方移动到D″D″的话,新的均衡点是E″,物价水平就上升到P''_E。这样,如果总需求曲线持续向右上方移动的话,物价水平也就持续上涨。

这就是通货膨胀。而在这时,持续的物价上涨是在需求增多的基础上发生的,因此被称为"需求通胀"。

这总需求曲线再往右上方移动的话,就和总供给曲线的垂直部分SS_0相交。这时只是物价水平上涨,实际收入不增加。

从图7-15来说,总需求曲线在D_0D_0时,交点是F,往$D'_0D'_0$移动,交点就变成F',物价水平从P_F向P'_F上升,实际收入停留在y_F上,没有任何增加。

这是因为实际收入y_E处于充分就业水平,再也不能增加实际生产量了。这种通胀被称为"真正的通货膨胀",或"超级通胀"。

这"真正的通胀"是在充分就业状态下需求增加时发生的。古典学派认为实际收入常常是实现了充分就业水平的产物,所以,古典派定义的通货膨胀是"真正的通胀"。

为什么会发生成本性通货膨胀

现代的通胀不光是在像"需求通胀"或"真正的通胀"那样仅在总需求曲线右移动时产生。

在前面的图 7-15 中,现考虑将总供给曲线 SS 向 S'S' 左上方移动的情况。这次如果总需求曲线 DD 不动,两曲线的交点就从 E 点变为 A 点。

在新的均衡点 A,实际收入从 y_E 减少到 y_A,而物价水平从 P_E 上升到 P_A。下面再将总供给曲线持续向左上方移动到 S″S″,在均衡点 A′,物价水平就更加向 P'_A 上升。这样,在总需求曲线一定的情况下,总供给曲线持续地向左上方移动,就会发生持续的物价上涨。这和前面的"需求通胀"是不同的。

一般将总供给曲线的向上移动而产生的持续的物价上涨叫做"成本推进型通胀",或"成本性通胀"。

在这里,问题是为什么会发生总供给曲线的向左上方移动呢?一般可以说是因劳资交涉而名义工资上涨造成的。如图 7-15 所示,工资一旦上涨,在同一的物价水平下,实际收入(实际生产量)就减少(在图 7-15 上,是从 y_E 向 y_G 减少)。

这是从前述的生产系数(1)式和劳动需求系数(2)式中得出的结论。即下面的两个公式。

$$y = f(N) \cdots\cdots (1)(生产系数)$$

$$\frac{W}{P} = \frac{df(N)}{dN} \cdots\cdots (2)(劳动需求系数)$$

这(2)式右边是劳动的边际生产力。如前所述,这是因补充劳动单位的投入而增加的生产物,劳动投入量 N 越是增加,其边际产出(生产的补充增加部分)就越是减少。这被称作"收益递减规律"。

因劳资交涉而货币工资一旦提高,在同一物价水平下,实际工资 W/P 就上升。从(2)式来看,这意味着边际生产物 $df(N)/dN$ 增加。因此为了让边际产出增加,劳动投入量 N 就必须减少。就是说 N 减少,而这意味着实际收入(实际生产量)y 的减少。

总需求曲线在一定的情况下,货币工资上升的话会如何呢?新的均衡点从图 7-15 的 E 点向 A 点移动。就是说,总供给曲线 SS 由于名义工资提高而向左上方移动到 S'S'。其结果就是实际收入从 y_E 减少到 y_A。

于是,如果像工资提高或石油价格上涨等那样的对企业生产活动具有巨大影响的投入物的价格(成本)上升的话,总供给曲线就向左上方移动,于是,出现持续的物价上涨的可能性就大。

这就是被称之为"成本推进型通胀"的现象。在发生"成本推进型通胀"之下,需求压力强,总需求曲线向右方移动,就更加速了通胀。从图 7-15 来说,在 SS 向 S'S'移动的同时,如果 DD 向 D'D' 移动的话,均衡点就从 E 点向 B 点移动。

结果,物价水平就从 P_E 向 P_B 上涨。而且,由于物价上涨,因工资谈判而货币工资更进一步提高的话,总供给曲线就从 S'S'向

S″S″移动。

这时新的均衡点向 B′ 移动。于是,物价水平会进一步向 P'_B 上升。而在这样的通胀高度发展的情况下,实际收入就会从 E 点及 B 点的 y_E 向 y'_E 减少。这是就业量的减少,即意味着失业增加。

在这通胀下发生的失业被称作"滞胀"。是第二次世界大战后经常发生的现代的通胀。这是由于总供给曲线及总需求曲线的双方移动而发生的。

2 凯恩斯政策和通胀

赤字国债会发生通胀吗?

人们常说财政赤字或赤字国债的发行是引起通胀的原因。譬如,政府为了战争或军事大量地发行国债来筹资,而这是和通胀相联系的,迄今为止的历史就是这样告诉我们的。

但是,赤字国债或财政赤字是否就这样一成不变地和"财政通胀"相联系?这不像人们想像得那样简单。下面将一边涉及凯恩斯政策,一边探讨和前面阐明的"需求通胀"及"成本性通胀"不同形态的"财政通胀"的可能性。

在探讨赤字国债的增发或财政支出的扩大是否会引发通胀时,我们将其大体分为两个例子来分析比较方便。一个是将货币供应量作为一定的例子,具体而言就是政府的国债发行(赤字国债)以在市场上的消化来进行。另一个是货币的供给量增加的例子,具体而言是国债发行靠日本银行承购来进行。

图 7-16 赤字财政和挤出效应

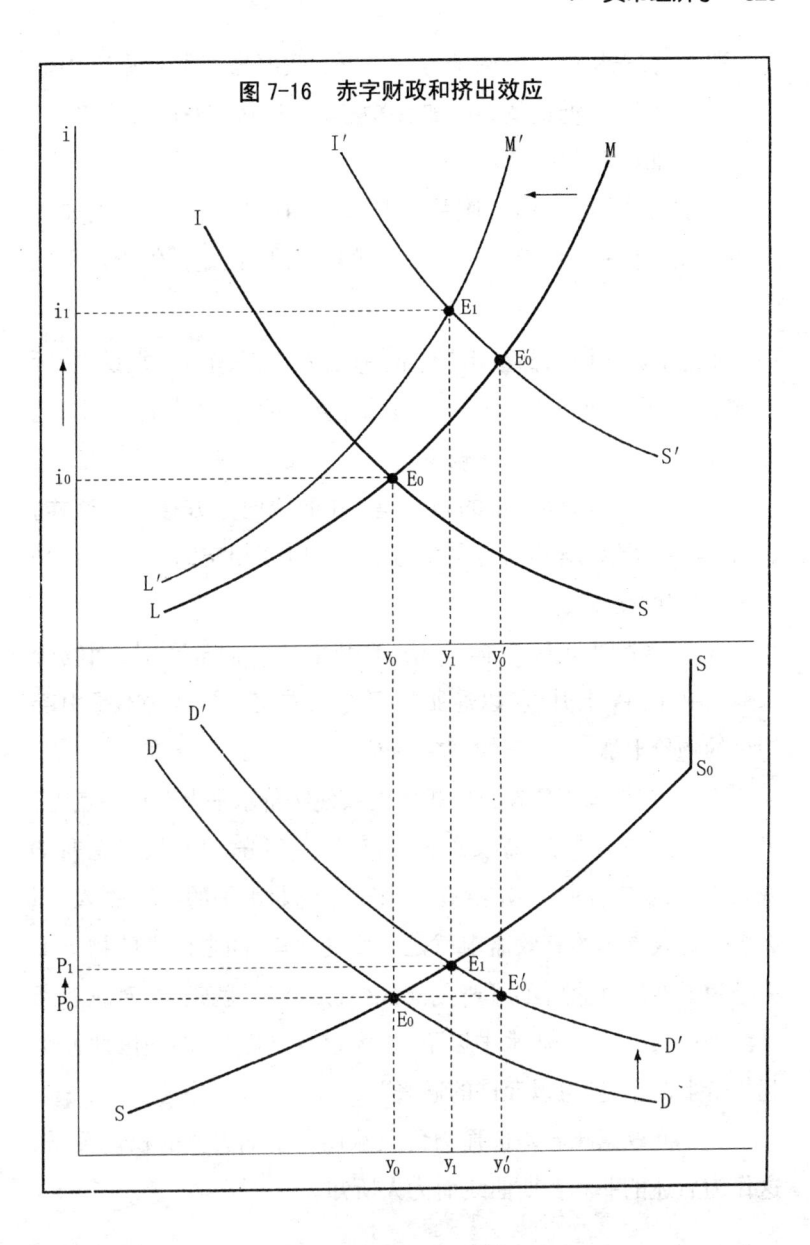

那么，首先从第一个例子考虑一下。政府靠着发行赤字国债使财政支出增加，但这就会增加有效需求。这从 LM·IS 分析来说，意味着 IS 曲线向右方移动。

IS 曲线向右方移动是使总需求曲线 DD 向右移动，所以如图 7-16 所示，和一定的总供给曲线 SS 的交点 E_0 决定的物价水平从 P_0 向 P_1 上升。

而这个赤字国债都被市场（金融机构、法人、个人）所吸收，所以，新的货币供应量没有增加。但是，物价水平却从 P_0 向 P_1 上升，因此实际货币供应量就减少。

所谓实际货币供应量的减少是 LM 曲线向左方移动。这样，如图 7-16 所示，新的均衡点变为 L'M' 和 I'S' 相交的 E_1。这也是 SS 和 D'D' 的交点 E_1。

这时，实际收入从 y_0 向 y_1 增加，利率从 i_0 向 i_1 上升，而物价水平从 P_0 向 P_1 上升，所以通胀的压力就增大。但是这不是引起持续的物价上涨，即通胀的直接原因。

确实，在赤字国债发行的扩大财政使物价水平上升这一点上，可以说在经济中成了"需求通胀"萌芽的一部分。但是，凯恩斯学派认为，只要实际收入 y_1 没有达到充分就业水平的实际收入，那么扩大财政支出的有效需求就是必要的政策，随之而来的物价上涨是为了增加就业所不可避免的代价（成本）。就是说，对凯恩斯学派来说，在充分就业水平以下，扩大财政支出时，即使因此而引起物价上涨也是"可以允许的通胀"。

这个问题意味着是选择物价上涨还是增加失业的权衡关系，这作为后述的菲利普斯曲线而为人所知。

如果"财政通胀"的问题是在这里看到的总需求曲线的右移产生的物价上涨($P_0 \to P_1$)的话,那么如凯恩斯学派所言,可以说这是不足取的问题,但实际上,凯恩斯学派的"可以允许的通胀"或"物价上涨是减少失业的代价"(成本)的想法本身如后述那样形成了社会整体的通胀心理,成为制造了1970年代财政通胀温床的原因。

挤出效应[①]的发生

凯恩斯学派允许通胀的姿态是从减少失业,即实现充分就业为最优先政策出发的,在这一点上,不一定能够给予全面批判。

但是,财政支出的扩大不一定像在这里预想的那样是在货币供应量一定的情况下进行的,这还是要归因于"凯恩斯学派的失败"。就是说,根据凯恩斯理论,1970年代发达国家的宏观经济政策将减少失业为最优先目标,采取了依靠财政支出扩大有效需求的政策。

为这财政支出的筹资,形式上是以国债在市场上被吸收的形式进行的,但通货当局结果却采用了增加货币供应量的政策,所以,实际上财政支出是靠中央银行的货币供应而变为金融性的。这被称之为财政政策依靠金融政策的调节。

如果在1970年代,通货当局坚持将货币供应量作为一定的话,那么即使扩大财政,通胀的压力也不会到达那种程度,也不会增加到那种程度。

---

① 这里的挤出效应特指增售政府证券而排斥私人投资。——译者

因为只要不使货币供应量增加,增发国债的扩大财政支出就有可能起到挤出效应的效果。这是货币学派的总帅 M.弗里德曼(当时是芝加哥大学的教授)强烈指出的。

这一挤出效应可以从短期及长期来理解。关于短期,我们在前面的图 7-16 中可以懂得。以国债发行金融化的扩大财政支出使 IS 曲线向右移动,但如果货币供应量维持在一定的话,物价就要上涨,这会使 LM 曲线向左移动。结果利率水平就上升。

利率上升使民间企业的投资减少,因此就减少了实际收入。这是短期的挤出效应的效果。但如图 7-16 所示,在短期中,实际收入即使是一点点(从 y_0 向 y_1)增加也是增加了,所以挤出效应的效果是比较和缓的。

强有力的长期挤出效应的效果

M.弗里德曼说的货币供应量在一定的情况下,赤字财政挤出效应效果是特指长期的。就是说,只要赤字国债以市场吸收的形式发行,扩大财政就不会长期地使实际收入增加,物价水平也不上涨,只是引起利率的骤涨。

换言之,弗里德曼强调的挤出效应是财政赤字完全排除民间投资的情况。民间投资减少的正是财政支出的增加部分。

弗里德曼认为靠着市场吸收发行的赤字国债由于民间保有而长期地使两个资产效果发生。一个是民间(企业、个人)保有的国债余额一旦增加,因为其财富增加,所以个人或企业的支出就扩大起来。这意味着在 LM·IS 分析中的 IS 曲线右移。想想我们的消费行动,国债或股票的金融资产的余额库存一增加,消费确实会积极化起来，所以从整体上来看，国债余额的增加会增加有效需求。

另一个是如果民间的国债保有增加的话，人们为了要保有和这金融资产增加相应的货币，新的货币需求就会增多。譬如，持有300万国债的人和持有1000万国债的人手头的现金余额自然不同。就是说，后者应该想持有更多的货币。

这从 LM·IS 分析来说，意味着使 LM 曲线左移。因为只要国债全部按市场吸收来发行，就不会补充新的货币供应。就是说，在货币供应量一定的情况下，由于有效需求增加，总需求曲线右移，物价水平上涨，实际货币供应量就要减少，结果 LM 曲线就向左移。

因此，考虑弗里德曼说的由于国债余额增加而产生的长期的资产效率，靠完全的市场吸收方式产生的赤字财政政策就会带来长期的"完全挤出效应"。

现在使用熟悉的 LM·IS 图式来探讨一下这个问题。首先将 LM 曲线和 IS 曲线的交点 E_0 放在最初的均衡点上。这时，实际收入是 y_0，利息是 i_0。

在这里，再增减市场吸收的发行国债，赤字财政的政府支出。结果是，IS 曲线右移，变为 IS_1。但是，新的均衡点不会成为 LM 曲线和 IS_1 曲线的交点 E'_1。因为如前面的图 7-16 所示，从 IS 向 IS_1 的移动使总需求曲线右移，物价水平上涨。因为其结果是在货币供应量一定的情况下，LM 曲线向左移至 LM_1。

因此，利率从 i_0 向 i_1 上升。就是说在这里会发生挤出效应。从 y_0 向 y'_1 增加的实际收入结果减少到 y_1，成为新的均衡点 E_1。

这是短期的挤出效应。但是挤出效应不是到此为止，前述的弗里德曼的两个资产效果在长期地发生作用。

其中,最初的资产效果使消费等的有效需求扩大,所以 IS_1 曲线更要往右方移动,成为 IS_2 曲线。另一方面,第二个资产效果使货币需求增加,所以 LM_1 曲线更要往左移至 LM_2。

因此,从长期来看,均衡点就成为图中的 E_2。利率上升到 i_2,实际收入回到最初的 y_0 的水平,就是说这两个资产效果长期地起作用,会发生完全的挤出效应。因此由赤字财政及增加消费而产生的收入增加完全抵消了因大幅度上升的利率而产生的民间投资减少的收入减少。而在这种情况下,便会抑制物价上涨,消除通胀的压力。

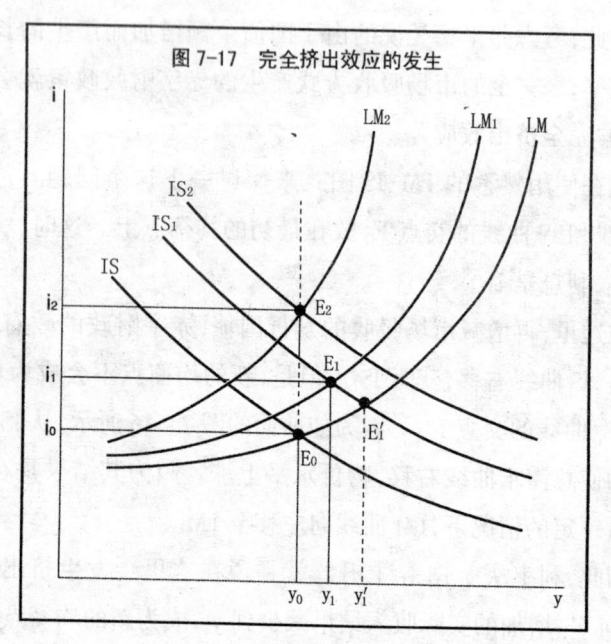

图 7-17 完全挤出效应的发生

当然，不一定能发生这种完全的挤出效应，现实中收入是不会不增加的。但是，现实的问题不是有没有完全的挤出效应。而应该说是在将货币供应量严格维持在一定的情况下，实施赤字财政在现实中是不可能的。换言之，完全的市场吸收的发行国债姑且不谈其形式，实际上是很难实行的。

在现实中，一般来说以市场吸收为基础的赤字财政，结果是因补充的货币供应而得到支持。财政政策扩张时，中央银行是很难在现实中采用完全拒绝补充供应货币的严厉的金融政策的。

财政通胀的陷阱

在不是市场吸收的发行国债而是日本银行接受的发行国债时，赤字财政对国民经济，即对实际收入、利息、物价水平等会有什么样的冲击，我们现在考虑一下这一点。

这时，发行的国债全部被日本银行承购，所以国债增发部分的货币供应就重新补充到整个经济中去了。

这个问题可以按下面说的考虑。

这是由于为了国债发行不影响市场利率而中央银行供应新的货币。就是说，中央银行(具体而言就是日本银行或美国的美联储等)为了使扩大财政支出对市场利率的影响中立化，平时使 LM 曲线右移，以此持续地调节货币。

将这赤字财政的进程在图 7-18 上画上轨迹。LM 和 IS 两曲线的交点最初是 E_0 点，这时将实际收入作为 y_0，利息作为 i_0。此外，在同一张图上将总供给曲线 SS 和总需求曲线 DD 的交点作为 E_0，物价水平为 P_0，实际收入为 y_0。

图 7-18 中央银行调节过程

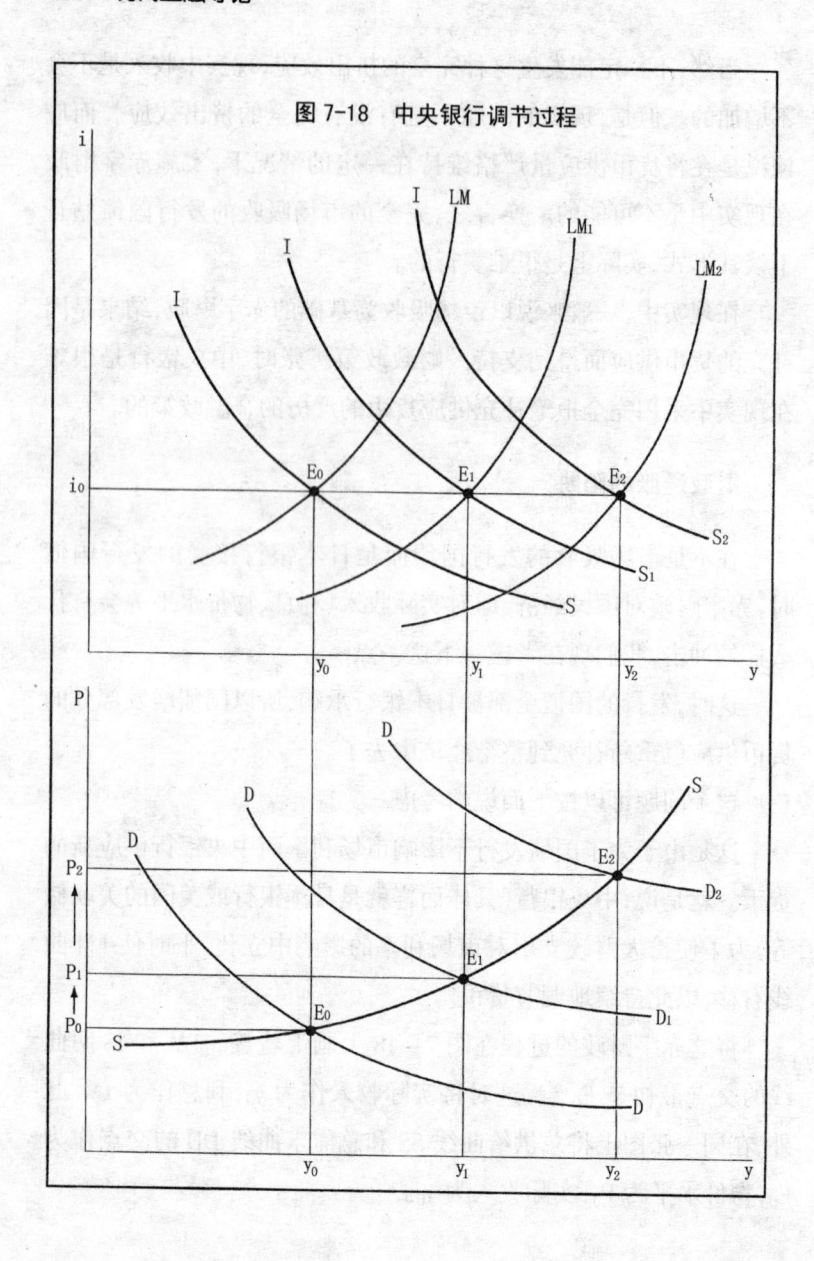

那么,下面的进程就会依次发生。

(1)由于财政支出扩大,IS 向 IS_1 右移,而为了不让这有效需求增多而使市场利率上升,中央银行将 LM 向 LM_1 右移。新的均衡点成为 E_1,利率维持在 i_0,实际收入从 y_0 增加到 y_1。

(2)下面就是弗里德曼说的扩大消费的资产效果的长期发生。IS_1 更向 IS_2 右移。

(3)为了不使这有效需求的扩大使市场利率 i_0 上升,中央银行更将 LM_1 曲线右移,成为 LM_2。这样,新的均衡点就从 E_1 移向 E_2。这时实际收入增加到 y_2,利率停留在 i_0 上。

将以上的(1)、(2)、(3)的进程投影到总供给—总需求曲线图上就是图 7 – 18 的下图。我们将图 7 – 18 的上图进程的(1)、(2)、(3)放在下图上看一看。

(1)和总需求曲线 DD 向 IS 曲线的 IS_1 的右移相对应,向 DD_1 右移。因此,总需求曲线的交点就变为 E_1,实际收入从 y_0 增加到 y_1,而物价水平从 P_0 上升到 P_1。

(2)和(3) 根据物价上涨($P_0 \to P_1$),实际货币供应减少,但中央银行继续维持调整利率水平的政策,所以,为了实现实际收入 y_1,总需求曲线就右移到 DD_2。新的均衡点成为 E_2。

这样,如果中央银行将伴随着财政赤字的资金补贴以货币供应来应对的话,就如同图 7 – 18 的下图看到的那样,物价水平会持续上涨。

正是这种货币当局调整的赤字财政因为不引起利率上涨,所以就不会发生挤出效应。因此,日银承购方式的赤字财政的实施使得实际收入增多,所以具有实现充分就业水平的效果。但是,另一方面却孕育着很大危险,即物价持续上涨的压力会组合进经济中去。

这确实是显示了"财政通胀"威力的陷阱。

3 货币主义的抬头

货币革命的背景

J.M.凯恩斯的革命性经济专著《就业、利息和货币通论》是在1936年问世的。这一凯恩斯理论作为凯恩斯革命直到第二次世界大战后才使经济学世界为之一变。

而战后,以美国为中心的凯恩斯经济学不仅在学术世界,而且在政策上也被大量吸取了。这是因为从本章之前的论述中可以了解到凯恩斯经济学是在逻辑上阐明了收入、就业、物价水平、货币供应量、利息等主要经济变数的关联的体系。

因此,如果使用凯恩斯学派的经济理论,那么就能够准确地分析失业或通胀等原因,并且能够对这些问题提示有效的解决方策,人们一直就是这样认为的。

但是,被认为全能的凯恩斯经济学也在1970年代后半期暴露出了致命的弱点。这是因为货币主义象征性的统帅M.弗里德曼在1977年宣称的对凯恩斯的批判给凯恩斯学派以决定性的打击。

这就是"货币主义者革命",或者也可以叫"弗里德曼革命"。以M.弗里德曼为中心的货币主义者是以重视市场功能的传统立场为基础而在战后一直批判凯恩斯经济学的一股势力。

但是,这一货币主义的理论基本上以 MV = Py 这一古典的货币数量说为基础,认为货币供应量是名义国民收入及物价水平的唯一决定因素。

就是说,在货币主义者的理论中,存在着货币供应量通过怎样的波及机制,是否给予经济变量(收入、物价水平、利息)以影响等很多不清楚的地方。

因此,至少到 1970 年代中期,货币主义经济学被认为不过是古典的货币数量说的回炉货而已,缺乏逻辑上的整合性和说服力。

另一方面,形成了战后经济学主流学派的凯恩斯学派则为了减少失业率,实现充分就业,以凯恩斯理论为基础提出积极财政及金融政策的方案。

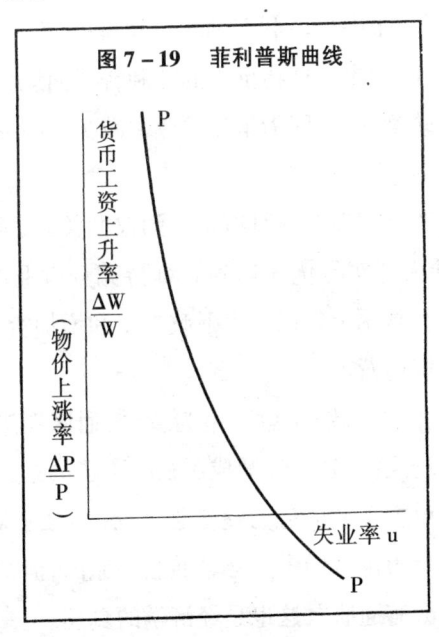

图 7-19　菲利普斯曲线

纵轴:货币工资上升率 $\frac{\Delta W}{W}$(物价上涨率 $\frac{\Delta P}{P}$)

横轴:失业率 u

但是，以实现充分就业为第一任务的凯恩斯政策本身就如前文所述是对通胀采取"宽容"态度的。支持凯恩斯派政策运营的理论基础之一是菲利普斯曲线。

这个曲线是英国经济学家 A.W.菲利普斯从过去近 100 年的数据中导出的表示货币工资上升率和失业率之间关系的曲线。就是说，如图 7-19 所示，在这以纵轴为货币工资的上升率，横轴为失业率的图上描画出右下降的曲线 PP，因为失业率上升缓和了劳动需求，所以，这意味着货币工资上升率减少。

以美国凯恩斯学派代表 P.A.萨缪尔森为主，在 1960 年代积极地宣传、扩大菲利普斯曲线的理论及其影响，大大地应用于现实政策运营的基础中。譬如，将纵轴的货币工资上升率替换为物价水平的变化率(通胀率)，菲利普斯曲线就变为表示通胀和失业的权衡关系。因此，如果以这物价版的菲利普斯曲线为基础的话，就会引出这样的政策含义，即为了让失业率减少，就不得不在某种程度上允许通胀。

人们设定菲利普斯曲线具有稳定的权衡关系，而在 1960 年代及 1970 年代便大肆实行优先达到和维持充分就业的扩张性的凯恩斯政策。这在基调上是以扩大财政支出和增加货币供应为轴心的积极宏观经济运营。

以这种扩张的财政·金融政策为背景，通胀在进入 1970 年代后开始被组合进经济当中，逐渐成了祛除不了的东西。于是，重视货币供应的货币主义者的势力逐渐强大，并加强了对凯恩斯学派的批判。因为货币供应增多未必是通胀的原因，但"只要没有货币供应增加就不会有通胀"，这也是经济学的真理。

如前所述，货币主义者认为只要没有货币供应的调节，扩张的财政政策就没有效果，而这种见解在通胀扎下根后，逐渐地开始有了现实的说服力。

于是，货币主义者革命的爆发在1970年代后半期只是个时间问题。

弗里德曼的一击

1970年代后半期，在通胀高涨之下，人们迅速地失去了对凯恩斯经济学的信任，这一理论面临着破产的危机。

其中，给了凯恩斯经济学致命一击的是弗里德曼在接受1977年诺贝尔经济学奖时的演讲。

正是这一演讲宣告了"货币主义者革命"的爆发。弗里德曼敏锐且准确地切中了凯恩斯学派的要害，即菲利普斯曲线的稳定性。凯恩斯政策依据的重要理论之一就是前述的菲利普斯曲线，而凯恩斯学派认为这是稳定的。

就是说，凯恩斯学派将物价上涨率（货币工资上升率）和失业率的权衡关系当作稳定的关系，以此来运营就业、生产、通胀管理等各种总需求政策（财政金融政策）。

弗里德曼在1977年的演讲中，在逻辑上巧妙地阐明了这一稳定性不过是暂时的。他是靠引进"预期"或"期待"的概念迫使凯恩斯学派型的菲利普斯曲线发生根本性的改变，这被称为"以预期来修正的菲利普斯曲线"。

本来，不管是凯恩斯还是古典学派的费雪在此之前都充分地认识到经济学世界中能够对经济行动起作用的"期待"或者"预期"。但是他们使人们认为"预期"作用仅限于投资行动或利率变动的特定领域中。

弗里德曼率领的"货币主义者革命"将"预期"全面地放在经济分析的核心位置,迫使以前的经济学分析框架进行根本性改变。

生产活动是由各个企业及每个劳动者来经营的,这是不言自明之理,而这些企业或劳动者在经济学中被称为个别经济主体。

弗里德曼提出的"修正菲利普斯曲线"的理论是以这个别经济主体的"错觉"为基础来建立的。

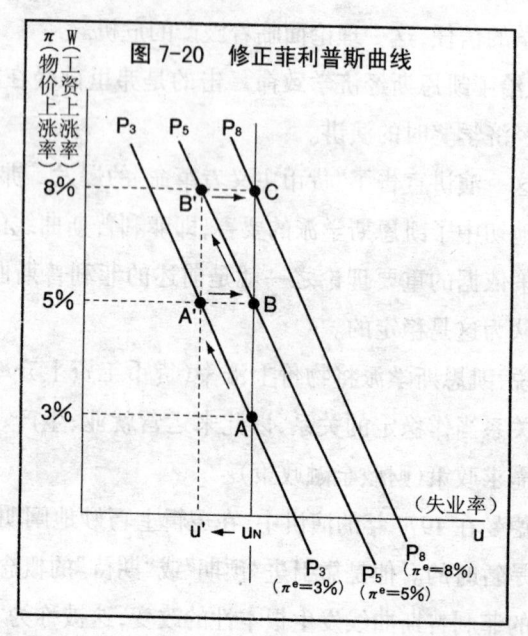

图 7-20 修正菲利普斯曲线

让我们使用图 7-20 来探讨一下"修正菲利普斯曲线"的逻辑。在这里,纵轴为货币工资上涨率 W 或物价上涨率 π,横轴 u 为失业率。

首先,图7-19所示的凯恩斯型的菲利普斯曲线PP,它完全不考虑个别经济主体对将来的物价上涨率(预期通胀率)是如何看待的。换言之,凯恩斯型的菲利普斯曲线是人们预期物价上涨率π^e(预期通胀率)为零的情况。

但是1960年代,特别是进入1970年代,人们知道菲利普斯曲线对应着人们的预期物价上涨率而移动。

譬如,将图7-20的菲利普斯曲线P_3P_3开始的均衡点为A。这时,将个别经济主体(企业及劳动者)对预期物价上涨率为3%。

因此,如果采取有效需求政策,个别经济主体将如何反应呢?由于需求的扩大,各个企业如果注意到——譬如其产品的价格不是3%而是上升到5%。对个别企业来说,会认为这5%的产品价格上涨是自己的企业或行业产生的。就是说,在这一阶段,各个企业仍旧预期一般物价上涨是3%,而没有考虑到产生新的上涨,便有了只是本公司实际收益正在上升的"错觉"。

于是,各个企业瞄准着增加收益而增多就业,即增加生产。结果,失业开始减少,生产开始扩大。另一方面对每个劳动者来说也会发生同样的事情。

随着企业增加就业需求,劳动市场需求紧张,货币工资开始显示出5%的上升率。每个劳动者在这一阶段认为一般物价水平为3%,尚没有注意到正在发生新的物价上涨,所以将5%的货币工资增长率"错觉"为实际工资上涨率,便增加劳动供给。于是,失业率就降低了。

因此,由于这有效需求的扩大,失业率就从A点的u_N下降,而成为u'。就是说,劳动者预期物价上涨率为3%,所以认为货币工资上涨率为5%,这使得劳动供给增加到A'点的u'。

但是,随着时间的流逝,个别经济主体也发觉一般物价上涨不是3%而是5%。对于个别企业来说,其产品价格上涨到5%,而同时一般物价水平也显示出同样比率的上涨,实际收益并没有增加。

此外,每个劳动者注意到消费者物价的上涨不是3%,而是5%,就知道实际工资和当初的A点是相同的。

现在对于个别经济主体来说,预期物价上涨率不是3%而是5%。而在这5%的预期物价上涨率之下,企业的实际收益和劳动者的实际工资都和当初是一样的水平。就是说,图7-20移到了新的均衡点B点。在这里失业率回到原来的u_N。只是现在的物价上涨率上涨到5%,和预期物价上涨率一致。

自然失业率假说的上场

于是,个别经济主体的预期物价上涨率一变化,菲利普斯曲线就移动。这时,出现了从P_3P_3到P_5P_5的移动,而各个曲线和3%的预期物价上涨率和5%的预期物价上涨率是对应的。

而在这"修正菲利普斯曲线"之下考虑的话,就是需求扩大带来的就业增加,即所谓失业率下降是因个别经济主体的"错觉"而产生的"暂时现象"。

然后,我们设想采取更大的扩大有效需求政策,假定货币工资上涨率w为8%。这时,也如图7-20所示,短期的均衡点为B',这个B'也是"错觉",即这不过是直到现实的物价上涨率(在这里为8%)和预期物价上涨率(这里为5%)的乖离消失前的"暂时均衡"。

长期的均衡点是5%的预期物价上涨率和8%的现实物价上涨率一致的点。在图7-20中,菲利普斯曲线向P_8P_8上方移动,和垂直线u_N相交的C点是长期均衡点。就是说,长期的失业率再次回到原来的u_N的水平。

这个u_N根据M.弗里德曼的说法是"自然失业率"的水平。所谓"自然失业率"是因劳动市场的结构或职种间移动等劳动环境的实体性原因决定的一种充分就业水平。就是说,自然失业率的水平没有所谓非自发的失业,存在的只是<u>摩擦性失业</u>。

在弗里德曼的"修正菲利普斯曲线"中,仅是在个别经济主体的预期物价上涨率和现实的物价上涨率乖离的短期内,有效需求政策能够将失业率降到自然失业率以下,但长期来看,在预期物价上涨率和现实的物价上涨率同一时,失业率就回到了自然失业率的水平,是不能在此之下的,这就是结论。

于是,如果根据弗里德曼的说法,以稳定的菲利普斯曲线为前提的凯恩斯的有效需求政策只是最终提高了人们的预期物价上涨率,而加速了通胀的效果。正是这"弗里德曼的一击"给凯恩斯学派以决定性的打击。

"人人都已经是货币主义者了"

在1970年代通胀大步前进中,凯恩斯经济学不得不退潮,而取代凯恩斯派的货币主义者则高唱凯歌。包括"以预期修正的菲利普斯曲线"的"货币主义者革命"不断地在理论层面和政策层面上产生新的成果。

在理论层面上,出现了提出理性预期理论(theory of rational expectation)的一群新货币主义者的年轻经济学家,"货币主义者革命"达到了顶点。

以 R.卢卡斯(芝加哥大学教授)或 T.萨金特(明尼苏达大学教授)为中心的理性预期派在个别经济主体具有完全的预见性而能够形成理性预期的前提下,在逻辑上证明了凯恩斯政策的无效性。

为了和以弗里德曼为中心的货币主义相区别,有人把这些理性预期派称之为"货币主义·Ⅱ号"。

不管是货币主义者抑或新货币主义者,他们在理论层面上和以前的凯恩斯学派有两个显著的不同点。一个是货币主义将"预期"或"期待"放在经济分析的中心位置。另一个是他们具有古典的经济观,即对市场的价格调整功能予以很高的评价。

在这里我们暂时不评论第二点,稍稍分析一下第一点"预期"的重要性。

如前所述,最先重视"预期"或"期待"要因的经济学家可以说是 J.M.凯恩斯。凯恩斯提出企业家的"期待"是经济活动关键的民间投资的决定因素。

就是说,企业决定投资之际的资本边际效率是根据"期待"而移动的。在这个意义上,可以说凯恩斯经济学没有"期待"就不能成立。

但是,在凯恩斯学派中却缺乏"期待"或"预期"对物价上涨率或利率水平有影响的视点。因为在凯恩斯登上舞台时存在着大量失业,人们对物价上涨的预期几乎不成为问题。

因此,在凯恩斯经济学中,"期待"在宏观经济分析中被明确采用的是通过民间投资变动的 IS 曲线的移动。就是说,如果企业家的"期待"好转而 IS 曲线右移,总需求曲线也右移,所以实际收入增加,物价水平上涨。

但是,凯恩斯学派的"预期理论"仅此而已。应该说凯恩斯经济学本来就不是在个别经济主体的行动这一微观层次上的经济学,而是在分析和 GDP 或就业或投资这些大计量关联的宏观层次上具有基础,从这点来看,其不具有回到分析个别经济主体要因的视点。

以弗里德曼为中心的反凯恩斯派的货币主义者以这"预期"或"期待"的概念为突破口而点燃了"货币主义者革命"的狼烟,这正是货币主义者的慧眼,但同时不可否定的是,货币主义者的出现和"通胀时代"这一"时势"有着强烈的关系。

M.弗里德曼曾说:"我们现在都是凯恩斯主义者",而美国代表性的凯恩斯主义者莫吉利亚尼(MIT 教授)却说:"我们现在都是货币主义者"。

因为现在不论是谁都不能无视"预期"或"期待"所具有的决定性作用。在这一点上,货币主义在 1970 年代后半期才好不容易取得胜利,完成了其经济学上的真正凯旋。

"期待"使供给曲线移动吗?

因此,在这里稍稍归纳一下"期待"或"预期"给实际收入(实际生产量)或物价水平以何种影响。

在对待这种问题时,经济学的老手法是使用已经熟悉的总供给曲线和总需求曲线。就是说,在纵轴表示物价水平,横轴是实际收入的图上画出供给、需求两个曲线的动态。

首先,考虑一下总供给曲线由于"预期"(期待)而如何变动。如前所述,总供给曲线是作为在生产系数边际生产力和实际工资的均等化及货币工资 d 的向下刚性之下的右扬的曲线而导出的。

这个总供给曲线的移动是因劳资谈判带来的工资提高或石油价格上涨或因技术革新带来的生产率提高等产生的,而"预期"果真能给予影响吗?

现在将物价上涨率 π 作为 5%。这时,如果个别经济主体(企业及劳动者)的预期物价上涨率 π^e(也可以说是期待通胀率)为 3%,那将会如何呢?

对每个企业来说,现实发生的 5% 的物价上涨率意味着本公司产品价格上涨。并且,该企业的预期物价上涨率停留在 3%,所以,企业就认为实际收益增加。就是说产生了"错觉"。

因此,个别企业想增加就业。这样,货币工资反映现实物价上涨率的 5% 而上升。

另一方面,每个劳动者也认为预期物价上涨率为 3%,但预测到现实的 5% 的货币工资上升率,就产生了实际工资上升的"错觉"。因此,劳动者就增加劳动供给。

以上的结果就是:如果预期物价上涨率为 3% 的话,那么,只要现实的物价上涨率 5% 的差($\pi - \pi^e$)是正数,就业就增加,生产也增加。在这里看看图 7-21 吧。实际生产(y)和物价上涨率(π)当初在 A 点均衡。在这里,实际收入为 y_F,物价上涨率是 3%。因为在这个 A 点上现实的物价上涨率 3% 和预期的物价上涨率(π^e)是一致的。就是说,A 点在预期物价上涨率 3% 时的供给曲线

SS 上。

而现实的物价上涨率为 5% 又会如何呢？如前所述，生产开始超过 y_F 增加。新的均衡点是 A′点。在这里实际收入为 $y_{F'}$，物价上涨率是 5%。

但是，这个 A′点是暂时的均衡点。

因为，在 A′点上 3% 的物价上涨率变成 5%。就是说，预期物价上涨率从 3% 上升到 5%，其结果就是就业减少，实际收入也回到 y_F 的水平。这时，新的均衡点成为 B 点，而这意味着预期物价上涨率处于 5% 的供给曲线 S′S′上。

同样和预期物价上涨率(π^e)对应，供给曲线 SS 就移动。因为 π^e 越高，供给曲线就越向左上方移动。因此，预期通胀如果强，

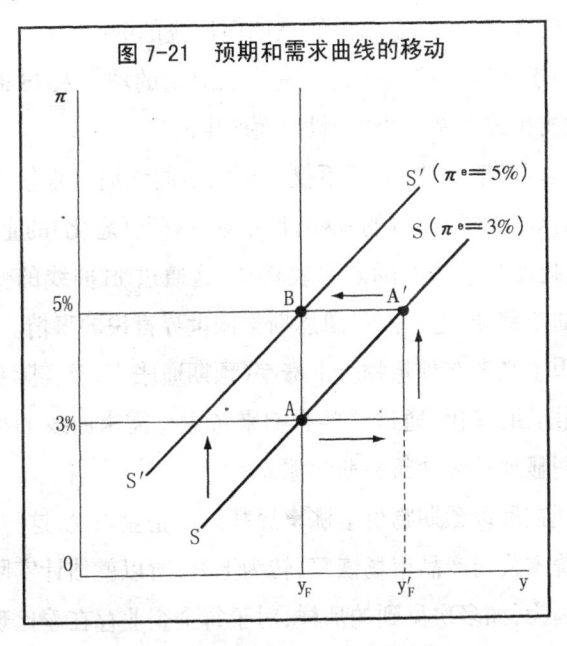

图 7-21 预期和需求曲线的移动

那么供给曲线就向左上方移动。

在这个π(物价上涨率)和y(实际收入)的图上画的供给曲线ss和P(物价水平)与y(实际收入)画的图的总供给曲线SS纵轴的采用方式是不同的。就是说,与前者是物价水平**上涨率相对**,后者是物价水平**本身**。

但是,如果后者的**物价水平**采用变化率的话,那就成为**物价上涨率**,所以供给曲线ss可以从总供给曲线SS中导出。因此,分析预期物价上涨率,即引进"预期"而带来的影响时,可以将供给曲线ss的移动和总供给曲线的移动交换。

引进预期通胀的供需均衡

而在"预期"上总需求曲线是如何反应的呢?迄今为止,一般认为总需求曲线的移动是由于货币供应量的增减及IS曲线的移动(财政支出或消费支出的增加)而产生的。

但是,"预期"或"期待"不仅是总供给曲线而且也使总需求曲线移动。如已经论述过的一样,预料景气好转(恶化)的企业的"预期"的变化使资本的边际效率表移动,这通过IS曲线的变化而使总需求曲线移动,这一点是凯恩斯学派世界言说的事情。

货币主义者在预想物价上涨率(预期通胀率)及实际利率上来把握"预期"的变化,通过这些影响来考虑总需求曲线的移动。这一视点明显地是无视凯恩斯学派。

而现在假设预期物价上涨率提高。对企业来说,这种事,譬如这意味着本公司产品市场恢复,转为上升,所以就估计实际收益将增加。因为,如多次见到的那样,对于每个企业存在着比现实的物

图 7-22 预期和物价上涨

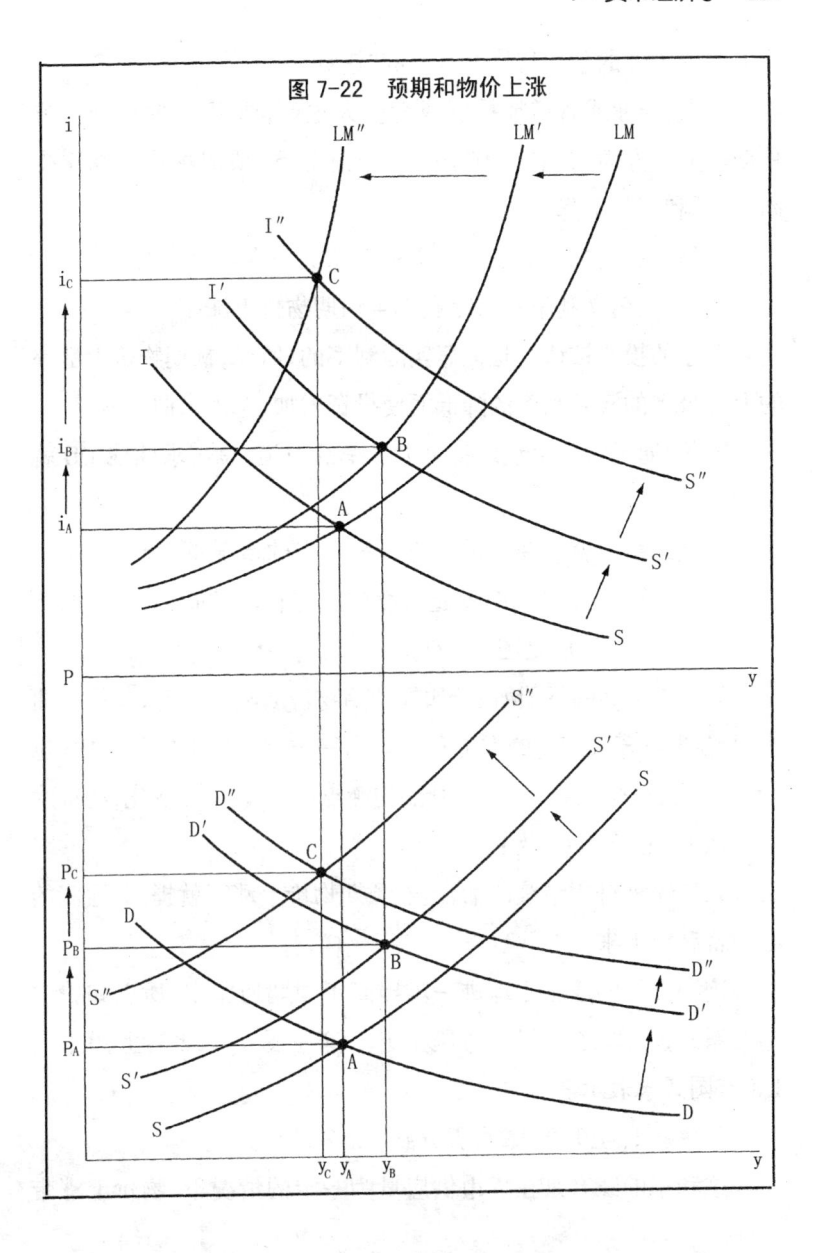

价上涨更为低的预期物价上涨率的"错觉"。

结果,企业或者增加投资或者扩大生产,所以 IS 曲线向右方移动。另一方面,在名义利率一定的情况下,预期物价上涨率提高,实际利率就下降。

这是从有名的 I.费雪的下面的关系式中推算出来的。

名义利率 = 实际利率 + 预期物价上涨率

企业的投资被认为是依靠实际利率的,所以,预期物价上涨率的上升带来的实际利率的降低而使投资增加,总需求曲线右移。

因此,通过这两个预期物价上涨率的通道,总需求曲线 DD 就向右方移动。

以上的结果就是在货币供应量为一定的情况下,预期物价上涨率越高,总需求曲线 DD 就越持续向右方移动,同时总供给曲线 SS 向左方移动,这就是图 7-22。

如图 7-22 的下图所示,如果预期物价上涨率上升,总供给曲线 SS 就向 S'S' 及 S"S" 的左方移动。另一方面,总需求曲线 DD 也向 D'D' 及 D"D" 的右方移动,因此,均衡点向 A、B 及 C 变化,物价水平也从 P_A 上升到 P_B 及 P_C。

如果这种进程继续的话,当然预期物价上涨率就提高,通胀的心理就确定下来。

这种强烈的通胀心理进一步提高了预期通胀率,所以如费雪的关系式所示,名义利率急剧上升。这在图 7-22 的上图中以 LM·IS 图式来表示。

利率从 i_A 上升到 i_S,再骤升到 i_C。

这利率的骤升是在货币供应量为一定的情况下,物价上涨带来的 LM 曲线的左移及预期物价上涨率的提高产生的 IS 曲线右移的结果。

但是,如图 7-22 的下图所示,这种利率的骤升通过投资的减少,使实际收入减少。发生所谓的挤出效应。因此,如图 7-22 所示,实际收入最终从 y_A 减少到 y_C。当然也有实际收入比 y_A 增加的情况,但如货币供应量为一定的话,那么,预期物价上涨率升高给予物价及收入的影响就小。

是利率还是货币供应量

以 1977 年的 M.弗里德曼的"货币主义者革命"为契机,各发达国家的中央银行开始了以重视货币供应量的货币主义金融政策替代以前凯恩斯的重视利率的金融政策的转换。

这是因为,在预期物价上涨率升高而通胀的心理加强的情况下,实行凯恩斯的政策就产生物价的大幅上涨,而且这加强了预期通胀,结果加速通胀,这从 1970 年代的经验可以明白。

而在理论上,在这一方面货币主义者的功绩也是很瞩目的。对于包括凯恩斯学派的大部分经济学家而言,"货币是重要的"的货币主义者的口号也作为经济学的真理而被接受。

凯恩斯经济政策的实行目标倾向于以不是货币供应量而是将利率水平保持一定。因为在凯恩斯学派的理论世界里,利率被定位于极其重要的政策变数。

因此,货币供应量不过是决定这一利率水平的第二次作用。就是说,凯恩斯学派设想下面这样的金融政策机制。

货币供应量的增减→利率水平的变化→民间投资的增减→

(乘数效应)→收入的增减→物价水平的变动

这是如前面的图7-22的图式所归纳的政策波及路线。以这路线为前提,来实行凯恩斯学派的金融政策,而问题是在预期通胀强的情况下,如果要将利率水平保持一定,就要增加货币供应量。

如前所述,在预期物价上涨率高的情况下,总供给曲线和总需求曲线都移动,物价上涨强了起来,所以利率也上升。因此,凯恩斯学派要制止这种利率上升,而且要使之降下,就试图增加货币供应量。

结果就发生了LM曲线的右移,所以名义利率就确实降了下来。但这不过是暂时的现象。因为货币量的补充供给首先是IS曲线右移。结果总需求曲线也右移,为此物价水平就上涨。

物价水平上涨通过劳资谈判,可能带来货币工资的大幅度上升。这就使总供给曲线左移,更引起物价的上涨。这一连串的物价上涨提高了人们的预期物价上涨率,通胀心理蔓延开来。

此外,进一步上涨的物价加速了利率的上升。如果在这里还有以降低利率为目标的补充货币供应的话又会怎样?物价持续上涨,于是通胀完全扎下根来。近似的这种状态是进入1970年代的美国或日本的顽固的通胀压力。到了这种地步,就是凯恩斯学派中也重新认识到"货币是重要的"。即各国中央银行迎来了取代以前的凯恩斯金融政策的重视货币供应量的货币主义者金融政策。其象征性的契机是1979年美国联邦储备委员会(美联储)向重视货币供应量的金融政策的转换及1980年代初的英国撒切尔政府的自由主义经济运营。

Ⅳ 通货紧缩的经济学

1 后货币主义和新凯恩斯学派

走过头了的货币主义者

迄今为止在本章中讲述了"货币的经济学"的概要,可以说没有货币主义我们今天是不能论述通胀问题或宏观经济政策的。

如前所述,在1980年代,欧美学术界被以弗里德曼革命或理性预期理论为轴心的所谓"新古典革命"袭击、席卷。在政治上里根·撒切尔主义也成为时代的潮流。以前垄断主座的凯恩斯经济学被赶到一边,在角落里作为后凯恩斯学派苟延残喘。

但是,这未必意味着货币主义在理论上就是完美的并确立了正当性。

确实,货币主义者对凯恩斯学派或古典派对行动主义(像凯恩斯学派那样的积极参与主义)的理论对立,在长期时段来说,货币主义或古典派取得了胜利。就是说,因为货币主义者认为在长期上实际收入是以自然失业率的水平来均衡的,货币供应量是决定物价水平的最大要因,而这个想法如今已经成为经济学界的共同认识。

换言之,货币主义以长期看价格调整功能,认为譬如确保工资的伸缩性,所以实际收入会稳定在实现充分就业的自然失业率的水平上,而这个逻辑被认为在理论和实践上都具有大体的妥当性。

所以,凯恩斯学派也对这长期均衡几乎没有异议。而且,凯恩斯学派也同意货币供应量给物价上涨率及预期物价上涨率以不少影响。

问题是关于短期。货币主义者,譬如像"以预期修正的菲利普斯曲线"所示,尖锐地指出了短期菲利普斯曲线的不稳定性,但对在短期中的物价上涨率或利率水平及实际收入如何决定则没有逻辑的说明理论。并且,货币主义者理论上依据的货币需求系数,特别是信用乘数不是具有稳定性的。

货币主义·Ⅰ号的弗里德曼等货币主义者强调将货币供应量的增加率作为一定就可以帮助物价水平的稳定性及实现适当的经济增长,但在这里无论怎样,货币需求系数的稳定性是前提。

对此,货币主义·Ⅱ号的理性预期派在这里和货币主义者分道扬镳,他们展开了以几率论为基础是没有任何宏观经济效果的极端理论。这一理论的要点是:即使在短期,价格功能也能充分地起作用,所以个别经济主体如果能完全预见政策波及效果,即人们可以形成理性的预期,那么短期也可以实现自然失业率(充分就业水平)。

"以预期修正的菲利普斯曲线"如以下被定式化。

$\pi = \pi^e - \alpha(u - u_N)$

在这里，π是物价上涨率，π^e是预期物价上涨率，u_N是自然失业率，α是正的系数。

如果这个方程式的失业率(u)比自然失业率(u_N)小的话，即实际收入超过自然失业率水平而扩大的话，物价上涨率就会超过预期物价上涨率π^e。这是上面图7-20看到的菲利普斯曲线。

所谓个别经济主体具有完全的预见性就是现实的物价上涨率(π)和预期物价上涨率(π^e)一致。就是说，$\pi=\pi^e$，并且理性预期派主张这在短期内可以迅速成立。

因此，如果$\pi=\pi^e$，从这个方程式必然会得出下面的结论。

$U=u_N$

就是说，失业率为经常且迅速地达成自然失业率。换言之，这意味着实际收入是经常而且迅速地实现充分就业水平的实际收入。

于是，理性预期派作为其逻辑的归结，得出宏观经济政策是完全无效的结论。如果以完全预见性及市场的完全调整能力这两个为前提的话，这样的结论就是骇人听闻的，但也是极其合乎逻辑的。

但是，理性预期派的这两个前提是否有现实的妥当性呢？这还是个问题。

追寻以上的经过，1970年代后半期开火，1980年代一举攻入经济学的大本营，占领了王座的货币主义或新古典派革命进入1990年代其影响力开始降低。

新凯恩斯学派的抬头

1990年代，对理性预期派的理论在"过了头"这一点上，许多经济学家的看法是一致的。此外，弗里德曼派的将货币供应量作为一定来管理的严格的金融政策的规范化也带来了利率高低波动的混乱，扰乱了企业和家计等经济主体的"预期"，结果使经济不稳定，人们对于这一点也是同意的。

但是，对于实现稳定的利率水平，试图用利率功能使经济稳定化的凯恩斯学派的裁量的金融政策，也有太多的问题，如今这是很清楚的。

在这种状况下，被称作"新凯恩斯学派"的新的经济学思考在1990年代的欧美，特别是美国抬头。他们是以货币主义为轴心的1980年代的"新古典革命"的派生物，在这一点上他们对货币具有重要性，所谓"货币是重要的"是持相当强烈的同意意见的。

从这一点来说，新凯恩斯学派与其说是反货币主义，不如说是超货币主义。但是，他们这些新凯恩斯学派没有像理性预期派那样对价格功能持有完全的信任，也不认为政府的宏观政策没有必要。此外，也不像货币主义者那样认为以货币供应量的严格管理能够达到物价或经济的稳定化。

被称作新凯恩斯学派，或有着与其有类似想法的经济学家的共同点可以归纳为以下三点。

(1) 对于经济稳定化，财政政策的效果不大。
(2) 对于经济稳定化，金融政策的效果大。
(3) 所谓的有效金融政策既不是像凯恩斯学派那样以一定的

利率为目标,也不是进行货币主义者那样的严格的货币供应量管理,应该是以一定的通胀为目标值诱导物价水平的裁量的(包括所谓"量的放宽")政策。

原美国总统经济顾问委员会委员长 M.菲尔德斯坦(哈佛大学教授)这样说。

"从关于乘数的实证分析出发,对财政政策的信任低下。(中略)和初期凯恩斯学派的见解不同,对金融政策的信任提高,重新认识到通胀过程中的货币作用或在短期景气稳定中的有用性。"

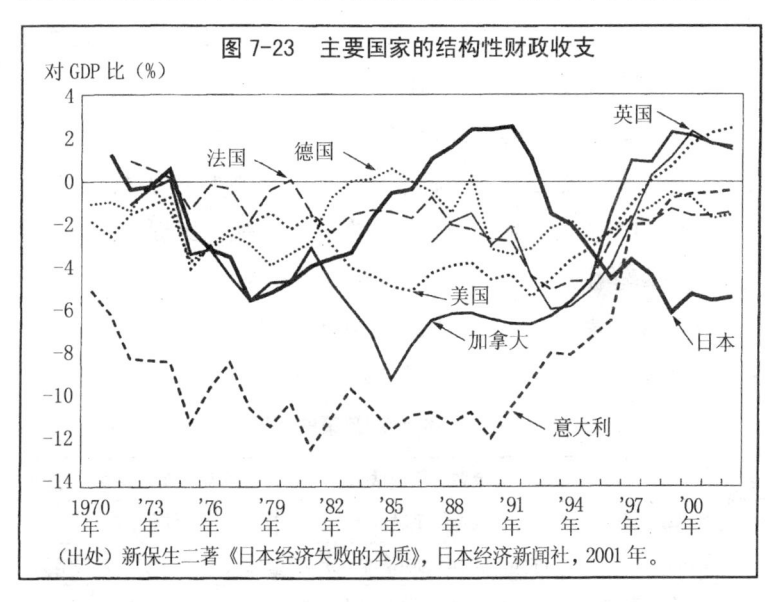

图 7-23　主要国家的结构性财政收支

(出处)新保生二著《日本经济失败的本质》,日本经济新闻社,2001 年。

在 1990 年代,不光是凯恩斯学派,许多经济学家对财政政策的效果都很担心,图 7-23(经济合作与发展组织制作)象征性地表现了这一担心。这个图是主要国家的结构性财政收支的推移,

1991~1999年,日本对名义潜在GDP的比恶化8.6%。其他主要国家则改善了9.6%。但是,日本的经济增长率和其他主要国家相比是极其不好的。所以,新凯恩斯学派断定财政干预(=财政恶化)没有效果。

要之,新凯恩斯学派和货币主义者同样重视货币功能或金融政策,在和财政政策拉开一定距离的同时,和凯恩斯学派一样对于金融政策采取比以前更承认其裁量性的"裁量的金融运用"的立场。

在这个意义上,它是设定通胀目标值,到其达成前大胆地展开金融政策的行动主义。所以,在通货紧缩下不是名义利率水平而是设定实际利率水平的目标,不辞其负数化,新凯恩斯学派强烈地提出这一主张。这也可以理解为是以前以利率水平为目标的凯恩斯学派的利率政策的延长或扩张。在这点上他们比货币主义者更接近凯恩斯学派。

将凯恩斯学派、货币主义者、新货币主义者及新凯恩斯学派在金融政策上的不同简单化,便制成表7-1。

表7-1 各派金融政策的不同点

	金融政策的做法	金融政策的操作目标
凯恩斯学派	裁量的金融政策	利率水准
货币主义者	货币供应量增加率的一定化	稳定的货币供应量的增加
新货币主义者	对随意的金融政策的不信任	自由放任
新凯恩斯学派	裁量的金融政策(量的放宽)	通胀目标值 实际利率水平

2 通货紧缩的陷阱和金融理论

70年不见的"流动性陷阱"

迄今为止，在第6章及本章中我们学习了金融理论或货币经济学的基本理论。特别是如在这第7章中看到的那样，现代金融理论的中心被放置在解释通胀及对策上。在这个意义上，可以说金融理论此前就是通胀分析。

实际上在第二次世界大战以后，对于包括日本在内的各发达经济国家而言，最大的经济问题就是通胀。通货膨胀或通胀如前所述，P.A.萨缪尔森是这样定义的。

"所谓通货膨胀是指对财物、货币或生产要素，物价一般是上涨的时期。即面包或汽车的价格、理发钱、工资、地租等上升的时期。通货紧缩(deflation)则相反，是大部分物价下跌的时期。"

要之，通胀意味着物价持续上涨。而即使光看这种简短的定义也明白通货紧缩是隐藏在通胀影子里的配角。在战后半个世纪中，我们完全没有体验通货紧缩。当然，即使战后，在萧条时期也有物价低下的局面，但这是一时的，不能说是"持续的物价低下的倾向"。

如先前稍稍详细地论述的那样，根据LM·LS分析，理论上的萧条或者通胀的解决是很明确的。在萨缪尔森说的"萧条之极"那样的严重的萧条时期，金融政策的效果接近于零。因此，即使LM曲线大大右移，GDP也不增加。

但是即使是"萧条之极",如果靠财政政策的干预使 LM 曲线大大右移,又会如何呢?明显的是 GDP 增加,摆脱萧条或通货紧缩是可能的。这是在 1936 年出版的《就业、利息和货币通论》中,J.M.凯恩斯在理论上阐明的作为萧条对策的总需求政策。

在众所周知的 1930 年代的"大萧条故事"中,根据这一凯恩斯理论,欧美经济特别是美国经济能够从大萧条中摆脱出来。但是这不过是很久以后的故事了。因为,美国的罗斯福总统的被称为新政政策的财政大干预是在凯恩斯的《通论》(1936)以前的 1933～1934 年就开始了。诚然,罗斯福总统曾见过凯恩斯一面,但罗斯福总统说"他是单纯的数学家",当然有知性的影响,但他几乎完全无视凯恩斯的理论。

并且,摆脱 1930 年代大萧条的"王牌"与其说是根据 LM·LS 曲线的 IS 曲线右移,不如说是靠对纳粹抬头而军备支出扩大和伴随着第二次世界大战的战费增加的需求膨胀。

但是,成为战后经济学主流的凯恩斯学派为了美化自己的出处,创造出了摆脱大萧条的经济学的"凯恩斯神话",关于 1930 年代的"大萧条故事"一般都被深信不疑,通货紧缩是可以靠财政大干预解决的"凯恩斯神话"成为一般的观念。

并且,作为这萧条经济学的"凯恩斯神话"在战后的"通胀时代"没有人问其真伪。因为,轻度的萧条靠财政政策和金融政策是可以充分应对的。就是说,因为真正的通货紧缩在战后半个世纪间从来没有,所以直到最近在经济圈子里,一直对治理萧条或者通货紧缩的凯恩斯政策,特别是万能的 LM·LS 理论深信不疑。

但是,经济学在进入 1990 年代后半期,当其面临着 1990 年代的日本经济长期萧条,即使靠着实行比以前更大,不,空前未有的凯恩斯政策,也不能解决的这一"新现实"而开始失去其光环。

此外,因为靠凯恩斯的金融政策将放宽金融推到极限,即成为所谓"零利率"的历史上的异例状态。这接近于萨缪尔森说的"萧条之极"。如果根据战后凯恩斯经济学,这时只要大力开展将LS曲线右移的财政政策就可以了。就是说,增加以赤字国债为基础的政府支出。

也因有这种理论的根据,1990年代日本政府大幅度地开展财政干预。但是,日本经济摆脱通货紧缩却进展不顺。如前述的图7－23所示,在主要发达国家中日本的财政扩大(恶化)是很突出的,但即使这样的财政干预,"通货紧缩"的陷阱依然陷住了日本经济。

在这里,学习经济学的人必须应该想到"流动性陷阱"这一概念。那是本书第6章论述过的,而这是对于凯恩斯说的特异的经济状况的重要概念。相当于萨缪尔森的"萧条之极"。是大萧条状态或真正的通货紧缩。如第6章所述,"流动性陷阱"在意味着当利率超低利率水平,即"零利率"时,政府(具体而言是央行)即使无限地供给通货,经济活动也不使用货币,现金被藏起来的这一特异的经济状况。

但是,如果从LM·LS理论或1930年代"大萧条故事"看,只要展开像新政政策的大规模财政政策的话,LS曲线右移,通货紧缩是可以摆脱的。

实际上,在1990年代的日本经济中,以金融政策的超放宽而制造出空前未有的"零利率"状态,且靠着发行巨额国债的财政干预也几乎是尽了全力。

但是,日本经济经历了10年以上的长时期,并未能摆脱"通货紧缩"的陷阱。在以上的意义上,日本经济明显地陷入了凯恩斯说的"流动性陷阱"中。但是,问题是即使以凯恩斯经济学及1970年代凯旋的货币主义的政策手段,日本经济也陷入了极难摆脱"通货紧缩"的"新现实"。

凯恩斯70年前指出的"流动性陷阱"到底是什么?LM·LS理论或"大萧条故事"能摆脱通货紧缩吗?

因此,"通货紧缩的金融理论"超越了以前的经济学,具体而言就是1990年代后半期在美国等国的经济学圈子里,超越凯恩斯经济学和货币主义等理论而开始进行探讨的动向活跃起来。

实际利率带来的 LM·IS 曲线的扩张

在本章中,迄今为止概观的货币经济学在1970年代激烈的通胀或"通货紧缩"下,完成了巨大的理论转换,以取代凯恩斯经济学的形式,货币主义取得了胜利。

但是,重视货币的货币主义如前所述的表和专栏指出的那样,不仅迫使货币供应量的增加率适用于严格的规则,而且以央行的基础货币和货币供应量的稳定关系(具体而言是货币乘数或信用乘数的稳定性)为前提,提出了现实的适用阶段不能无视的问题,所以,从1980年代后半期逐渐失去了人们绝对的信任(参见第8章)。

在这种货币主义退潮下,进入1990年代,如前节所述,被称作新凯恩斯学派的一群经济学家在美国抬头。虽然说是凯恩斯学派,但新凯恩斯学派接受了货币主义或新古典派的洗礼,他们具有一种很强的性质,即一般的景气对策的财政政策和金融政策相比,他们对金融政策的有效性给予更高的评价。

这如图7-23所示,因为财政政策的非有效性或引进和欧盟的经济、通货统一关联的财政收支基本规则(在欧盟的统一通货·欧元创立时,对参加国要求的财政规则,即财政赤字在名义GDP中占3%以内),还有1990年代美国财政收支盈余,所以新凯恩斯学派一般重视金融政策,并且像过去的凯恩斯学派一样强有力地打出了"重视利率"的旗号。

就是说,他们想法的逻辑是靠着频繁地使用利率操作,试图机动地制约物价水平或经济增长目标变量,在这一范围内,考虑货币供应量的量的操作变量。

说来这就是重视利率的新金融理论的抬头。在重视通货这一点上,他们和货币主义者的潮流是连接着的,但在强调重视利率或当局的裁量性的政策运营,及当局的积极介入主义(行动主义)方面他们则属于凯恩斯学派的系统。

换言之,美国的经济学圈子经过以前的凯恩斯学派和货币主义者的对立,及货币主义的一时胜利,还有理性预期派的败北等过程,进入1990年代,凯恩斯学派和货币主义者扬弃式地融合,收敛为"混合经济学"。这就是新凯恩斯学派。

成为这种1990年代的"新凯恩斯学派革命"或"经济学的新统一"的中心概念是实际利率,这一稍有些陈腐的概念。

所谓实际利率如已经论述过的那样,是以在1920年代～1930年代活跃的美国耶鲁大学金融理论硕学欧文·费雪教授的基本等式来定义的。

实际利率＝名义利率－预期通胀率

即使现实的市场利率为5%,但如果人们预期的物价上涨3%的话,实际利率就为2%(＝5－3)。而企业或个人等经济主体在决定投资或消费时,起作用的利率是这实际利率,而不是名义利率水平,这是新凯恩斯学派所强调的。

他们拿出从预期通胀率想出的实际利率,并重视它,以此来发现在金融政策中的新的可能的有效性。

就是说,从传统的金融理论来说,在陷入前述的"流动性陷阱"或"萧条之极"时,金融政策完全处于没有作用的状态。尽管如此,以传统的LM·IS理论在"流动性陷阱"时应该是有效的财政政策干预,从1990年代的现实来看,却招致了财政恶化,反而对IS曲线起到了相反效果。

这传统的LM·IS理论在1990年代日本的真性通货紧缩前呈现出其无能为力的"新现实"。

因此,我们要简单说明一下为什么在"流动性陷阱"的特异经济状况时,LM·LS理论中应该有效的财政政策却是无所作为的。如现象的及实证的图7－23,该图如实地表示了1990年代日欧美财政政策性质的不同,遇到70年不遇的"流动性陷阱"的真性通货紧缩时,在逻辑上有两个桎梏否定了财政政策的有效性。

一个是财政扩大的反作用或反效果,这是伴随着增发赤字国债的政府债务余额的累增对消费支出或企业投资有负面的效果,压制住了期待的IS曲线的右移。在理论上有"李嘉图等价定理"及"巴罗等价定理"(参见专栏),这在经济信息(国债余额或赤字财政等)非常公开的现代给予消费者或企业等经济主体的行动以巨大的影响。

> **"李嘉图和巴罗的等价定理"是对日本的教训吗**
>
> 　　日本的"10 年通货紧缩"是战后世界经济中异例的长期萧条,引起了世界上的经济学家们知识上的好奇心。特别是即使进行了前所未闻的财政大干预,日本经济的恢复力量还是很弱,这就更引起关注了。"李嘉图等价定理"或"巴罗等价定理"的经济学概念也就突然显现出来。
>
> 　　在公债发行及其偿还是在同一世代发生时,为筹措财政支出,不论发行公债还是课税,其效果是相同的。这就是"李嘉图等价定理",而美国经济学家 R.巴罗认为公债的偿还即使到下一代或下下一代,双亲关心孩子、孙子、重孙子(遗产等),所以和现世代的偿还具有同样的效果。
>
> 　　如果除了桥本时代的话,日本政府在这 10 年中,每年都连续发行巨额国债。这对消费者产生了"李嘉图&巴罗效果",使得个人消费萎缩。

　　另一个是和 70 年前一样,"流动性陷阱"的特异经济状况是和通常情况不在一个层次的通货紧缩差距,即发生了大幅度的 GDP 差距。所以虽然实行空前未有的财政扩张干预,但不容易掩盖需求差距。毋宁说异常的财政干预通过公共债务余额的累积,使前述的"巴罗等价定理"发生作用,阻止了 IS 曲线的右移。

　　所以,和 70 年前的摆脱真性通货紧缩相关联的"大萧条故事"

只有以在准备进行第二次世界大战和开战的政府的强有力并且是异例的财政大干预和对战争的紧张感这一国民意识为前提才能成立,必须这样理解。

而这样的话,从真性通货紧缩,即摆脱"流动性陷阱"在既有的经济学的分析框架中是不可能的。凯恩斯经济学当然不行,货币主义也是软弱无力的。

作为突破这理论窘境的关键性概念是美国经济学家从七十多年前的旧书架上找出来的实际利率。因为如果使用实际利率,那么对真性通货紧缩没有力量的传统的 LM·IS 理论就可能萌发新的生命。

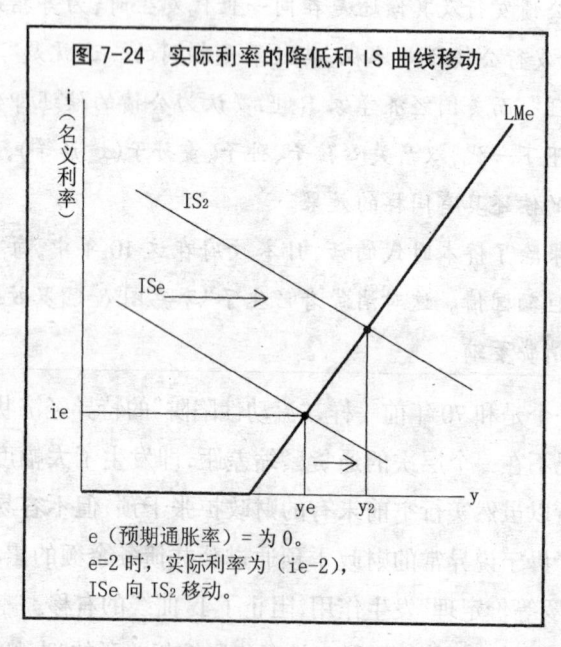

图 7-24 实际利率的降低和 IS 曲线移动

i（名义利率）

IS_2

IS_e

LM_e

i_e

y_e　y_2　y

e（预期通胀率）= 为 0。
e=2 时,实际利率为 (i_e-2),
IS_e 向 IS_2 移动。

将本章详细叙述过的 LM·IS 曲线在这里简单化地用图 7-24

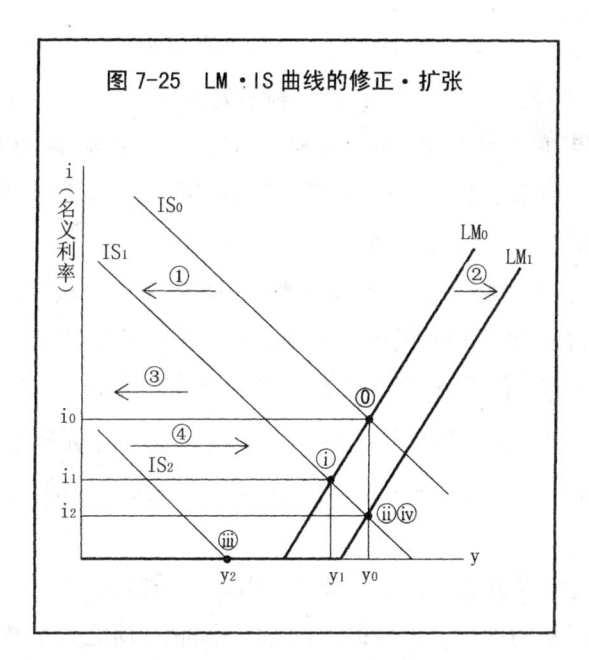

图 7-25 LM·IS 曲线的修正·扩张

和 7-25 来表示。而和 LM 曲线相关的利率(i)是名义利率,另一方面和 IS 曲线相关的利率是实际利率。图 7-24 描绘的 LMe、ISe 以名义利率为基础。这时,预期通胀率(e)为零(e=0)。如果预期通胀率为 2%的话,即 e=2 的话,ISe 如图所示向右移动。而且,以名义利率为基础的 LM 和 LMe 是同样的。下面是图 7-25。LMe 曲线和 ISe 曲线均衡的交点是 y_0、i_0。在这里,总需求衰退,ISe 曲线左移((1)),LM_0 曲线和 IS_1 曲线的交点(i)为 y_1 和 i_1。因此,使 GDP 差距(y_1、i_1)消除,靠金融政策使 LM_0 曲线右移到 LM_1((2))。新的均衡点为 LM_1 和 IS_1 的交点(ii)的 y_0、i_2。

这样完结是没有问题的。在真性通货紧缩中人们的预期物价上涨率即预期通胀率为负数。就是说,在通货紧缩下,人们看到的是物价降低的倾向。在这里,以预期通胀率为例,负1%的话,譬如在1%的名义利率的场合,实际利率为正2%(=1—(—1))。

结果,IS曲线从 IS_1 再向左移动((3)),成为 IS_2,因为 IS 曲线是由实际利率水平所规定的。于是,GDP减少到 y_2,名义利率为零利率。正是陷入到"流动性陷阱"中去了。

这时,为了将 y_2 提高到 y_0 而摆脱通货紧缩的方法有两个。一个是进行从 IS_2 到 IS_1 的财政干预((4)),这样 LM_1 的交点就成为 y_0、i_2((ⅳ))。但是,这个方法在前述的财政政策的反作用下是不成功的。就是说,这就是"巴罗等价定理"。另一个是靠金融政策使 LM 曲线从 LM_1 再往右移。但是,这不具有和 IS_2 的交点,没有意义。

这意味着既有经济学的破绽。因此,新凯恩斯学派等便开始了武装起新的理论。就是提出拉下实际利率,使之为负数。本来名义利率是不能在零以下的。在这个意义上不存在负数利率。

但是,因为"实际利率=名义利率-预期通胀率",所以在零利率下如果提高预期通胀率,那么实际利率就能负数化。譬如,将预期通胀率作为4%的话,实际利率就是负4%(=0-4)。

实际利率如果这样负数化的话,就促进企业投资,IS 曲线从 IS_2 右移,回到 IS_1。这样一来,新的均衡点就成为(ⅳ)的 y_0、i_2。

以上就是靠实际利率的概念使 LM·IS 理论得以转换的"新凯恩斯学派革命"的金融理论的本质。

超金融政策·通胀目标论和量的放宽论

1990年代的日本经济落入70年不遇的"流动性陷阱"。特别是1990年代后半期如图7-25所示,日本经济状况是LM_1和IS_2,在零利率下,陷入y_2的状态。财政政策也因1990年代的多次干预而使公共债务余额巨额累积,再要干预必然会带来负数效果(巴罗的等价定理)。

在这种情况下,P.克鲁格曼(普林斯顿大学教授)等美国的经济学家强烈地关心着陷入战后世界性的第一次真性通货紧缩的日本经济,他们大声疾呼,提出了为日本经济摆脱通货紧缩的终极政策,即设定通胀目标政策。

此外,从这一"通胀目标论"独立出的或有关联的接近货币主义的阵营中也主张"量的放宽",即通货量的放宽论。总之,在远远超出以前的金融政策的常识或基准上,这可以说是"超金融政策论",此外,在否定财政政策之点上他们也是共同的。

首先,我们从量的放宽论概观一下其要点。这是主张如果央行增加近于无限制的货币供应量的话,就能够摆脱通货紧缩。从经济学而言,量的放宽这一通货的增加使经济活动活跃化,即IS曲线右移的方式有三个。

一个逻辑是如果增加民间部门的通货,结果多余的或过剩的通货现金资产就会代替财物·服务的实物资产。在货币主义者的理论中,货币和实物有完全的替代性,这是不言自明的前提。所以,即使是"流动性陷阱",如果当局持续地供给过剩的货币,那么当初衰退的货币(现金)就会逐渐和实物资产或实物财物相交换,财物生产就扩大了起来。

这被俗称为直升飞机货币论,也叫撒现金论。如果当局将纸币投向市场,拿着钱的人就会用这现金买土地、买商品,就是这么个理论。

第二个是即使央行持续用现金购买短期国债等,在零利率的情况下,现金和短期国债也是完全可以替代的,因此对利率是没有效果的。所以,更大的量的放宽是买长期国债,如果诱导长期利率为零的话,就会对景气产生正数效果。此外,央行积极地购入外债,购买美元、抛出日元,这样的话,使日元贬值,增加出口,同时促使进口物价上涨而从通货紧缩中摆脱,这一主张也提出除了购买短期国债以外的量的放宽政策。

第三个逻辑是不管直升飞机通货还是积极地购进长期国债或外债,过剩的通货供应会提高人们的预期通胀率。预期通胀率的上升如前所述,和使实际利率负数化而 IS 曲线右移的想法是同样的。

这样看来,就出现了若干量的放宽论的问题。第一,货币和实物的完全替代在理论及实证上是否正确。货币主义在计量的分析中认为通货量和实物财产的相关关系是很强的,但这是事后统计的结果,从理论的机制来看,货币和实物的替代性依然是很暧昧的。总之,钱和财物的替代性不正是以实物资产和财物价格上涨,即以预期通胀率为前提的吗?

第二,央行果真能控制货币供应量吗?这是个政策技术性的问题。如第 8 章所述,央行的通货基础的增加并不保证和货币供应量的增加有直接联系。所说的信用乘数(或货币乘数)的稳定性尚未能实证。

第三,如果央行将长期国债近于无限地购进的话,也许可以将长期利率拉到零利率以下,但在"流动性陷阱"的真性通货紧缩中,即使将所有金融资产的名义利率都变成零,但民间经济活动的利率弹性无限地接近零,那么对经济活动不是几乎没有效果吗?

第四,从以上的量的放宽论来看,货币量的无限增多而达到所预期的目的只有在酿成预期通胀率上涨之点上来寻求。应该说,无限的量的放宽政策对金融当局及政府的经济政策运营方面,一定会带来很大的丧失规矩的危险性。

其次,是通胀目标设定。如前述的第四点指出的那样,量的放宽政策的超金融放宽政策只是在酿成、提高预期通胀的情况下能够有效果。光是出台当局要达到的通胀目标值,但只要不伴随量的放宽政策,效果不得不是限定的。

而通胀目标设定是什么呢?这正是在通胀政策上反复失败的凯恩斯学派试图收复其失地的做法。在1970年代不得不允许执拗的通胀压力的凯恩斯学派站在猛然反省的立场上,试图再兴"抑制通胀的经济学",这也是当然之理。

为了不发生通胀,宏观经济政策的运营应该如何去做呢?其直接的且具体的解决政策是发表中央银行的目标通胀率,为了达到这一目标而机动地操作金融政策。

通胀目标政策进入1990年代后,在发达国家被逐步引进。从1970年代及1980年代各国金融当局的经验来看,即使实行以凯恩斯学派的利率水平或货币主义者的货币供应量水平为目标的金融政策,效果也是不确定的。

开始是新西兰(1990年3月)将年通胀目标设定在0~3%,接着加拿大、英国、瑞典等将通胀目标设定为2%左右。美国和日本没有采用通胀目标政策。

在1990年代引进的这些通胀目标政策设定都是为了抑制通胀压力的对付通胀的政策。所以,在物价降低倾向的通货紧缩经济中,作为解除通货紧缩压力的对付通货紧缩的政策,通胀目标政策是否有效尚未确定。

问题是金融当局为从通货紧缩中摆脱出来,是否果真会提高通胀预期。为酿成通胀预期,实行直升飞机通货、定时的货币异常供应或近于无限地购进长期国债或CP、ABS等不顾一切的量的放宽是不可或缺的,但是,其时由于拘泥于达到通胀目标,使得异常的通货量散布在市场上,结果当局难免制造出超级通胀的温床。

通货紧缩是通胀的反世界吗?

在金融理论上,解决通货紧缩如前所述,由修正LM·IS理论明确地提示出来。只要使实际利率负数化,IS曲线右移就可以了。为此的手段是提高人们的预期通胀率。

对此,金融当局作为政策目标设定通胀目标值,并予以发表,为了完成这一目标而裁量地展开金融政策就可以了。如果这样想的话,那么和控制通胀一样,摆脱通货紧缩也是很容易的。但是,通货紧缩是通胀的反世界吗? 能够用和通胀对称的政策消除吗?

回顾一下迄今为止叙述的金融理论。抑制通胀只要将LM曲线左移就可以了。这便是使名义利率上升。这时,央行能够无限地拉高名义利率。在理论上将利率水平拉到100%以上是可能的。如果预期通胀率为200%而表面利率为300%的话,那么预期通胀率就应该降下。

然而,通货紧缩的情况又是如何呢? 摆脱通货紧缩的要谛是实际利率的负数化。这时,名义利率不能下降到零以下。于是,为达到实际利率的负数化就只有提高预期通胀率。

于是,我们就可以明白通胀和通货紧缩不是对称的经济事物。即这是因为在通胀对策中,金融当局可以将名义利率无限地提高,但在通货紧缩对策中,零是下限。通货紧缩对策只有强有力地启动预期通胀率,提高通胀预期。

就是说,在通货紧缩对策中,对央行而言,对通胀预期这一人的心理世界做工作是基本手段。金融当局或政府果真能操作"预期"这一心理要因吗?

在通胀时,当局可以把名义利率提到天上去。但是,在通货紧缩时,只有对人们或市场的"心理"做工作,只有去提高所谓预期通胀虚拟变量才行。克鲁格曼在提出通胀目标政策时说"必须出台15年的每年4%的通胀率目标政策",而使之发挥"预期"效果得经过10年以上,而且必须坚持不懈,这意味着完成这个目标是多么难。

那么,就没有解决"流动性陷阱"或真性通货紧缩的方策吗?没有这种经济学的见解吗?

在零利率下,摆脱通货紧缩的政策性手段用正统派经济学的LM·IS理论来说,只有两个。一靠财政干预将IS曲线右移。第二个是靠目标或量的放宽的超金融政策来提高预期通胀率,拉下实际利率,使IS曲线右移。

但是,如前所述,这两个政策也不能担保其有效性。因为,前者靠着财政政策的反效果,在财政破绽下的经济中不是有效的,后者在特异的真性通货紧缩下提高预期通胀率是非常难的。如果预期通胀率不上升,过剩供给的现金替代实物的可能性是很小的。

诚然,通胀目标论和量的放宽论都主张只要以现金购入实物便可以摆脱通货紧缩。

譬如,美联储理事 B.S.瓦纳基(前普林斯顿大学教授)这样强调道:

"几乎所有的经济学家都赞成将充分的巨额金钱从直升飞机上往下撒,而物价就一定上涨的想法。如果不这样的话,物价水平是不变的。假使这样做,那么政府的货币礼物很充足,国民实际资产会无限上升。(中略)在某一时点,国民要将增加的实际资产变为财物和服务,这样一来,总需求和价格上涨。国民将货币资产换为其他资产,如果其他资产的价格上涨的话,那也是符合我们的愿望的。"

这种主张的核心在于预期通胀,如果它上升的话,过剩货币就变换为(替代)实物,总需求增加,物价水平在现实上转为上涨,这就促使消费和投资。但是,对预期通胀这一虚拟变量(心理变数)的当局的工作能否奏效却是不确定的。

这一点和当局压缩货币量,直接使利率水平动,将其无限地提升的通胀的情况有决定性的不同。就是说,通货紧缩不单纯是通胀的反世界。在这里,存在着通货紧缩金融理论的"陷阱"。说起来就是利率(名义)是不能下降到零以下的世界和零以上的世界是不同的,这是个虚拟的世界。

那么,摆脱通货紧缩的政策手段就一点儿也没有吗? 在日本经济陷入的"流动性陷阱"中,正统的经济学实际上还可以导出另一个通货紧缩对策。就是靠本章中详述的 LM·IS 图式中的 IS 曲线右移。

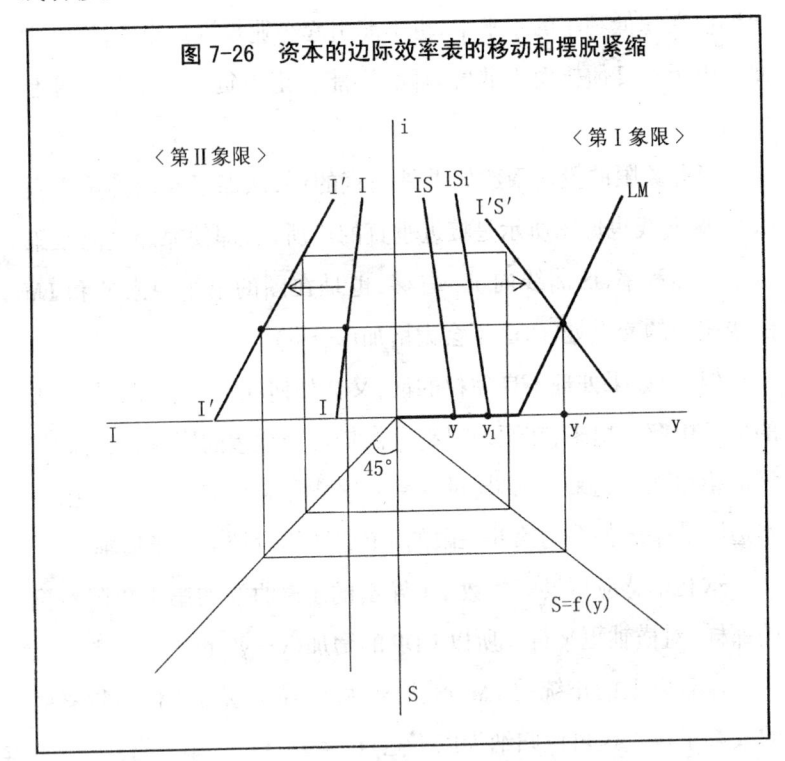

图 7-26 资本的边际效率表的移动和摆脱紧缩

如前所述,关于 IS 曲线的右移,我们探讨了财政政策干预及拉下实际利率两个手段。但是还有一个,即第三个使 IS 曲线右移的手段。这就是变换以 IS 曲线导出的资本边际效率表的形状。即,企业投资系数的形状。在第一章中我们看到的在抱有不良债权的日本经济中,资本边际效率表,即投资系数ⅠⅠ的形状如图7-26 的第Ⅱ象限那样几乎和横轴垂直。因为企业投资对利率变化是非弹性的。

这就是不良债权的存在,换言之,对企业而言,过大的债务重压即使在超低利率的水平中,也不能引起企业投资。当然,银行方面也由于不良债权而不敢冒风险,不能否定借贷也对企业有抑制作用。

第Ⅱ象限的投资系数如果是垂直的话,从那里导出的第Ⅰ象限的 IS 曲线也像图所示是接近垂直的。所以,即使靠超金融政策拉下实际利率,IS 曲线向 IS_1 右移,也是在图的第Ⅰ象限的和 LM 曲线相交的交点处,GDP 不会太增加($y \to y_1$)。

但是,如果处理不良债权的话,又会如何呢?企业开始从过大的债务中解放出来,在逐渐提高有借贷资金欲望的同时,银行的借贷欲望也强烈起来。结果,投资系数逐渐感应利率水平的变化,资本边际效率表如图的第Ⅱ象限的 I'I' 那样相对较平行于横轴。

这利率感应型投资系数 I'I' 导出的 I'S' 曲线如第Ⅰ象限看到的那样,对横轴更平行。所以 GDP 的增加($y \to y'$)也大。

靠着以上的正统的 LM·IS 理论,可以导出摆脱真性通货紧缩的政策手段。这可以归纳为以下三点。

(1) 要使资本的边际效率表感应利率,首先要紧急采取不良债权的最终处理。

(2) 作为伴随着上述的处理不良债权的新的通货紧缩压力的缓冲措施,必须准备有数年时限形式的、财政面上的安全网(缓冲大规模就业或支持企业转换等)。

(3) 作为金融政策必须支持以上的摆脱通货紧缩政策,以维持零利率政策为中心,实行有规矩的量的放宽对策,这要从央行取得确实的约定。

这就是摆脱真性通货紧缩的政策手段。

8 金融政策的理论和实际

如果在眼前极短的时间里,增加通货的发行、利率下降也是可以的,但如果作为长期的问题,那么不使通货价值发生大的动摇,最终会因此而对经济界作出巨大贡献。

深井英五第13代日本银行总裁
(1935年10月的日银分行行长会议)

Ⅰ 金融政策的理论

本章以前述的金融潮流或机制及理论为基础,探讨金融政策的基本和现场。

金融政策是靠着在量上控制金融或货币流而试图稳定地发展国民经济的政策。具体而言,是靠各国的央行来实行的,在日本,日本银行是运营这一金融政策的主体。

在Ⅰ中,我们将一边概观这种金融政策,一边在理论上探讨其效果。而在Ⅱ中将观察实际金融政策的实践主体的日本银行的功能和活动现场。在Ⅲ中观察曾在第7章等中也涉及过的在通货紧缩情况下受到考验的金融政策的举措。

1 什么是金融政策

谁在进行金融政策

说起金融政策,谁都认为作为央行的日本银行是其运营主体。这本身是没有错的。但是,同时谁都应该感受到日本银行后面存在的政府。

政府,具体而言就是金融厅(以前的大藏省),而过去的大藏省在最近的时候还和我国的整体金融有着深切的关联。因此，在考虑金融政策时，不仅要看央行的日本银行，而且首先必须看它和政府（财务省和金融厅）的关系。

日本银行和政府的基本关系要从旧日银法修改说起，根据后述的新日本银行法（1998年4月实行），从担保日银的独立性和中立性的视点出发，旧日银法（1942年制定，后有部分改正）得到根本的修改。现在日银作为金融政策运营主体的自主性是很明确的。

而金融政策从广义来说，关联着一个国家全部的金融。如何来维持金融秩序，如何调整金融业务领域，如何限制，如何建立金融制度，在什么领域里实施政策金融，还有如何监督银行等金融机构，即所谓的金融上的各个制度或各个限制，而且和行政指导有关的问题也被包括在广义的金融政策中。

这些金融制度或结构及有关维持信用秩序的金融行政被称作"审慎政策"，是要以法律和行政指导在质上限制金融交易。关于这种金融行政或金融的质的限制，很明确政策主体是政府，其中心具体而言是金融厅。

譬如，第3、第4章所述的长短分离或银行和证券的壁垒等业务领域的问题，或者如第1章看到的有关处理不良债权或金融机构的经营等问题也属于金融行政的领域。此外，为住宅金融或振兴特定地区产业的政策性制度金融属于财务省和其他有关机关。

而一般在说金融政策时，很多是不包括以这种金融的质的限制为中心的金融行政领域的。这时，金融政策被狭义地定义。狭义的金融政策是指以金融的量的限制，具体而言是以货币供应的增减及利率的调整给予经济整体以影响。在这个意义上,狭义的金融政策多被称为"货币政策"或"通货政策"。

这种狭义理解的金融政策,其政策主体明显的是中央银行。在日本就是日本银行。

因此,相反将日本银行或中央银行作为主体而进行的金融上的量的控制也可以定义为金融政策。而这一定义是极其实践性的,可以说是易于理解的。本章阐述的金融政策主要就是这狭义定义的。

为什么金融政策是必要的

那么这样定义的金融政策是以何为目标来进行的呢?

使一国经济稳定地发展当然对所有的国民而言是符合其愿望的。在这个意义上试图稳定地发展经济可以说是"公共的福祉"。

所谓金融政策是将这一"公共的福祉",即"公共经济的福祉"通过控制金融的量来增进,就是说,日本银行的行动必须靠着适当地运营金融政策来使日本经济稳定地发展。

但是,在这里也许会有读者抱有疑问。特别是通读了第7章"货币经济学"的读者如果抱有下面这样过激的疑问绝不奇怪。

这个疑问是这样的。如第7章所详述的那样,从货币主义的立场来看,中央银行裁量地,即自由地增减货币供应量或要将利率水平保持在一定的水平上,以此提高通胀心理,使经济产生不必要的变动,难道不是这样吗?

要之,如果按货币主义来说,以经济稳定发展为目标的裁量的政策只是使一国经济不稳定化,此外什么作用都没有,从这一点而言,金融政策以"一国经济的稳定发展"为目标不过是画饼而已。

诚然,只要市场具有迅速且充分的调整能力,金融当局的裁量的金融政策仅仅是扰乱市场。因此,对于金融政策是否有必要的过激的回答是强烈地关系到"市场是否有充分且迅速的调整能力"。关于这一点,在这里要指出的是中央银行虽然绝不是万能的,但在使经济稳定化上是有着相当的影响力的。

因为,像在第6章的"学习金融理论的基础"中讲到的那样,在现代的经济社会里,能够供给"终极的钱"的只有中央银行(或政府)。

经济行动是财物、服务和各种资产的买卖或者借贷交易,而对这交易必定需要货币。就是说,我们的经济活动或经济交易没有货币是不能成立的。而随着经济活动的扩大,新的货币供给是不可或缺的。

因此,只要中央银行具备垄断地供给现金的功能,中央银行参与货币及以此为基础的金融流是当然的,并且也是义务。

问题是中央银行参与金融经济的方式。因为在中央银行实行适当的金融政策时,关于应当采取什么方式的种种讨论是可以存在的。有裁量型的金融政策,也有否定它的规则型金融政策。

但是,不管中央银行的做法或方法,完全和货币或金融流没有关系者是没有的。因为在现代经济社会里,为"经济的稳定发展",适当的金融政策是不可或缺的。只是对于如何实行还没有"正解",意见也不一致。

金融政策的目标是什么

打开金融理论的书,肯定要看到"金融政策的目标……"的语言。在这里金融政策是指以贡献于"公共的经济福祉"为目标,试图"稳定地发展一国经济"的政策。

在许多金融理论中,关于金融政策的目标有以下四个:第一是物价的稳定。第二是稳定地扩大就业。第三是适当的经济增长。第四是国际收支的平衡。

第一的物价的稳定是不言而喻的,是金融政策在历史上的第一义的目标,即稳定地维持通货价值。

第二的稳定(或扩大)就业是实现没有非自发的充分就业状态,因为就业问题和景气的动向密切相关,所以这一目标可以换为景气的维持、稳定及扩大。

第三的适当的经济增长是试图让国民经济适当地增长。

第四的国际收支平衡是消除国际收支的大幅黑字或大幅赤字。

以上的四个是一般金融政策的目标。在这四个目标中,关于第一的物价稳定没有什么特别的问题。而且1990年代的日本经济进入表现出物价持续下降倾向的通货紧缩状态,所以对于物价稳定这一金融政策的议论就强烈起来。

当然,我们在第7章的通胀目标设定论里讲过应采取将通胀目标值作为金融政策目标的议论。关于这一点后面还要谈。

关于第二的就业的稳定和扩大一般是没有异论的。但是,能否实行稳定并扩大就业的有效果的金融政策则是很难的。因为,就业问题是和结构等要因复杂地联系着的。

所以,在说到金融政策中就业的稳定和扩大时,就有人认为应当和第三的适当的经济增长的目标相关联来把握。实际上在讨论宏观政策或金融政策的菲利普斯曲线(参见第 7 章)中,物价上涨率对失业率的图式很多是可以换为物价上涨率对经济增长率的(反尺度)。就是说,因为就业稳定、扩大是和宏观经济增长有着补充的关系。

问题是第四的国际收支平衡,下面将要言及这一点。

金融政策的目标根据时代而变化,这是不能否定的。在 1960 年代的高速增长时期,"经济增长"被明确地作为最优先的目标,1970 年代通胀时期,代替"经济增长"而"物价稳定"成为最优先的目标。此外,如前所述,在 1990 年代,"反物价稳定"的通胀率是否应该作为目标成为人们广泛议论的话题。

国际平衡是金融政策的目标吗?

第四的目标是关于国际收支平衡,在这里必须做若干的探讨。因为对外平衡的必要性及实现可能性不明确的地方很多。对外平衡具体而言指的是经常收支(出口、对外服务收入和出口、对外服务支出的收支)的平衡,但人们说,经常收支黑字为什么不好呢?这种意见是相当根深蒂固的。

便宜的品质优良的产品出口的增多对进口国来说,是它们希望的,拼命地生产和出口这样的产品无论怎么想也不是坏事。但是,譬如日本的经常收支的黑字变为恒常化,那么就会侵蚀美国的竞争企业的市场,所以就和剥夺美国的就业相关联,这意味着日本出口失业。

这对国际经济关系的顺畅不能说是好的。如果放任这种黑字,经济摩擦就会更严重,必然阻碍日本经济的稳定发展。因此,必须纠正对外平衡的不平衡。

并且,一国经常收支恒常地积累,和过去的重商主义的想法是一脉相承的,这也是个问题。就是说,积累出口和进口差额的金、银(外币)是重商主义的经济政策,但这在牺牲国内经济的潜在发展方面,可以说是违反增进"公共的福祉"的政策运营的。

重商主义的政策是抑制国民从海外购进财物、服务,只是以外币的形式积蓄经济力量的成果,所以,说起来就意味着牺牲增进国民福祉的机会。譬如说,日本人只是拼命工作、挣钱,住宅是狭小的,穿的也很糟糕,吃的也不好,不休假,只是储蓄。

另一方面,一国经常收支持续赤字也不是好事。当然,一时的或短期的对外赤字是当然的。但是,一国沦落为恒常的赤字国家,那么对外债务累积,其赤字国的国际信誉就降了下来。结果是,对外利息支付增加或者从海外借贷资金,为此,就要维持高利率,这样会产生经济运营中的障碍(风险)。这种情况使经济不稳定化,看看累积债务的国家就一目了然了。

在这个意义上,从增进"国民福祉"的视点来看,对外赤字的恒常化是要一定回避的。如上所述,为了"一国经济的稳定发展",政策当局必须要将国际平衡,即经常收支平衡化作为目标来运营政策,这就是结论。

在目标中有优先顺序吗？

作为金融政策的目标就出现了物价的稳定、就业的稳定、扩大、适当的经济增长和国际平衡等四个想法，但下面的问题是中央银行能同时达到这四个目标吗？

此外，目标之间是否会产生相克，这也是个问题。譬如，如前所述，"物价稳定"和"经济增长"是二律背反的关系。"经济增长"和"国际平衡"也是同样的问题。

在这种"金融政策目标之间的相克"中，同时达到物价稳定和就业稳定、扩大（或经济增长）是很难的，并常常引发问题。当然，经济处于萧条局面，物价稳定时，推进金融放宽政策，试图增加就业，物价稳定也不会发生巨大的崩溃，何况通胀前进的危险性几乎没有。

在这种场合，物价稳定和就业稳定之间没有"目标的相克"，两者可以两立。但是，就业稳定或经济增长和物价稳定在很多时候是不能两立的。特别是在稳定、扩大就业之上再进一步实行经济增长，就和物价稳定很难两立。

譬如，在1960年代，凯恩斯学派以物价稳定和经济增长（或就业扩大）不能两立为前提，提议采取经济增长优先的金融政策。这是以菲利普斯曲线为基础的扩张的凯恩斯政策（参见第7章）。

就是说，作为金融政策目标，经济增长及稳定、扩大就业比物价稳定或国际收支平衡的优先度要高。

此外，在1970年代中期，有所谓的调整通胀论，这一想法也是将物价稳定和其他目标相比定位要低。在1970年代前半期，日本的对外黑字增大时,美国等国要求提高日元平价的压力大起来。政策当局考虑到日元升值会使经济增长减速,为规避作为达到国际收支平衡手段的日元升值而扩张国内经济,以通胀的形式试图增加进口。这作为金融政策的目标就是将物价稳定定位于低位,经济增长及国际平衡为优先。

金融政策和其他政策的关系

金融政策是贡献于"一国经济的稳定发展"的增进"国民福祉"的事务,更具体地是如前所述,以达到物价的稳定、就业的稳定、扩大、适当的经济增长及国际平衡等四个目标而使一国经济稳定地发展。

但是,"一国经济的稳定发展"仅仅靠金融政策是实现不了的。"增进国民的经济福祉"的政府的政策手段一般叫经济政策,而金融政策是其中之一。因此,金融政策和其他个别的经济政策组合,以此来试图推进"一国经济的稳定发展"。

作为追求和金融政策几乎相同的经济目标的经济政策是财政政策、外汇政策、国债管理政策、收入政策等,此外,作为从更长期的观点出发采取的经济政策是产业政策、禁止垄断政策、放宽限制政策、租税政策等。这些长期的政策一般多被称为"结构性改革"。

在这种经济政策中,特别是和金融政策关联大的财政政策一般多被称为财政、金融政策。在经济学中叫宏观经济政策时,指的就是这种财政政策和金融政策。在本书第7章的"货币经济学"中我们看到基于LM·IS理论的政策当局的政策也主要是财政、金融政策。

而财政政策是政府通过财政支出和税的增减,及以预算规模的增减来控制总需求,调整景气、增加就业及实现经济增长、物价稳定和国际平衡。

这一财政政策通过预算规模的量的控制来调整有效需求水平,自1936年J.M.凯恩斯将其理论化以来,被定位于经济政策的中心。财政政策和一般是通过调整利率或增减货币供应量来调整有效需求的金融政策相比,效果是直接的且强有力的。实际上,为了扩大景气,财政政策或者是大幅度地推进公共事业或者是实施大减税,所以其具有的有效需求的增加效果是直接的。

但是,在财政政策干预时,必须得到议会的承认,并且也有到达实施的行政过程,到产生实际效果是要花费相当时间的,在这一点上不如中央银行能机动地采用的金融政策。如第7章所述,1990年代以后,比财政政策更重视金融政策的被称为新凯恩斯学派的经济学家增多起来。

总之,在适当地运营宏观经济时,财政政策和金融政策都担负着车的两个轮子的角色。

一体化政策是画饼吗?

有种想法认为如果金融政策和财政政策适当地组合的话,就能有效地达到经济政策目标。这被称之为一体化政策。譬如国内经济通货紧缩的倾向强,而另一方面对外收支处于黑字倾向时,在扩张财政政策的同时,如果放宽金融政策,使利率降低的话,那么景气就会扩大,失业减少,进口增加,经常收支的黑字规模也会缩小。

这种财政政策和金融政策的组合确实可以说是有效果的,但是,在浮动市场制度下,这种一体化政策未必能说是可以有效果地发挥其功能。为缩小经常收支黑字,有必要将汇率维持在高的水平上,而放宽金融,利率水平就下降。

利率一下降,就产生资本流出,显示出汇率下降的倾向。这样一来,汇率下降,相反出口增加的压力就大,将扩大对外不均衡(黑字)。因此,在浮动市场制下,国内经济是通货紧缩而对外黑字增加时,反向的一体化政策就有必要了,即扩张的财政政策和将利率维持在高水平上的紧缩的金融政策。

这种两个互相矛盾的目标,即在同时使就业扩大和汇率上升而达到的政策手段的组合,才是本来意义上的一体化政策。但是,以财政政策来扩大总需求,同时还要紧缩金融,使利率上升,长期来看是否真的可能,这是留给人们的问题。一体化政策在现实中是很难做成最佳组合的。

2 金融政策手段的阐释

三个传统的手段

中央银行为达到物价稳定、就业稳定、扩大、适当的经济增长及国际平衡等四个目标而进行的金融的量的控制就是金融政策,这量的控制的具体方法被称之为金融政策手段。在这里,关于中央银行在金融市场上使用何种金融政策手段,我们从一般的视点予以阐释。

读初中的社会科或高中的政治、经济教科书，势必会列举中央银行或日本银行的三个金融手段。人们也没有好好理解其内容，只是死背下来（参见专栏）。

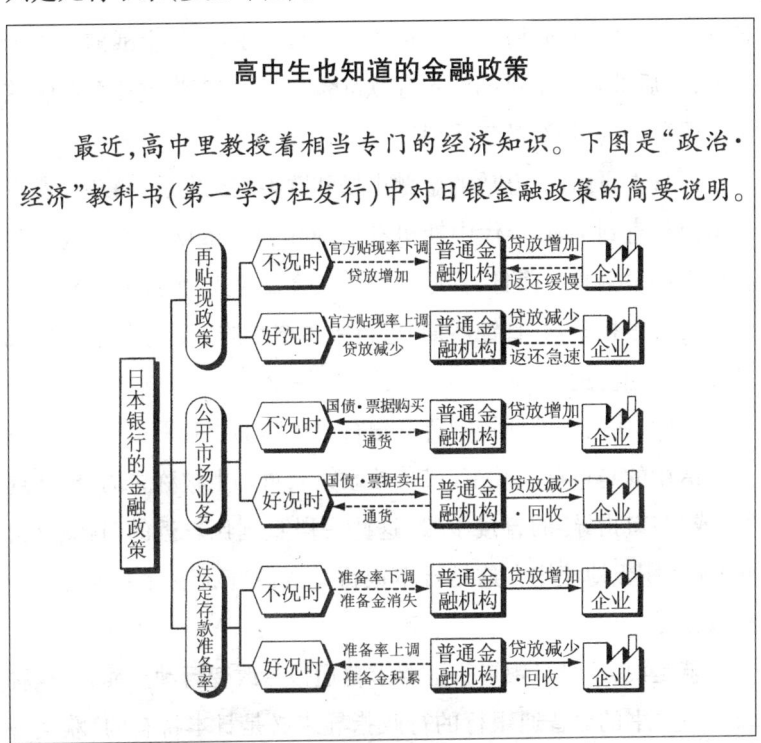

高中生也知道的金融政策

最近，高中里教授着相当专门的经济知识。下图是"政治·经济"教科书（第一学习社发行）中对日银金融政策的简要说明。

第一个是再贴现政策（或者也叫借贷政策），第二是公开市场业务，第三是法定存款准备率。这三个金融政策手段由来于中央银行具有能够垄断地供给"本物货币"的特权。

在这里，"本物货币"就是本书第6章说的"终极货币"的高能货币（货币基础或基础货币）。而中央银行使用这三个金融政策手段，增减民间部门（主要是普通银行）的"现金"（高能货币）保有余额,调整一个国家整体的通货供给余额。

在这三个手段中,再贴现政策和公开市场业务是以中央银行的英格兰银行(The Bank of England)为中心,从很久以前就被欧美各国的中央银行所使用了,所以被称作传统手段,加上战前美国创造的、战后被各国引进的法定存款准备率,现在多将这三个金融政策手段称之为"传统的三手段"。

而日本自由的、开放的金融市场和欧美相比发展得较晚,所以日本银行直到1980年代中期机动地使用公开市场业务来进行金融调整都很困难。而且,普通银行的资金盈余少,因此日银对普通银行的日银托管款(日银活期)进行频繁增减的法定存款准备率也不能机动地使用。

因此,作为有效地控制普通银行对民间的贷款手段,日本银行主要活用的是再贴现政策(或贷放政策),再加上被称之为"窗口规则"或"窗口指导"的直接手段,这些手段直到比较近的时候(1991年)还在积极地使用。这是日本银行直接做普通银行工作的一种行政指导。

就是说,这是日银口头上要求普通银行改变行动。而且,这种口头或文书的对普通银行的行政指导未必是日本特有的,欧美各国在战后也常常使用。这是中央银行为了要求普通银行的贷放按照指导方针进行所采用的方式,所以被称为"道德劝说"(moral suasion)。不过虽说是"道德劝说",但这却是明显的直接限制金融,有可能使自由市场发生扭曲。特别是在日本,"窗口限制"比其他发达国家更是极具效果,因此,政策当局内部常常有很强的依靠这种方式的倾向,这象征着战后日本金融体制的后进性。

贷放政策和再贴现政策

那么,我们先从这三个传统金融政策手段中的贷放政策(lending policy)或再贴现政策来考虑。

如后所述,日本银行是"银行中的银行"。因此,一方面,日银从一般的普通银行存储存款(普通银行在日银保有活期托管款,即日银活期托管款);另一方面,对普通银行贷款。就是说,日银作为普通银行的银行发挥功能。

企业从普通银行借资金时,有两个东西是不可或缺的。一个是借贷的企业借来商业支票交到普通银行请求贴现或将债券或股票作为担保交给银行。

另一个是企业在借贷时,支付借贷利息。从贷放的普通银行来看,这成为贷放利率,在贴现商业支票时,就是贴现利率。

将企业和普通银行的关系换作普通银行和日本银行的关系来考虑的话,就容易理解日银的贷放政策了。就是说,普通银行在"现金"(高能货币,为现金通货和普通银行的日银活期的合计)不足时,能够向日银要求贷款。

这时,日本银行再次将普通银行拿来的商业支票贴现,将"现金"转入普通银行的日银托管款中。在这里,再次贴现是日银贴现普通银行已经贴现过的商业支票的支票,所以,日银贴现时,相当于第二次贴现。

而日本银行不是对普通银行拿来的所有商业支票都再次贴现。日银在再次贴现时,对支票开出人的信用度或支票的期限定下一定的合格基准,只对满足这一基准的合格支票才能再次贴现。

日本银行对普通银行的合格支票再次贴现所适用的利率就是官方贴现率。贴现是古老的、一般不使用的语言,但这是公家定的每天的利率(官方贴现率),是日银的基准贷款利率。

适用官方贴现率的不仅是合格支票的再次贴现。对于以国债、政府保证债、地方债等日银定下的合格的担保为基础的日银贷款也适用官方贴现率。

于是,官方贴现率就是日本银行对普通银行贷放的基准利率。所谓日银贷放指的是以这官方贴现率为基准利率的贷放,贷放政策是通过官方贴现率的操作或使日银贷放积极化或使之抑制。在这个意义上,贷放政策也被称作再贴现政策。

日本银行是唯一能够供给"现金"(高能货币)的机构,所以日银如果提高这基准贷放利率的官方贴现率,就意味着下面的两件事。

一个是普通银行筹措"现金"的成本上升,这成为压迫普通银行收益的要因;另一个是普通银行感到难以从日银得到"现金"而加强了"现金"不足感。

因此,日本银行靠着变更官方贴现率是可能给普通银行以强大的影响的。

官方贴现率和"告示效应"

官方贴现率变更的第一效果就是"告示效应"或"告知效果"。能够垄断地控制货币供应的中央银行公布官方贴现率变更使金融政策变化的基本方向明确化,这不仅对普通银行,就是对企业或个人这样的个别经济主体的经济行动也产生心理上的影响。

如本书第7章所述,在现代的经济社会中,个别经济主体的

"期待"或"预期"起的作用是极其大的。官方贴现率的变更能使"预期"变化,具有对经济的动态或潮流施加影响的效果。

譬如,中央银行判断景气过热,如果提高官方贴现率,有的企业就会预想今后金融要紧缩,景气会落下来的。结果这些企业的"预期"就发生变化,延缓设备投资或降低生产水平的动态就扩展开来。

于是,过热化的景气减速,预期物价上涨率下跌,通胀落了下来,这是可以预期的。这被称作官方贴现率变更的"告示效应"。这种"告示效应"能直接地改变普通银行的"预期"。譬如,提高官方贴现率,普通银行就会预想今后日银的"现金"的追加供给是比较困难的。

结果,普通银行对企业的贷放行动就慎重起来。于是,官方贴现率以改变普通银行的"预期"而发挥效果。这种普通银行的行动变化由于下面要讲的官方贴现率变更的实质性效果而得以加强。

官方贴现率和"成本效果"

在官方贴现率变更中不仅有"告示效应"的心理上的影响力,也有实质的影响力。譬如,普通银行的贷款利率上调,企业由于筹资成本上升,收益就受到压迫。普通银行因和日本银行有关联,所以也是同样的。因为官方贴现率上调,普通银行从日银贷款的筹资成本就上升。

这样,官方贴现率一上调,普通银行的收益受到压迫,所以,对企业的贷放利率就上升,于是或者抑制或者减少从日银贷款,这样由于抑制了普通银行的行动,一国的经济活动就稳定下来,这是官方贴现率上调的实质效果。

相反,官方贴现率下调的话,普通银行从日银贷款的成本就降低,所以普通银行的贷放活动就积极起来,经济活动整体便活跃了。于是,官方贴现率的变更给普通银行的成本以实质性冲击。这被称作再贴现政策的"成本效果"。

将主角让位于拆息的再贴现政策

以上的官方贴现率的变更或贷放政策(再贴现政策)是教科书式的说明,而在实际中则大相径庭。应该说再贴现政策在日本银行的金融政策或金融调整中,以前扮演着主角是没有错的。但是,以1990年代中期为契机,日银的金融调节的关键从再贴现政策转换到拆息上来了。具体而言,1995年3月,日银发表了保持官方贴现率不动,下调短期利率的代表——拆息(隔夜)的诱导水平的文件,接着同年7月将拆息诱导到比官方贴现率更低的水平。从这以后,拆息就在官方贴现率以下的水平运行起来。

于是,如果官方贴现率长时间地超过拆息的话,普通银行的不足筹资就不是官方贴现率的日银贷放,而追求起短期拆放市场来了。于是,日银每天的金融政策手段就不是以再贴现政策为基础的传统的贷款政策,而是转换到通过以拆息为主的短期金融市场上来。

那么,日银的金融政策的操作变量从官方贴现率转换为拆息是意味着再贴现政策失去了意义吗?

确实,普通银行的筹资变得非常依赖比官方贴现率更低的拆息的短期金融市场,所以前述的"官方贴现率的成本效果"实际上已经消亡。

那么,"官方贴现率的告示效应"又如何呢？只要日银的金融政策成为拆息诱导水平的改变的话,那么,市场有关人士必然不会关心装饰品一样的官方贴现率,他们的关心集中在拆息上。

将官方贴现率作为顶点,由于其变更而联动的限制利率体系的时代结束了。在这个意义上,再贴现政策作为"过去的遗物"而名存实亡。实际上像英国等发达国家有很多已经废除了再贴现政策,美国也正在向这一方向发展。此外,以官方贴现率为基础的日银贷放在2002年3月时仅仅不过一万亿日元,这全都是日银法（后述）38条的特别融资（日银特融）。

日银向往的市场业务

对日银而言,长期向往的是市场业务。因为,日本银行传统的金融政策——再贴现政策（贷放政策）不是市场政策,而是日银和普通银行的相对型政策。因为这一点对日银来说,欧美以市场机制为基础的市场业务是"发达国家的金融政策"的所谓象征。

就是说,再贴现政策,特别是以前的日银的贷放政策是强有力的,但在缺乏市场型政策所具有的优美这一点上是"直接的"、"后进的",是应当否定的,对此,市场业务这一政策手段是以自由的金融市场为前提才有可能实施的。

市场业务本来是中央银行在公开市场上机动地、能动地靠着买卖债券或支票来增减普通银行的"准备金"（高能通货,更正确地说是日银活期托管款）,同时靠着增减参与公开市场的不特定多数的商业法人等的现金来控制国家整体的信用量,这被称作公开市场业务(请参见前述高校教科书的专栏)。

就是说,公开市场业务是给予普通银行的"准备金"以直接影响的,所以能够使普通银行的贷放行动机动地、有效果地变化,同时,也能够增减不特定多数法人或个人的现金保有余额,所以也可能使这些经济主体的行动改变。但是,在实践上,日银市场操作的对象限定在普通银行等金融机构,为此现在不使用公开市场业务的术语,而叫做市场业务。

市场业务是中央银行从普通银行(金融机构)中撤出"现金"(高能货币),试图使市场的流动性水平降低,为此只要进行"卖出市场业务"就行。就是说,中央银行将手头的债券或支票在市场上卖出。

另一方面,中央银行为了提高市场的流动性水平,就进行买进市场业务。中央银行在短期金融市场上,以金融机构为对象买进债券或支票。

以市场业务为金融政策中心

这样,在原理上债券、支票的市场业务在短期金融市场进行。在短期金融市场上,以自由利率买卖各种证券或债券,但买卖中心的政府短期证券(FB)或短期国债(TB)市场直到最近还没有完全发挥功能。所以,我国短期金融市场直到最近和欧美相比还是不完全的,相形见绌。但是,进入1990年代,短期金融市场开始完善,以致如今以市场机制为基础的日本银行的市场业务(金融调节)占据了金融政策的中心。

而且,日本银行在1962年11月采用新金融调节方式时,已经将债券买卖业务定位于金融政策手段之一。这一目标是代替日银贷放而创造出供应现金的渠道,但实际上没有越出日银和普通银行之间的相对的债券回购协议条件的债券买卖的领域。

表8-1 日银业务的展开

	业务关联事项	备 考
1962	新金融调节方式的引进	日银贷放的抑制和债券业务的推进
1966	国债买进业务的开始	付息国债
1971	票据卖出业务的开始	3个月内到期的票据
1972	票据买进业务开始	
1986	短期国债销售期货的开始	贴现国债和政府短期证券
1989	CP买进业务的开始	满期1年以内的合格CP
1990	短期国债买进期货业务的开始	
1991	废除窗口指导	废除"对交易对方的金融机构要求在承认一定期间的贷放增加额为适当的范围内停止的制度"
1995	诱导拆息利率比官方贴现率低	发展"关于当前金融政策调节的声明"原则上决定进行不依靠金融的调节
1996	从贷放政策事实上的脱离	
1997	新日银法制定 国债借入业务开始	引进回购协议债券
1999	短期国债买进业务开始 短期国债销售业务开始 公司债等担保票据买进业务开始	贴现短期国债和政策短期证券 对业务对象开出的汇兑票据、贷款债权证书、A、B、S

其后,除了债券业务加上支票之外,作为对象的金融机构也增加了,如表8-1所示,正在试图着进展起来。其中,最大的进展是当初有附加条件的债券买卖变为无条件业务(买光、卖光),及在进行债券、支票的业务时,引进了招标方式,实施了以市场利率为基础的业务。

这样,日本银行的债券、支票买卖的业务增加了机动性,现在日银以银行、证券公司、短期资金经营者等广泛的金融机构为对象,以招标方式进行积极的金融调节。因此,债券、支票市场业务使日银能有效地增减普通银行的"准备金",即作为发挥以"流动性效果"为主的金融政策手段而确立下来。

买进市场业务和货币供应的机制

那么,关于中央银行的市场业务会给货币供应量或"准备金"以何种影响,我们举些简单的例子来看看。

先假定中央银行以普通银行为对象以招标方式实施市场业务的情形。

首先,普通银行的市场参与者有 A、B、C 三家银行。这 A、B、C 的借贷对照表如图 8-1 的(a)。就是说,A 银行有即期存款 1 000 亿日元,准备金(手头现金加上中央银行的托管款构成的高能通货)有 200 亿日元。

这时,准备金率(准备率)为 20%(准备金÷即期存款)。A 银行将 800 亿日元作为贷放及购入有价证券来运用。B 银行及 C 银行也同样以准备金率 20%(如图 8-1(a))来行动。

这时,中央银行发表实施 500 亿日元的国债买进业务,对 A、B、C 三家银行进行招标,因为中央银行的买进国债是用招标方式,所以应标的国债价格,即根据收益率来决定招标额。

现在,A 银行要以 200 亿日元、C 银行要以 300 亿日元,总共 500 亿日元投标(B 银行没有中标)。在中央银行的资金平衡表上,如图 8-1(b)那样发生变化。另一方面,普通银行的 A 行和 C 行的资金平衡表的变化也如图所示。

图 8-1 债券买进业务

(单位:亿日元,左:借方,右:贷方)

(a)

A 银行		B 银行		C 银行	
准备金 (包括中央银行托管款) 200 贷放·债券等 800	即期存款 1 000	准备金 300 贷放·债券 1 200	即期存款 1 500	现金准备 500 贷放·债券 2 000	即期存款 2 500

(b)

A 银行		B 银行		C 银行	
国债 -200 中央银行托管款 (准备金) +200		国债 +500	中央银行托管款 +500	国债 -300 中央银行托管款 (准备金) +300	

(c)

A 银行		B 银行		C 银行	
准备金 400 贷放·债券 600	即期存款 1 000	准备金 300 贷放·债券 1 200	即期存款 1 500	准备金 800 贷放·债券 1 700	即期存款 2 500

(d)

A,B,C统一 (买进业务以前)		A,B,C统一 (买进业务以后)	
准备金 1 000 贷放·债券 4 000	即期存款 5 000	准备金 1 500 贷放·债券 6 000	即期存款 7 500

就是说,中央银行从 A、C 行分别买进 200 亿日元、300 亿日元的国债,所以资金平衡表中的借方(左侧)记上增加 500 亿日元国债。中央银行将这购入金转账进 A 行、C 行在中央银行持有的托管款账户,所以,中央银行的资金平衡表的贷方(右侧)增加了中央银行存款 500 亿日元。

另一方面,普通银行的 A 行、C 行的资金平衡表也分别发生变化。A 行因为将保有的国债 200 亿日元卖给了中央银行，所以其资金平衡表的借方就减少了国债（资产算账）200 亿日元。但是，其国债卖掉的款项 200 亿日元作为 A 行增加在中央银行的托管款而计算到借方。

对于 C 行也发生同样的资金平衡表上的借方的增减。因为 B 行没有中标，所以其资金平衡表没有发生变化。

而以上中央银行买进业务的结果是 A、B、C 三行的资金平衡表如图 8-1(c)那样。在这一图中，(c)和(a)相比较，就知晓买进业务对象的 A 行和 C 行资金平衡表上的准备金（包括中央银行托管款的手头现金）明显过剩。

对普通银行而言，在收益上是不希望过剩地保有现金准备的。就是说，对普通银行来说，"现金"是不生利息的资金，所以想将"现金"保有到最小限度。

因此，有过剩准备金的 A 行及 C 行以即期存款的 20% 为准备金率，所以分别将 200 亿日元、300 亿日元的剩余现金用于贷放。在本书第 6 章学习了金融理论基础的读者在这里会想起普通银行的"存款创造理论"。

A 银行一运用这 200 亿日元的剩余现金，这些资金就会不断地在银行组织中循环，结果就创造出乘数倍的即期存款这一机制。对于 C 银行的 300 亿日元的过剩资金也是以同样的机制在运行。

结果，创造出最初的追加剩余现金 5 倍的存款。因为是存款创造乘数（1/现金准备率），所以这时是 1/0.2。因此乘数为 5。

图 8-1(d)归纳了 A、B、C 三行合并的资金平衡表在买进业务实施以前和以后的状态。如图所示，由于中央银行的 500 亿日元

的买进业务,即期存款5 000亿日元增加了2 500亿日元,成为7 500亿日元。就是说,这买进业务的最终结果是将货币供应量增加了2 500亿日元。

只是这里要注意的是虽然中央银行实施买进业务,但没有直接地增加货币供应量。看看图8-1(c)就明白了。但是,普通银行不能长久地停留在(c)的状态,最终会成为(d)。就是说,靠着买进业务产生过剩准备金,而由于存款创造的机制便产生了新的即期存款,即货币供应量。

此外,中央银行的卖出业务,和买进业务完全是相反的进程,最终是货币供应量的收缩。以上的中央银行的买进市场业务是以普通银行等金融机构为业务对象,用招标方式进行的买进业务。现行的日本银行的债券、支票的买卖业务是其典型的模式。

第三个金融手段:存款准备率

传统的金融政策手段的第三个是存款准备率。存款准备制度或者法定准备率制度的法律是赋予普通银行将其存款的一定比例存进中央银行的义务。

在这法律之下,中央银行变更普通银行对中央银行的存进比率,即存款准备率,而控制普通银行的"准备金"(日银活期托管款)的水平。而因此中央银行能够对普通银行的贷放行动施加影响。

这就是存款准备率,我国以1957年的"关于准备存款制度的法律"而将其引进,1959年9月实际设定并实施准备率。

本来,这一存款准备制度在美国是以防止普通银行的存款准备资产不足而产生的存款支付不可能为主旨而创立的,但由于

1930年代的法律修改,中央银行(美联储)可以自由变更存款准备率来进行金融调节。而第二次世界大战后,存款准备率,在主要发达国家是作为次于再贴现政策、公开市场业务的第三个金融政策手段而被引进、普及的。

在日本的存款准备制度中,成为这一制度对象的普通银行对某月的对象存款的平均余额乘以法定准备率得到所需要的准备额,必须将这准备额作为对日本银行的托管款一个月的平均额而积攒起来。

譬如,某对象银行的定期存款的每天余额,从4月1日到4月30日一个月合计为100亿日元。而现在,对定期存款的法定准备率如果是1.625%,那么这普通银行在日银积累的准备托管款是多少呢?

有两个计算方法。一个是积累基础,另一个是平均余额基础。

(积累基础) 将前述的从4月1日到4月30日的定期存款的积累额100亿日元乘上法定准备率的1.625%,为1亿6 250万日元。这意味着这家普通银行对于本行的定期存款,必须将4月16日到5月15日的一个月积累的1亿6 250万日元作为日银托管款存起来。

这是积累基础,所以如果4月16日到5月14日日银托管款为零的话,那么在最后的5月15日,这家普通银行就必须将1亿6 250万日元一下子存进去。

(平均余额基础) 因为从4月1日到30日的一个月中的定期存款积累是100亿日元,所以每天平均余额约3亿3 333万日元。

因此,在这平均余额上乘上法定准备率的1.625%得出约542

万日元的平均余额基础(每天)所需要的准备额。就是说,这家普通银行在准备金的积累期间,(4月16日到5月15日的一个月)每天要将542万日元作为日银存款。

如上所述,在积累期间不管是作为平均余额(每天)积累准备存款,还是作为一个月累积而积累,结果都是同样的。总之,这一准备存款是无利息的,所以对普通银行来说是个相当重的负担。而这一存款准备率的变更对普通银行,一律是冻结或解除准备金,所以对普通银行的贷放行动有强大的影响。

存款准备率和货币供应

存款准备率是将普通银行准备金直接地冻结或解除的政策手

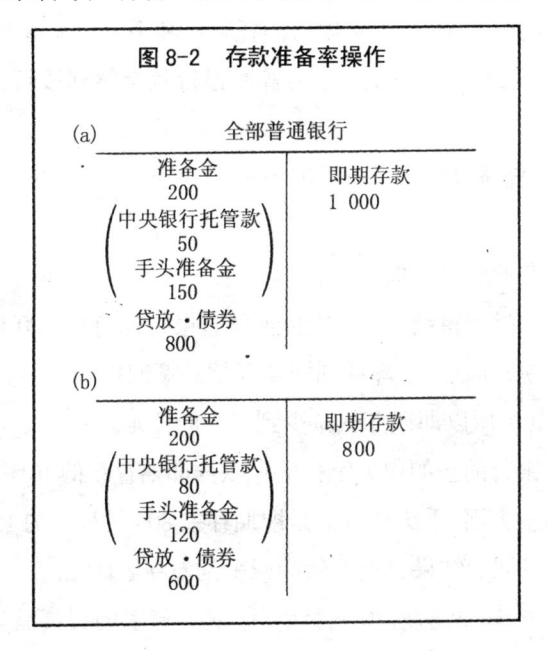

图 8-2 存款准备率操作

(a) 全部普通银行

| 准备金 200 (中央银行托管款 50 手头准备金 150) 贷放·债券 800 | 即期存款 1 000 |

(b)

| 准备金 200 (中央银行托管款 80 手头准备金 120) 贷放·债券 600 | 即期存款 800 |

段,所以,准备率的变更对普通银行的贷放行动有甚大的影响。

其影响和市场业务一样是以"流动性效果"为基础的。譬如,假设现在普通银行的合并资金平衡表如图8-2(a)。

假定准备金(现金通货及中央银行的托管款)为200亿日元,贷放及债券为800亿日元。另一方面,中央银行要求的存款准备率为即期存款的5%,普通银行靠经验将手头准备率作为即期存款的15%。

在这一假定下,图8-2(a)的例子中,在准备金的200亿日元里,对中央银行的准备存款为50亿日元,现金通货为150亿日元(在这里,假定没有准备存款以外的中央银行托管款)。

而中央银行将存款准备率从5%提升到10%,将会怎样呢?普通银行的准备金率(中央银行的托管款和手头的准备金)从以前的20%提升到25%,所以,作为普通银行就会感到该行的准备金水平不足。

因此,普通银行为了积累准备金,不得不将持有的债券卖掉或回收贷款。这样,购进普通银行卖掉的债券的个别经济主体或返还贷款的企业就必须取出存款。

这样的过程持续下去,对以前普通银行保有的200亿日元的准备金来说,存款水平降低到即期存款总额四倍的水平。就是说,200÷25/100,所以即期存款减少到800亿日元。

普通银行的新的中央银行的存款为即期存款的10%,即80亿日元。另一方面,手头准备金是即期存款800亿日元的15%,金额为120亿日元。结果,贷放、债券减少到600亿日元。

这如图8-2(b)所示。于是,存款准备率的提高就有了将货币供应量直接减少的效果。相反,如果中央银行将存款准备率从10%降到5%的话,,如同从图(b)向(a)移动那样,即期存款,即货币供应量从800亿日元增加到1 000亿日元。

作为背景音乐的存款准备率

因为存款准备率的变更强制性地增减对中央银行的准备存款,所以对普通银行迅速并直接地以及以"流动性效果"。

因此,很少对这种具有强有力并划一效果的存款准备率进行大幅度的变更或频繁的变更。存款准备率的变更在转换金融政策的基本方向时,小幅度变更的例子较多。

这时,金融政策的实效靠市场业务而被加强、确保。譬如,将金融政策的方向转换为金融紧缩时,中央银行将存款准备率小幅度提升,迫使普通银行进入过少的准备金的状态。其次,中央银行通过市场业务将拆息诱导到高水平,对普通银行的提供信用保障行动起到抑制效果的作用,金融政策就有了实效性。

在日本银行的场合,提升短期金融市场的拆息,"成本效果"就起了作用,同时,对于对日银的资金需求,进行"信用比例",使"流动性效果"发挥作用。

当然,在这一过程中,中央银行机动地并积极地进行市场业务,活用债券业务,试图加深"流动性效果"。于是,贷放政策或市场业务实效性靠着存款准备率就更牢靠了。

在这一意义上,存款准备率可以说创造了使机动的金融政策发生作用的环境。就是说,存款准备率对再贴现政策及市场业务来说相当于背景音乐。

此外,这一存款准备率在"流动性效果"之外还有"成本效果"。因为这是有下面的逻辑在起作用。

譬如,如果存款准备率被提升,那么普通银行为积累准备金,就在短期市场上寻求准备金。结果短期利率就呈现出上升的趋向。

这样,提升存款准备率的"成本效果"就开始运行,所以普通银行为了抑制贷放就改变了行动。

3 金融政策的波及通道

很多未知的金融政策效果

我们已经看到了中央银行在运营金融政策时,具体地采取何种政策手段。此外,在第7章中,以宏观经济学的框架为基础,我们也考虑过了金融政策对于实体经济影响的机制。

可是,我们虽然阐明了在这一般的层次或宏观的层次上的金融政策,但在其实践层次的现实的金融政策现场,还没有阐明其金融政策的波及机制。

就是说,金融政策对资金的贷方和借方有什么冲击,是如何使经济活动变化的具体机制还是未知的。

我们只是明白了在金融政策的效果或对实体经济的波及过程中,是什么起着中心作用的概念或变量。这就是利率和货币供应量两个概念。金融政策是通过货币的流通对个别经济主体的经济行动予以冲击,使实体经济改变。在这一过程中,起决定作用的基本变量是利率和货币供应量。

但是,在金融政策现场中,这很熟悉、很了解的利率及货币供应量却还有很多未知的东西。譬如,利率按从前的想法来说,是发挥金融政策效果的决定性要因,但现实中利率被视为实体经济变化的"结果"。

是将利率在和实体经济的关系上作为"原因"来把握呢?还是作为"结果"呢?这也是凯恩斯学派对货币主义者在基本见解上的差异,在理论上尚未有结论。

真理平常是在两者之间,但即使如此,货币主义者强调的"费雪效果"的存在充分地给我们留下了利率所具有的未知性的强烈印象。"费雪效果"在第7章里谈过,,这是美国的 I. 费雪定式化的名义利率是实际利率和预期物价上涨率的和。

譬如,如以"费雪效果"为基础,利率的上升是人们预想物价上涨率(预期通胀率)提高的结果,这样理解是可能的,利率(名义)是实际利率和预期通胀率之和,所以通胀预期高的话,名义利率就上升。就是说,利率的变动不仅靠有无金融政策的实施,而且依赖于个别经济主体的"期待"或"预期"的心理要因的强度。

要之,对于利率上升可以认为是实体经济过热化的"结果",也可以认为是金融政策正在渗透。或者也可以将利率上升看作是人们预期通胀的提高。

对于货币供应量也存在着同样的未知性。凯恩斯学派的见解是认为货币供应量是决定利率水平的要因,利率介入就对投资等实体经济以影响。另一方面,货币主义者认为货币供应量的变化不经由"利率"而直接对财物、服务需求产生影响。

货币供应量是实体经济变动的"结果"还是使实体经济变动的"原因",尚是未知数。对此,利率也是一样,也许可以说真理在这两者之间。

应重视货币供应量还是利率

经济学家或研究者在案头或纸上对于利率或货币供应量的"完善理论"持续着各种探讨,这是可以的。

但是,在现实世界中,钱每天都在运行着,利率在变动,价格在变化,经济将我们卷入其中而生动地转动着。因此,不论是中央银行还是政府,政策当局者没有工夫等待完成货币或金融的"完善的理论"。

现实的世界尽管是未知的,但也必须聚集所有的智慧和经验向这一现实挑战。对实践家来说,必要的不是理论武装,而是挑战。

但是,仅仅是莽撞的挑战不光是不能期待有什么效果,而且会失去国民的信任。因此,政策当局只有选择一种启发式探讨。

这启发式探讨是在市场领域里发展起来的需求调查等几率论的探讨,要之,是对未知现实的试行错误的探索方法。

日本银行站在对1970年代前半期的"日银的失败"(参见第5章)的强烈反思上,对新金融政策提出的暂定框架是1975年7月的《调查月报》中的论文。这篇论文题为"论日本货币供应量的重要性"。这篇论文,明确提出将金融政策从重视利率向重视货币供应量转换的必要性,在这点上是具有"历史意义"的。

这一论文发表后,日银的金融政策的基本立足点大幅度地向重视货币倾斜。这是符合第7章讲过的1970年代中期"货币主义者的凯旋"动向的。但是,一进入1980年代,日银对重视货币供应量的姿态发生变调,并且强烈起来。特别是1980年代后半期,金融自由化开始动作,新的金融产品上市,货币供应量的概念本身不稳定了,同时加上金融全球化,货币基础和货币供应量的关系难以成立。这两者关系的不稳定化在进入1990年代就更显著起来,如后面的图8-4所示。在第6章的专栏中我们看到的货币乘数在现实中不是稳定的,因此,日银懂得靠着货币基础来控制货币供应量在金融政策的实践上是极难的。货币乘数一不稳定起来,人们对于货币基础和货币供应量的因果关系本身也就产生了很强的疑问。

货币主义认为一般来说,中央银行靠着控制货币基础(高能货币)就能够将货币供应量控制在适当的水平。但是,现实却相反,货币供应量的增减决定货币基础的因果关系也能够成立。

于是,1990年代在发达各国的中央银行中,有的放弃了增加一定比率的货币供应量管理这一重视货币供应量的金融政策的出发点。

在第7章讲过的新凯恩斯主义的抬头是经济学圈子里主流转换的标记,而这意味着在经济学上替代货币量,转换为重视利率(实际)。

从1970年代后半期开始到1980年代,倾斜于重视货币的日本银行也在1990年代开始认为货币供应量是在决定金融政策时的一个重要信息。而开始慢慢转换为更加重视作为金融政策运营上的一个操作变量的短期金融市场的拆息。

前揭表8-1归纳的1990年代的日银市场业务的金融调节手段的多样化可以说展示了日银的立场,即通过利率机制而使金融政策效果能够发生波及。

如上所述,在金融政策中不存在在实践上、理论上都确立的绝对基准或框架。如前面指出的那样,金融政策至少在实践方面不得不进行试行错误的运营,往好里说,是"综合艺术",往坏里说,"是什么都有的杂艺",这也是没有办法的事。

虽然如此,对于金融政策的运营必须要有方法论的运营框架。"杂艺"并不是随手就干。

因此,现在以资料为线索让我们看一看日本银行是如何把握金融政策的波及过程的。

日银的金融政策运营的框架

如果阅读有关日本银行的金融政策的资料或论文,无论是谁都会头痛的。因为如下面的文章所示。

"从中央银行的政策手段的行使到'最终目标',其效果波及通道的过程是很费时间的。因此,中央银行注意介入其中的金融变量,一边经常判断政策效果,一边进行政策运营。将这种指标叫做'运营目标'。而这运营目标再分为两个,在长久的效果波及通道中,将中央银行最近的金融变量叫做'操作目标',靠近最终目标的金融变量叫做'中间目标'。"

在这二百多字的短文中,读者应该对关于金融政策列举的四个目标感到困惑。就是说,"最终目标"、"运营目标"、"操作目标"及"中间目标"。这正象征着试行错误的启发式探讨。

总之，因为没有阐明金融政策的波及过程，所以就举出修辞学式的几重目标，我们必须将讨论多重化。

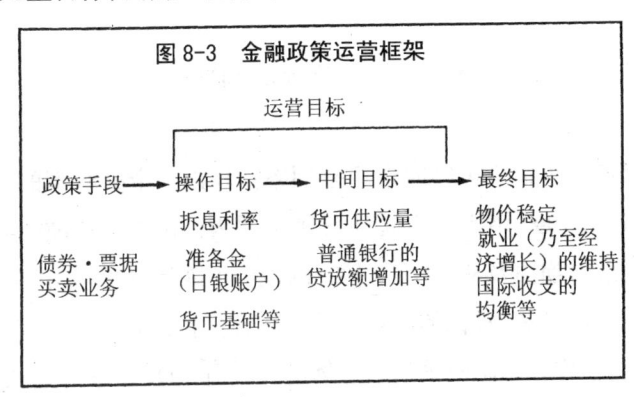

```
图 8-3  金融政策运营框架
                        运营目标
                    ┌─────────────┐
政策手段 ──→ 操作目标 ──→ 中间目标 ──→ 最终目标

              拆息利率      货币供应量      物价稳定
                                         就业（乃至经
债券·票据     准备金        普通银行的     济增长）的维持
买卖业务     （日银账户）    贷放额增加等   国际收支的
                                         均衡等
              货币基础等
```

如果图解日本银行的这种金融政策框架的话，就是图8-3。以这张图为基础，再整理前面的文章的话，那么对日本银行的金融政策框架就可以考虑为下面几点。

一、金融政策不是立刻能实现物价稳定等最终目标的，所以在实际的政策运营时，作为日本银行是希望拿出运营目标的。

二、即使运营目标也有很多，所以大体上分为两个，日银将比较容易控制的视为操作目标。

三、另一个运营目标的中间目标是日银不能给予直接影响的，但和物价稳定等最终目标有很强的因果关系。

四、作为日银在操作目标的短期利率水平之上，也注意作为中间目标的货币供应量或普通银行的贷放增加额等量的指标。

五、在实际的金融政策等现场，日银关心控制拆息市场和短期拆息市场（隔夜），以其利率为杠杆，试图稳定中间目标的货币供应量等。这时，也考虑准备金或货币基础。

归纳为以上的五点可以说是日本银行的金融政策运营的立足点。

4 1990年代金融政策的迷失方向

到底是重视货币供应量还是利率？日银的金融政策的"运营目标"进入1990年代就更暧昧起来。因为面临着从1990年代初开始的股价崩溃及从1991年秋起的地价下跌等，1980年代后半期发生的泡沫破灭，日银的金融政策在密林里彷徨着。

而且，作为金融政策运营主体的日银对1991年春开始的景气衰退，开始在某种程度上还有自信。一言以蔽之，就是靠诱导市场利率，对中期的货币供应量的稳定管理是可能的，通过这一结果就能实现物价稳定和适度的经济增长，这是日银基于现场感觉的自信。

从以前的日银政策体验或经验的理论来说，如果能够适当地将市场短期利率和官方贴现率操作联动地诱导，是能够在某种程度上稳定地管理宏观经济的，日银有这样的自负也并不为怪。

从1991年春开始的景气衰退在积极的财政干预之下，只要能在通常的意义上将金融政策维持在缓和的基调上，日银认为是可以软着陆的。他们"一味地认为"在1991年7月将基准利率的官方贴现率从6%逐渐下调的话，问题就自然冰消雪融了。

从这个意义出发，日银完善了应该保证通过市场机制的"金融调节"的政策实施环境。如表8-1所示，日银将金融政策的中心明确地从贷放政策向拆息大幅度转换。

这是通过机动的日银操作的"金融调节"。但现实又如何呢?虽然有几重的调低利率的政策,并且通过增加货币基础来试图使货币供应量增加,而且还进行大幅度的财政干预,但货币供应量的增加率没有提高,经济长期持续低迷。

所以,从货币主义者的阵营中,还有从新凯恩斯学派的阵营中都强烈地指责日银的金融政策"暧昧不清"。诚然,如果从货币主义者或新凯恩斯学派的立场上来看,到1990年代中期,从货币供应量来看日银操作是不彻底的。

此外,从和泰勒制的机械的适度利率水平有关的推定评价模式(参见专栏)来看,也能看出日银的利率诱导政策的不彻底。因此,从正统的经济学理论来看,日银的金融政策正是正统经济学理论攻击的最好靶子。日银对此也说不出逻辑上的反论。而且即使它作出反驳,也几乎没有援军。日银开始被赶进孤立状态。这是1990年代中期金融政策面临的困境。

专家说的泰勒制

不用说金融分析的专家了,就是在日银决定金融政策的会议上,常常使用的金融政策概念中也有泰勒制。这是美国斯坦福大学的约翰·泰勒教授想出来的中央银行决定诱导目标利率的规则。泰勒教授也是日本银行的金融研究所的海外顾问,实际上他有在日银从事研究的经验。

这一政策规则是中央银行将作为政策诱导操作目标的利率水平(具体而言是无担保隔夜的折息)由"GDP差距率"及"目标

> 通胀率和现实通胀率的偏离率"来机械地,即用关系推定式来决定,这是有意识的做法。
>
> 根据经济白皮书(平成 11 年度)的计算预测,从 1980 年代后半期到 1990 年代初,现实的利率是低水平的,到 1996 年是几乎相同的水平,而从 GDP 差距扩大的 1998 年以后,规则利率就成为负数。这可以帮助评价中央银行的诱导利率水平,但在机械的这一点上是有问题的。

作为日银则将利率水平降到前所未有的超低利率。1995 年 4 月,日银将官方贴现率从 1.75% 大幅度降到 1%,即开始了背水一战,同时在 3 月份,以文件形式发表了"关于当前的金融调节方针"的声明,明确了日银比官方贴现率更重视拆息(无担保隔夜拆借交易)的诱导,这成为金融政策的支柱。

就是说,日银根据这个声明才明确了其将市场利率用拆息进行主体性诱导,在市场机制下实现适当利率水平的立场。这一政策转化具体的是诱导隔夜拆息(无担保)降到官方贴现率以下的水平。

而 1999 年 9 月,官方贴现率在历史上第一次跌破 1%,而为 0.5%。这预告着日本银行的金融政策即将进入从未体验过的"零利率"状态,这是应该记录下来的事。短期利率(拆息)也终于掉到 0.5%。

这样,在 1990 年代中期,日本经济迷失在实际的零利率世界里,而这对日银而言是被迫进行的"没有航海图的金融政策运营"。这点将在本章后面的Ⅲ中详述。

Ⅱ 作为政策现场的日本银行

1 日本银行为何物

日银是公司,但……

日本银行的总行在东京日本桥本石町。位于三越百货公司总店的斜后方。日本银行由新楼和旧楼构成,特别是旧楼,那是意大利文艺复兴时期的样式,让人能联想到城堡的庄重。另一方面,在神田一侧耸立的是新楼,和旧楼相比欠些庄重。但是,新楼也不是摩登的建筑,让人感到这是一座拒人门外的坚固要塞(参见专栏)。

形成对照的日银新楼和旧楼

日本银行是在明治15年(1882)10月10日接替了东京永代桥附近的原北海道开拓使东京事务所的两层砖瓦房而开业的。到明治29年2月,花费了五年的时间,在日本桥本石町(江户时代的金座)建成了主楼(旧楼)。

这被视作明治时代洋风建筑杰作的日银主楼是以当时的比

利时国立银行为范本的巴洛克式建筑,当时是被人议论的话题。现在主楼的一部分被指定为重要文化遗产。

目前日银总行的主力部队在1972年3月建成的新楼从事业务。其地下室深至33米,当时是无先例的地下工程,而且还修建了坚固的大金库,并有一系列困难的工程作业。此外,在1982年为纪念创立百周年而决定在金融研究所内设立"货币博物馆",公开展示许多贵重的货币。

一般人几乎没有进出过日本银行的总行。大部分来客是和日银每天进行资金交易的民间金融机构的人。

日本银行迄今为止就像本章所论述的那样,是金融政策的总元戎。就是说,金融政策由日银策划、实施。换言之,日本银行是实施金融政策的主体。

日本银行在法律上是根据"日本银行法"建立的特殊法人,形式上是1亿日元资本金的股份公司。而股份的55%是政府出资。因此,日银是股份公司,所以日银职工的日银人不是公务员。但是,日银不像普通的民间股份公司那样是追求利益的营利组织。如"日本银行法"(新法)第30条规定的那样:"依照法令,日本银行的干部及职工可被视作从事公务的职员",日银人是担负着"公共使命"的。

这样,一边担负着"公共使命",一边又不是公务员的半公家人的性质如后面所讲到的那样,是和日本银行的中立性紧密相关的。

而日银人的"公共使命"又是什么呢？

在战前的1942年（昭和17年）公布的"日本银行法"（旧法）的第一条记载着："（前略）任以通货的调节、金融的调整及信用制度的保持和育成。"1998年4月实行的"新日银法"也在第一条第一款中写着："以调节通货及金融为目的"，同时在这第一款中还写着："确保资金结账的顺利，以帮助信用秩序的维持为目的。"就是说，日银的"公共使命"被理解为"通货及金融的调节和信用制度的维持"。换言之，日本银行是特殊的机构，它担负着试图以金融政策来"稳定通货价值"，同时以资金结账的顺利和稳定来使"金融体系稳定"的使命，这就是日银的定位。

通货卫士

这种日银的"公共使命"证明日银具有通货的垄断发行权。在日本只承认日本银行有能够发行社会强制通用力的货币，即通货的权限。因为垄断地拥有通货发行权，所以日本银行对通货的社会流通采取严厉的态度是不可或缺的。

因为如果日银滥用通货发行权，通货价值崩溃是很明显的。相反，日银过于慎重地行使通货发行权，则因通货不足而使经济不得不缩小。

现代经济如果没有货币（或通货）的流通就不能存在，在这一意义上可以说现代经济就是货币经济，但正因为如此，稳定地维持货币或通货是决定一国经济盛衰的本质问题。而日本银行对货币本身的发行、流通有着直接并垄断的关联。因此，日银被严厉地课以遵守通货价值稳定的"公共使命"。

从这点来说,就有包括日本银行在内的世界各国中央银行被称作"通货卫士"的理由。而在现代,中央银行特别被课以作为"通货卫士"的重要责任。这是因为在现代管理通货制度下,中央银行调节着通货。

就是说,因为在管理通货制度中,通货的发行由中央银行裁量,中央银行如果失去规矩,通货价值的稳定就立刻崩溃。

在19世纪上半叶的英国曾热烈地展开过通货主义对银行主义的论争。通货(银行券)必须有本位货币(黄金)为底才能发行、流通,这是通货主义的基本想法。

对此,银行主义认为通货(银行券)是应社会交易需要而发行、流通的,因此用黄金以外的外币或商业支票等为基础来发行并流通货币是当然的。

在1844年的英国的皮尔条例中,通货主义对银行主义的论争得出结论,英国中央银行的英格兰银行终至采用了通货主义(参见专栏)。但是,将通货限定在黄金准备上而发行的通货主义具有使国内经济缩小均衡化等缺陷,其僵硬的且严格的规矩是缺乏现实性的。

因此,在现代,世界上几乎所有的国家或地区都采用以银行主义的想法为基础的管理通货制度。但是,因为这将通货发行的裁量权全面地委托给中央银行,就强烈地要求中央银行作为"通货卫士"要有严格的自我规范和节制。

> **现代还在持续的通货主义对银行主义的论争**
>
> 通货学派(Currency School)是主张通货原理(Currency Principle)的人们,他们受到 D.李嘉图的货币理论的影响而展开货币数量说的讨论。认为一个国家通货量(银行券)必须有本位货币的黄金做支持才可以发行。没有本位货币(黄金及外汇)的支持发行银行券就会造成通胀,他们是支持金本位的。这一想法被写进"皮尔条例",采用了被本位货币制约的保证准备发行直接限制制度的发行银行券制度。
>
> 对此,银行学派(Banking School)则主张银行原理(Banking Principle),只要有对银行券的需求,即"交易上的必要"则予以发行,所以没有必要被本位货币束缚住。因此,银行学派主张:像通货学派那样严厉地抑制银行券的发行,就会引起社会动荡,激化危机。
>
> 通货主义对银行主义的论争现在换了个形式仍在继续。这是货币主义者对凯恩斯学派的论争,换言之,是货币数量派对管理通货派的论争。

日银有"三副面孔"

简单地说,"通货卫士"的日本银行是由"三家银行"组成的。也就是说日银有"三副面孔"。

"三家银行"是有些奇怪的表达,而这是表示日银作为中央银行具有的三个社会功能。第一,银行是"发券银行"。第二是"银行的银行"。第三是"政府的银行"。

关于第一的"发券银行"的日本银行,"日本银行法"第一条是这样写的。

"日本银行作为我国的中央银行,在发行银行券的同时,以进行通货及金融的调节为目的。"日银法开头就将日银的第一目的规定为"发券银行"。

如这一条款所指明的,日本银行被定位于无论公私都是能够发行银行券的唯一发券银行。

而基本上,日银是能够自由发行经济活动所必需的有强制通用能力的银行券的唯一发券银行。这正是银行主义的管理通货制度。

但是,日本银行对其银行券的发行量必须保有相应的同额的保证物品。在法律上将这保证物品定为黄金、白银、商业支票等票据、贷款、国债等债券、外汇。

表8-2 日本银行借贷对照表

(单位:亿日元)

资产		负债	
2002年3月31日		2002年3月31日	
黄金	4 463	发行银行券	678 762
现金(辅币)	2 873	金融机构存款	288 950
买回购结账	35 159	政府存款	129 284
贷款	9 900	卖回购结账	222 993
买进票据	295 184	其他结账	547
国债	866 537	抵押呆账金	27 147
海外资产结账	41 800	资本金	1

续表

代理店结账	35 486	公积金	37 952
其他结账	94 234		
合计	1 385 636	合计	1 385 636

上面的表8-2归纳了最近日本银行的借贷对照表(平衡表)。银行券作为"发行银行券"被记在负债栏中,资产栏中记着"黄金"、"商业贴现支票等和发行的银行券对应的保证物品"(参见专栏)。

为什么日银券是负债

如表8-2所示,日本银行券在日本银行的借贷对照表上是记入负债栏里的。通常银行券是现金,能够购买商品,所以对我们来说是资产。

实际上,不管是企业还是普通银行,日银券都被作为资产来对待。那么,为什么日银的借贷表上它成为日银的负债呢?

银行券本来像通货主义所主张的那样,是本位货币(黄金)的替代物,也有可能和黄金兑换。所以,一般认为中央银行是将银行券作为中央银行的债务证书并可以和黄金兑换而发行的。因为没有任何保证的银行券会让人们不安,不会保有或作为交换手段。

现代的银行券没有兑换黄金的保证。但是,日银等中央银行对发行的银行券保证其信用力。所以人们就信赖地使用不能和黄金兑换的日银券这一日银的债务证书。

所谓现金通货是指日银发行的银行券加上政府辅币(即硬币),然后减去金融机构保有的部分(银行券和辅币)。日本银行券约占现金通货(流通现金)的94%。因此,现金几乎都是由日本银行垄断地供给的。

"银行的银行"和"政府的银行"

其次是"银行的银行"的日本银行,这说的是日银对普通银行起到的银行的作用。

就是说,日银接受普通银行存款的同时,也对普通银行贷放。这和一般的普通银行接受企业存款并贷放是同一回事。

日本银行从普通金融机构得到的存款是无利息的活期存款,这被称为"日银托管款"或"日银活期托管款(日银活期)。普通银行对日银的活期托管款的结算是使用支票交换结账或国内外汇结账(参见专栏),还被使用于地方送款或拆放资金交易等普通金融机构相互间的结算上。

"日银活期托管款"是银行间集中结算的场

现在假定有甲、乙、丙、丁四家普通银行。在甲银行有活期存款的 A 支付给在乙银行有活期存款的 B 100 万日元的支票。同样 B 给在丙银行有活期存款 C 200 万日元的支票,而在丁银行有活期存款的 D 开给 A 300 万日元的支票。而且 C 给 D 50 万日元的支票。

这个例子稍有些复杂,但将这一交易归纳起来,就是甲银行(A 的活期存款)支付 100 万日元,而接受 300 万日元,结果有 200 万日元的入超(这叫200万日元赢)。乙银行(B 的活期存款)为100万日元的出超(叫100万日元负)。同样丙银行是150万日元赢,丁银行是250万日元负。这是支票、票据的交换结果。最终是以在日银的甲、乙、丙、丁的活期托管款的转账结算的。

这一支票交换结算的结构是1879年建立的,全国有400个支票交换所,而成本高的手工作业被电脑化后,以2006年为限将被全部废除。

此外,日银的贷放或操作的买卖货款的支付、接受等对普通金融机构所有的交易都是通过这日银的活期托管款结算而进行的。前述的存款准备制度的准备存款的积累也是靠这结算来进行。

这样,日本银行以在日银内部存放的普通银行的活期托管款为立足点,通过对普通银行的各种资金交易,每天都在调节着通货或金融。譬如眼下,某普通银行陷入资金短缺,结算发生困难。这时,普通银行 A 向拆放市场寻求资金,就是或从普通银行 B 接受拆放贷款,或从日银寻求借贷。

在引进拆放资金时,从日银内的普通银行 B 的活期托管款中取钱,转入普通银行 A 的账户,这一拆放就完结。另一方面,在日银贷放的场合,贷款转入普通银行 A 的账户。这时,与此相应的商业支票等保证物品算入日银的资产。但是,如前所述,这种日常的日银对普通银行的贷放现在不进行了。

而如果这家普通银行 A 需要现金时,就从日银内的普通银行 A 活期托管款中取出必要的现金,日银窗口就将日本银行券交给了普通银行 A。

这样,在考虑作为"银行的银行"的日本银行的功能时,日银内的普通金融机构的日银活期托管款结算是起着极其重要的作用的。

日银的第三副面孔是"政府的银行"。日本银行将日本政府的国库金的收付等所有的业务都通过在日银内储蓄的政府存款来处理。就是说,日银一手承担着对政府的所谓看守金库的任务。

譬如,一方面租税等政府的所有收入进入日银的政府存款。另一方面,国库金的支付是开具将日本银行作为支付人的政府支票。就是说,这个政府支票要是拿到日银,就会取出日银内的政府存款。这样一来,就进行了财政资金的支付。

日本银行将政府的所有国库金通过这种政府存款账户来处理,正是作为"政府的银行"来发挥功能。日银不仅对这所有的国库金业务,而且通过对政府贷款或接受国债,也能提供信用。

而且,根据"财政法"的第5条及"日银法"的第34条,日本银行接受国债及对政府贷款原则上是被禁止的。这被称作"国债市场消化的原则和禁止中央银行的对政府提供信用"。此外,政府支付国库金或应短期的需要而发行政府短期债券(FB),但在其招标中出现募集余额时或国库没有预料到的出现资金需求时,日银除了可以例外地承购政府短期债券外,对于长期国债的"借新债还旧债"也可以经过委员会的决策来进行。

除此之外,作为"政府的银行",日本银行代替政府办理国债事务及外汇事务。

2 日本银行能量的来源

最后的靠山

日本银行既不是财务省或经济产业省等官厅（官僚组织）机构，日银人也不是公务员。但是，日银及日银人在稳定通货价值的公共使命感之下，具有着实现经济稳定发展的能量。

这种日银的能量最终来源于日银拥有的垄断的通货发行权。就是说，在日本，只有日本银行可以创造出现金。换言之，日本银行对普通金融机构来说，是最终的借方。可将其称作"最终的借方"或"最后的求助地"(lender of the last resort)，而中央银行确实是"最后的靠山"。

当普通银行陷入预定的贷款不能回收，就经常发生一时资金短缺。当然，在短期金融市场上暂时有些资金补贴或在债券市场上卖掉手里的债券来弥补资金短缺是可能的。

但是，在发生威胁信用秩序本身的维持那样的事态时，日银便会充分发挥"最终的借方"的威力的。譬如，在发生大型企业倒闭，并引起连锁破产的情况下。

或者在银行或证券公司等金融机构陷入经营危机，发生信用不安的情况。譬如，2002年9月，日银决断的被称作"禁忌手段"的直接购进股票的这种防止金融体系不稳于未然的异例行动就是来源于日银这一"最后的靠山"的。这一异例的措施不是根据日银法（新法）的第38条，而是根据第43条。第43条是这样规定的：

"日本银行根据法律的规定,不得进行被视为日本银行业务以外的业务。但,在被这一法律规定的日本银行有达到目的的必要情况下,接受财务大臣的认可时,不在此限。"

就是说,日银在财务大臣的认可之下,可以做有关维持信用秩序的所有行动。

而在第5章中,我们看到1965年(昭和40年)对山一证券的日银特融,日银作为"最后的靠山"的存在价值可见一斑。这时日银启动了日银法第25条(旧法),试图维持信用秩序,而这成为了新日银法的第38条。此外,1994年(平成6年)末也二次以启动25条(旧法)为前提,发表了为救助东京两家信用组合(东京协和、安全)而创立东京共同银行的计划,并成为社会上的热门话题。

此外,在发生地震等大的灾害时,日银是否在背后治理社会混乱,结果也是迥然不同的。在这一点上,1994年1月7日发生的阪神·淡路大震灾时,日银(神户分行)的活动很惹人注目。因为在异常事态中,如果发生混乱,人们纷纷提取存款,就会出现普通金融机构的挤兑骚动。

普通金融机构的手头现金是很少的,不能应对大规模的现金挤兑。在这紧急时刻,如果日银作为"最后的靠山"对此加以控制的话,混乱就会立刻终止。

从这个意义说,日本银行作为我国信用秩序的总元戎是极有威力的。就是说,如在日银特融(山一证券的例子)或紧急支援融资(阪神大震灾的例子),及日银买断措施(2002年9月公布)等举措实施时,人们会对日银说:"正好",而民间的金融机构或企业就有了"安心感"。日本银行法(新法)以第38条及第43条保障了日银这"最后的靠山"。

如此一来,储蓄存款的普通消费者也不会去"挤兑"。这是"最后的靠山",只有日本银行才有的"祖传宝刀"。这把"祖传宝刀"时时闪耀一下,日银就对普通金融机构及企业发挥出"沉默的能量"。

这是"最后的靠山"的威力,是日银人能量的"源泉",可以说是无上妙法。以这种威力为背景,日银天天在和普通银行进行金融调节时,渗透着政策效果。因为日银有这把"祖传宝刀",普通金融机构就不能无视日银这"最后的靠山"的威力。

日本银行作为"银行中的银行"和普通银行之间进行资金结算交易或债券买卖交易,而在这日常资金业务的背后,日银发挥着作为"最后的靠山"的能量。

而且,作为"银行的银行"的日本银行的现场是日银的金融市场局(过去的营业局)。这是日银中从事日银业务最中枢的部门,也是"最后的靠山"的现场。

而担当维持日本金融体系稳定的中央银行的角色(审慎政策)的是日银信用机构室。这是1990年5月新设的。

最"日银式"的金融市场局

日本银行的日本银行式的工作场所是哪儿呢?也许许多人要说是发券局。诚然,因为能够唯一垄断地供给银行券的只有日银,而其担当部门是发券局。

但是,要说最日银式的部门还得是金融市场局。因为金融市场局担负着"银行的银行"的角色。日银金融市场局担负着监

> 视金融市场的任务,是那里最大的角色,是集中整个日本每天资金交易(货币流)结果的地方。
>
> 如果没有日银市场金融局,银行券也上不了市。因为,银行券只有通过普通银行的日银活期托管款才能从日银流出来。
>
> 而一边观察每天资金的需求,一边增加或减少银行券的也是金融市场局。因为在出现信用不安时,其作为"最后的靠山"而予以控制。所以,日银金融市场局局长(原营业局局长)是处于离日银理事(日银的高层干部)最近距离的位置。

日元的祭司

日本银行金融政策的策划、立案,即参谋业务是由日银企划室进行的,但金融政策具体的现场是前述的日银金融市场局。而和金融市场局并列的另一个金融现场是日银国际局。国际局担当着以外汇买卖为中心的有关国际金融的业务。

只是金融市场局和国际局在工作性质上有着决定性的差异。日银金融市场局和交易对象的民间金融机构在日银本身的意图下工作,但日银国际局则不和民间金融机构做外汇买卖而是和政府进行。

这样一来,人们就会发出这样的疑问:在外汇市场上日本银行不是常常介入外汇吗?确实,日银和民间金融机构是在进行外汇介入操作。

但是,这种外汇介入在制度上不是作为日银的外汇买卖。从制度上说,日银在外汇市场上的工作(日银介入)是以财务大臣的代理人资格使用外汇资金特别会计(略称外汇会计)算账的买卖。

就是说,相对于日银金融市场局的对普通银行的工作是日银本身的交易业务,而日银国际局的对普通银行的外汇买卖是从事财务省所管辖的外汇会计代理人的业务。

在这一点上,可以说日银国际局对外汇交易是没有主体性的。但是,虽说是财务大臣的代理,也必须注意到日银国际局的外汇介入不单是财务省的代理业务。

这是为什么呢?从结论而言,是因为日银的外汇介入是通过外汇会计来增减对民间部门的日元资本。日本银行靠着金融政策,具有着使通货价值,即日元价值稳定化的"公共的使命"。这是以"日本银行法"确定的日银存在的理由。

因此,日银的外汇介入即使是作为财务大臣的代理人或财务省的代理业务来进行,但如果这是和通货(日元)的价值强烈有关的话,那么作为通货当局,日银的外汇介入在法律上("日本银行法")及其他方面都负有实质性的责任。

我们说说关于日银的外汇介入,譬如日银进行买进美元、抛出日元的操作时,外汇会计的美元保有增加,从这一会计中向市场供给日元。

就是说,以日银介入增加普通银行保有的日元资金,以此为基础而普通银行的信用供给增强。此外,相反日银进行抛出美元、购进日元的介入时,市场上的日元资金被吸收,因此普通银行的信用供给就减少。

于是,日银的外汇介入必然地增减市场的资金,对货币供应量也有影响,因此,外汇介入的日元资金或是被日银吸收或是放置不管,常常被作为金融政策上的"非生产介入论"(参见专栏)而被人们议论着其是非。

> ### 日银的非生产介入的是非论
>
> 经济学家经常提起非生产介入的是非论。譬如,以财务省的要求,日银为了诱导日元贬值,进行抛售日元、购进美元的外汇介入。结果,市场被供给了过剩的日元资金。但是,这时如果日银将这过剩的日元资金放置在市场上的话,就会判断货币供应量过大而对普通银行用抛售操作来吸收资金。
>
> 这就是"非生产化"操作,被称作"非生产介入"。就是说,不使抛售日元、购进美元产生的日银对市场的货币增加这一"货币诞生"生产出来。
>
> 所以,一部分经济学家批判这种做法,认为诱导日元贬值本来就是因通货量(日元资金)的增多而发生效果的,所以日银的买卖操作所产生的吸收通货供给的非生产化是不适当的政策。这就是"非生产介入"论。

于是,外汇会计的外汇介入增减市场的日元资金,在这点上,具有日元最终供给权的日本银行必须每天都细心地观察外汇市场的动向。

而进出口及资本流出、国内利率水平和日元行情强烈相关,所以通过稳定通货价值,试图使经济稳定发展的日银不能不关心日元兑换率实现适当水平。

在浮动市场制下,日银为了日元兑换率的稳定化,和美国的美联储或欧洲中央银行(ECB)等主要发达国家的中央银行一起协调介入或委托介入外汇操作。

相对于日银金融市场局对国内物价水平持有强烈关心,日银国际局则对日元的对外价值,即日元行情抱有强烈的关心。在这个意义上,日银国际局和金融市场局一道作为保卫着日元价值、使之稳定化的"通货卫士"站在最前线。

日本银行在拥有背后的"最后的靠山"的终极价值创造力之点上,也具备"日元的祭司"的威严。

日银总裁的绝对性和政策委员会的复权

如上所述,作为"通货卫士"或"日元的祭司"的日本银行是担负着国民经济稳定发展中枢作用的独特机构。那么,日银组织的决策结构又是怎样的呢？报纸或电视经常发表代表日银的日银总裁的见解。

实际上,日银总裁每星期三都定期在日银记者俱乐部举行记者招待会,其时,披露关于日本经济动向的信息。因此,不管是谁,而且从社会的常识来看,日本银行的最高决策人是日银总裁。和普通公司的最高决策人,即有代表权的董事长或总经理是一样的。

但是,在日本银行,最高的决策人不是日银总裁。

日本银行的最高决策人如第5章所示,是政策委员会。

日本银行于1882年(明治15年)6月27日以公布"日本银行条例"而诞生。从那时以来,日银最高决策人是主要干部会。就是说,采取了总裁、副总裁及理事的合议制。

但是,在战时的 1942 年(昭和 17 年)制定"日本银行法"(旧法)时,副总裁和理事们失去了表决权,总裁被视为总括了干部会,权限集中到日银总裁身上。

在战争结束后的 1949 年(昭和 24 年),战时色彩浓重的"日本银行法"(旧法)被修改,设置了新的政策委员会。这一政策委员会代替总裁成为日本银行最高的决策机构,1998 年 4 月实施的新日银法继承了这一点。

而日银总裁以下,日银干部、日银职员按照这一政策委员会的决策被定位于执行业务的执行机构。就是说,日银总裁是执行机构之"长",不是决策机构之"长"。

那么为什么在发表日银见解的时候,日银总裁要出场呢?人们会有这样的疑问。因为当然人们会考虑到如果日本银行的最高决策机构是政策委员会的话,那么这个政策委员会的代表为什么不代表日银来陈述见解呢?

实际上,日银总裁是政策委员会的代表议长。因此,日银总裁是执行机构的代表,同时也是最高决策机构的代表,在这一意义上,日银的表明见解在形式上是作为"日本银行政策委员会议长"来陈述的。

如第 5 章所述,日银在 1949 年日银法修改时,曾对政策委员会的设立认为是"屋上架屋"而猛烈反对,但由于美国占领当局的强烈要求而不得不同意设立政策委员会。但是,与此交换,日银试图将政策委员会改头换面。其象征就是确立了日银总裁兼任政策委员会议长的所谓"习惯"。

"日本银行法"(新法)对政策委员会是这样写的,其第 16 条是

"在政策委员会中设置议长",接着说:"(议长)是由委员们互选而予以确定。"

这样,在"新日银法"和"旧法"中哪儿也没写着让日银总裁做政策委员会议长。从这点来看,特别是在旧法下,日本银行的政策委员会名存实亡。为此,在旧法下政策委员会实际上被人们嘲笑为"休眠委员会"。

但是,1998年4月实施的"新日银法"姑且不论作为习惯的日银总裁就任"政策委员会议长",而日本银行的最高决策权名实相符地由政策委员会担当。

这一政策委员会由九名委员构成,其中三名是日银总裁和两名副总裁。六名是审议委员,他们得到国会(两院)的同意,由内阁任命。此外,没有表决权的政府代表两名(财务省、内阁府的代表)应需要出席会议,可以陈述意见。政策委员会作为日银最高决策机构对变更官方贴现率、实施债券操作等金融政策的运营作出决策。这一决策是在包括日银总裁在内的九名政策委员的过半数票下决定的。

而基于这一政策委员会的决策,日银总裁管理的日本银行作为执行机构来执行业务。

从1942年公布"日本银行法"以来,日银总裁的权限集中化在战争结束后的一万田尚登总裁时代得以加强并被继承下来。这是日银总裁的绝对性,但根据1998年新法则完全转换为政策委员会的合议制。

但是,只要日银被赋予遵守通货价值的绝对权力,其象征性存在的日银总裁被课以严格的重大责任的实际状态是不变的。在这一意义上,日银总裁即使现在被称为"日元的祭司"也是相称的。这是因为为了日元的价值,他被赋予牺牲一切的殉教性的宿命。

什么是日银的中立性

作为以垄断通货发行权的"最后的靠山"的日本银行及日银总裁扮演着"日元的祭司"的角色。这一角色以强有力的权力为基础和具有殉教者的责任感来实现通货价值的稳定。

就是说,日银追求的是优先于一切的稳定通货价值的"公共使命"。日本银行为了追求这"公共使命",必须保证其行动有不受其他任何权力干涉的独立性。这被称作"中央银行的独立性"或"中央银行的中立性"。但是,在现实的政治中,日本银行确保其"独立性"是极其困难的。因为在利害关系错纵复杂的现实世界,各种触手不断伸向中央银行垄断的通货发行权。特别是在放弃了金本位的严格规矩的管理通货制度下,中央银行的立场容易被政治所利用,常常散漫地发行通货。并且在很多情况下,这种散漫地增发通货被正当化。

因为,在民主主义制度下,国会或政府才具有法的正当性,所以中央银行的"中立性"或"独立性"在民主主义中被定位于更高层次的政治目的或政府的基本政策目标之下。

换言之,在民主主义制度和通货管理制度中,中央银行的通货发行权具有着被政治裁量的宿命。就是说,中央银行要保持独立于政治考虑或政府的指示而纯粹追求通货价值稳定的"中立性"在政治上是很困难的。

在这里,极而言之,中央银行的"独立性"或"中立性"不过是非现实的、无意义的观念论，这种看法也是能成立的。因为在民主主义政治之下，在全盘国政上，政府对国会负责，只要是这样，中央银行的金融政策便是政府经济政策的一部分，在更高层次的政策体系之下，必须保持政策的整合性或统一性。

如果站在这一见解上，中央银行的"独立性"就难以存在，以稳定通货价值为目标的金融政策必须被包容进国家或者其执行机构的政府的基本经济政策中去。

中央银行没有"独立性"或"中立性"的想法其实直到最近还是"日本银行法"（旧法）的基本精神。"日本银行法"（旧法）是从下面的第1条开始的。

"日本银行是按照试图为国家经济总体力量的适当发挥的国家政策来调节通货、调整金融的……"

就是说，日银的金融政策是支援国家经济的适当运营，不能反对国家的政策。

说起来，迄今为止的"日本银行法"（旧法）的精神可以说是将日本银行作为日本政府的一员，即不过是专管金融的一个机关而已。

但是姑且不管日本银行的"绝对中立性"，而其"相对的中立性"或"相对的独立性"作为试图使国民经济稳定发展上的大前提是不可或缺的。

由于采用管理通货制度，我们掌握了通货发行的裁量权，我们人或人的集团未必常常是理性的。经常或者为一时的利害所驱使，或者将眼前的事情看作永恒的真理。我们从历史上学到很多这种人的失误或失败和经济混乱或失败相关的事例。在这一意义上,对于通货的国民经济而言,其本质价值虽说是人的智慧结晶,但完全委任给民主主义政治过程的裁量,则过于冒险。

另一方面,为了通货价值的稳定也有人认为应该授予中央银行能够完全独立于政府来实行金融政策的"绝对独立性"。但是,这在现代的民主主义制度下是过于死板的,而且是时代错误。

但是,人的社会时常被通货发行的裁量权所诱惑,经常存在着陷入通胀世界的危险。实际上,我们战后多次苦于通胀。因此,在一定的条件和框架下,中央银行应该在法律上保证其"中立性"。就是说,确保"相对的独立性"。

如果不需要中央银行的"相对的独立性"的话,就应该将中央银行明确地定位于政府的一个部门,中央银行的总裁被规定为阁僚的一员。

于是,1996年当时的执政三党以探讨修改"日本银行法"为契机,终于在1997年6月制定了"新日本银行法",1998年4月开始实施。

政府的中央银行不可侵犯协定

中央银行如何对政府或政治权力保持自己的独立性或中立性,这对世界各国的中央银行而言都是一个永远的、最大的课题。

特别是战后凯恩斯主义的影响或战争中的惰性,政府靠着发行大量国债加强了"大政府"的意向,所以围绕着国债管理,财政当局和中央银行之间产生了通胀论争。具体而言是联邦储备

> 委员会(美联储)对财政部的抗议,认为为支持国债价格而继续购进国债就不能抑制通胀的发展。
>
> 财政部反驳说,尽可能提高国债价格是和减轻支付利息的负担相通的。但通胀被引进来就连本利都没有了,这也是不争的事实。因此,1951年联邦储备委员会和财政部之间达成有名的"共识",此后,美联储不支持国债的购买,中央银行的中立性明文化了。

旧法下的大藏省和日银的争执

我们在寻找日本银行的"独立性"或"中立性"迄今为止的模糊的基本背景时,就会看到大藏省(现财务省)和日银长年以来的不睦。

如第5章所述,战后日本银行以占领军当局的强大权力为背景,由一万田尚登总裁构筑了日银黄金时代(1946年6月~1954年12月)。

在这"一万田教皇时代",日银确实在讴歌着"绝对的独立性"。但是,进入后一万田时代的昭和30年代,日银开始刮起了逆风,而被推到日银人背后的大藏省官僚乘势出动。

大藏省其实依据"日本银行法"(旧法)被定位于日银的监管机关,不光是检查日银的"独立性",而且还是一个威胁性的存在。被"一万田时代"压抑的大藏官僚的权力能量进入昭和30年代后就冲着"日银压制"开始喷发出来。

另一方面,借"日银黄金时代"的余威,日银人也要让日银的

"中立性"成为牢固的事实。这大藏官僚对日银人的"分割天下决战"的主战场就是从1957年8月到1960年9月开展起来的修改日银法问题。

在大藏大臣的咨询机构的金融制度调查会上,历时三年对修改日银法进行审议,而其中心问题是如何明确记载日本银行的"独立性"。

1942年制定的"日本银行法"(旧法)如前所述,是否定日银的"独立性",使金融政策服从于国家政策目的的法律。从为贯彻战争的国家总动员法的精神来看,这也是没有办法的事。但是,在战后的1949年,由于政策委员会的设置,日银法被修改,但其他的还和战前一样。

我们看看在这以前的"日本银行法"(旧法)中,政府和日银关系的条文,人们就会为政府(具体而言就是大藏省)的监督权对日银过于广泛并强大而吃惊。

在旧法的第6章第42条中,当大藏大臣承认日本银行在为达到目的而有必要时,规定他有可以下令日银实施必要业务的"业务命令权"。此外,第4条是大藏大臣有可以检查、命令、处分日银业务、财产状况的"监督命令权",而第45条规定大藏大臣可以在日本银行设置监督官,监视日银业务,即"监督官的设置"。

还有内阁有解聘总裁、副总裁、大藏大臣有解聘理事、监事等的"高层干部解任权"。(第47条)

大藏省银行局总务课(当时)设置日本银行系,在那里除了严格地审查日银的内部预算外,大藏省银行局(当时)还在金融政策方面经常接触日银,大藏省国际金融局(当时)在外汇政策方面也是同样。

"旧日本银行法"既然对日银从首脑的人事到日常业务给予大藏省以完全的监督大权,那么结果日银的"独立性"或"中立性"不过是画饼而已。

有时日本银行被嘲讽为"大藏省日本桥本石町分室"或"大藏省日银课",而从旧日银法上的弱势立场及日银人特有的非战斗性软弱等方面来看,不得不说大藏官僚的优势是很明显的。

日银总裁能从日银·大藏的交替中摆脱出来吗

战后,围绕着日银总裁的位子,长期以来日银和大藏省的对立、抗争在持续着。战争结束后,在长达八年半君临日本经济的第18代总裁一万田之后,经过日银出身的新木荣吉总裁短暂的两年政权,第20代总裁,大藏省出身的山际正道总裁在任八年六个月。

这位山际总裁或许是因和池田勇人在大藏省时代的关系而当了长达八年的日银总裁。日银人说他的坏话:"山际是忌贤的坏人。"所以,围绕着下面的第21代总裁人选,大藏对日银的战斗激化,政府提拔了民间人的三菱银行总经理的宇佐美洵先生。之后,日银王子、没有当上第21代总裁的佐佐木直先生当上了第22代总裁,其后就是大藏省有名的次官森永贞一郎先生当上了第23代总裁,再往下就是日银拔尖的国际通前川春雄先生,然后是大藏省出身的澄田智先生,第26代总裁是日银出身的三重野康先生,第27代总裁也许是因日银、大藏交替的法则,是大

> 藏省出身的松下康雄先生,而第28代是日银出身的速水优,第29代果真能从交替法则中摆脱出来吗?

修改日银法能担保日银的独立性吗?

在旧日银法下的大藏省(当时)对日银的不睦既然是单纯的、丑恶的"权力斗争"或大藏官僚的傲慢或日银人的孱弱的问题,那么对国民经济以至日本国民就是不幸的。

简单地说,只要财政和金融一体化或者金融"从属"于财政,就有阻碍机动的金融政策干预并难保国民经济稳定性的忧虑。

1996年,政府也好不容易开始觉察到日银中立性问题的重要性。其最大的要因是站在1990年代大藏省金融行政的失败及其反思上的"财金分立理论"(对财政金融行政力量集中在大藏省的反思)的抬头。

于是,1997年6月,"新日本银行法"在国会通过,1998年4月被实施。而最大的焦点是新法果真能担保日银的独立性、中立性吗?

1957~1960年,修改日银法审议也围绕着"中立性"展开了热烈的讨论。而实际上在金融制度调查会的137次会议上被提了出来,在如何明确地记载"独立性"上,大藏阵营对日银阵营的争论白热化起来。

1960年9月金融制度调查会提出答复,但对日银的"独立性"没有得出结论,以A、B两案并记的方式终结。当日本银行的政策和政府的政策不同时该如何是好呢? 对此,金融制度调查会的意见分成截然不同的两种。

譬如,日银和政府之间在政策上出现争执时,首先大藏大臣和日银总裁必须商量政策上的调整。关于这一点谁都没有异议。

然后当这两者的协议没有达成又该如何?而就是关于这个问题,调查委员会的意见不一致,以A案和B案并记结束。

A案是当日银和政府在政策上出现分歧时,承认政府处于优势地位,并承认政府有向日银指示其撤回决策的权利。

另一方面,B案则认为在这时只能给政府可以请求将日银决策延长一定期限的权限(表决延期请求权)。

就是说,大藏省方面强烈主张要明确记载大藏大臣对日银的指示权,而日银方面则从"中立性"的视点出发,主张日银的决策最终是优先的,只给大藏大臣对日银的延期请求权,不必给指示权。日银没有让步。如果从常识上来考虑,B案是有妥当性的。不言而喻,这时日银的"独立性"或"中立性"不是"绝对的独立性",到头来也不过是"相对的独立性"而已。

就是说,对于日本银行的最高决策机构的政策委员会,既然都是政府(内阁)有任命权,那么日银的"独立性"就相对化了。还留下政府对日银总裁的任命权。因此,虽说日银有"独立性",但这不是超越宪法上的国会或内阁权限的绝对的独立性,不过是以对日银总裁、副总裁及政策委员会的政府任命权及国会承认的民主主义程序为前提的相对独立性。

但是,1960年9月的A、B两案并记阻止了日银的"独立性"或"中立性"的讨论,其后修改日银法或日银的中立性问题一直到1997年6月都没有作为主要议题提到日程上来。

新日银法也是巧妙地回避了"独立性"或"中立性"这染上争论或争执的概念,在新法第3条的第一款中这样规定。

"必须尊重日本银行在通货及金融调节中的自主性。"

代替以前的"独立性"或"中立性",新法中提出"自主性"的概念。客观地说,这只能说是"消极的中立性"的规定,而从现实的力量政治来说,应该评价为是次好的。

新法第3条第二款中放进这样的规定。

"日本银行必须努力将关于通货及金融调节的决策内容及过程向国民公开。"

而且,新法第四条作为"和政府的关系"是这样写的。

"日本银行在其进行的通货及金融调节是构成经济政策一端的基础上,为了使其和政府的经济政策的基本方针整合,必须密切地和政府联系,以图充分地沟通意见。"

如上所述,在法律上明示了以"日银的自主性"而消极地尊重"日银的中立性",但在阻止"日银的独善性"或"独断性"的意义上,重新对日银课以两个"义务"。

一个是日银的决策过程必须向国民广泛公开的"信息公示",换言之,就是"日银的责任说明"。另一个是日银的金融政策当然必须作为政府经济政策的一环来执行,明确地记载要有保持其整合性的"符合政府的意见沟通"。

这样从新法的趣旨来看,既然有"向国民的说明责任"和"与政府的意见沟通",那么也许在立法上不是"自主性"而应该是"中立性"。

总之,即使是弱的规定,上述的三个,即"自主性"、"说明性"和

"意见沟通"应该评价为在日本银行进行新的金融决策和运营时，作为其基本的行动原则是"划时代的"。

而前述的在旧法下的政府对日银的决策中的"对立"在新法中又是如何解决的呢？

在法律上没有选择前述的 A 案，而是 B 案。

新法第 19 条第二款这样规定：

"出席金融调节事项议事会议的"政府代表"（财务大臣及经济财政担当大臣或上述二人的代理人）在该会议上，提出有关金融调节事项的议案，或者在该会议上可以要求对作为议事的金融调节事项的委员会的表决延期到下次的将金融调节事项作为议事的会议上。"

要之，像曾经的 B 案所有的那样，在政府对日银政策委员会的决定或议事持异议时，具有请求一定期限的最终决策的延期权限（表决延期请求权）。

而且在新法中，政策委员会（由六名审议委员及日银总裁、两名副总裁等九名构成）除了有关金融调节案以外，还进行日银的内部管理等广泛事项的最高决策，而对于有关金融调节的会议被称作"金融决策会合"。上述的政府代表的"表决延期请求权"是在这"金融决策会合"上行使的。

如上所述，新法在法律上担保了日银的"自主性"，但在和政府的关系上，追求和政府经济政策的整合性，同时承认政府的"表决延期请求权"，在法律上设置了阻止日银擅权的条款。日本银行总裁实际上成为政府经济政策最高决策机构的"经济财政咨询会议"的成员，所以构成了能保持和经济改革整合性的结构。

此外,在新法下赋予了日银"信息公开性"的义务,而且"说明责任"和旧法下的日本银行大不相同。过去的中央银行曾经"不说明而行动",这种保持孤高是其权威的表现,但如今日银在所有场合都要用因特网积极地、公开提供信息,这真叫人惊叹(关于日银关系及金融经济关联的统计在日银主页上就有)。

如下节所述,围绕着金融决策,政府对日银的对立实际上在1999年8月就发生了。这时,政府在"表决延期请求权"下,要求政策委员会表决延期。这在日银史及日本金融政策史上都是第一次。

此外,2002年9月日本银行公布了实施在某种意义上"超越政府"而买进银行保有的上市股票的异例措施。

这两个"事件"如果在旧法下,日银是不能考虑的,且不论其决定内容的是非,这可以说是向内外表明日银的自主性、中立性正在出现的划时代的动向。

此外,应该广泛而强有力地向社会告知"新的日本银行",对此,日银当局极其积极地进行"信息公示"。想知道关于日本银行的政策及金融经济关联统计等信息,我劝诸位打开日银主页(http://www.boj.or.jp/)。

III 未经历的和接受考验的金融政策

1 没有航海图的航海·走向零利率的世界

如本章 I 的 4 节所述,1995 年春的"再贴现政策的名存实亡"及同年秋的"官方贴现率跌到 1%"所象征的日本银行事实上进入了"零利率的世界",这是从未体验过的地带。

直至 1990 年代前半期被视作和货币供应量的增减有很强关系的货币基础的增加确实缓了下来,这被看作是货币供应量(M_2 + CD)缓慢增加的最大原因,货币主义者们也是这样强烈主张的。

但是,不管是货币基础的增加还是短期利率的降低,尽管日银不断地展开超放宽的金融政策,但几乎没有得到期待的效果,这一"新的现实"是很清楚的。

这加强了日银追求前所未闻的异常的金融政策干预的行动,日银本身的心情也是不得不被迫接受进行超过传统金融政策的政策试行。

如果利率跌到将近零,日银的金融政策就只有积极地扩大日银可以能动地操作的货币基础(高能货币)。这被称为"量的放宽",是新的政策手段。

图 8-4 量的金融指标和名义 GDP
(1990 年第 1 季度 =1)

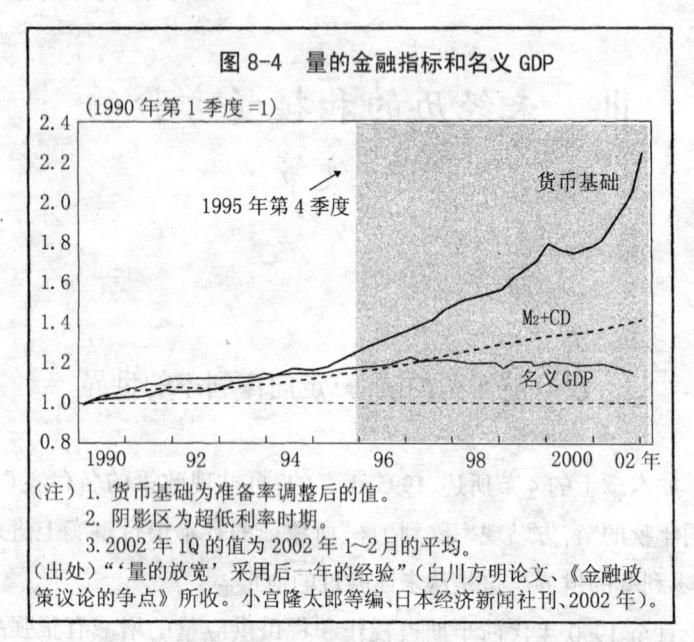

(注) 1. 货币基础为准备率调整后的值。
2. 阴影区为超低利率时期。
3. 2002 年 1Q 的值为 2002 年 1~2 月的平均。
(出处)"'量的放宽'采用后一年的经验"(白川方明论文、《金融政策议论的争点》所收。小宫隆太郎等编、日本经济新闻社刊、2002 年)。

图 8-4 象征性地表现了以 1990 年代中期为界,日银积极地在增加货币基础上的行动。但是,尽管有这样的日银政策姿态的转换,如图 8-4 所示,却几乎没有表现出其效果。

就是说,不管是货币供应量(M_2 + CD)还是名义 GDP,其行动得到的只是悲惨的结果。

在这里,很明显地表现出在 1995 年中期以后的"零利率的世界"中,日银金融政策的迷失和困境。这是在金融政策实践及理论上提出重大问题的基本背景。

换言之,1990 年代前半期新凯恩斯学派抬头所象征的"经济学的转换"不仅在理论上,而且在实践上果真有妥当性吗？就是这个问题。

在现实的经济停滞持续之下,有突破理论及实践上困境的方法吗?从这点出发,日银从1990年代中期以后就展开了探索前所未闻的超金融政策可能性的实践性试行错误。

也因有1998年春的日银法修改,日本银行主体性地踏入未知的领域。但是,这等于没有"罗盘"而进入混沌的大海中的船一样。下面让我们概观一下从1995年中期到1999年2月,采用真性零利率前的进程,顺便追寻一下在"真性零利率"之下,日银的实验性金融政策。

1999年2月冲进真性零利率

如前所述,以1995年中为界,日本经济开始冲进未知的"零利率世界"。日银的官方贴现率在世界史上是首次跌破1%而成为0.5%,而日银也将金融调节的支柱从官方贴现率转为市场利率(无担保的隔夜拆息),将这诱导到比官方贴现率更低的水平。

从重视利率功能的新凯恩斯学派或重视货币的修正货币主义者来看,尚存在拆息降为0.5%以下的余地,所以为使景气复苏还要更强有力地迫使市场利率的诱导水平下降。

这期间从1995年秋的大型追加财政干预(约14万亿日元)和日元比值的大幅度日元贬值(从1美元=80日元到1美元=110日元)开始,在1996年1月建立的桥本政权下的景气复苏是很令人瞩目的。所以金融政策经过长时间才从外部的压力中解放了出来。

但是,这只是"短暂的释放",1997年末以桥本失政为契机,景气失速表现了出来,要求金融政策再次干预的压力大了起来。

1998年9月,日银不得不响应小渊政权的财政全力干预,将拆息的诱导水平降到0.25%。但是,对包括政府中的财政干预论者来说,日银的态度只是"暧昧"的。

因为譬如,1998年秋以后,虽然日银将拆息诱导到低水平,但3个月的CD利率到同年末甚至还有上升的倾向。所以,一部分金融专家以此批判日银的短期利率诱导政策停留到隔夜的超短期利率上,降低利率的政策是不充分的。

诚然,指责将金融操作限定在隔夜拆息上的日银的新利率政策(1995年中的拆息诱导政策)是试行的或是"暧昧"的或是混乱的有其妥当性。但是,日本经济陷入的"零利率世界"是进行百分之一以下的"微小世界的操作",以此说什么金融效果,从事物的本质论而言,不过是不足道的批评。

不过,从现实的政策方针来说,"财政流着汗,而日银袖手旁观不负责任"的批评是具有力量的。在1998年春实施的新日银法下,说日银是"独善性"的势力或政府方面的指责也很强烈。

于是,1999年2月12日,日银在政策委员会("金融决策会合")上终于将拆息的诱导水平从0.25%降到0.15%。这实际上意味着日银的金融政策冲进了前所未闻的"真性零利率"世界。此外,这时官方贴现率降到0.35%,而且同年3月又降到0.25%,而同年9月更降到0.1%。如前所述,从1995年春开始,日银诱导的拆息的顶点被视为官方贴现率,所以这时就意味着拆息变为官方贴现率的0.1%以下。

和这1999年2月历史性地决定零利率的同时,日银明确提出"到消除通货紧缩的担心之前继续放宽政策",日本经济在摆脱通货紧缩前就迷失在了"零利率的世界"里。这意味着"消除人们对通货紧缩的担心"（从负物价上涨率中摆脱），所以可以解释为在这时日银事实上踏进了"通胀目标政策"。

2001年3月异例的量的放宽政策开始启动

靠着日银前所未闻的零利率政策和小渊的财政扩大政策，看起来日本经济顺利地走上了经济恢复的轨道。确实，景气从1999年初开始恢复，就是进入2000年其倾向还在持续。

所谓零利率就意味着束缚了日银金融政策的机动性。因为日银将短期利率降到零以下是不可能的。所以，日银一直有尽可能从束缚金融政策手足的零利率中赶紧摆脱的想法。

这就是2000年8月日银的"解除零利率"的决定。既然已经走上了景气恢复的轨道，那么零利率政策就当然应该解除。

于是便展开了在新日银法下的第一部电视剧。因为这和政府的"解除零利率时期尚早论"正面对立。政府代表（当时的宫泽喜一大藏大臣和堺屋太一经济企划厅长官）在"金融决策会合"上启动了"表决延期请求权"，对"解除零利率"表示了异议。当然，最终在下次会合上政府的异议被否决，拆息的诱导水平从0.15%回到0.25%。这结果意外地证明了"日银中立性"，但这和以后发生的执拗的日银混乱及对速水优日银总裁的批判是联系在一起的。

说日银的"零利率解除"的决定是景气再次失速化的主因或原因是难以想像的，但人们对太长时期通货紧缩发泄不满的对象就只有日银了。

在这种状况下，日银被挤到了危险的边缘或最后关头。于是，日银被迫试行接着零利率政策的第二个异例的金融政策。

首先,2001年1月日银将拆息的诱导水平再次降到0.15%以下,渐渐地促使其更往下降,金融政策的姿态又回到了零利率。但是,到了这一阶段,在试图恢复景气的金融政策中已经完全失去了回转的余地。

日银在斟酌了美国的经济学家或新凯恩斯学派或货币主义者的执拗的日银批判论后,同年3月终于踏进了异例的"日银型量的放宽政策"。这也是前所未闻的货币主义者的金融政策,日银的心境难道不是"从清水的舞台跳下来"[1]吗?

这以普通银行在日银保有的活期托管款的余额(日银活期托管款余额)为焦点,日银以扩大货币供应量或GDP为目标主动地将其增加,这是迄今为止日银的金融政策史上的第一次试行(参见表8-3)。

表8-3 日本银行的金融调节方针

决定日	调节方针
2000.8.11	促进无担保拆息利率(隔夜)促进平均以0.25%左右推移。
2001.2.28	促进无担保拆息利率(隔夜)以平均0.15%左右推移。
2001.3.19	要求日本银行活期托管款余额为5万亿日元来进行金融市场调节。此外,在资金需求骤增等使金融市场不稳定化的不安因素出现时,不拘于上述目标,进行更丰富的资金供给。
2001.8.14	要求日本银行活期托管款余额6万亿日元来进行金融市场调节。此外,在资金需求骤增等使金融市场不稳定化的不安因素出现时,不拘于上述目标进行更丰富的资金供给。

---

[1] 清水的舞台是日本京都清水寺设在悬崖峭壁上的舞台,许多想自杀者将那里选为自杀的地方。——译者

续表

2001.9.18	目前,以日本银行活期托管款余额超过6万亿日元为目标进行丰富的资金供给。
2001.10.12	要求日本银行活期托管款余额以超过6万亿日元为目标进行丰富的资金供给。
2001.12.19	要求日本银行活期托管款余额为10万~15万亿日元来进行金融市场调节。此外,在资金需求骤增等使金融市场不稳定化的不安因素出现时,不拘于上述目标而进行更丰富的资金供给。
2002.2.28	要求日本银行活期托管款余额为10万~15万亿日元左右来进行金融市场调节。此外,当前以年末为目标为保证金融市场完全稳定而不拘于上述目标进行更丰富的资金供给。
2002.4.11	要求日本银行活期托管款余额为10万~15万亿日元左右来进行金融市场调节。此外,在资金需求骤增等使金融市场不稳定化的不安因素出现时,不拘于上述目标进行更丰富的资金供给。
2002.10.30	要求日本银行活期托管款余额为15万~20万亿日元左右来进行金融市场调节。

从公布的日银资料摘要。

换言之,在零利率下既然短期利率即使作为日银的操作目标也已经不能使用了,那么就代之以准备金("日银活期托管款")为新的操作目标。

普通银行如果持有超过准备金,具体而言是超过所需要的准备(必须以日银的准备率强制其保有)的超准备金的话,普通银行就会积极地运用贷放等资金,结果货币供应量或GDP就有增加的可能性,这是货币主义者的逻辑。

日银从2001年3月开始如表8-3所示,采取了以明示的形式采用"量的放宽政策",即准备金目标政策。不仅如此,从2001年8月开始将以前的长期国债的买进额增加到每月4 000亿日元,

2002年2月以后,每月为10 000亿日元。此外,在2001年2月新设了"伦巴第型贷款制度",也提供了以官方贴现率供给普通银行资金渠道的机会。这"伦巴第型贷款"是普通银行在以必要的资金做合格担保的基础上,可以从日银直接借钱的结构。

这样,从2001年春开始日本银行以零利率为前提,随机地采用了新的实验性金融政策。问题是日银的实验性金融政策到底奏效没有,对此却几乎没有确实的证明,日银也正是处在这探索的状态之中。而问题是尽管进行了这异例的金融政策,但日本政府却没有抓住"从通货紧缩中摆脱"的契机。这不是日银本身的责任。

因为如本章Ⅰ及Ⅱ所述,日本经济掉进长期的通货紧缩可以说是70年一次的历史性异变,能够准确应对这异变的分析框架或理论接近于无。

这一点正可以说明日本的金融政策进入了没有航海图的航海。

2 超金融政策的去向

缺乏成果的实验性金融政策

如迄今为止所述,以1995年中为契机,日本银行的金融政策的立足点发生极大的改变,进行以拆息为操作目标、以市场业务为轴的金融调节。而1999年1月以来,除了一个时期("零利率解除"期间)外,拆息的诱导水平无限地接近零利率(参见图8-5)。

虽然利率降到零水平,但如果通货紧缩还在持续的话,传统的金融政策几乎就没有了政策手段。因为将利率降到负数是不可能的。

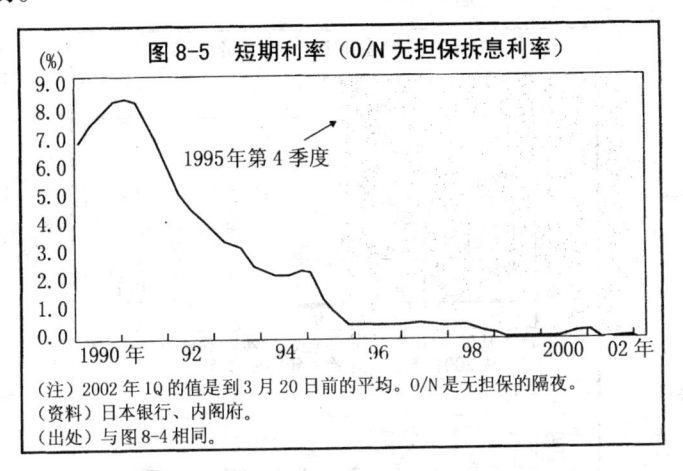

图 8-5 短期利率（O/N 无担保拆息利率）

（注）2002年1Q的值是到3月20日前的平均。O/N是无担保的隔夜。
（资料）日本银行、内阁府。
（出处）与图8-4相同。

但是，从货币主义者方面来说，出现了货币量即货币供应量可以无限增加的理论。如前所述，直升飞机货币论是个讽刺，这抓住了货币主义理论的本质。

这是将过剩地保有货币资产（现金资产）和其他实物资产替代，结果就是增加总需求的逻辑。因此，作为零利率下的通货紧缩对策的金融政策，增加货币量的"量的放宽政策"就取代了过去的"金融政策"。

实际上，在1995年末以来实施的零利率政策中，日银对普通银行进行大幅度流动性供给，具体而言就是增加高能货币，因而结果就变为实施了"量的放宽政策"。

图8-6(1)是1995~2000年的零利率下的货币基础的增加率（年平均，下同）、GDP增加率（实际）、消费者物价率和量的放宽（货

币基础)的增加率的7.9%,与此相对,货币供应量、实际GDP的增长率等经济工作做得是相当逊色的。

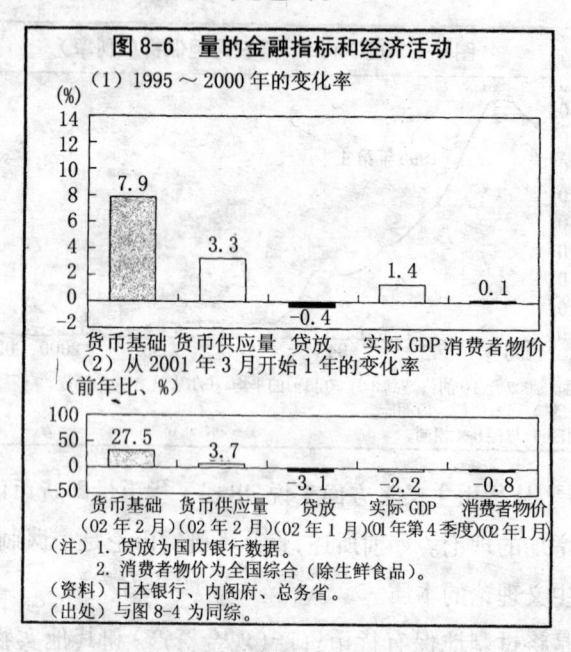

图8-6 量的金融指标和经济活动

(1) 1995～2000年的变化率 (%)

货币基础	货币供应量	贷放	实际GDP	消费者物价
7.9	3.3	-0.4	1.4	0.1

(2) 从2001年3月开始1年的变化率（前年比、%）

货币基础	货币供应量	贷放	实际GDP	消费者物价
27.5	3.7	-3.1	-2.2	-0.8
(02年2月)	(02年2月)	(02年1月)	(01年第4季度)	(02年1月)

(注) 1. 贷放为国内银行数据。
2. 消费者物价为全国综合（除生鲜食品）。
(资料) 日本银行、内阁府、总务省。
(出处) 与图8-4为同综。

而且,用货币主义者的方式说,在零利率下,如果日银明示地以更高的比率增加货币基础,持续使普通银行的准备金增加的话,货币供应量或GDP增长率就应该高。

因此,如前所述,日银在2001年3月作为操作目标明确地规定了普通银行的日银活期托管款余额(即日银活期托管款余额),决定为达到这一目标进行应有的金融调节。从2001年开始的一年时间的这一"实验性量的放宽"的结果如图8-6的(2)。

货币基础的增加率其实是27.5%,这是令人惊异的增加率,但货币供应量的增加率不过3.7%,实际GDP增长率为负2.2%。

只要看看这个数据,也证明了准备金目标选择的"明示的量的放宽政策"对经济活动的活跃化,说得重点,对摆脱通货紧缩不是有效的。

是正统经济学的处方还是危机应对型的金融管理

从 1990 年代中以后,日银的实验性金融政策按以下的顺序随机地展开。

(1)将金融政策的操作目标从官方贴现率转为拆息(无担保隔夜)。

(2)将拆息诱导到零利率水平。

(3)在这期间,为机动的金融调节成为可能,日银试图使市场业务手段多样化。

(4)将操作目标的拆息替换为日银活期托管款余额,准备金设定政策被当作金融调节的支柱。

(5)逐渐地增加为补充准备金设定政策效果的长期国债的买进。同时,如果有普通银行的要求,就进行官方贴现率的贷放(伦巴第型贷款)。

至此,到 2002 年秋的时点为止,形成了日银未经历过的金融政策的潮流。这正是实验性金融政策的过程,可以说是超金融政策的随机试行。

问题是这些日银的实验性政策试行对摆脱通货紧缩几乎没有发挥有效性。至此,日银的超金融政策面临着两个选择。一个是传统经济学提出的"正统经济学的超实验",另一个是"应对危机型金融管理的异常干预"。

前者是在传统经济学延长线上的处方,是接近本章Ⅰ、Ⅱ所论述的新凯恩斯学派或货币主义者的极端理论的实验性政策。具体而言是下面两个实验性政策提案。

一个是属于货币主义者系统的,如前所述,他们认为"日银的量的放宽政策"是暧昧的,缺乏大胆,应该进一步扩大货币基础,大规模地买进长期国债,全面买进公司债、股票、ABS及外债等。

另一个观点认为因在零利率下量的放宽政策有界限,所以为扩大总需求有必要将实际利率负数化,为此须提高预期通胀率,日银必须设定通胀目标。不言而喻,这是新凯恩斯学派的通胀目标设定论。

就是说,"正统经济学的处方"主张将以前的经济学逻辑发展到极限,断然实行接近无限的日银买进及必须提高预期通胀,设定日银的通胀目标。

这些超金融政策果真有效吗?此外,将执拗的通胀压力组合进日本经济不会引起规范或伦理观的丧失吗?就是说,这有副作用太大的坏影响。

后者是"应对危机型金融管理的干预",但这是将日本经济长期通货紧缩的根本原因看作如第1章所述的存在着巨额不良债权,不属于传统金融政策的体系,而是实施大危机时实践过的应对危机型的金融管理措施。

因此,这超金融政策不属于一般意义上的金融政策的体系,而是金融行政手段。通常的金融行政是政府(在日本是金融厅和财务省)管辖,但紧急时刻或在金融危机时,中央银行就站在了第一线。

在日本银行法中,日银的目的有两个。一个是通货的稳定,另一个是金融体系的稳定。前者是一般的金融政策,后者是一般的金融行政。在紧急时,"最后的借方"(最后的靠山)的日银必须正面和金融体系的危机对峙。这时,保证日银有事干预的是新日银法第38条和第43条。

长期通货紧缩的根本原因不仅是不良债权使金融机构的经营不稳定,而且过大的债务使许多企业的经营濒临破产,既然是这样,那么日银就要大胆地处理、清算这不良债权的癌症。

为了使日本经济摆脱70年前大危机以来的日本的通货紧缩,这种危机型金融管理政策不正是不可或缺的吗?

在这一点上,2002年9月日银公布的买进股票措施的决断(日银法第43条)就是属于这种政策体系的。

[补]战后金融的历史

	金融事项		关联事项
1945年8.15	战争结束	45.8	战争结束
46.2	金融紧急措施令	46.5	第一次吉田内阁成立
46.10	金融机构再建完善法	46.11	公布宪法
47.12	公布临时利率调整法	47.1	GHQ2.1发出中止大罢工指令
		47.6	片山内阁成立
		47.7	"经济实际情况"报告书
48.4	公布修改证券交易法	48.3	芦田内阁成立
48.10	主要银行开张	48.10	第二次吉田内阁成立
49.2	道奇公使访日	49.3	公布道奇路线
49.4	实施1美元=360日元		
49.5	东京、大阪、名古屋证券交易所再次开张		
49.6	修改日银法、建立政策委员会	49.8	夏普劝告
		50.6	朝鲜战争爆发
52.7	开设东京外汇市场		

	金融事项	关联事项
		55.3　第一次鸠山内阁成立
		55.6　签订加入关税及贸易总协定。这一年开始了"神武景气"
		56.7　"已经不是战后"（第10次经济白皮书）
		56.12　石桥内阁成立
		57.2　岸内阁成立这一年"锅底低迷"开始
		59.2　这一年"岩户景气"开始
1960.1	开始公债及公司债投资信托	
60.6	贸易外汇自由化计划大纲	60.7　池田内阁成立
60.9	金融制度调查会,答辩日银法修改	60.12　决定国民收入倍增计划
61.6	索尼 ADR 第一号,在纽约市场	61.6　农业基本法
		62.10　决定全国综合开发计划
		63.2　向世贸11国移行
64.4	日本向 IMF8 条国家移行	64.4　加入经济合作与发展组织
		64.10　东京奥林匹克
		64.11　佐藤内阁成立
1965.5	日银对山一证券特别融资	65.11　决定战后第一次发行赤字国债

金融事项	关联事项
	66. 这一年开始"伊奘诺景气"
68.4 证券公司转入许可制	
68.10 日本乐器第一次发行股票时价	
1970.12 亚洲开发银行的武士债(第一号)	70.3 八幡、富士制铁合并，新日铁建立
71.7 存款保险机构开张	
71.8 尼克松冲击	
71.10 第一劝业银行开张(第一和日本劝业合并)	
71.12 日元升值。1美元=308日元	71.12 史密斯索尼安会议
72.4 东京日元拆放市场开张	72.7 田中内阁成立
73.2 日元转轨为浮动行情制	
73.10 太阳神户银行开张(神户、太阳合并)	73.10 第一次石油危机
	74.12 三木内阁成立
	75.11 第一次六国首脑会议（法国朗布依埃）
	75.12 决定发行赤字国债
	76.12 福田内阁成立
	78.11 卡特美元防御政策
	78.12 大平内阁成立
79.4 拆息自由化	79.1 第二次石油危机

	金融事项		关联事项
79.5	CD销售	79.6	东京七国首脑会议
79.10	支票利率的自由化		
1980.1	创立中国基金	80.3	美国金融制度改革法
		80.6	威尼斯七国首脑会议
		80.7	铃木内阁成立
80.12	实施新外汇法	81.1	里根政权建立
81.6	开始指定日期定期存款	81.3	临时调查委员会成立
		81.7	渥太华七国首脑会议
82.4	实施新银行法	82.6	凡尔赛发达国家首脑会议
		82.8	墨西哥债务危机
		82.9	财政非常事态宣言
		82.11	中曾根内阁成立
83.4	窗口销售公共债券	83.5	威廉斯堡七国首脑会议
83.6	欧洲市场日元贷放的自由化（非居住者·短期）自由化	83.11	里根总统访日，决定设立日美日元美元委员会
84.2	日美日元美元委员会成立		
84.4	废除外汇期货的实际需要原则 欧洲市场日元债券的自由化（居住者）		
84.5	日本日元美元委员会报告书 大藏省"金融自由化·日元国际化的现状和展望"		

	金融事项		关联事项
84.6	废除日元转换限制	84.6	伦敦七国首脑会议
84.6	银行公债及公司债的即时交易		
84.6	欧洲市场日元贷放的自由化（居住者·短期）		
		84.9	美国救助大陆伊利诺伊银行
1985.3	创立MMC(相银、信金)	85.1	大藏省提出"财政的中期展望"
		85.4	日本电话电报公社建立
		85.5	波恩七国首脑会议
85.6	银行、国债及公司债满期即时交易		
85.7	拆放无担保交易	85.8	阿根廷、墨西哥债务再安排
85.9	五国集团"广场协议"		
85.10	大额定期存款的利率自由化（10亿日元）		
85.10	开设债券期货市场		
85.12	东急百货公司附新权债券		
86.2	贴现短期国债的公募招标	86.4	提出"前川报告"
		86.5	东京七国首脑会议
86.9	新加坡开始日经平均期货交易	86.7	日美半导体谈判结束

金融事项	关联事项
86.10 住友银行吸收合并平和相银	
86.12 东京开设离岸市场	
87.1 卖出 NTT 股票	
87.2 官方贴现率为 2.5%	
87.2 七国集团财长会议"卢浮宫协议"	87.4 日本国铁各公司成立
	87.5 提出"新前川报告"
87.6 大阪证券交易所开始股票期货"股票期货 50"交易	87.6 威尼斯七国首脑会议
87.7 伦敦国际金融期货交易所开始日本国债的期货交易	87.9 债务积累问题的贝克新提案
87.10 MMC 最低为 1 000 万日元	87.10 竹下内阁成立
87.10 黑色星期一	
87.11 开设 CP 市场	
88.7 BIS 达成自有资本比率共识	88.6 多伦多七国首脑会议
88.9 开始股价指数期货交易	
1989.1 三菱银行引进优惠股率	89.1 布什政权成立
	89.1 昭和天皇驾崩
89.2 相互银行开始转为普通银行	89.3 布雷顿森林提案
89.5 欧洲市场日元贷放(居住者·中长期)自由化	89.4 引进消费税
89.6 欧洲市场日元债券(非居住者)的四年未满债券自由化	89.5 上调官方贴现率
89.6 小额 MMC 开始	89.6 宇野内阁成立

	金融事项		关联事项
89.6	大阪证券交易所开始日经平均期权交易		
89.6	开设东京金融期货交易所		
89.7	美国提出日美结构协议	89.7	日美结构协议开始
		89.7	巴黎七国首脑会议
		89.8	海部内阁成立
		89.9	索尼购买美国哥伦比亚电影制片公司
89.10	大额定期,发行单位为1 000万日元		
89.10	东京证券交易所开始股价指数期货交易	89.11	柏林墙被拆毁
89.12	三重野康就任日银第26代总裁	89.12	美苏首脑马耳他会谈,冷战结束
89.12	平均股价最高值(年终交易行市)		
1990.1	股价下跌、日元下跌、债券下跌的三重下跌(泡沫破灭)		
90.4	太阳神户三井银行开张(和三井、太阳神户合并)		
90.4	小额 MMC 最低存入额为100日元		
1990.5	东京证券交易所开始债券期货期权交易		
		90.7	休斯敦七国首脑会议

	金融事项	关联事项
90.10	东京地方检察院逮捕住友银行支店长等,矶田住友银行董事长辞职	
		91.1 综合土地政策推进要纲
		91.1 海湾战争爆发
91.4	小额 MMC 为 50 万日元	
91.4	协和埼玉银行开张(协和、埼玉合并)	
91.4	大阪地方检察院强制搜查伊特曼	
91.6	金融制度调查会 对新金融制度的答辩	
91.6	证券公司的补贴损失暴露	
91.7	富士银行赤坂支店虚假存款事件暴露	91.7 伦敦七国首脑会议(7+1)
91.7	日银下调官方贴现率(6.0%−5.5%)	91.11 宫泽内阁成立
		91.12 欧共体玛斯特里赫特首脑宣言
92.4	太阳神户三井银行更名为"樱花银行"	92.1 大藏省"财政中期展望"
92.4	伊予银行吸收合并东邦相互银行	92.1 布什总统访日

	金融事项		关联事项
92.6	储蓄存款开始，废除小额MMC的最低存入额		
92.7	证券交易等监视委员会开始工作	92.7	慕尼黑七国首脑会议（7+1）
92.9	协和埼玉银行更名为"朝日银行"	92.9	欧盟通货危机
92.10	分割处理东京信金		
93.1	共同债券买断机构	93.1	克林顿政权成立
93.4	实施金融制度改革法		
93.6	定期存款利率完全自由化		
93.7	兴银、长银、农林中金的证券子公司开张	93.7	细川内阁成立
93.8	大和银行救济考斯茅证券的收购		
93.10	岩手银行吸收、处理釜石信金		
94.6	日元汇率突破100日元	94.7	羽田内阁成立
94.9	关西兴银决定吸收合并岐阜商银		
94.10	流动性存款利率的完全自由化		
94.11	三菱银行将日本信托银行作为子公司进行救济	94.10	村山内阁成立
94.11	城南信金有奖存款定期销售		

	金融事项		关联事项
94.12	日银发表东京协和信组、安全信组的处理方针(第一次金融危机)	94.12	墨西哥元危机
94.12	松下康雄就任第27代日银总裁,三重野康离任		
95.3	东京共同银行开始营业	95.1	阪神大震灾
95.3	日元骤涨,突破90日元	95.3	地铁沙林事件
95.3	三菱银行、东京银行公布合并		
95.4	日银调低官方贴现率0.75%,为1%		
95.4	日元汇率一度到1美元=79日元75分	95.4	统一地方选举,青岛幸男、横山诺克(音译)分别被选举为东京都知事、大阪知事
95.5	日经300股价指数联动型上市投信上市		
95.8	考斯茅信用组合破产	95.8	美国纽约化学银行与大通曼哈顿银行合并
95.8	兵库银行和木津信用组合破产		
95.9	日银调低官方贴现率为0.5%		
95.9	大和银行纽约分行巨额损失隐瞒事件暴露	95.9	桥本龙太郎被选为自民党总裁(村山内阁)
95.11	纽约道琼斯平均一时首次为5 000美元左右		
96.1	大藏省废除合格债券基准	96.1	桥本内阁成立

金融事项	关联事项
96.4 开始债券回购协议交易	
96.4 东京三菱银行开张	
96.6 住专处理法成立	96.6 里昂七国首脑会议(7+1)
96.11 桥本首相的"金融大爆炸宣言"	
96.11 阪和银行停止业务	96.11 克林顿再次当选
	97.2 美国摩根·斯坦利和添惠合并
	97.4 消费税上升5%
	97.6 丹佛八国首脑会议
97.10 京都共荣银行向幸福银行转让营业	97.7 发泡酒热开始
97.10 日银发表开始债券回购协议业务	97.9 美国旅行者集团收购所罗门,和美邦合并,成为世界上最大的证券公司
97.10 三洋证券破产	
97.11 北海道拓殖银行破产(第2次金融危机)	
97.11 山一证券自主废业	
97.11 德阳城市银行破产	
97.12 大藏省发表早期改正措施的弹性化政策	

	金融事项		关联事项
1998.2	金融功能安定化法、修改存款保险法成立		
98.3	实施金融互控股公司关联法		
98.3	对银行投入公共资金(21家, 18 156亿日元)	98.3	日商岩井顾问速水优任日银总裁
98.3	速水优就任日银总裁		
98.4	新日本银行法实施	98.4	公布花旗和旅行者集团合并
98.4	修改外汇法实施		
		98.4	公布美国银行并购国民银行
98.5	阪神银行救济、合并绿色银行	98.5	伯明翰八国首脑会议
98.6	公布日兴证券和旅行者集团资本合作	98.6	欧洲中央银行(ECB)成立
98.6	金融监督厅成立	98.7	小渊内阁成立
		98.9	对冲基金(LTCM)破产
98.10	福德银行、难波银行特定合并为浪花银行		
98.10	实施金融再生法、早期健全法		
98.10	对日本长期信用银行实施特融公共管理(第3次金融危机)	98.11	德意志银行收购美国信孚银行
98.12	"变革、改革的开始"宣言		
98.12	实施金融体系改革法		

	金融事项		关联事项
98.12	对日本债券信用银行实施特融公共管理		
98.12	金融再生委员会成立		
99.2	日银将拆息诱导目标从0.25%向0.15%下调。(零利率政策开始)	99.1	开始交付"地域振兴券"
99.3	金融再生委员会向15家大银行投入公共资金74 592亿日元	99.4	作家石原慎太郎当选东京都知事
99.3	纽约道琼斯指数首次突破1万美元		
99.6	东京相和银行破产	99.6	日本长期信用银行原行长大野木克信因违反证券交易法被逮捕
99.8	浪花银行破产		
99.8	日本兴业银行、第一劝业银行、富士银行公布"三行合并"		
99.10	股票买卖委托手续费完全自由化(日本的五一节)	99.10	第二次小渊内阁成立
99.10	住友银行和樱花银行宣布合并	99.11	西雅图的WTO会议因反全球化运动而发生混乱
		99.11	美国新金融制度改革法(OLB法)
99.12	决定清偿债务解禁延期一年	99.12	俄罗斯叶利钦总统辞职,普京代理总统职务

	金融事项		关联事项
2000.3	特别公共管理的日本长期信用银行在美国里贝尔乌特集团下,决定作为"新生银行"开张	00.3	美国泡沫破灭(纳斯达克股暴跌)
00.3	索尼、樱花银行等公布成立因特网专业银行	00.4	森内阁成立
00.6	三和银行和东海银行达成合并共识	00.6	众议院选举,执政三党获得绝对稳定多数
00.6	重光破产		
00.7	金融监督厅和大藏省金融企划厅合并为金融厅	00.7	冲绳八国首脑会议
00.8	日银解除零利率政策		
00.9	瑞穗证券开张	00.9	大通曼哈顿和JP摩根发表合并宣言
00.10	三和银行、东海银行、东洋信托银行公布合并为UFL集团		
00.11	华堂和七点十一点公司申请成立IY银行		
00.12	日经平均股价在年终为13 785(日)元69分。年末最终价值在泡沫破灭后为最低值		
01.1	日银开始RTGS	01.1	布什政权建立
		01.1	FRB、FF汇率下降到6.0%
01.2	日银再次回到零利率政策(拆息诱导目标为0.15%)	01.2	巴勒莫七国集团财长会议

	金融事项		关联事项
01.3	日银变为量的放宽政策(以准备金为目标)		
01.4	住友银行、樱花银行合并为"三井住友银行"	01.3	小泉政权建立
01.4	东京三菱、三菱信托、日本信托合并,成立"三菱东京金融集团"		
01.4	三和、东海东洋信托设立"UFJ批发证券"		
01.6	政府策定"壮骨方针"		
01.7	承认 ETF	01.7	热那亚八国首脑会议
01.9	日本版 REIT 上市	01.9	美国频频发生恐怖事件
01.9	日经平均 17 年来跌破 10 000 日元		
01.9	麦克尔(MYCAL)破产		
01.9	日银将官方贴现率从 0.25% 调低至 0.10%		
01.9	穆迪投资者服务公司将日本国债券定为"Aa3",在七国集团降的级别为最低级	01.12	中国加入世贸组织
01.12	青木建设破产	01.12	安然公司破产
02.1	大荣发表再建计划	02.1	欧元纸币和硬币开始流通
02.2	银行等的保有股票获得机构开始工作	02.2	阿根廷不履行国债

	金融事项	关联事项	
	02.2 政府的综合通货紧缩对策		
	02.3 石川银行、中部银行破产	02.3	春斗达成基本工资上涨零共识
	02.3 大和银行、朝日银行统一为"里索那集团"		
	02.4 瑞穗因系统故障而发生混乱		
	02.4 日本国债评级进一步下降		
	02.5 景气谷底宣言	02.5	日本经济团体联合会成立
		02.6	卡那那斯基斯八国首脑会议
		02.7	世通集团破产
	02.9 日银发表股票买断措施	02.9	日美首脑会议
	02.9 债务清偿全面解禁延期两年	02.9	日朝平壤会谈
		02.9	小泉改造内阁成立（更换柳泽金融担当大臣）
	02.10 通货紧缩对策,竹中 PT 的加速不良债权处理政策	02.11	美联储将官方利率降到 0.75%（FF 汇率下降到 1.25%）
	02.12 三井住友金融集团（控股公司）成立	02.12	欧洲央行将政策利率定为 2.75%
		02.12	美国联合航空公司破产

图书在版编目(CIP)数据

现代金融导论/〔日〕斋藤精一郎著;王仲涛译.
北京:商务印书馆,2006
ISBN 7-100-04960-1

Ⅰ.现… Ⅱ.①斋…②王… Ⅲ.金融学
Ⅳ.F830

中国版本图书馆 CIP 数据核字(2006)第 027115 号

所有权利保留。
未经许可,不得以任何方式使用。

XIÀNDÀI JĪNRÓNG DǍOLÙN
现代金融导论
〔日〕斋藤精一郎 著
王仲涛 译

商 务 印 书 馆 出 版
(北京王府井大街36号 邮政编码100710)
商 务 印 书 馆 发 行
北京市白帆印务有限公司印刷
ISBN 7-100-04960-1/F·618

2006年12月第1版	开本850×1168 1/32
2006年12月北京第1次印刷	印张21⅝
印数5 000册	

定价:37.00元